尧都年鉴

2023 · YAODU YEARBOOK

中共临汾市尧都区委党史研究室
临汾市尧都区地方志研究室 编

方志出版社
Publishing House of Local records

图书在版编目（CIP）数据

尧都年鉴. 2023 / 中共临汾市尧都区委党史研究室，临汾市尧都区地方志研究室编. —北京 ：方志出版社，2023.12

ISBN 978-7-5144-6083-4

Ⅰ. ①尧… Ⅱ. ①中… ②临… Ⅲ. ①区(城市)—临汾—2023—年鉴 Ⅳ. ①Z522.54

中国国家版本馆CIP数据核字(2023)第253111号

责任编辑：范　静
责任校对：张玉霞
责任印制：梅中英
出 版 者：方志出版社
地　　址：北京市朝阳区潘家园东里9号（国家方志馆4层）
邮　　编：100021
网　　址：http://www.zgfzcb.cn
发　　行：方志出版社图书营销中心（010-67110500）
印　　刷：山西德美文化产业发展有限公司
开　　本：889毫米×1194毫米　1/16
印　　张：24
字　　数：592千字
版　　次：2023年12月第1版
印　　次：2023年12月第1次印刷
定　　价：298.00元

《尧都年鉴》编纂委员会

主　　任　崔绍民

副 主 任　刘　磊　鲁立波　郭云平

常务副主任　温济荟

委　　员　（以姓氏笔画为序）

丁春贵　马俊武　马戴魁　王　飞　王　平　王　泽　王　真　王　涛

王金保　王思公　邓跃文　左文忠　左海洋　石军虎　卢军强　卢震鸿

卢燕飞　史红涛　冯享华　朱定海　乔进民　任全利　任艳玲　刘　峰

刘红锁　刘忠平　刘宝生　刘宝生　刘晓云　刘靖华　齐家安　安仰志

孙建强　孙素杰　孙富强　孙新峰　窦志平　乔国栋　纪晓勤　杜　军

杜　瑞　李　杰　李　森　李　鹏　李青春　李艳芳　杨　勇　杨　斑

杨元成　杨永胜　杨洪昌　吴俊生　辛海峰　张　峰　张　强　张王强

张文喜　张亚芳　张宇红　张明宁　张学义　张建国　张顺通　张保民

张鹏起　张韶云　陈建峰　陈虹宇　郝钢锁　段金中　侯湛林　贺　婧

贺　博　贺　斌　秦奇杰　袁国杰　贾志琦　贾雪梅　徐冰雁　高　鹏

高向阳　郭　静　郭文生　郭文达　郭迎昕　郭忠义　席朝辉　席新红

曹泽锋　崔　军　梁志勇　梁俊艳　董　文　董　晖　敬国祥　韩　鹏

韩小龙　韩亚丽　韩亚凯　景　伟　曾新平　温少华　温萌萌　路俊生

褚志刚　裴海峰　戴　雪

编纂人员

主　　编　杨泽杰

副 主 编　于　碧

编　　辑　杨逵峰　刘　红

校　　对　杨逵峰　刘　红

文字录入　张　燕

照片提供　尧都区政府信息中心

编 辑 说 明

一、《尧都年鉴》是由临汾市尧都区年鉴编纂委员会编辑出版的地方综合年鉴，以马克思列宁主义、毛泽东思想、邓小平理论、“三个代表”重要思想、科学发展观、习近平新时代中国特色社会主义思想为指导，坚持辩证唯物主义和历史唯物主义的立场、观点和方法，继承和发扬我国优秀文化传统，认真学习宣传贯彻党的二十大精神，积极服务尧都城市建设大局。

二、《尧都年鉴》客观翔实地记述本行政区域自然、政治、经济、文化、社会等方面情况的资料性文献，为社会各界了解尧都、认识尧都、研究尧都、建设尧都提供准确、丰富、翔实、实用的区情信息。

三、《尧都年鉴（2023）》以出版年号为卷次名称，自1999年首次出版以来，2018年后每年出版一卷，本卷年鉴是总第11卷，记述起讫时间原则上为2023年1月1日至2023年12月31日。为保证内容资料的完整性、连续性，根据记述需要，个别内容时间适当上溯或下延。

四、《尧都年鉴（2023）》采取分类编辑法，按篇目、类目、分目、条目的结构组成内容体系。全书以不同字体、字号区别不同层次。

五、《尧都年鉴（2023）》基本篇目大纲包含特载、大事记、区情概览、中国共产党临汾市尧都区委员会、临汾市尧都区人大常委会、临汾市尧都区人民政府、政协临汾市尧都区委员会、纪检 监察、军事 法治、民主党派及工商联、群众团体、财政 税务、金融、经济管理、工业、农业、城建环保、商贸 旅游、交通、教科体卫、社会生活、街道办事处、乡镇、人物等类目。全书除文字内容外还收录了反映尧都区城市建设、城乡新貌、重大事件等方面的彩色图片。

六、《尧都年鉴（2023）》所辑录的内容由区直各部、委、办、局、各乡镇街道办事处等单位组织提供，经各供稿单位审核，尧都区地方志办公室审校，资料真实可靠。

七、《尧都年鉴（2023）》中数字用法、标点符号用法分别采用国家标准《出版物上数字用法》（GB/T15835—2011）、《标点符号用法》（GB/T15834—2011），计量单位采用国家技术监督局1993年12月发布的《量和单位》系列国家标准。

2022年2月12日，临汾市委常委、秘书长郭行杰（右二）深入一线调研安全生产和森林防火等工作

2022年3月2日，尧都区委书记崔绍民（左三）在尧都高新区调研并开展入企服务

2022年3月3日，尧都区2022年庆“三八”喜迎党的二十大胜利召开暨“红色家风代代传”主题展正式开展

2022年3月22日，召开解放路幸福养老服务中心专题会议

2022年3月29日，尧都区委书记崔绍民（中）在吴村镇调研

2022年4月12日，尧都区在县底镇召开农村公共浴室、日间照料中心现场推进会

2022年5月13日，召开尧都区市场主体倍增工作推进会

2022年5月13日，临汾市委、市政府召开专项督查尧都区安全生产汇报会

2022年5月18日，尧都区召开庆祝中国共产主义青年团成立100周年座谈会

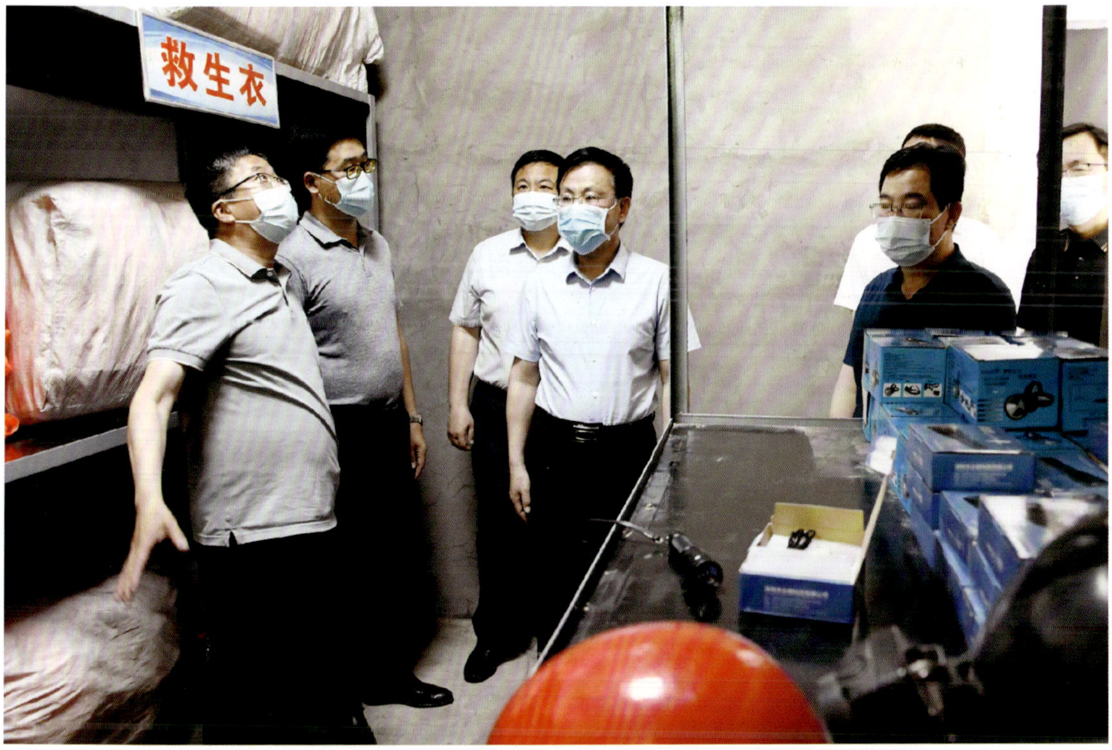

2022年5月24日，尧都区委书记崔绍民（左四）深入一线调研防汛抗洪工作

2022年5月26日，尧都区委书记崔绍民（中）在大阳镇调研

2022年6月5日，世界环境日“共建清洁美丽世界”主题宣传活动在尧都公园举办

2022年6月7日，临汾市人民检察院检察长姚江华（右二）在尧都区调研G5京昆高速引线环境治理保护工作

2022年6月16日，尧都区委书记崔绍民（中）主持召开秸秆焚烧管控工作会议

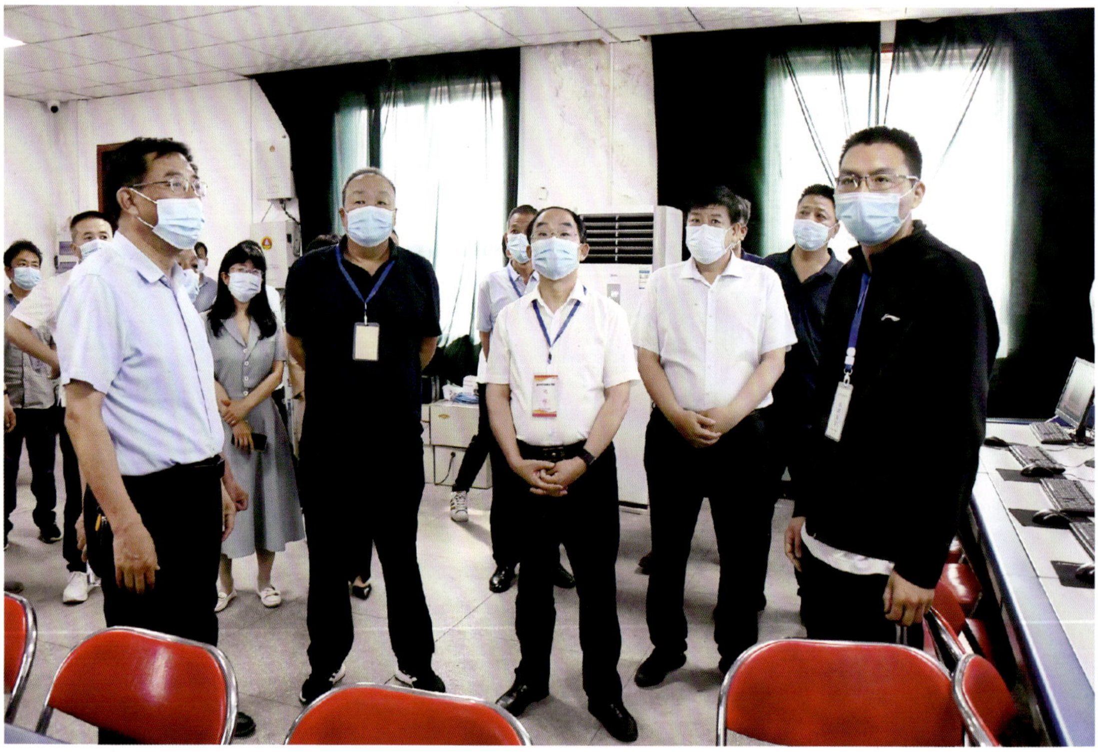

2022年6月19日，临汾市副市长乔飞鸿（中）前往市区部分考点巡视中考准备工作

2022年8月9日，江苏美科太阳能股份有限公司负责人员到尧都区就投资合作项目进行考察

2022年8月11日，尧都区委书记崔绍民（中）深入部分企业进行调研

2022年8月20日，山西省禁毒委督导调研组深入尧都区督导调研

2022年9月16日，山西省农业农村厅总农艺师李慧芳（前二）带领省委第十督导组在尧都区督导抓党建促基层治理能力提升专项行动开展情况

2022年9月21日，尧都区举行尧文化研究专著《尧帝陵》授书活动

2022年11月9日，尧都区委书记崔绍民（右三）在贯得乡宣讲党的二十大精神

2022年11月11日，尧都区召开产业工人队伍建设改革工作再推进再部署会议

目　录

特　载

大事记

区情概览

中国共产党临汾市尧都区委员会

临汾市尧都区人大常委会

临汾市尧都区人民政府

纪检　监察

军事　法治

检察

法院

司法行政

民主党派及工商联

群众团体

财政　税务

金　融

经济管理

工　业

农　业

城建环保

商贸　旅游

交　通

交通运输

公路管理

教科体卫

教育与科技

气象观测

卫生健康和体育

社会生活

街道办事处

乡贤街办事处

辛寺街办事处

铁路东办事处

车站街办事处

乡　镇

人　物

特　载

中共尧都区委常委会工作报告（节选）

——中共尧都区委十届四次全会暨区委经济工作会议

（2022年1月14日）

区委十届二次全会以来，区委常委会坚持以习近平新时代中国特色社会主义思想为指导，全面贯彻党的十九大和十九届历次全会、习近平总书记视察山西重要讲话重要指示精神，增强“四个意识”、坚定“四个自信”、做到“两个维护”，按照省委“全方位推动高质量发展”的目标要求、市委“1355”战略，紧紧围绕“1258”工作思路和举措，团结带领全区广大干部群众克难奋进、苦干实干，持续推动党的建设和党领导的各项事业取得新进展、新成效。

一年来，区委常委会认真履行把方向、谋大事、作决策、保落实职责，先后召开常委会30次，开展中心组学习18次，及时传达学习中央和省市精神，就重点工作、重大问题作出决策，确保中央大政方针和省市重大部署在尧都全面有效贯彻落实，突出抓了六件大事要事。一是隆重庆祝党的百年华诞。按照党中央统一部署，深入学习贯彻习近平总书记“七一”重要讲话精神，精心举办尧都区首届“最美共产党员”颁奖晚会，隆重举行庆祝中国共产党成立100周年暨全区“两优一先”表彰大会，广泛开展各项全区性及基层群众性庆祝活动，在全区范围内营造出“党的盛典、人民的节日”浓厚氛围。二是扎实开展党史学习教育。紧扣“学史明理、学史增信、学史崇德、学史力行”的目标要求，精心谋划、主动作为，稳步推动党史学习教育走深走心走实；“我为群众办实事”实践活动深得民心，区委常委会和各党（工）委（党组）层面重点实施办实事项目722件，已全部办结并形成长效机制，党群干群关系进一步密切。三是认真组织“争先、进位、崛起”解放思想大讨论。常委班子紧紧围绕市委“六个聚焦”要求，切实发挥率先引领作用，带头学习、带头研讨，广泛征询意见和建议，找短板、议措施，认真开展“五策问计”活动，不断拓展大讨论的广度和深度，找准了尧都发展的方法和路径，破除了不合时宜的传统观念和体制机制弊端，拿出了更多顺应时代要求、契合尧都实际的硬招实招，为全力建设“首善之区”积蓄了强大能量。四是圆满完成区乡两级党委和村（社区）“两委”换届。全面贯彻党中央和省市关于换届工作的部署要求，胜利召开区第十次党代会，选举产生新一届区委和区纪委班子，确立了“1258”工作思路和举措，为今后五年全区的发展描绘了宏伟蓝图；乡镇党委和村（社区）“两委”换届圆满完成，一大批有本事、有能力、能够带领群众共同致富的优秀干部走上领导岗位。五是有效应对秋季汛情自然灾害。面对我区有记录以来的最强秋汛，我们坚持“两个至上”的理念，充分发挥战斗堡垒和先锋模范作用，组建42支减灾救灾帮扶工作队，及时转移撤离群众1316户、2784人，保持了社会大局稳定；在省委、市委的坚强领导下，在全区干部群众的共同努力下，灾后恢复重建取得重大进展，房屋倒塌损毁的1218户居民元旦前顺利搬入新居。六是强力推进重点项目落地见效。聚焦“五大片区”，坚持项目引领、基础先行，解放东路立交桥工程提前9个月竣工通车，中大街、体育街、迎春街等南延道路工程全部打通，涝河、汩河大桥胜利竣工，全长13公里的东城南北交通主动脉尧贤街全线贯通；星河湾、恒安印山河项目稳步实施，涝汩河片区强势崛起；字节跳动、山西智创城NO.11挂牌运营，尧庙片区提质升级，尧都迈上了高质量发展新阶段。

一年来，面对百年变局与世纪疫情带来的严峻挑战，面对人民群众对美好生活的向往与期盼，区委在继承中发展、在创新中提升，聚焦“首善之区”建设，紧盯“两个率先”目标，经济指标稳步增长、文化内涵积极彰显、创新驱动数字赋能、城乡面貌持续改善、人民生活幸福和谐，实现了“十四五”良好开局，无愧于首善之区的定位和美誉。常委会重点抓了以下工作。

一、坚持发展为要，持续推进经济转型升级

常委会认为，全方位推动高质量发展，首要任务是经济高质量发展，重中之重是产业转型升级。必须完整准确全面贯彻新发展理念，抢抓构建新发展格局战略机遇，把握方向、找准路径，优化布局、提能升级，构建支撑高质量发展的现代产业体系，确保经济稳中向好。

区委常委会聚焦“经济强区”建设，坚持稳字当头、稳中求进，紧扣全方位推动高质量发展目标要求，以创新的思维、有力的举措、务实的作风，锐意进取，真抓实干，全区经济社会发展呈现出良好态势。

凝心聚力稳增长。区委常委会切实加强党对经济工作的领导，强化经济运行监测，定期研判经济形势，及时采取有效举措，扎实做好“六稳”“六保”工作，预计全区生产总值历史性突破400亿元，增长9%；规上工业增加值完成98亿元，增长34.8%；固定资产投资完成120.7亿元，增长14.2%；全社会消费品零售总额完成280亿元，增长7.5%；一般公共预算收入完成22.67亿元，增长20.6%；城镇居民人均可支配收入完成42535元，增长9%；农村居民人均可支配收入完成19604元，增长12.6%，各项经济指标再创历史新高。

坚持不懈促转型。大力优化一产，引沁入汾尧都专线、仙洞沟水库续建工程稳步实施，

5000亩高标准农田建设工程加快推进，积极培育优质黑麦、葡萄、无花果等“尧”字号特优农产品26个，卧源合作社桃王九九、众联智创合作社平菇获得农业部绿色食品认证，全年农产品加工销售额达到15.7亿元，农业调产成效显著；着力强化二产，总投资4.45亿元的标准化厂房项目启动实施，康腾威一期、纳海鸣岩棉板项目投产达效，山西建投、山西安围节能开工建设，高新区入驻企业达到151家，产业转型步伐加快；狠抓传统产业提档升级，雪坪煤业减量重组，金辛达煤业智能化综采面投入使用，全区累计生产原煤1225万吨；支持亨瑞达、宝珠、汾河等医药企业提质发展，全区药企总产值达到3亿元；努力提升三产，大力发展数字经济、现代商贸、智慧物流、文化旅游等现代服务业，字节跳动、百度标注等信创产业项目投产营收，三次产业发展势头良好，产业结构不断优化。

文旅互促抓融合。坚持以文化旅游融合发展为主线，以传承弘扬“尧文化”为核心，持续打造“华夏古文明、尧都好风光”文旅新形象；深耕尧庙—华门、尧帝陵、仙洞沟、尧帝古居等景区资源，高起点规划、整合式营销、市场化运作，景区建设提质升级；紧抓文旅产业融合发展新机遇，总投资50亿元的尧都文旅综合项目成功签约，总投资10亿元的姑射山风景名胜区项目顺利启动，国家全域旅游示范区创建顺利通过省级验收，文旅产业高质量发展再上新台阶。

二、坚持多点发力，加快全面深化改革步伐

常委会认为，在全方位推动高质量发展的今天，不靠改革不行，不深化改革不行，没有改革意识更不行。要从全省乃至全国改革开放的大格局和我区发展的阶段性特征出发，来谋划推动落实改革，通过改革促进各项事业取得更大突破。

区委常委会聚焦“创新大区”建设，坚持把改革创新放在高质量发展全局中的核心位置，大力实施改革推动、创新驱动、开放带动，全面深化基础性关键领域改革，体制机制不断完善，经济结构不断优化，经济发展的活力持续增强。

全面改革多点突破。持续抓好《区委全面深化改革委员会2021年重点改革任务》落实，全面推进6大领域22项改革任务，高新区改革创新、能源革命综合改革、深化要素市场配置改革等重点改革任务成效明显；高新区运行管理体制持续创新，制定出台投资项目建设领办代办工作制度及实施细则，全程开展领办代办服务，实现了“部门出力，企业满意”；乡村振兴全面推进，持续拓展农业生产托管新模式，服务总面积达到3万余亩；全面深化要素市场配置改革，制定出台《尧都区“要素跟着项目走”实施方案》，成立工作专班，明晰工作流程，积极引导土地、能耗、资金、水资源、污染物排放总量等指标协同向项目和先进生产力聚集，以改革助力转型升级。

创新驱动加快实施。聚焦“众创”“星创”品牌，扎实推进创新工程，加大对创新项目的财税政策扶持力度，创建省级众创空间5家，培育市级星创天地1家，发展创新创业企业及团队81家，举办创新创业培训142期，申请注册专利38项；积极贯彻落实省委“深化省校合作、共建12大基地”和市委深化市校合作

实施“双千工程”战略部署，探索创新区校合作“四联”模式，认真抓好22条人才新政落地落实，真正让各类人才在尧都安心创业、专注创新。

开放格局持续延伸。积极融入“一带一路”、京津冀协同发展、关中平原城市群、晋陕豫黄河金三角区域合作等发展规划，大力开展内联外引、精准招商，积极参加第十二届中国中部投资贸易博览会等大型招商活动，成功对接字节跳动、京东集团、达沃能源等企业20余家，成功签约项目8个，签约资金149亿元；真包真联、强化调度，协调解决项目建设问题146项，全年铺排的104个重点项目累计完成投资99亿元；全面优化营商环境，全面落实企业投资项目承诺制，企业开办时间再压缩50%，缩短至0.5个工作日，投资环境日趋良好，市场活力不断增强。

三、坚持生态先行，强力推进生态文明建设

常委会认为，环境就是民生，青山就是美丽，蓝天也是幸福。必须深入贯彻习近平生态文明思想，切实把环境保护融入到经济社会发展的全过程，以更大力度推进生态文明建设，全力打造天蓝地绿水净的新尧都。

区委常委会聚焦“美丽靓区”建设，坚持生态优先、绿色发展，全面落实黄河流域生态保护和高质量发展国家战略，统筹综合治理、系统治理、源头治理，一体推进“治山、治水、治气、治城”，全方位、全地域、全过程开展生态环境保护，全区生态环境质量持续改善。

环境治理扎实有效。制定出台《尧都区2021年生态环境保护重要举措》《尧都区生态环境保护责任清单》，聘请第三方专家团队，开展空气质量精细化改善咨询服务，推进清洁取暖改造工程831户，实施市区小街小巷硬化改造240余条，新发现的64家“散乱污”企业全部关停，81家建筑工地全部落实“6个100%”要求；2021年市区空气质量综合指数为5.32，改善率12.2%，居全省前列；压实河长责任，坚持多措并举，纵深推进“清四乱”行动，水环境持续改善，强化耕地质量监管，开展矿山深度治理，人民群众生态环境领域幸福感有效提升。

生态修复全面铺开。持续开展国土绿化造林行动，大力实施荒山人工造林、封山育林、干果经济林提质增效；加快推进矿山地质环境保护，全力开展龙祠水源地保护区裸露山体护坡治理，西山10家采石企业全部停产整顿，积极与中国电建集团合作，西山绿色建材基地项目正式签约；健全绿色低碳循环发展体系，加强资源集约节约高效利用，扎实做好碳达峰、碳中和工作，绿色发展方式和生活方式加快形成。

城乡面貌持续改善。华州路靓城提质改造工程基本完工，9个城市景观游园改造基本完成，三元新村、财政局小区等13个老旧小区实施改造，翟庄、西王、汾东三个棚改城改项目顺利推进，1320套采煤沉陷区治理搬迁安置房分房完成，特别是在配合市级重点项目上，广大干部上下一心、合力攻坚，累计完成拆迁52万余平方米，为工程实施创造了良好条件，赢得了市委领导的高度肯定；坚持分类实施、标本兼治，大力开展东城交通秩序和环境卫生整治行动，强力推进农村“六乱”整治，城乡面貌得到全面改善。

四、坚持守正创新，凝聚奋发有为强大力量

常委会认为，尧都得天独厚的历史文化资源，是我们的自信之源。必须深入挖掘利用尧文化资源，统筹推进以文化人、以文惠民、以文兴业，为全方位推动高质量发展提供强大精神支撑。

区委常委会聚焦“文化名区”建设，积极培育和践行社会主义核心价值观，传承与弘扬并举，挖掘与培育并重，不断推进理念创新、内容创新、手段创新，在全区营造了昂扬向上、共谋发展的良好氛围。

意识形态责任扛起压实。认真履行意识形态工作责任制，区委常委会每季度专题研究意识形态领域工作，分析形势，研究对策，督促推进，牢牢掌握意识形态工作领导权、管理权、话语权；深入开展“护航党的百年华诞”维护政治安全专项行动，制定防范化解政治安全风险预案，明确责任主体，强化责任落实，全力防范化解重大风险；完善网络监管，加强舆情引导，扩大网络安全宣传，主动回应社会热点，社会正能量进一步弘扬；围绕庆祝中国共产党成立100周年、党史学习教育、学习宣传贯彻党的十九届六中全会精神、“争先、进位、崛起”解放思想大讨论等重大活动，推出了一系列主题宣传，凝聚起团结一心、砥砺奋进的强大正能量。

社会文明程度全面提升。积极培育和践行社会主义核心价值观，整合全区党群服务中心、文化站等资源，建设新时代文明实践站331个，实现街道、村全覆盖；组织开展“道德模范”“尧都好人”“好基地讲好故事”等选树宣传活动，《谁都说咱尧都好》第三季大型电视网络展播竞演活动屡掀高潮；积极开展群众性文明创建工程，持续加大省级文明城市创建力度，城市文明指数显著提升；开展“我为群众办实事”志愿服务活动720余次，参与志愿者达3500余人，水塔街汾泽社区获得“全国学雷锋最美志愿服务社区”荣誉称号。

文化惠民事业繁荣兴盛。围绕庆祝建党100周年，结合党史学习教育，广泛开展“党在我心中”2021年全区群众文化活动、“奋斗百年路、启航新征程”网络主题宣传、“创建文化名区·共建书香尧都”全民阅读等系列活动；深入开展“三下乡”活动，全年送戏下乡138场，送电影下乡4464场，组织广场舞大赛、威风锣鼓大赛、戏曲票友大赛等全区性文化活动30余场；全面加大尧文化宣传力度，与凤凰网合作举办全球青年尧文化衍生共创大赛，征集作品400余件；创作推出了报告文学《带孩子游延安》、中篇小说《永辉歌剧院》、长篇小说《雪雕》、舞台剧《沧桑》、电视片《文旅尧都》等一批优秀文艺作品，人民群众的文化获得感极大增强。

五、坚持民生优先，全面提升群众幸福指数

常委会认为，人民对美好生活的向往，就是我们的奋斗目标。要始终把人民群众放在心中最高位置，着力推动民生事业发展，不断增进民生福祉。

区委常委会聚焦“幸福新区”建设，坚持以人民为中心，紧盯人民群众的急难愁盼问题，大力发展社会事业，持续保障改善民生，人民群众有了更多获得感、幸福感、安全感。

社会保障日趋完善。统筹实施社会保险、托底保障、特殊救助三大举措，全面加强困难群众兜底保障，持续举办爱心捐资助学活动，全面提升城乡居民低保标准，各类保险参保人数达到97万人次，人民群众的保障水平进一步提高；大力实施“人人持证、技能社会”建设，积极落实保障就业优惠政策，举办各类人才招聘会53场，提供就业岗位7500余个，开展技能培训1.3万余人次，居民增收致富的信心持续增强。

社会事业蓬勃发展。坚持教育优先，落实“双减”要求，设立尧都教育发展基金，大力开展“五名”工程创建，稳步推进“县管校聘”改革，持续扩大集团化办学模式覆盖面，全年公开招聘教师76名，优化整合教师58名，选聘引进校长4名，完成育红小学、段店初中等4所学校集团化改革，滨西小学项目重新启动，东城第一小学项目加快实施；大力开展群众文化体育活动，文化基础设施加快建设，东城体育馆后续工程、文化艺术中心项目稳步推进；大力推进健康尧都建设，区眼科医院旧楼改造投入使用，区中医院住院楼改造项目招标完成，区级医疗救助体系建立运行，人民群众健康更有保障。

社会大局和谐稳定。深入贯彻总体国家安全观，紧盯关键敏感节点，圆满完成建党100周年、十九届六中全会、省第十二次党代会等安保维稳任务；坚持以“平安尧都”建设为主线，大力实施社会治理创新，全科网格中心建成运营，2917名三级网格人员全部到位，18类治理事项全部挂单列账，有效受理基层治理事项1.1万余件；纵深推进安全生产专项整治三年行动，扎实开展私挖盗采、煤矿安全、农村住房等重点领域安全隐患排查整治，安全形势总体稳定；紧盯“外防输入、内防反弹”，坚决落实“14+3”“14+7”等防控措施，全力推进疫苗接种百日攻坚，坚决筑牢疫情防控屏障；扎实开展社会治安、经济民生、农业农村三大领域15个专项行动，着力构建打防管控立体化社会治安防控体系，铁路东办事处三元社区荣获“平安中国建设先进集体”国家级荣誉称号，平安建设有力有效。

六、坚持人民民主，全面加强民主法治建设

常委会认为，加强民主法治建设是营造团结和谐政治局面和安定有序社会局面的重要途径，是推进法治尧都建设的基础保障，必须全面推进依法治区、依法执政、依法行政，为全区各项事业发展创造良好环境。

区委常委会充分发挥总揽全局、协调各方的领导核心作用，定期听取区人大、政府、政协、纪委监委和区法院、检察院党组工作汇报，针对性提出指导意见，认真研究党的群团工作，支持人民武装工作，切实把党的领导体现到全方面、各领域。

民主政治建设取得新进展。坚持和完善人民代表大会制度，支持区人大及其常委会依法履行职责，推动区人大围绕区委、区政府中心工作，开展视察调研30余次，召开座谈会21次，提出各类意见建议110余条，监督实效进一步增强，人大工作更接地气更有担当；支持政协依照章程履行政治协商、民主监督和参政议政职能，推动协商民主广泛、多层、制度化发展，组织政协委员开展调研视察30余次，打造“有事好商量”协商议事平台，做实做细提案和社

情民意信息工作，协商质效不断提升，政协工作更有温度更有分量；群团改革深入推进，工青妇等群团组织作用进一步发挥，切实加强党管武装、国防动员和后备力量建设，军民融合发展稳步推进，军地双拥共建深入开展。

法治尧都建设迈出新步伐。法治政府建设稳步推进，行政执法行为更加规范，党员干部运用法治思维和法治方式深化改革、推动发展、化解矛盾、维护稳定的能力和水平持续提高；政法队伍教育整顿扎实开展，公共法律服务体系构筑形成，司法公信力不断提升，人民群众司法获得感明显增强；"八五"普法稳步实施，法治惠民严格落实，法治创建扎实推进，执行难题有效破解，为全方位推动高质量发展营造了良好法治环境。

爱国统一战线得到新巩固。以庆祝建党100周年为契机，深入开展"不忘合作初心、继续携手前进"主题实践活动，积极促进政党关系、民族关系、宗教关系、阶层关系、海内外同胞关系团结和谐；建立四大班子领导结对联系民营企业工作机制，积极畅通政企沟通协商渠道，民营经济统战工作不断加强；依法加强宗教事务管理，稳步推进非法宗教专项整治，巩固拓展宗教和顺、社会和谐的良好局面；协助民主党派及基层组织圆满完成换届工作，扎实推进新的社会阶层人士统战工作，认真做好外事、侨务、港澳、对台等工作，全区上下形成了心往一处想、劲往一处使的生动局面。

七、坚持全面从严，着力提高党的建设质量

常委会认为，全面从严治党永远在路上，只有进行时，没有完成时。必须以更大的决心、更大的勇气狠抓工作落实，为全区干在实处、走在前列提供强有力的组织和作风保证。

区委常委会始终坚持党对一切工作的集中统一领导，坚定扛起管党治党主体责任，以党内监督为主导，推动各类监督有机贯通、相互协调，以永远在路上的恒心和韧劲，持续加压发力，狠抓工作落实，党的建设各项工作取得新的成效。

政治建设持续加强。坚持把学习贯彻十九届六中全会精神作为重大政治任务，区委常委会第一时间传达学习，区委常委同志带头深入宣讲，各级党组织积极主动跟进，区属媒体聚焦宣传发动，全面兴起学习宣传贯彻的热潮；紧盯全区中心工作和重点攻坚任务，在全区开展全域主题党日活动，基层党组织服从大局、勇于担当、攻坚克难的氛围全面形成；以庆祝建党100周年为契机，大力开展区级优秀共产党员、优秀党务工作者和先进基层党组织评选表彰，为3774名党员颁发了"光荣在党50年"纪念章，激励广大党员干部继承优良革命传统，在新时代担当作为、激昂前行。

干部队伍坚强有力。严把政治素质首关，秉持"唯实惟先"要求，鲜明树立"人品说了算、工作说了算、大家说了算"的选人用人导向，调整配备乡镇街道、区直党政正职56人，对符合条件的51名政法系统干部进行了交流轮岗，招录78名大学毕业生、153名专职社区工作者到基层任职；强化干部能力提升，开展13期领导干部能力提升大讲堂；从严监督管理干部，围绕区乡两级换届，加强选人用人监督，对党代表、人大代表、政协委员候选人进行了资格审查，与2400余名科级以上干部、

“两代表一委员”签订严守换届纪律承诺书；加强正向激励，关心关爱干部，推荐表彰28名担当作为表现突出干部，分批次有针对性地开展各类心理健康讲座及下基层服务，干部心灵驿站“减压中心”全年累计接待咨询1200余人次；深入贯彻落实中央和省委人才工作会议精神，充分释放“人才新政22条”政策红利，与上海复旦大学、浙江大学、太原理工大学等省内外17所高校和科研机构合作，实施产学研合作项目31项，共同开发和转化科技成果20多个，积极推进人才平台建设，首批40套人才公寓具备入住条件，招才引智有了更多保障。

基层组织全面筑牢。全年投入1.3亿元，大幅提高乡镇（街道）、村（社区）运转经费和村（社区）干部岗位报酬，263个行政村集体经济全部达到5万元以上，60%达到10万元以上；“两委”换届圆满完成，“一肩挑”比例达到98.5%，实现“学历升、年龄降、一肩挑”目标；党组织建设水平不断提升，以“星级化”管理为抓手，先后选树示范点60个，五星级党组织62个，铁路东三元社区党总支被中央评为“全国先进基层党组织”；城市基层治理架构初步形成，建立小区支部545个，开展“一月一主题”小区活动，全年办理为民实事2769件，对在职党员实行“双评”制度，构建起支部主导、党员融入，业委会、物业等多方参与的“一核多元”小区自治格局，推动基层治理出成效，这一做法被《党建研究（内参）》刊载，被中组部《城市基层党建》电视期刊宣传推介。

正风惩腐持续加强。制定《关于加强对“一把手”和领导班子监督的实施办法》，对换届后的乡镇街道和区直单位领导班子进行了集体谈话；高质量完成省委第八轮巡视整改工作，圆满完成区级供销系统专项巡察工作，全区营商环境专项巡察稳步开展，十届区委第一轮巡察全面启动；认真落实中央八项规定及实施细则精神，驰而不息纠治“四风”，全年共查处“四风”问题59件，给予党纪政务处分64人、诫勉谈话31人、组织处理13人；坚持一体推进“三不”，保持惩治腐败高压态势，深入整治群众身边不正之风，全区纪检监察机关共立案286件、处分355人、留置8人、移送检察机关13人，作风建设成效明显，党内政治生态风清气正。

一年来，区委常委会高度重视自身建设，忠诚捍卫“两个确立”，增强“四个意识”，坚定“四个自信”，做到“两个维护”，在落实管党治党责任、密切联系群众、保持清正廉洁等方面以身作则、率先垂范，为全区党员干部树好标杆、作好表率；团结带领全区各级党组织和党员干部提高政治站位、找准发展定位，形成了“干在实处、走在前列”的浓厚氛围；各位常委同志带头深入学习贯彻习近平总书记视察山西重要讲话重要指示和党的十九届六中全会精神，严格按照议事规则等规章制度办事，谋划重大思路、部署重大任务、推出重大举措，努力为全区改革发展稳定把好方向、管好大局、作好决策，为加快建设“首善之区”、争当全市全方位推动高质量发展排头兵提供了有力保障。

尧都区人民代表大会常务委员会工作报告（节选）

——在临汾市尧都区第十一届人民代表大会第二次会议上

尧都区人大常委会主任　鲁立波

（2022年1月25日）

过去一年的主要工作

2021年是建党100周年，也是我区“十四五”开局之年。一年来，在中共尧都区委的坚强领导下，区人大常委会高举习近平新时代中国特色社会主义思想伟大旗帜，全面学习贯彻党的十九届六中全会和中央人大工作会议精神，坚持党的领导、人民当家作主、依法治国有机统一，全面履行法定职责，全面保障中心工作，全面发挥代表作用，切实加强自身建设，各项工作取得了新进展新成效，为全区高质量转型发展作出了积极贡献。

一、强化政治引领，始终坚持党对人大工作的全面领导

按照区委统一部署，扎实开展党史学习教育，深入学习贯彻习近平总书记在庆祝中国共产党成立100周年大会上的重要讲话以及规定书目，重温党的百年光辉历程，推动学习教育工作走深走实。认真开展“我为群众办实事”活动，助力解决群众和基层集中反映的问题，着力推动区委重大决策部署的落实。深入开展“争先、进位、崛起”解放思想讨论活动，一些突出问题得到了有效解决。

把学习宣传贯彻中央人大工作会议精神作为一项重大政治任务，把贯彻习近平总书记关于坚持和完善人民代表大会制度的重要思想作为履职必修课，建立常态化学习机制，分专题组织学习交流，全面领会全过程人民民主的深刻内涵。在学用中增强制度自信、找准职责定位、把握工作规律，提高工作实效。

坚持在区委的领导下推动人大工作。主动向区委报告人大工作中的重大问题和重要事项，提请区委研究重点监督工作计划和代表工作计划，定期向区委汇报工作，确保把党的领导贯彻到人大工作全过程和各方面。区委对人大工作高度重视，多次专题研究人大工作，区委书记樊洪平同志3次对人大工作作出重要批

示，对解决人员、经费、代表联络站建设等具体问题提出明确要求，确保了人大工作的健康发展。一年来，依照法定职责、遵守法定程序开展监督，共召开常委会会议6次，主任会议20次，听取审议“一府两院”工作报告17项，开展视察调研30余次，召开座谈会21次，提出各类建议110条，依法任免国家机关工作人员68人次，切实发挥了人大的职能作用。

二、强化工作监督，奋力推动尧都各项事业健康发展

习近平总书记强调，要用好宪法赋予人大的监督权，实行正确监督、有效监督、依法监督。监督工作是人大工作的“基本盘”。换届以来，常委会坚持“党委工作推进到哪里，人大工作就跟进到哪里；政府工作重点在哪里，人大就监督到哪里”，紧扣区委重大决策部署和全区中心工作，发挥人大所能，打好监督“组合拳”，担当发展“助力器”。

一是在审议工作报告中强化监督。常委会先后审议区政府2020年财政决算和2021年上半年预算执行情况报告，建议政府及有关部门严格执行《预算法》，管好用好财政资金，把有限资金用在刀刃上。审议区政府关于2020年度国有资产管理情况综合报告及全区国有土地资源管理情况的报告，督促政府及有关部门摸清全区国有资产家底，确保国有土地等资产保值增值。结合事前的针对性调研，审议了区政府2020年度环境状况和环境保护目标完成情况报告、审计工作报告，并提出审议意见书。三个月之后，常委会再次审议了区政府这两项工作的整改情况报告，确保审议意见落到实处。

常委会加强了对司法工作的监督。审议了区政府关于在全区开展法治宣传教育的第八个五年规划，并做出相应决议；审议区法院关于行政审判工作情况报告、区检察院关于开展控告申诉检察工作的情况报告，督促区法院、区检察院进一步加强审判工作和法律检察工作，提高司法机关的社会公信力，维护社会公平正义。一年来，常委会还审议了“一府两院”上半年工作情况、关于全区第十二届村（居）委会换届工作完成情况等报告，推动了十一届一次人大会议各项决议决定的落实落细。

二是在执法检查中强化监督。开展执法检查是监督法赋予人大常委会的重要监督方式。结合我区实际，今年上半年，由常委会副主任牵头，在全区开展了安全生产“一法一条例”及《临汾市旅游资源保护和开发办法》的执法检查。先后到应急管理和文化旅游等职能部门座谈了解，到基层企业、经营场所、重点文物旅游景区等地实地检查，同时实施区乡两级人大上下联动，增强了执法检查效果。在此基础上，听取了区政府贯彻执行这两部法律法规情况报告与人大执法检查组执法检查情况的报告，对贯彻执行安全生产“一法一条例”提出了5条审议意见，督促区政府和有关部门把安全生产责任落到实处；就贯彻执行《临汾市旅游资源保护和开发办法》提出大力保护文物旅游资源的6条检查意见。一年来，常委会还配合市人大开展了《山西省汾河保护条例》《临汾市电动车管理条例》的立法调研。配合省、市人大开展了固体废物污染防治“一法一条例”、《临汾市农村自建房屋质量管理办法》等9部法律法规的执法检查，促进了这些法律法规在我区的有效实施。

三是在专项视察调研中强化监督。根据全

区工作重点，今年常委会重点视察了尧都高新区建设、全区重点工程项目建设。常委会组成人员及部分人大代表深入尧都高新区各企业实地查看，座谈交流，了解情况，对尧都高新区引进部分转型项目感到振奋，对云商产业园迅速发展格外关注，并建议高新区加快园区基础设施建设，进一步创优营商环境，吸引更多项目企业入驻，使高新区真正成为尧都高质量发展的主引擎。重点工程项目是建设首善之区的重要支撑，也是广大人民群众的热切期盼。常委会对尧贤街南延、跨涝河大桥、跨洰河大桥、亿安达仓储物流等重点工程项目集中开展视察，既看成绩、看进度，又出主意、解难题。全体代表对区委、区政府的重大决策坚决拥护，对城市建设取得振奋人心的成绩倍感鼓舞，对建设者们付出的心血感同身受。

土地托管事关乡村振兴大局。今年5月份，常委会组成专门调研组，分河东、河西片，先后四次到相关乡镇、农村及涉农企业进行调研，走村入户与群众座谈交流，了解农村闲置土地情况与群众意愿，发放征求意见表8523份，广泛征求乡镇、农村等各方面的意见，并形成翔实的调研报告，提出6条意见，建议区政府将土地托管作为乡村振兴的一项重要举措，持续巩固脱贫攻坚成果。医疗保障是重大民生问题。常委会对医保工作开展了专项调研，到医院、药店、乡镇卫生院等医疗场所实地掌握医疗保障各项政策落实情况，听取医保部门的情况汇报，建议区政府及医保部门严格落实各项医保政策，全力支持区属医院健康发展，并出台更多便民利民服务举措，让数据多跑腿、让群众少跑路。一年来，常委会还对集团化办学、区中医院和眼科医院搬迁、红色资源开发和保护等工作进行了视察调研。

四是在坚持和完善“三账”监督中强化监督。“三账”监督是常委会对“一府两院”实施监督的有效方式，已坚持了13年。换届以来，常委会针对政府部门职能调整的情况，及时调整监督对象，督促各建账单位及建账人根据区委经济工作会议和人代会的部署确定建账内容；不断创新查账、交账方式方法，持续开展年中查账与年底交账，并开展了满意度测评，使监督更加有力有效，推动了政府各部门目标任务的落地落实。

五是在落实群众来信来访中强化监督。真正把解决信访问题的过程作为树牢群众观念、为群众办实事的过程。一年来，常委会共接待来访群众230余人次，处理市人大转办及群众来信30余件，有效化解了矛盾纠纷，维护了社会稳定。

三、强化代表作用，不断提升人大代表工作水平

代表工作是人大工作的基础和活力源泉。换届以来，常委会坚持把发挥代表主体作用作为人大工作的重要抓手，制定代表工作计划，多措并举抓好落实，切实让代表工作实起来、活起来、强起来。

一是持续抓好代表履职培训。换届之后，分三批对全区人大代表和人大工作者约300人进行封闭式集中培训。在集中授课、座谈交流的同时，组织所有学员到长治潞城区和晋中太谷区观摩学习，使大家开阔了眼界，增强了信心。

二是不断改进代表联络工作。建立区人大常委会主任、副主任包联各代表团及常委会组

成人员联系代表工作机制。年内先后邀请40名基层代表列席常委会会议，80余名代表参与常委会组织的专题视察调研活动，提高了代表对常委会各项工作的参与度与知情度。认真落实全省代表联络站工作会议精神及市人大要求，由常委会主任、副主任带队，深入各乡镇、街道进行专题调研，为代表联络站建设、常态化运行把脉问诊、解决问题，推动全区24个代表联络站与基层党群服务中心有机融合，为创建星级代表联络站打下坚实基础。同时，切实发挥联络站作用，区级领导干部带头进站开展活动，广大基层代表积极跟进，推动了群众反映问题的有效解决。

三是认真做好建议办理工作。区十一届人大一次会议期间人大代表共提出建议、批评和意见170件，其中交由区政府办理的140件。常委会选取事关全区交通、教育、环保等民生方面的10件代表建议进行重点督办，增强了办理工作效果。如常委会督办的第70号《关于西外环（309国道）刘村至涧上段设置交通信号灯的建议》，区交警大队作为承办单位非常重视，研究制定办理方案，推出了整治交通事故频发路段的一系列举措，有效杜绝和减少了交通事故的发生，受到了群众的广泛称赞。作为第91号《关于解决人畜吃水问题的建议》的承办单位，区水利局及时采取行动，投资30余万元实施了枕头乡大前梁村集中供水工程，解决了25户78人安全饮水的这个老大难问题。去年12月，常委会审议了22个代表建议承办单位的办理情况报告，对办理工作进行了满意度测评，真正做到了让代表满意、让群众得实惠。

四、强化自身建设，努力夯实依法履职的基础保障

常委会牢记“政治机关、权力机关、工作机关、代表机关”新使命、新要求，持续加强自身建设，全面塑造政治坚定、素质过硬、作风优良的履职新形象。

一是积极推进能力提升工程。坚持常委会专题讲座制度，先后举办6次干部能力提升讲座，聘请专家学者给常委会组成人员、机关全体人员辅导法律法规、政治理论、经济形势等专业知识，全面提高干部队伍的整体履职能力。

二是积极改善干部结构。积极争取区委支持，选派和抽调了5名年富力强、懂法律、熟悉财经工作的专业干部到人大常委会机关，较好解决了人大专业干部缺乏的问题；打破工委、科室界限，成立人大文秘宣传工作小组，提高了机关办文、办会能力。三是建立健全各项工作制度。重新修订了《常委会议事规则》《常委会备案审查工作办法》《代表议案的提出和办理办法》《代表建议、批评和意见的提出和办理办法》等制度，确保工作的制度化和规范化。

三是切实改进工作作风。深入基层调查研究，开展“我为群众办实事”活动。到包联脱贫户进行走访慰问，帮扶其解决实际困难，持续巩固脱贫成果；坚决扛起减灾救灾的政治责任，2021年秋强降雨灾情发生后，常委会班子迅速到包联乡镇、村开展帮扶工作，带动机关干部驻村帮扶，帮助群众抢收抢种，开展房屋重建和修缮工作。同时，号召全区各级人大代表立即行动起来，视察灾情，捐款捐物，真正做到了关键时刻挺身而出、接受考验，贡献力量。据不完全统计，先后有180余名各级代表

参与减灾救灾工作，捐款捐物达200万元。

各位代表！过去一年常委会工作取得的成绩，是区委坚强领导的结果，是区人大代表、常委会组成人员、各工作委员会和机关工作人员辛勤工作的结果，是区政府、区监委、区法院、区检察院密切配合的结果，是乡镇、街道人大协同努力的结果，是全区人民大力支持的结果。在此，我代表区人大常委会，向各位代表和所有关心支持人大工作的同志们，表示崇高的敬意和衷心的感谢！

我们也清醒地认识到，常委会工作与新时代的要求还有一些不适应的地方，与人大代表的期待还有一定差距，主要是：人大讨论决定重大事项常态化机制还不够健全；加强监督、推进工作的方法需要持续改进，监督支持的力度需要进一步加大；代表联络站运行还不太规范，代表议案建议的办理质效还需进一步加强；干部队伍的专业能力和工作本领还需进一步提高。所有这些，我们将在今后工作中切实予以改进。

今年的主要任务

2022年区人大常委会工作的指导思想是：以习近平新时代中国特色社会主义思想为指导，在中共尧都区委的坚强领导下，全面贯彻党的十九大和十九届历次全会及中央人大工作会议精神，深入贯彻习近平总书记关于坚持和完善人民代表大会制度的重要思想，坚持党的领导、人民当家作主、依法治国有机统一，按照区委“1258”工作思路和举措的总体部署，贯彻区委十届四次全会暨区委经济工作会议精神，解放思想，依法履职，不断将制度优势转化为发展效能、治理效能、服务效能，为奋力建设临汾首善之区，全方位推动尧都高质量发展提供坚实的民主法治保障。

一、全面贯彻新思想，发挥人大工作在治理体系和治理能力现代化中的重要作用

人民代表大会制度是支撑国家治理体系和治理能力现代化的根本政治制度，中央人大工作会议明确提出要坚持和完善这一根本政治制度。常委会要深刻认识领会新时代人大工作的新部署新要求，在工作实践中更好地发挥人大制度的特点和优势。始终坚持党对人大工作的全面领导，严格执行请示报告制度，始终把人大各项工作置于区委的领导之下，通过法定程序保证区委决策部署得到全面贯彻执行。健全完善与“一府一委两院”的协调沟通机制，不断提升工作合力。坚持常态化长效化学习制度，更好地用党的创新理论武装头脑、指导实践，推动人民代表大会制度在我区形成更多生动实践。落实省市区人大的相关会议和文件要求，加大人大制度和人大履职的宣传，普及人大知识，讲好人大故事，展现代表风采，让人民代表大会制度更加深入人心。

二、主动谋求新作为，发挥人大监督在服务尧都经济社会高质量发展中的推动作用

紧扣区委十届四次全会和区委经济工作会议的总体部署，找准人大监督的切入口和发力点，制定监督工作计划，提高监督工作实效。认真做好经常性监督，听取审议计划、财政预决算、国有资产、审计、环境保护等报告，在提高审议质量、加强跟踪监督上下功夫。贯彻

落实中央办公厅《关于加强地方人大对政府债务审查监督的意见》，对政府债务化解、金融风险防范开展专题调研。听取审议区政府项目建设、招商引资、创优营商环境等工作情况报告，专项视察尧都高新区配套设施建设、管运分离等情况，推动工业高质量转型。听取审议区政府关于五大农业生产基地建设情况的报告，对农业基础设施建设、因灾受损道路桥梁的修复重建开展专项视察调研，积极推进旱作农业和农业托管工作，助力做好农业现代化文章。聚焦文旅产业强化监督，助力挖掘尧都文化内涵，助推姑射山、平阳小镇等旅游景区建设，彰显尧都人文魅力。加强对司法工作的监督，听取审议区法院关于人民陪审员工作情况报告、区检察院关于民事裁判及执行监督工作情况报告，促进司法部门严格执法，依法办案。围绕重大城市建设项目、智慧城市建设、棚户区改造、落实教育“五名”创建、打造“十五分钟就医圈”等工作进行专题视察调研，深入了解情况，提出意见建议。配合省、市人大开展相关立法调研、执法检查，为推进法治建设担起人大责任。

三、切实强化新举措，充分发挥代表在社会治理和为民办实事中的独特作用

代表是人大工作的主体，是党和政府联系人民群众的桥梁纽带，常委会必须采取有效措施，使代表在推动尧都“干在实处、走在前列”过程中发挥更大作用。要强化代表履职保障，通过精准化培训提高代表履职能力和水平。继续邀请代表参加各类重要活动，进一步提升代表的参与权和知情权。积极创建星级代表联络站，深化和拓展代表联络站功能，发挥联络站在为民服务、化解矛盾、提升社会治理水平中的积极作用。服务全区项目建设和创优营商环境大局，引导广大企业家代表“内外联手、招商引才”，共同发展。大力宣传代表履职先进事迹，开展“代表在行动”主题活动。提升代表建议办理质量，不断提高代表建议的解决率。

四、严格落实新要求，努力做“四个机关”建设的表率

按照习总书记提出“人大机关要成为自觉坚持中国共产党领导的政治机关、保证人民当家作主的国家权力机关、全面担负宪法法律赋予的各项职责的工作机关、始终同人民群众保持密切联系的代表机关”的要求，对标先进地区，加强政治引领，强化业务学习，凝聚工作合力。一是加强政治引领。巩固党史学习教育成果，牢固树立政治机关意识，始终胸怀“两个大局”，心系“国之大者”，不断加强机关党的建设，落实党风廉政建设和意识形态建设的各项要求。二是强化履职能力建设。坚持常委会主任会议定期学习制度和法律法规专题讲座，加强对政治理论与人大业务知识的学习，不断提升自身履职能力。三是推进机关信息化建设。积极推进智慧人大建设，广泛应用“尧都人大”公众号等信息化平台，切实提高机关工作效能。

政府工作报告（节选）

——在临汾市尧都区第十一届人民代表大会第二次会议上

（2022年1月24日）

一、2021年主要工作回顾

2021年是建党一百周年，也是我区“十四五”开局之年。在市委、市政府和区委的坚强领导下，在区人大和区政协的监督支持下，区政府坚持以习近平新时代中国特色社会主义思想为指导，牢记习总书记“在转型发展上率先蹚出一条新路来”的殷殷嘱托，认真贯彻落实中央、省、市决策部署，紧盯全方位推动高质量发展走在全省第一方阵目标，按照区委“1258”工作思路和举措，突出重点，狠抓落实，全区各项工作取得了来之不易的成绩。

（一）综合实力跃上新台阶。全区生产总值历史性突破400亿元，达400.6亿元，增长7.8%；规上工业增加值完成98亿元，增长31.1%；固定资产投资完成120.7亿元，增长14.2%；全社会消费品零售总额完成291.2亿元，增长11.8%；一般公共预算收入完成22.7亿元，增长20.6%；城镇居民人均可支配收入预计完成42535元，增长9%；农村居民人均可支配收入预计完成19604元，增长12.6%。各项经济指标再创历史新高。

（二）转型发展迈出新步伐。农业实现稳产增收。五大农业基地得到巩固。粮食总产量达21万吨，新增优质水果、设施蔬菜1710亩，畜禽存栏161万头（只）。培育“晋”字号、“尧”字号特优农产品26个，农产品加工销售额达15.7亿元。实施了5000亩高标准农田建设，完成了60处农村饮水安全巩固提升工程、10958户农村厕所改造工程。养护农村公路218公里，抢修因灾水毁道路753处22公里，乡村振兴基础更加稳固。工业转型步伐加快。突出安全、绿色、智慧发展，完成雪坪煤矿减量重组，全年煤炭产量达1225万吨。枕头乡20兆瓦风电项目启动建设，支持大唐、临汾热电厂高质量发展，全年发电量达62亿千瓦时。亨瑞达扩建项目投产运营，宝珠、汾河等医药企业快速发展，医药产值达3亿元。尧都高新区总投资4.5亿元的10万平米标准化厂房项目启动建设，“山西智创城NO.11”获批挂牌，字节跳动、百度等知名企业陆续入驻云商产业园，盛泰源、纳海鸣、中贝锂电池等产业项目投产运营，山西安围保温材料一期项目、山西建筑产业现代化（临汾）园区一期项目拿地开工，数字产业、新材料产业、高端装备制造业等新兴产业蓬勃发展。尧都高新区入驻企业达151家，培育“四上”企业[6]43家、高新技术企业7家、省级“专精特新”企业[7]5家。特别是华德冶铸被评为国家级专精特新“小巨人”企业[8]，产品国内市场占有率达26%、全国第一，产品远销美、德、日、韩等十几个国家。现代服务业快速发展。突出商贸、物流、文旅三大产业，加快重点项目建设，华夏国际商贸城、百汇湾酒店、中心城彩虹龙街项目主体完工，星河湾酒店和商业街项目完成总投资的45%。晋南国际农产品物流园一期工程、亿达安快递电商仓储一期工程快速推进，物泊、快驰两大网络货运平台进驻运营。与伟光汇通集团成功签约投资50亿元的尧都文旅综合项目，与山西宏源集团成功签约投资10亿元的姑射山风景名胜区项目。天寿山旅游公路一期项目完成建设。成功举办第17届县底镇李家庄桃花会、魏村镇牛王庙会等文旅活动，国家全域旅游示范区创建工作顺利通过省级验收。

（三）城乡面貌实现新改观。坚持景观式造街、园林式建城，统筹推进城乡建设。道路工程接连竣工。总投资28亿元的“三街三桥”工程竣工通车。投资5亿元的迎春街南延道路工程7月份完成建设，投资4.1亿元的解放东路高架桥工程8月份竣工通车，投资6.7亿元的体育街南延道路工程国庆节竣工通车。特别是投资12.2亿元的尧贤街南北延及跨涝河、汩河大桥工程于今年元旦胜利竣工，全长13公里的尧贤街全线贯通，彻底打通了东城片区南北交通主动脉。城市更新步伐明显加快。总投资66.5亿元的西王沟、九州堡、新东城等9个货币化安置项目圆满完成，总投资24亿元的翟庄、西王等3个实物安置项目正在加快建设，总投资2.9亿元的1320套采煤沉陷区治理搬迁安置房建成分房，总投资1亿元的三元、东方商贸、汾河制药厂等13个老旧小区改造工程全部启动，总投资1亿元的华州路靓城提质改造工程成果显现。特别是这一年我们全力配合市级重点工程项目建设，先后配合解放路靓城提质、五一路快速路工程、中心医院改扩建等市级重点项目完成拆迁52万平方米，为重点工程建设扫清了障碍、创造了条件。城市治理更加有效。投资3000多万元，建设了17个党群服务中心、80个党群驿站，形成了覆盖广泛、集约高效的党群服务体系。精细划分社会治理网格，配备网格人员2900余名，18类社会治理“一网通管”，呈现了“横向到边、纵向到底”的社会治理格局。扎实开展东城交通秩序和环境卫生专项整治，启动实施城乡环卫一体化工程，城乡面貌明显改观。

（四）生态环境取得新改善。持续开展蓝天、碧水、净土三大保卫战。在蓝天保卫战上，聘请专家把脉问诊，精准科学开展治污，完成831户清洁取暖改造工程、市区240条小街小巷硬化改造。从严落实81家建筑工地“6个100%”措施[9]，关停取缔64家“散乱污”企业。加快公共服务用车清洁化改造，置换更新46辆国六运钞车。市区空气质量综合指数

5.32，改善率达12.2%，超全省平均改善率0.9个百分点，在全国168个城市中排名第24。在碧水保卫战上，从严落实“河长制”[10]，扎实开展汾河流域水环境质量巩固提升行动，实施总投资1.4亿元的金殿、吴村、魏村等6个乡镇污水处理站及管网建设工程，查处河道“四乱”问题[11]41处，科学有效处理涝洰河氟化物超标问题，两个国考监测断面水质全部退出劣Ⅴ类。在净土保卫战上，积极争取市委、市政府支持，启动实施西山采石企业专项整治。持续开展水土保持工程，完成11家畜禽养殖场粪污治理设施改造，人工造林1万亩，封山育林2600亩，整改销号166个省级水土保持遥感图斑问题，土壤环境得到有效保护。

（五）后劲活力得到新加强。重点领域改革持续推进。农村集体产权制度改革和“三块地”改革[12]成果得到巩固，9个乡镇14个村农业托管服务面积达3万余亩，6家区属国有企业改制全面启动，209家事业单位改革全部完成，行政效能全面提升。营商环境持续优化。制定出台招商引资优惠办法，扎实开展优化营商环境专项行动，企业开办时间缩短至0.5个工作日。项目建设持续提速。104个重点项目累计完成投资99亿元。全年招商签约省域外项目8个，签约资金达149亿元。

（六）社会事业取得新成效。突出教育文化事业。加快优质资源合理布局，实施了滨西小学、东城第一小学项目建设，完成了育红小学、冶建小学、尧庙初中、孟家庄小学集团化改革。公开招聘教师76名，优化整合教师58名，选聘引进校长4名。举办捐资助学活动，为110名困难学生奖补336万元。大力开展群众文化体育活动，下乡巡演9场，送戏下乡138场。突出医疗卫生保障。实施完成区眼科医院旧楼改造工程，启动区中医院住院楼改造项目。建立区级医疗救助体系，累计支付资金1253万元，救助群众1.5万余人次。特别是面对疫情防控的严峻形势，坚持常态化疫情防控不放松，严格落实重点地区来尧返尧人员排查管控措施，完成疫苗接种170余万剂次，外防输入，内防反弹，为全区人民筑起了坚固的防疫屏障。突出社会保障工作。积极扩大就业，开展技能培训1.3万余人次，举办各类招聘会53场，提供就业岗位7500余个。积极推动社保扩面提质，全区养老、失业、工伤、医疗参保人数达97万人次。关注困难群体，救助困难群众2.5万人次，发放保障米面77万余斤，落实残疾人补助668万元。97名孤儿基本生活得到有力保障。高度重视退役军人工作，53名退役士兵和3名军转干部按国家政策安置。扎实推进巩固脱贫攻坚成果和乡村振兴有效衔接，2657万元省市专项资金、38个农业类项目落地见效。突出安全生产和社会治理。扎实开展安全生产专项整治三年行动，全区安全形势总体稳定。投资800余万元，提升改造国省道交通设施74处，道路交通事故“减量控大”考核工作名列全市第一。狠抓基层社会治理，圆满完成村（社区）“两委”换届工作，扎实推进“三零”单位创建[13]，常态化开展“扫黑除恶”，破获刑事案件1530起。“平安尧都”建设成果丰硕，区公安局获得“全国根治拖欠农民工工资工作先进集体”，铁路东办事处三元社区荣获“平安中国建设先进集体”荣誉称号。特别是面对50年未遇的秋汛灾情，我们始终把人民群众的生命安全放在首位，第一时间启动应急响应，动员各方救援力量，投入抢险救灾1.5万人次，全区没有一人因灾死亡。灾后迅速转移重心，开展重建工作，抢种农田32.8万亩，修复水电气等基础设施227处，1218户农房如期完成修缮重建，元旦前受灾群众全部住进温暖安全房屋。

（七）政府效能有了新提升。围绕建设人民满意政府，深入开展党史学习教育，扎实推进“我为群众办实事”实践活动，持续推动“争先、进位、崛起”解放思想大讨论走深走实。始终坚持依法治区、依规履职，严格落实政府系统全面从严治党主体责任，坚持不懈推进党风廉政建设和反腐败斗争，意识形态和精神文明创建工作再上新台阶。全力配合省委巡视工作，狠抓问题整改。自觉接受人大监督和政协民主监督，办理区人大代表建议140件、政协提案105件。

与此同时，国防动员、人民防空、双拥共建、优抚安置和退役军人服务保障工作扎实推进。民族宗教、统计、审计、外事、气象等工作取得新进展，妇女儿童、老龄、残疾人、红十字等事业取得新进步。刘村镇妇联荣获“全国妇联系统先进集体”称号。

各位代表，过去一年，政府统筹疫情防控和经济社会发展，稳增长、抓改革、促转型、惠民生，在财政资金十分困难的情况下，投入民生事业29亿元，区政府向全区人民承诺的十件实事全部兑现。这些成绩的取得，是坚定不移贯彻习近平新时代中国特色社会主义思想的结果，是区委坚强领导的结果，是全区上下同舟共济、奋力拼搏的结果！在此，我代表区政府，向全区人民，向人大代表、政协委员，向各民主党派、工商联、无党派人士和人民团体，向驻尧部队、公安干警和武警官兵，向所有关心支持尧都改革发展的各界朋友，表示崇高的敬意和衷心的感谢！

在肯定成绩的同时，我们也清醒地看到，我区发展不平衡不充分的问题仍然存在，与全方位推动高质量发展的要求相比，产业支撑明显不足、高新项目明显偏少、城市建设步伐仍然不快、民生改善任务依然繁重，一些长期性、结构性、体制性、素质性矛盾尚未得到有效解决。一是转型发展任务艰巨。目前，全区三次产业占比3.3：25.5：71.2，工业支撑仍然不足，尤其是规上工业企业中“煤电燃化”增加值占比高达92.6%，代表新动能的装备制造、高技术、战略性新兴产业增加值占规上工业增加值不足3%；三产中生产消费占比66.1%，生活消费仅占33.9%，说明我区经济结构失衡、产业结构不优、发展活力不强的问题十分突出。二是营商环境亟待优化。一些招商项目迟迟不能落地，个别单位和工作人员服务意识不强，土地、环保等制约因素客观存在，基层工作人员在解放思想、靠前服务、主动作为上还有较大差距，全区发展环境还需进一步优化。三是民生事业仍需加强。教育、文化、卫生等民生事业还存在短板，城市建设遗留问题有待下大力气解决，安全基础不牢，民生改善任重道远。对此，我们将高度重视，不回避，不退缩，采取有效措施，持之以恒加以解决。

二、2022年工作安排

今年是党的二十大胜利召开之年，也是锚定“双城”定位[2]，以“1258”工作思路和举措全方位推动高质量发展的关键一年。今年政府工作的总体要求是：以习近平新时代中国特色社会主义思想为指导，全面贯彻党的十九大和十九届历次全会精神，弘扬伟大建党精神，深入贯彻习近平总书记视察山西重要讲话重要指示精神，深入贯彻中央经济工作会议部署、省委全方位推动高质量发展目标要求和工作矩阵[1]以及省委十二届二次全会暨经济工作会议部署，认真落实市委“1355”战略[3]、市委五届二次全会暨经济工作会议以及区委十届四次全会暨经济工作会议部署，锚定“双城”定位，深入实施“1258”工作思路和举措，立足新发展阶段，完整准确全面贯彻新发展理念，抢抓构建新发展格局战略机遇，树牢以人民为中心的发展思想，坚持稳中求进工作总基调，全面落实“六稳”[14]“六保”[15]工作要求，统筹疫情防控和经济社会发展，统筹发展和安全，在全方位推动高质量发展中干在实处、走在前列，奋力建设临汾的首善之区，以优异成绩迎接党的二十大胜利召开。

主要预期目标是：全区生产总值增长8%；规上工业增加值增长10%；全社会固定资产投资增长10%；社会消费品零售总额增长8%；一般公共预算收入增长6%；城镇和农村居民人均可支配收入分别增长8%、8%以上。各项约束性指标力争超额完成市定目标。

做好今年政府工作，我们将坚定不移贯彻中央、省、市和区委决策部署，抢抓新时代推动中部地区高质量发展、黄河流域生态保护高质量发展、推进资源型地区高质量发展等重大战略和政策机遇，用好政策，放大效应，全面对接国家、省、市“十四五”规划和各专项规划，精心实施一批重点项目、重大改革、重要举措。我们将坚定不移围绕全方位推进高质量发展这个要求，以区委“1258”工作思路和举措[4]引领各项工作，找准优势、发挥优势，奋力在产业高质量转型、城市高质量建设、环境高质量保护、民生高质量保障上实现新突破。我们将坚定不移紧扣迈进全省第一方阵这个目标，高点起步、全年发力，抢抓机遇、争先进位，以坐不住的紧迫感、慢不得的危机感、等不起的责任感，坚定信心、迎难而上，奋力转型蹚新路。我们将坚定不移按照“稳中求进”这个工作总基调，精准分析，周密谋划，实干攻坚，有效应对疫情反复和病毒变异、大宗商品价格上涨、金融债务风险等各类风险隐患，有效应对需求收缩、供给冲击、预期转弱三重压力，在危机中育先机，在变局中开新局，稳中求进，难中求成，推动全区经济社会实现高质量发展。

今年，重点抓好八方面工作：

（一）夯实工业根基，推动工业高质量转型。产业稳，则经济稳；工业兴，则经济强。我们将把振兴工业作为尧都“争先、进位、崛起”的有力支撑，实施三百亿产业提质工程，千方百计上项目、促转型、扩规模、提质量。

一是突出内涵集约发展，做优做绿传统优势产业。按照“稳产保供、绿色发展、精深加工”的要求，推动煤炭、电力、医药三大传统产业高端化、智能化、绿色化发展，力争产值突破260亿元。在煤炭产业上，围绕安全生产、释放产能、稳产保供，加快煤矿建设和技术改造。实施总投资2亿元的东泰煤矿基建工程、晋牛煤矿智能化工作面工程、雪坪和恒昇煤矿技术改造工程，加快推进金塬达煤矿开工复建，狠抓煤矿安全生产，力争原煤产量达到1300万吨。在电力产业上，坚持绿色清洁发展，在抓好大唐、临汾热电企业稳产保供的基础上，积极推进风电光电等新能源应用，加快总投资1.6亿元的枕头乡20兆瓦风电项目建设，7月份并网发电。力争发电量达到65亿千瓦时。在医药产业上，以经典中成药、保健养生药酒等高附加值产品为重点，支持亨瑞达、宝珠、汾河等医药企业加大研发力度，打造品牌优势，推动医药产业内涵集约转型升级。

二是突出成链集群发展，培育壮大战略性新兴产业。新兴产业是转型发展的希望所在。我们将抓住当前产业布局加速调整的重要窗口期，聚焦“六新”[16]领域，招引培育并重，建链延链强链，大力推行“链长制”，强化“链主”企业引领作用，推动数字产业、高端装备制造、新材料、节能环保等新兴产业集群化、链条化、规模化，力争产值突破100亿元。数字产业以字节跳动、百度标注为“链主”，以“山西智创城NO.11”[5]为承载，带动就业2000人以上，引进高端人才20人以上，留住本地大学生创业就业3500人以上，年产值达到12亿元。用五年时间，数字产业项目投资达到30亿元，创造就业岗位2万个以上，实现产值60亿元。高端装备制造产业以华德冶铸为“链主”，以大阳高端装备制造产业园为承载，抓龙头、建链条、上配套、促集聚，推动传统制造业向高端装备制造业转型，力争产值达到35亿元。重点抓好总投资1.6亿元的康腾威特种车辆零部件二期项目、正合天军民融合产业园一期项目，确保年内建成投产。积极对接洽谈项目，争取达沃干砂选煤设备智能制造项目、高镍合金排气管研发生产项目、壹品重工新能源纯电动工程机械项目早签约、早落地、早投产。新材料产业以特种金属材料、先进建筑材料为重点，实施总投资8.9亿元的山西建筑产业现代化（临汾）园区一期项目、山西安围保温材料一期项目、桂能环保新型材料项目，年内建成投产。环保产业以垃圾资源化利用为方向，谋划建设一批资源回收利用和节能环保项目。力争环境产业园餐厨垃圾处理、乾瑞祥有机肥生产线、再生资源循环利用产业园项目启动实施。

三是突出高效招商服务，加快打造高新区升级版。高新区是我区转型发展的主战场、主阵地。我们将把招商引资作为第一抓手，统筹建设硬环境和服务软环境，围绕“高新”作文章，扭住项目抓落实，年内签约资金不少于100亿元。一是长板招商，增强产业转型后劲。围绕“谁来招、如何招、去哪招”的问题，解放思想大讨论，长板招商抓落实。充分发挥我区资源禀赋、空间区位、产业基础和政策优势，积极对接省内一群两区，深度融入晋陕豫黄河金三角区域合作，主动加强与京津冀、珠三角、雄安、成渝等区域的互动，做实做细招商图谱，用好用足长板招商，大力开展企业招商、园区招商、专业招商、产业链招商、小分队招商，力争全年招商落地资金突破30亿元。二是筑巢引凤，加快配套设施建设。今年重点实施总投资21亿元的“四厂一房四路一电”10个基础设施建设项目。一是10万平方米标准化厂房项目，8月底前全部完工、交付使用；二是贾得新兴产业园污水处理厂和供水厂项目，6月底前办结全部手续，年内完成土建工程，启动设备安装；三是大阳高端装备制造产业园污水处理厂和供水厂项目，9月底前办结前期手续，年内启动建设；四是贾升街道路、德园路北段两条道路工程，3月份集中开工，年内竣工通车；五是盛园路北段道路、工业大道南延两条道路工程，年内争取开工；六是电力迁改整合项目，年内完成110千伏高压线路迁改，为高新区开发建设腾出空间。三是优化环境，提高服务企业能力。重点抓好三个方面。一是狠抓三项改革。全力推进“承诺制+标准地+全代办”改革[17]，补齐短板弱项，做实政策配套、操作细则、人员培训，切实把承诺理念融入“标准地”和“全代办”工作。二是狠抓“窗口”建设。紧抓“山西智创城NO.11”获批这一重大机遇，对标省综改区经验，聘请国内一流团队，打造尧都智创品牌。年内培育高质量企业40家、科研机构4家，引进各类人才1000人以上，带动就业2000人以上。围绕“区内事区内办”，推动高新区依法授权到位，确保行政审批赋权事项领得到、接得住、管得好、有监管，真正实现“园区说了算、园区能办事”。注重“三化三制”改革[18]，加快“管运分离”，建立精简高效的管理运行机制，打造良好营商环境新窗口。三是狠抓“三个一批”活动[19]。强化项目管理，领导包联，专班跟进，倒排工期，挂图作战，清单管理，服务跟着项目走，要素跟着项目走，洽谈项目抓签约，签约项目抓开工，开工项目抓投产，投产项目抓达效，确保签约项目开工率达到50%以上、开工项目投产率达到60%以上、投产项目达效率达到90%以上。

（二）聚焦乡村振兴，扎实推进“三农”工作。“三农”工作始终是全党工作的重中之重。我们将按照“产业兴旺、生态宜居、乡风文明、治理有效、生活富裕”的总要求，扭住产业兴旺，建好五大基地，狠抓五项工作，扎实推进乡村振兴。

一是狠抓稳粮保供。按照“藏粮于地、藏粮于技”的要求，把提高农业综合生产能力放在更加突出的位置，严格落实粮食安全党政同责，严守耕地红线，坚决遏制耕地“非农化”、防止“非粮化”。扎实推进5000亩高标准农田建设，实施农业生产托管1.2万亩，确保粮食总产量稳定在20万吨以上。

二是狠抓产业振兴。以优质粮食、设施蔬菜、特色水果、优质核桃、畜禽养殖五大农业基地为重点，研究制定特优产业支持政策，发挥财政资金撬动引领作用，加快农业产业化进程。今年，重点推进总投资5600余万元的九里香蛋鸡、新晋利生猪、泓昌源肉牛等五大规模化养殖场建设，大力扶持总投资5300余万元的凌琛平菇、百康有机芦笋、常民樱桃、鼎盛食用菌四个农业特色产品扩规提质增效，加快培育碧丰霖无花果、锦怡兴林蛙、彦畅春肉制品、“三农”乳品等一批优质农业品牌。特别是紧盯从田园到餐桌的中间环节，培育“龙头企业+中央厨房+终端配送”全产业链，把龙头企业做起来，把中央厨房建起来，把终端配送搞起来，形成高效生产流通体系。重点对接乐禾集团，力争年产值2亿元的中央厨房项目落地建设。

三是狠抓基础支撑。重点实施总投资4.5亿元的八大基础设施建设工程。加快推进神刘灌区续建和节水改造工程、仙洞沟水库工程及魏村、段店等4个乡镇农村供水保障工程，配合实施引沁入汾尧都专线水质提升工程。继续推动“四好农村路”[20]高质量发展，启动10座危桥改造工程，建设130公里农村公路，修复59条因灾受损县乡村道路。

四是狠抓乡村建设。加快推进美丽乡村建设，分类指导，示范引领，全面改善村容村貌，建设15个美丽宜居示范村，启动乡村振兴“四类示范村”[21]创建工作。接续实施农村人居环境整治提升五年行动，健全完善农村人居环境长效管护机制，完成农村厕所改造2万座。扎实推进乡风文明建设，构建自治、法治、德治相结合的乡村治理体系，培育文明乡风、良好家风、淳朴民风，不断提升乡村治理水平。

五是狠抓脱贫巩固。以“三类对象”[22]为重点，扎实做好防止返贫监测帮扶，落实“两不愁三保障”[23]“雨露计划”[24]等措施，继续支持核桃、粗布、艾草等扶贫产业发展，抓好投资3000万元的56个专项项目，大力培训农村致富带头人、乡村工匠、高素质农民等乡村人才，推动巩固拓展脱贫攻坚成果同乡村振兴有效衔接。

（三）发挥区位优势，大力推动服务业提质增效。深挖尧都主城区优势，开展三大行动，加快服务业智能化、绿色化、现代化发展，持续扩大服务业有效供给、优质供给、高端供给，满足人民群众美好生活需求。

一是开展现代商贸业提档升级行动。重点抓好总投资60亿元的九大商贸工程。恒和园商业街和富力尚悦居商业项目3月份开工建设，华夏国际商贸城项目10月份竣工，星河湾酒店、功名·理想广场、时代国际3个项目主体封顶，星河湾商业街、孔雀花苑商业区、永晖商务楼等3个项目年内完成建设。

二是开展智慧物流业扩容壮大行动。抓好总投资21亿元的五大物流项目。空港仓储物流园项目5月份启动一期工程，晋南国际农产品物流园一期工程、亿达安快递电商仓储一期工程12月份竣工运营，锦阳仓储冷链物流项目、润春富冷链物流配送中心项目年内竣工投产。

三是开展文化旅游业品牌打造行动。围绕建景区、强配套、优服务、办活动四大重点，打造全域旅游产业新业态。在景区建设上，重点实施总投资20亿元的五大项目。继续推进魏村镇全域旅游项目；启动姑射山风景名胜区、尧山农林康养文旅园2个项目，5月份办结前期手续，6月份开工建设；临汾药茶文化产业园项目，年内完成建设；积极对接伟光汇通集团，争取尧都文旅综合项目6月份开工。扎实做好文物保护工作，统筹景区开发和文物保护，做到两手抓、两提升。在配套设施上，重点抓好总投资1.7亿元的两个黄河一号旅游公路建设项目。一是全长8公里的天寿山旅游公路二期项目，6月份开工，11月底建成；二是古历山旅游公路项目，配合做好征地拆迁工作，为项目开工创造良好条件。在要素服务上，坚持以游客为中心，围绕“吃住行游购娱”，加快景区基础配套，推动文旅产业标准化、规范化、品质化。今年重点加强游客集散中心建设，配齐景区旅游厕所、停车场等基础服务设施，全面提升景区服务能力和水平。在文旅活动上，深入挖掘尧都文化资源和旅游资源，积极推动生态旅游、文化旅游、红色旅游、乡村旅游融合发展。高标准筹备尧都文化旅游节，进一步弘扬德孝文化、根祖文化、廉政文化，扩大“华夏文明之源·炎黄子孙之根”影响力，打造国际知名尧文化旅游目的地。

各位代表，构建三次产业协同发展的现代产业体系是全方位推动高质量发展的重中之重。区政府将以非常之力，下恒久之功，抓机遇、上项目、促转型，加快培育壮大新动能，让转型蹚新路跑出加速度，驶上快车道！

（四）锚定“双城”定位，大力推进城市更新。人民城市人民建、建好城市为人民。省委提出要在临汾建设黄河流域绿色崛起转型样板城市，打造晋陕豫黄河金三角区域中心城市。尧都作为临汾唯一市辖区，我们将按照市委、市政府部署，牢牢扛起建设“双城”的使命任务，以建设首善之区为统领，以美丽靓区为主线，以项目建设为支撑，高标准规划、高质量建设、高水平管理、高品质运营，“规建管运”一体推进，不断提升城市的颜值、气质、价值。

一是坚持规划引领，推动连片开发。对接国土空间规划最新成果，坚持河西、老城、东城、涝洰河、尧庙“五区联动”，高标准编制五个片区控制性详细规划。今年重点推动涝洰河、临钢两大片区规划的编制报批工作，为东城开发建设提供科学指引。临钢片区规划坚持因地制宜、延续特色、文创结合、产城融合，统筹临钢城市记忆和东城新区特色，着力打造和谐之都、活力之城、创意之源。涝洰河片区规划坚持公园城市理念，做足绿色低碳、生态宜居文章，着力打造“园中建城、城中有园、城园相融”的高品质生活社区。

二是加快靓城提质，打造宜居城市。一是突出重点，扮靓东城新区。重点抓好“两路一桥”靓城提质建设。启动实施投资0.8亿元的尧贤街绿化工程，让尧贤街这条东城新区主动脉成为城市提质的新标杆。加快推进总投资1亿元的华州路靓城提质和景观游园建设工程，5月份全面竣工、对外开放。加快扫尾解放东路高架桥附属工程，高标准做好沿线绿化、亮化以及桥下人行道施工建设，5月底全部完工。二是完善配套，提升东城品质。重点加快总投资5.4亿元的两大文化体育场所建设。文化艺术中心项目，年底前完成主体工程。东城体育馆项目，7月底前完成全部装修和设备安装，正式开放运营。三是数据引领，打造智慧活力新东城。坚持以城市居民生活需求为导向，充分运用大数据、5G等技术手段，加快推进智慧城市建设。重点紧盯环境卫生、城市停车等民生问题，实施两大工程。一是投资1亿元的城乡环卫一体化工程。坚持区级统筹、市场运营、智慧管理，常态化环卫作业，生活垃圾收运处置体系覆盖171个行政村。二是投资6300万元的智慧停车系统建设工程。坚持政府引导、市场运作、数据服务，启动东城片区智慧停车系统建设，年内完成5900个车位的规划建设，尧都区智慧停车平台投入运营，推进停车服务一键预约、智慧引导、车位共享、无感支付，实现东城车位资源全局化、停车运营智慧化、车主服务便民化。

三是完善城市路网，助力城市建设。重点抓好总投资21亿元的11个城市道路和桥梁工程。实施东关街、东王路、枣林街南延、临纺街南延道路工程，为东城新区、临钢片区开发建设提供有力保障；加快涝洰河台地周边路网工程建设，启动台地十路、南环路、台地七街和台地八街4条道路工程，为台地连片开发提供有力保障。高标准编制东关立交桥和环城南路立交桥工程规划，争取年内启动实施。加快河西片区规划四街工程建设，确保6月底前竣工通车。

四是坚持建改并举，促进城市更新。加快推进棚改城改等安居工程建设。重点抓好总投资72亿元的汾东、翟庄、西王等八大棚改城改项目，高标准建设安置房8000套，让群众早日住上舒适住房。加快实施城镇老旧小区改造。在完成去年13个小区改造任务的基础上，再实施总投资4亿元的53个老旧小区改造工程，让7880户居民居住环境明显得到改善。大力支持房地产项目建设。坚持“房住不炒”定位，稳房源、稳房价、稳预期，重点推动总投资460亿元的52个房地产项目，围绕企业需求，及时解决建材、机械、工人等方面困难，确保按时开工，满足群众住房刚性需求。特别是我们将紧盯群众的急难愁盼，全力解决住建领域遗留问题。重点围绕拆了没地住、建了没交工、买了住不上等问题，对住建领域存在的问题开展一次大起底，建立台账，专人领办，问题不解决不撤手，群众不满意不收兵，切实解决群众最急、最忧、最盼的问题。一方面，紧盯秀水城、荣华世家、北美金港、上东世纪等“半拉子”工程，专班负责，跟踪推进，解决项目手续、资金、产权等问题，加快项目建设，力争早日交房。另一方面，紧盯还迁安置项目建设，推动五一东路还迁安置项目年内完工，西关还迁安置项目、规划三街还迁安置项目尽快启动建设，以项目的实际进展争取群众的支持。

各位代表，建设高品质城市是群众的向往、人民的期盼。区政府将坚持以人民为中心，紧盯群众的急难愁盼问题，坚持理旧账、解难题，一点一点化解各领域所有遗留问题，以实实在在的成效回应群众的期盼、解决群众的难题！

（五）围绕绿色转型，狠抓生态修复和减污降碳。绿水青山就是金山银山。我们将深入贯彻习近平生态文明思想，以减污降碳协同增效为总抓手，持续改善生态环境质量。

一是锚定“蓝天常驻”，打好蓝天保卫战。紧盯“坚决退出倒五、力争退出倒十”目标，突出抓好四个方面。一是控煤。持续巩固10万户清洁取暖改造成果，强化“禁煤区”[25]“禁燃区”[26]管理，常态化开展散煤整治。启动实施总投资26亿元的霍州—尧都长输供热项目，保障冬季清洁热源足量供应。二是抑尘。建立建筑工地监管地图，上下联动、部门联防，动态管理、常态监管，高标准落实“6个100%”措施。扎实开展城市清洗行动，加强市区联动，对城市道路、立面房顶、绿化树木及路灯、交通护栏等设施进行常态化保洁清洗，有效控制市区积尘污染。三是管车。狠抓治超工作，持续巩固绿色运输示范区建设成果，严禁国三及以下营运类柴油货车上路，加强62个加油站、70个汽修厂等涉气市场主体监管。四是减排。对366家工业企业严格落实限排减排措施，对“散乱污”企业坚持动态清零。特别是加快推进总投资3亿元的东方恒略环保改造项目，年内实现提标创A。

二是锚定“绿水长清”，打好碧水保卫战。全面落实黄河流域生态保护和高质量发展战略，加快推进沿河污染治理和生态修复工程。重点抓好三个方面。一是压实河长责任，严格落实“河长制”。纵深推进“清四乱”行动，全面管控19条河流29个排污口。二是从严从紧监管，严防超标排放。重点推进工业企业污水处理设施达标改造，紧盯2家工业企业和4家污水处理厂，建立健全出水口主要污染物监测预警机制，做到常态监管，预防在先。三是加快项目建设，强化污水治理。今年重点实施总投资3700万元的华州路排水管网雨污分流改造工程，加快实施席坊沟流域、仙洞沟流域、岔口河流域生态修复保护工作和汾河沿岸水资源节约工程，打造汾河流域生态修复治理示范区。

三是锚定“黄土复净”，打好净土保卫战。突出抓好四个方面。一抓山体治理。加快推进西山采石企业资源整合，启动实施西山生态修复治理工程，完成总投资0.5亿元的龙祠泉水源地保护区309国道西侧裸露山体治理工程。二抓固废监管。重点加大对固体废弃物和危化品管控力度，积极推进垃圾分类和资源化利用项目。三抓面源污染治理。扎实推进化肥农药减量增效、畜禽粪污无害化处理等工作，源头治理农业面源污染。四抓造林绿化。重点实施3000亩黄河流域生态治理人工造林、5000亩封山育林、5000亩退化林修复、5000亩低产低效林改造、1万亩未成林补植五大工程，完成3.6万亩水土保持综合治理。

四是锚定“双碳”[27]目标，打好“双控”保卫战。贯彻落实省、市“双碳”工作实施意见和碳达峰实施方案，坚定不移执行环保准入制度，严格落实新增项目污染物排放总量和环境容量控制。严格落实能耗“双控”[28]措施，积极推进临汾热电等重点工业企业节能减排改造，支持大阳高端装备制造产业园循环经济持续升级，推动钢铁、铸造等关联企业聚集发展，打造产业链节能降碳新样板。

各位代表，环境就是民生，青山就是美丽，蓝天也是幸福。区政府将坚定不移贯彻“两山”理念，以壮士断腕的决心治理环境污染，以久久为功的韧劲呵护绿水青山，全力打造天更蓝、地更绿、水更清的生态环境！

（六）深化改革开放，厚植高质量发展根基。一是大力培育市场主体。按照省、市开展“市场主体建设年”活动的要求，紧紧抓住市场主体倍增这个基础性、战略性、牵引性工程，聚焦民营经济、个体工商户和小微企业、城市烟火气、“专精特新”企业四大重点，把握市场规律，放宽市场准入，持续优化减税降费、融资担保等惠企政策，以有力措施推动市场主体上规模、增实力、提效益。

二是继续深化改革。深化财税体制改革。坚持“小钱小气、大钱大方”，严格财政预算绩效管理，在保基本民生、保工资、保运转的基础上，将更多财力投入到重大战略、重要任务、重点项目当中。抓实国资国企改革。全面加强国资国企监管，指导区属国有企业健全现代企业制度，规范化经营，市场化发展。年内完成区电影院、人民剧院、电影公司、蒲剧团、平阳剧院、涧河桥粮油食品购销站6家全民所有制企业改制，提升国企发展质效，确保国有资产保值增值。拓展农业农村改革。持续巩固农村集体产权制度改革成果，重点抓好农村集体资产股份权能改革、农村土地二轮承包到期延包、农村土地经营权有序流转等工作，不断增强农业农村发展活力。同时，持续深化社会信用、金融服务、基层治理等重点领域改革，扎实做好党政机构改革和事业单位改革“后半篇文章”。

三是全力推动创新。重点抓好三个方面。狠抓创新平台建设。用好省校合作平台，加强与太原理工、西安交大、西北农林等知名高校合作，建设十二大基地，推动产学研用深度融合。今年引进1~2个科技成果转化项目，新建2~3家省级重点实验室和科创中心，着力构建创新平台培育梯队。狠抓高端人才聚集。持续优化人才引进机制，扎实推进“智汇尧都·

3112”工程[29]，柔性引才、全职聘用相结合，今年新引进高层次人才团队70个以上、紧缺急需的高层次人才140名以上，争取区校合作项目70个以上，为高质量发展提供人才和智力支撑。狠抓企业创新建设。深入开展“规上工业企业研发活动提质达标行动”，积极兑现研发费用税前加计扣除和研发投入奖励等优惠政策，持续加大高新技术企业培育力度。今年培育高新技术企业28家、科技型中小企业30家，推动工业企业研发经费支出增长20%以上，规上工业企业研发机构覆盖率达20%。

四是创优营商环境。对标“三无”“三可”[30]，紧盯“五个环境”[31]，扎实开展营商环境优化提升行动，着力打造市场化、法治化、国际化营商环境。深化“放管服”改革[32]，持续巩固“一枚印章管审批”[33]“一件事”集成服务[34]等改革措施，将审批时限再压缩90%以上。充分发挥一体化在线政务服务平台作用，推动更多事项“一网通办”“全省通办”，确保审批事项网办率达到100%。启动在线审批平台建设，实行政务服务电子签章，自动审核、远程填报、数字认证，推动更多审批事项从“最多跑一次”升级为“一次都不跑”，真正实现办事不见面、零跑腿。继续加强区政务大厅便民服务，坚持免费刻制印章、免费邮寄证照、24小时自助取件等创新做法，树立便民惠企服务新样板。完善“双随机、一公开”监管[35]、“互联网+监管”，推进多部门综合监管、协同监管。

五是狠抓项目建设。今年，重点实施122个重点项目，总投资612亿元，年内计划完成投资127亿元。其中，10亿元以上项目20个，1亿元以上项目65个。我们将把今年作为“项目建设年”，严格落实重大项目领导包联和专班会调度机制，推动项目建设提速提效。一是聚焦高质量发展动态谋划项目。牢牢把握国家、省、市战略布局，围绕“六新”突破、“两新一重”[36]、产业转型、生态环保、民生改善等领域，进一步加大项目谋划、包装、储备力度，动态管理、滚动发展，确保项目谋划不停步、不断档。二是聚焦项目开工加快手续办理。利用“冬闲”时间，紧盯57个新建项目，扎实开展手续办理月活动，明确任务，倒排时间，开辟手续办理“绿色通道”，确保2月底前新建项目手续办结率达到65%以上，一季度开工率达到35%，上半年开工率达到75%以上。三是聚焦项目建设强化服务保障。抢抓项目建设黄金期，精准把握项目开工、建设、投产等各个环节，专人负责，专班跟进，高效服务，以项目的高效率建设推动全区高质量发展。

（七）增进人民福祉，持续改善和保障民生。牢固树立以人民为中心的发展思想，持续增进人民福祉，在更高层次上保障和改善民生，更好满足人民群众对美好生活的向往，不断提高人民群众的获得感、幸福感、安全感。

一是办好人民满意教育。加大教育基础设施建设力度，重点实施西街小学、府东学校等6所学校建设工程。加快集团化改革进程，9月底前完成滨西小学、东高河小学、县底高中、贾得一中集团化办学改革。加强教师队伍建设，落实教师队伍补充计划，纵深推进“县管校聘”改革。落实“五名”创建措施，培养100名高水平“名师”、6所高质量“名校”、10名“名校长”、100节“名课堂”和20个“名教研组”。严格落实“双减”政策[37]，抓好学生作业管理，规范校外培训市场秩序，严格控制民办教育规模，确保民办义务教育在校生比例不高于6.52%。切实办好特殊教育、继续教育、网络教育，支持职业教育发展，加快建设高质量教育体系。

二是大力发展文化事业。继续加强图书馆总分馆建设，丰富图书馆微信、尧图图两大平台内容，持续开展全民读书月、“我和图图同阅读”等读书品牌活动，高质量建设“书香尧都”。大力实施群众文化惠民工程，组织开展锣鼓大赛、书画展、文化走进军营演出等系列文化活动，全年免费送戏下乡60场，下乡巡演10场以上。

三是提升全民健康水平。牢固树立大卫生、大健康理念，推动以治病为中心向以健康为中心转变。加快建设公共卫生、医疗救治、社区卫生三大中心，完善公共卫生事件应急指挥、疾病预防控制、卫生监督执法、医疗救治、公共卫生监测信息体系五大体系，推动综合医院、专科医院、农村社区卫生机构合理布局，持续打造“十五分钟就医圈”。实施眼科医院服务能力提升工程、中医院住院楼改造工程，力争9月份完工。加快建设独立发热门诊，确保3月份投入使用。加强医疗队伍建设，年内引进硕士及以上专业人才6名，打造高水平医疗服务队伍。

四是抓好就业创业工作。深入开展职业技能培训提质增效工程，鼓励引导各类企业对职工开展岗前培训、在岗培训、以工代训，提高职工技能水平，开展各类补贴性职业技能培训7000人次。全面落实就业政策，积极扩大就业，鼓励创业带动就业，多频次、多场次召开招聘活动，实现城镇新增就业7000人，农村劳动力转移就业6000人。

五是做好社会保障工作。扎实推进全民参保计划，紧盯电商、灵活就业、新业态等群体，推动从业人员社保全覆盖。大力发展养老事业，启动尧都区医养结合敬老院建设项目，稳步推进30个城镇社区养老幸福工程，全力打造养老服务模范区。加快殡葬配套服务设施建设，启动殡仪馆和区级公益性公墓项目，加快乡村两级公益性公墓项目建设，实现公益性安葬设施全覆盖。持续保障“六类家庭”[39]生活底线，继续实施领导包联孤儿制度，推进爱心助学行动，提高退役军人服务保障水平，切实提升全区人民的幸福指数。

（八）坚守底线红线，狠抓疫情防控和安全稳定。我们将坚持底线思维，守牢底线，对标高线，全力抓好疫情防控、安全生产、社会治理工作。

一是坚持不懈抓好疫情防控。

二是全力以赴抓好安全生产。牢固树立“总体国家安全观”，健全完善安全生产责任体系，严格落实党政领导干部安全生产责任制有关规定。持续开展安全生产专项整治三年行动，加强煤矿、非煤矿山、冶金工贸、危化品、学校、消防、燃气、食品药品、城乡建筑、道路交通、森林防火等重点行业领域隐患排查，严厉打击非法违法开采矿产资源行为，建立健全安全生产专项整治长效机制，以三年行动收官成效提升全区安全生产工作质量和水平。强化应急管理体系建设，总结秋汛灾情应急抢险经验，完善减灾救灾应急指挥体系，提高应急救援专业队伍和社会救援力量协同能力，扎实开展专项领域应急演练，全面提升应急应对能力和水平。

三是创新机制加强社会治理。狠抓信访调

解工作。深化新时代“枫桥经验”[38]，发挥多元矛盾化解中心平台作用，加强基层矛盾纠纷排查调解工作。推进全科网格改革。推广三元社区平安创建模式，加快公共视频体系建设，发挥好网格员、公安干警、基层巡防力量作用，切实解决好居民生活服务“最后一公里”问题。全力维护社会稳定。聚焦更高层次的平安尧都建设，常态化开展扫黑除恶，加强社会治安管控和食品药品安全监管，深入推进“八五”普法，做好北京冬奥会、党的二十大等关键节点稳定保障工作，为全区高质量发展创造安全稳定的社会环境。

在做好上述工作的同时，深入开展双拥共建活动，做好国防动员、军民融合、人民防空、退役军人服务管理、民兵预备役工作；支持工会、妇联、共青团、工商联等人民团体工作；大力发展妇女、儿童、老龄、慈善和红十字会等事业；加强气象、地震、科普、档案等工作；做好审计、统计、外事、侨务、对台等各方面工作，为我区全方位推动高质量发展汇聚强大合力！

各位代表，今年，区政府将全力办好十件民生实事。

1. 启动东关街道路工程建设。

2. 高标准实施尧贤街绿化工程。

3. 实施城乡环卫一体化工程，常态化环卫作业，生活垃圾收运处置体系覆盖171个行政村。

4. 启动东城片区智慧停车项目，规划建设车位5900个。

5. 实施53个老旧小区改造工程。

6. 建设完成东城第一小学、滨西小学两所公立学校。

7. 完成东城体育馆项目建设。

8. 完成2万座农村厕所改造工程。

9. 全力推动“四好农村路”高质量发展，建设农村公路130公里，实施危桥改造10座，修复59条因灾受损县乡道路。

10. 全面提升尧都区医疗管理水平，重点做好尧都区人民医院人才引进工作，完成区中医院住院楼改造工程、区人民医院独立发热门诊工程。

各位代表，基层的呼声就是我们前进的方向，群众的满意就是我们奋斗的目标。区政府将始终坚持以人民为中心，把群众关心关注的民生实事一件一件抓好落实，切实让人民群众共享改革红利和发展成果。只要是为了尧都百姓利益的事，我们都将初心不改、恒心不移；只要是为了尧都百姓拥护的事，我们都将万难不辞、万险不避！

三、强化政府自身建设

各位代表，全方位推动高质量发展，是一场接力跑。我们将加快建设人民满意的法治政府、廉洁政府和服务型政府，努力在新征程上跑出一个好成绩，跑进全省第一方阵。

一是坚持党的领导。我们将坚持把政治建设摆在首位，深入学习贯彻习近平新时代中国特色社会主义思想，坚决捍卫“两个确立”，增强“四个意识”、坚定“四个自信”、做到“两个维护”，不断巩固拓展党史学习教育成果，自觉把党的领导贯彻到政府治理各个环节，确保党中央、省委、市委的决策部署在尧都落地生根，确保区委的工作要求不折不扣执行到位。

二是坚持依法行政。我们将深入贯彻习近平法治思想，把政府工作全面纳入法治轨道，让规章制定有准度、权力运行有法度、严格执法有力度。深化法治政府示范建设，坚持依法决策、依法行政、依法办事。严格执行人大及其常委会的决议决定，认真办理人大代表建议、政协提案，自觉接受人大法律监督、区政协民主监督和各方面监督。

三是坚持高效服务。我们将牢固树立服务理念，紧盯“首善之区”建设，高点起步，围绕全方位推动高质量发展要求，自觉在全国全省全市大格局中寻标对标，以“起步就是冲刺、开局就是决战”的劲头，谋划工作，实干作为；全年发力，紧盯重点指标、重点工作、重点项目，倒排工期，挂图作战，以旬促月，以月保季、以季保年；抢抓机遇，紧扣建设黄河流域绿色崛起转型样板城市、晋陕豫黄河金三角区域中心城市的重大战略机遇，发挥“双城”招牌优势，谋项目、争资金；争先进位，跳出尧都看尧都，放眼全国找差距，力争在产业转型、城市建设、民生改善等方面拔头筹、争先进，在重点项目、环保攻坚、招商引资等方面再加力、再进位，推动各项工作迈进全省第一方阵。

四是坚持清正廉洁。我们将严格落实全面从严治党主体责任，深入推进政府系统党风廉政建设和反腐败斗争。认真贯彻落实中央八项规定精神，锲而不舍纠治“四风”，力戒形式主义、官僚主义。坚持挺纪在前，狠抓会风会纪。牢固树立过紧日子思想，严控“三公”经费，全力打造节约型、廉洁型政府。

注释：

［1］省委全方位推动高质量发展目标要求和工作矩阵：省第十二次党代会提出，全方位推动高质量发展的目标要求是以“全方位推动”为横向维度，以“高质量发展”为纵向标尺，形成“六个领域”“三个体系”全面贯通、深度协同的工作矩阵。“六个领域”即经济、政治、文化、社会、生态文明建设和党的建设。“三个体系”即目标和标准体系，牵引各领域高质量发展的方向；任务和举措体系，明确各领域高质量发展的抓手；政策和制度体系，筑牢各领域高质量发展的支撑。

［2］“双城”定位：省第十二次党代会给予临汾“建设黄河流域绿色崛起转型样板城市、打造晋陕豫黄河金三角区域中心城市”的定位。

［3］市委“1355”战略：“1”即坚持一个引领，就是坚持以全方位推进高质量发展为引领；“3”即统筹三大板块，就是要按照资源禀赋、区位条件和产业基础，统筹沿黄、沿汾、沿太岳“三大板块”发展；第一个“5”即聚焦五大重点，就是立足实际，针对制约临汾经济社会发展的短板弱项，突出产业转型、环境改善、改革开放、民生保障、队伍建设五大重点；第二个“5”即实现五个新跨越，就是通过全市上下共同努力，在综合经济实力、绿色转型发展、深化改革开放、社会民生事业、党的建设工作五个方面实现新的跨越，整体工作进入全省第一方阵。

［4］区委“1258”工作思路和举措：“1”是“一个统领”，以建设首善之区为统领；“2”是“两个率先”，在转型出雏形上率先、在治理山成效上率先，“5”是“五区共创”，即经济强区、文化名区、创新大区、

美丽靓区、幸福新区；“8”是“八大举措”，即党建引领强化、创新驱动赋能、城市品质提升、乡村全面振兴、生态文明先行、改革开放深化、安全体系完善、民生普惠共享。

［5］山西智创城NO.11：12月22日，山西智创城NO.11在尧都云商产业园启动，总规划面积20.8万平方米，坚持“以智助造”发展方向，以信息化、智能化、新型化的智慧赋能为依托，以百度、网易、字节跳动等为龙头企业，构建“创业苗圃+孵化器+加速器+产业园”的空间载体组合模式，提供“空间+孵化+基金+服务+生态”的双创全链条服务，通过“科技研发+项目孵化+中试转化+批量生产+产业集群”的孵化培育路径，实现创新源头到成果产业化应用的无缝衔接。

［6］“四上”企业：规模以上工业企业、资质等级建筑业企业、限额以上批零住餐企业、国家重点服务业企业。

［7］“专精特新”企业：具有专业化、精细化、特色化、新颖化特征的中小企业。“专业化”是企业专注核心业务，具有专业化生产、服务和协作配套能力，为大企业、大项目和产业链提供零部件、配套产品和配套服务。“精细化”是企业开展精细化生产、精细化管理、精细化服务。“特色化”是企业采用独特工艺、技术、配方或原料，研制生产具有地方或企业特色的产品。“新颖化”是企业通过技术创新、管理创新和商业模式创新，培育新的增长点，形成新的竞争优势。

［8］专精特新“小巨人”企业：专精特新企业中的佼佼者，是专注于细分市场、创新能力强、市场占有率高、掌握关键核心技术、质量效益优的排头兵企业。

［9］建筑工地“6个100%”措施：施工工地周边100%围挡、出入车辆100%冲洗、拆迁工地100%湿法作业、渣土车辆100%密闭运输、施工现场地面100%硬化、物料堆放100%覆盖。

［10］“河长制”：由各级党委政府主要负责同志担任“河长”，负责辖区内河流的水污染治理、水资源保护、河湖水域岸线管理保护、水环境治理、水生态修复、河湖执法监管等工作。

［11］“四乱”问题：河道管理范围内的乱占、乱采、乱堆、乱建问题。

［12］“三块地”改革：农村土地征收、集体经营性建设用地入市、宅基地管理制度改革。

［13］“三零”单位创建：零上访、零事故、零案件村（社区）、企事业单位创建工作。

［14］“六稳”：稳就业、稳金融、稳外贸、稳外资、稳投资、稳预期。

［15］“六保”：保居民就业、保基本民生、保市场主体、保粮食能源安全、保产业链供应链稳定、保基层运转。

［16］六新：新基建、新技术、新材料、新装备、新产品、新业态。

［17］“承诺制+标准地+全代办”改革：为加快项目落地，在全省开发区中将企业投资项目承诺制改革、项目供地标准化改革、投资项目建设领办代办改革集成为“承诺制+标准地+全代办”改革。

［18］“三化三制”改革：“三化”指建立专业化、市场化、国际化的管理团队。“三制”指领导班子任期制、全员岗位聘任制、绩效工资制。

［19］“三个一批”活动：全省开发区项

目集中签约一批、开工一批、投产一批活动。

［20］“四好农村路”：把农村公路建好、管好、护好、运营好，逐步消除制约农村发展的交通瓶颈。

［21］乡村振兴“四类示范村”：乡村振兴示范村、乡村旅游示范村、数字乡村建设示范村、乡村特色产业示范村。

［22］三类对象：即农村人口中的脱贫不稳定户、边缘易致贫户、突发严重困难户三种类型。

［23］两不愁三保障：即不愁吃、不愁穿，义务教育、基本医疗、住房安全有保障。

［24］雨露计划：对建档立卡脱贫户（含监测帮扶对象家庭）子女初中、高中毕业后接受中、高等职业教育的在校学生，每生每年给予3000元的补助。

［25］禁煤区：禁煤区内禁止储存、销售、燃用任何煤炭燃料。目前尧都区划定“市区155平方公里规划区”和其他清洁取暖覆盖区域为“禁煤区”。

［26］禁燃区：即高污染燃料禁燃区，禁燃区内禁止单位和经营户燃用煤炭等高污染燃料，居民生活取暖必须燃用符合民用散煤质量标准的煤炭燃料。目前尧都区辖区内未完成清洁取暖改造的区域全部划定为“禁燃区”。

［27］“双碳”：即碳达峰、碳中和。“碳达峰”是指在某一个时点，二氧化碳的排放不再增长达到峰值，之后逐步回落。我国承诺在2030年前，二氧化碳的排放不再增长，达到峰值之后逐步降低。“碳中和”是指企业、团体或个人测算在一定时间内直接或间接产生的二氧化碳排放总量，通过植物造树造林、节能减排等形式进行抵消，实现二氧化碳零排放。

［28］能耗“双控”：能源消费总量和强度双控制度。

［29］“智汇尧都·3112”工程：在尧都人才工作中，紧紧围绕区委“1258”工作思路和举措，牢牢把握“服务发展大局、优化人才生态、打造创新洼地”的工作定位，力争用3年时间在全区新引进100个区校合作项目，100个高层次人才团队，200名高层次人才。

［30］“三无”“三可”：无差别、无障碍、无后顾之忧，可预期、可信赖、可发展的营商环境。

［31］五个环境：政策环境、政务环境、法制环境、市场环境、人文环境。

［32］“放管服”改革：“放”即简政放权，降低准入门槛；“管”即公正监管，促进公平竞争；“服”即高效服务，营造便利环境。

［33］一枚印章管审批：通过推进相对集中行政许可权改革，实现一个机构管审批、一枚印章发证照、一个大厅办成事，有利于提升政府部门办事效率，为企业和群众办事提供快捷服务。

［34］“一件事”集成服务：即做优“投资项目一件事”，全面推行“项目审批一站式”服务，形成“一个项目一套方案”的个性化定制方案，制定全链条审批“一件事”流程图；做细“企业运营一件事”，站在企业视角，围绕不同企业开办运营全流程进行主题式场景式服务，形成“一件事”套餐；做实“公民个人一件事”，选取办件量大、群众需求高的事项进行流程再造，群众网上提交申请材料，后台并联办理关联审批，实现群众零跑腿，做到全程网办。

［35］“双随机、一公开”监管：在监管

过程中随机抽取检查对象，随机选派执法检查人员，抽查情况及查处结果及时向社会公开。

［36］“两新一重”：新型基础设施建设，新型城镇化建设，交通、水利等重大工程建设。

［37］“双减”政策：有效减轻义务教育阶段学生过重作业负担和校外培训负担。2021年7月24日，中共中央办公厅、国务院办公厅印发《关于进一步减轻义务教育阶段学生作业负担和校外培训负担的意见》，要求各地区各部门结合实际认真落实“双减”政策。

［38］枫桥经验：发源于浙江省诸暨县（今诸暨市）枫桥镇，其基本内涵是“发动和依靠群众，坚持矛盾不上交，就地解决”。新时代“枫桥经验”主要内容是在开展社会治理中实行“五个坚持”，即坚持党建引领，坚持人民主体，坚持自治、法治、德治“三治融合”，坚持人防、物防、技防、心防“四防并举”，坚持共建共享。

［39］六类家庭：孤儿、农村特困户、城市特困户、困难学生、父母60周岁儿女全部重病或残疾无赡养能力的家庭、全家残疾的家庭。尧都区每月对以上人员发放12.5公斤面、2.5公斤大米。

中国人民政治协商会议
临汾市尧都区第十一届委员会常务委员会
工作报告（节选）

——在政协临汾市尧都区第十一届委员会第二次会议上

尧都区政协主席　郭云平

（2022年1月23日）

换届以来工作回顾

换届以来，在中共尧都区委的坚强领导和区政府的大力支持下，常委会高举习近平新时代中国特色社会主义思想伟大旗帜，弘扬伟大建党精神，汲取党史智慧力量，紧扣区委“1258”工作思路和举措，突出两大主题，履行三大职能，加强政治引领，强化双向发力，倡导“十个带头”，打造协商品牌，为建设“首善之区”，全方位推动高质量发展作出了积极贡献。

一、坚持党的领导，强化政治引领，做到“两个维护”

常委会把强化党的领导、做实思想政治引领作为履职方向，组织专题学习60多次，引导委员增强“四个意识”、坚定“四个自信”、拥护“两个确立”、做到“两个维护”。一是及时跟进学习党的创新理论。全面把握中共十九大和十九届六中全会精神，准确领悟习近平总书记关于加强和改进人民政协工作的重要思想、“七一”重要讲话、视察山西重要讲话重要指示，感悟思想伟力，深刻理解“两个确立”的决定性意义，增强做到“两个维护”的政治自觉。二是扎实有序推进党史学习教育。对标中央和省市区委要求，把开展党史学习教育同全年重点工作一体安排、一体推进，把学习“四史”与学习统战史、政协史相互结合、贯通理解。通过集中学习、专题研讨、主题实践等形式，做到学史明理、学史增信、学史崇德、学史力行，增强做到“两个维护”的历史自觉。三是积极主动贯彻党委决策部署。认真贯彻中央和省市政协工作会议精神及省市区党代会精神，及时向区委请示报告重大问题、重要事项，严格按照区委要求履职，确保政协工作始终与“1258”同频共振。自觉把党的领导贯穿政协工作的全过程，把思想和行动统一到中央和省市区委的决策部署上，增强做到“两个维护”的行动自觉。

二、坚持服务大局，强化专题协商，助推重点工作

常委会把围绕“1258”工作思路和举措建言献策作为履职主题，突出协商重点、丰富协商形式、强化协商质效，组织调研协商活动30多次，锚定全方位高质量发展建真言献良策。一是围绕“做大做优城郊农业”开展常委会专题协商。深入基地市场、棚间园头调研，同农业农村局等职能部门及农业项目法人座谈协商，与发达地区和现代农业上市公司网上交流。召开十一届二次常委会议，形成《关于做大做优我区城郊农业的建议报告》，提出强化科学引导、确保观念转变等“七个强化、七个确保”建议，为促进乡村振兴凝聚智慧共识。二是围绕“促进现代物流业高质量发展”开展常委会专题协商。深入区内12家企业调研，赴上海普洛斯集团、中科民生集团、银川众一集团等多个行业巨头考察，和业内人士探讨。召开十一届三次常委会议，形成《关于促进我区现代物流业高质量发展的建议报告》，提出锚定物流前沿技术目标、打造我区物流智慧平台等“五个锚定”建议，为党政决策提供参考。三是围绕教育就业等课题开展专委会专题协商。突出大议题、小切口，精心选择“强化职业技能培训促进就业”“推动优质教育资源共享”“城市精细化管理”“加强宗教人才培养”等议题开展专题调研，与相关职能部门沟通协商，提出21条务实管用建议，为部门落实民生政策助力。

三、坚持人民至上，强化资政建言，给力民生提质

常委会把参政为民作为履职主线，紧盯民生提质发挥提案信息和监督视察作用，助推急难愁盼问题解决。一是推动民生提案信息落实。坚持质量为要，立案交办提案116件。主席班子牵头督办8件重点民生提案，组织提案委员同医保、民政等职能部门进行提案办理协商。《关于开通村级卫生室医保刷卡功能的建议》等相关提案建议转化为改善民生的具体措施。将反映社情民意信息工作列为“主席班子工程”高位推动，完善《关于加强和改进反映社情民意信息工作的意见》《反映社情民意信息工作考核奖励办法》，实行“一月一通报、一月一研判”制度，以专委会为主组织业务培训26次，推动信息工作争先进位。全年编报信息218篇，《构建“零工经济”发展新生态的建议》等57篇信息被省市政协采用，《农村消防安全不能缺位》等12篇信息被市区领导批示。二是开展民生工程项目视察。聚焦城建重点工程，视察解放路高架、涝洰河跨河桥梁等项目，助推靓城提质。聚焦生态修复工程，视察龙祠水源地裸露山体护坡治理等项目，助推美丽靓区建设。视察保护非物质文化遗产工作，推动平水绣进九中和乡贤街小学。视察打造一流创新生态、医疗卫生资源优化配置工作，提出建议20多条。三是助力区委部署民生工作落实。开展“委员建言‘六乱’整治，助力美丽靓区”专项行动，组织委员分3轮深入部分镇村进行视察，促进农村人居环境改善。主席班子包联定点乡镇，定期就乡村振兴、“两委”换届、生态环保、安全生产、疫情防控、灾后重建等民生工作进行督导，结合“我为群众办实事”主题实践活动，办好12件民生实事。委员和机关干部捐款8.6万元、被褥200套，支援灾后重建。

四、坚持开拓创新，强化平台建设，打造协商品牌

常委会把打造“有事好商量”协商议事平台作为履职创新之举，制定实施办法，强化包联指导，推动政协协商向基层一线延伸。一是着力打造协商平台。坚持共建共享原则，严格按照有机构、有场所、有标识、有设施、有制度、有档案的“六有”标准，依托区矛盾纠纷多元化解中心、乡镇街道信访接待室、政协委员之家等现有资源，打造三个层次的“有事好商量”协商议事平台。二是严格规范协商程序。出台实施意见，由党组统一领导、专委会包联指导、乡镇街道具体实施。明确群众代表、政协委员、法律工作者、党政领导干部、乡贤能人5类协商主体。细化确定议题、深入调研、组织协商、成果报送4个工作环节，严把协商议事的政治关、程序关和质量关。三是扎实有效协商成事。紧扣“在一线协商、为群众解难、与各界沟通、为党政分忧”目标，解决47件急难愁盼问题。专委会平台解决了宗教专职人员缴纳社保等问题，乡镇街道平台化解了枕头乡安沟村村民建房纠纷等难题，促成了县底镇上官村清真定点屠宰场等项目。

五、坚持统一战线，强化凝心聚力，共建“首善之区”

常委会把为尧都改革发展稳定凝心聚力作为履职目标，团结一切可以团结的力量，调动一切可以调动的积极因素，共建“首善之区”。一是注重发挥统战功能。积极为各民主党派、工商联和无党派人士履职建言创造条件，全年组织政协各参加单位和界别委员开展调研视察、协商议政、庭审监督等活动100多次。主席班子和各专委会不定期走访政协委员，加强同非公有制经济人士、新的社会阶层人士的沟通联系。重视发挥少数民族和宗教界委员作用，协商解决“学校食堂设立清真窗口”等问题，广泛凝聚民族团结、宗教和睦的正能量。二是注重发挥平台效应。高标准开展“委员之家”创建工作，与“有事好商量”协商议事平台同步打造，华夏国际商贸城等一批“委员之家”，为委员履职搭建了更为便捷的平台。在疫情形势下，不间断与成都、宁波等联络站的联络，持续做好域外晋商晋才联络服务工作。三是注重发挥文史作用。献礼建党百年，编撰20万字的《尧都文史》红色记忆专辑，全景展示尧都红色历史。为留住尧都乡愁，完成《临汾市地名录尧都篇》，保护我区342个村（社区）的历史文脉。

六、坚持“十个带头”，强化固本培元，树立良好形象

常委会把“十个带头”作为强党建、抓队伍、促履职的工作导向，带动委员勇担责任、内强素质、外树形象。一是强化政协党的建设。贯彻《中共中央关于加强新时代人民政协党的建设工作的若干意见》，充分发挥政协党组把方向、管大局、保落实的作用，全年召开党组会议10次，第一时间学习传达中央精神和省市区委决策部署，研究全面从严治党、意识形态、国家安全和法治建设，促进党建和业务工作同谋划、同部署、同推进、同落实。二是强化委员责任担当。树立责任委员导向，鲜明提出“十个带头”，倡导全体委员带头讲政治、讲学习，守纪律、守规矩，重诚信、重品行，讲奉献、讲安全，促环保、促发展。完善委员考核管理办法，严格委员履职评定，激发委员履职活力。积极建设“书香政协”，开展委员读书活动，录制读书视频130多条，形成读书履职相互促进的良好局面。三是强化机关服务保障。以提升机关服务保障能力，发挥专委会基础作用为目标，深入开展“争先进位崛起”解放思想大讨论。弘扬认真负责、搭台补位的工作精神，营造“一盘棋、一根绳、一条心”的工作格局，推进“政治机关、学习机关、创新机关、服务机关、文明机关”和特色专委会建设。认真落实中央八项规定精神，支持派驻纪检监察组履行监督职责，机关各项规章制度更加完善、工作作风更加扎实、政治生态更加清明。

各位委员，换届以来，常委会学党史、悟思想、办实事、开新局，各项工作取得了新进展，呈现了新气象。我们深切感受到，这些新进展新气象，是深学笃行习近平新时代中国特色社会主义思想的结果；是中共尧都区委正确领导的结果；是区人大、区政府和社会各界鼎力支持的结果；是区各民主党派、工商联、各族各界人士和广大政协委员同心奋斗的结果。在此，我代表常委会表示衷心的感谢！

同时，我们也清醒地认识到，与新时代加强和改进市县政协工作的要求相比，政协专委会力量还比较薄弱，基础作用还没有得到有效发挥；调查研究还不够深入细致，建言献策的质量还有待进一步提升；“有事好商量”协商议事工作才刚刚起步，还需要进一步探索完善。这些问题都需要高度重视、认真研究解决。

2022年工作建议

各位委员，今年是中共二十大召开之年，也是我区全力建设“首善之区”，实现“两个率先”，全方位推动高质量发展的关键之年。区委十届四次全会发出了担当新使命、奋进新征程的动员令。今年区政协工作的总体要求是：坚持以习近平新时代中国特色社会主义思想为指引，全面贯彻中共十九大和十九届历次全会精神，弘扬伟大建党精神，认真落实习近平总书记视察山西重要讲话重要指示，按照区委十届四次全会部署，锚定“双城”定位，实施“366”协商计划，开展“全方位提质增效、高质量建言资政”活动，加强思想政治引领，凝聚“两个率先”共识，为建设“首善之区”贡献智慧和力量，以优异成绩迎接中共二十大胜利召开。建议抓好以下六个方面的重点工作。

一、要用新思想武装头脑，忠诚拥护“两个确立”

要把学习习近平新时代中国特色社会主义思想作为首要政治任务，不断深化对“两个确立”决定性意义的认识。要认真贯彻中办印发的《关于加强和改进新时代市县政协工作的意见》，把学习贯彻习近平总书记最新重要讲话作为第一主题，把学习贯彻中共十九届六中全会和二十大精神作为第一要务，把学习以党史为主的四史作为终身课题，坚持党组会议领学、专题辅导精学、读书研讨深学，带动委员和机关干部自觉主动学、原原本本学、及时跟进学、融会贯通学。精心组织中共二十大精神系列学习宣讲活动，覆盖全体委员和机关干部，做到用习近平新时代中国特色社会主义思想武装头脑、凝聚力量，不断提高忠诚拥护“两个确立”的政治自觉、思想自觉、行动自觉。

二、要用新理念指导协商，精准服务区委决策

要把贯彻新发展理念、聚焦党政决策协商建言作为工作主线。自觉把调研、协商、监督统一到“1258”大局中一体谋划、一体推进，更好发挥专门协商机构作用。要围绕建设“首善之区”，实现“两个率先”，全方位推动高质量发展，全力实施“366”协商计划，聚焦构建全域旅游发展格局、打造汾河流域生态修复治理示范区、完善养老服务体系，开展3次常委会专题协商；聚焦提高种粮奖补效益、发展数字经济、推动市场主体倍增、落实“双减”政策、建设健康尧都、推进全民参保，开展6次专委会对口协商；聚焦特色农产品基地、城建重点工程项目、企业安全生产、建设平安尧都、打造家庭教育品牌、培养新时代合格宗教教职人员，开展6次专项视察活动，确保履职活动紧靠大局、紧跟发展、紧贴民心。

三、要用新目标引领履职，着力推高提案信息

要把打造100件高质量提案、100篇高质量社情民意信息作为今年的工作目标。要在提案选题培育上下功夫，依托专委会开展专题培训，邀请职能部门通报情况，组织委员深入调研，提出党政重视、群众期盼、部门可办的优质提案，确保提案选题准、方向明、建议实。要在提案协商督办上下功夫，积极搭建提办双方交流平台，促进双方在建议落实上形成共识，确保提案办理有力度、有质量、有效果。要继续实施反映社情民意信息工作“主席班子工程”，积极争取上级政协工作指导，及时推送全国政协和上级政协热点信息选题。要严格制度落实，加强业务培训，以专委会为单位，一月一通报、一篇一研讨，切实把每篇社情民意信息都打造成精品信息。

四、要用新机制完善平台，高标推动一线协商

要把扩大民主参与、规范协商流程作为完善商量机制的重要内容。要鼓励支持各平台主动探索“有事好商量”的有效形式，做好经验总结推广，擦亮协商品牌。要强化政协党组和专委会包联指导，推动商量平台全面覆盖、商量工作全面铺开、商量氛围全面形成。要用好党政点题、群众出题、委员荐题机制，组织政协委员和群众代表广泛参与，确保党政放心、基层支持、委员参与、群众满意。要组织协商培训、经验交流，选树20个典型案例和10个商量能手，组团宣讲商量经验，不断提升协商水平和实效。

五、要用新思维开展工作，尽心助力“两个率先”

要把发展全过程人民民主，推进全过程凝聚共识作为双向发力的重点。要学习贯彻新修订的《中国共产党统一战线工作条例》，适应新形势新变化，运用新思维创新开展工作。完善同各民主党派、工商联和无党派人士以及社会各界的经常性联系机制，开展联动履职活动，增进感情，强化认同。要认真学习贯彻习近平总书记在全国宗教会议上的重要讲话精神，着力促进民族团结宗教和睦。要密切与域外晋商晋才的联系，适时走出去，开展联络服务和招商引资工作，引老乡，回故乡，建家乡。要准确把握文史工作的社会功能和时代责任，做好《尧都文史》第二十六辑的编撰工作，用尧都优秀文化感染人、凝聚人。

六、要用新标杆建设队伍，持续激发委员活力

要把建设“十个带头”委员队伍、创建“五型”机关作为贯穿始终的标杆。要强化委员学习培训和考核力度，健全委员履职档案，激发委员履职活力。要依托专委会开展“遍访委员”活动，正向引导委员践行“十个带头”，在本职岗位上干出精彩，在参政议政中赢得喝彩。要着眼发挥专委会基础作用，制定专委会履职清单，打造“一委一品”。要着力强化机关服务保障能力建设，持续打造“五型”机关。要在“全方位提质增效、高质量建言资政”活动中大力推行工作项目化、项目清单化、清单节点化、节点责任化，让事争一流成为工作导向，让严守纪律成为干部自觉，让书香政协成为内在涵养，让文明向上成为良好风尚。

大事记

1月

10日下午 省实施乡村振兴战略实绩考核尧都区情况交流会召开。省交叉评价工作小组组长、忻州市农业农村局副局长康金堂，区委副书记刘磊，区委常委、县底镇党委书记杨斑，副区长范志军及省交叉评价工作小组其他成员、市农业农村局、区直相关单位负责人参加会议。

13日 区领导在区教科局主持召开规范民办义务教育工作会议。

21日上午 区领导走访慰问部分生活困难党员、老党员、边海防战士家属、企业困难职工以及一线工作者，向他们送去党和政府的祝福和关怀。区人武部部长朱定海、副区长孔令泽一同参加慰问。

2月

12日 市委常委、秘书长郭行杰先后走进临汾西高速口、上品酒店疫情防控集中隔离点，调研指导疫情防控工作；走进贾得乡东风村，调研指导全区春季森林防火工作；奔赴鸿安液化石油气公司和华德冶铸有限公司，调研指导安全生产工作，并了解尧都高新区大阳高端装备制造产业园调研项目建设、企业生产运营等情况。区领导薛向阳、卢燕飞、温济荟、范志军、孔令泽、王洪锁、武建斌，尧都高新区党工委书记、管委会主任郭忠义，副主任李俊，以及区交通局、区市场监管局、区应急局、区卫体局、区工信局、区林业局、区住建局、区交警大队、区消防救援大队等部门负责同志参加调研活动。

14日 区领导赴区政务服务中心、阳光小区（人才公寓）调研指导工作。区委常委、常务副区长薛向阳一同调研。

15日下午 尧都区召开尧王台文旅综合体项目方案汇报会。副区长王洪锁、石新亭，尧帝旅游景区建设发展中心主任、涝洰河生态景区服务中心主任王金保，尧都高新区党工委副书记、管委会常务副主任汤国庆，伟光汇通集团副总裁汪仁梅，华翔集团副总裁张杰，副总裁马毅光出席汇报会。

16日 市委常委、秘书长郭行杰在尧都高新技术产业开发区调研，走进展厅、项目建设工地和部分企业，了解高新区整体规划、招商引资、企业运行等情况，并召开座谈会。

27日上午 区委书记崔绍民，以“四不两直”方式，随机走进重要交通卡点、大型商场、部分酒店、居民小区等人员密集场所，调研检查疫情防控各项措施落实情况。

3月

8日 区委书记崔绍民前往区矛盾纠纷多元化解中心调研并主持召开信访事项专题汇报会。他强调，信访工作是推进社会治理的重中之重，也是群众工作的重要抓手，要本着“事要解决”的原则，狠抓责任落实，为党的二十大胜利召开创造和谐稳定的社会环境。区委副书记刘磊，区委常委、区委办主任温济荟，副区长、区公安局局长崔军，副区长石新亭一同参加调研活动。

8日上午 市疫情防控第一督导组组长、副厅级二级警务专员高岭一行在尧都区督导疫情防控工作。副区长孔令泽，区政协副主席、区卫体局局长武建斌及区疫情防控督导组组长参加汇报会。

11日 共青团尧都区委召开全区青年之家、青年志愿者参与疫情防控工作会议，发动青年力量到所在村（社区）报到，参与所居住地的防疫工作，补足“七级闭环”人防力量。区委副书记刘磊、副区长石新亭出席会议。共青团尧都区委班子成员、各乡镇（街道）团委书记、青年之家和青年志愿者代表共计60余人参加会议。

11日 尧都区以视频形式参加全市项目建设年动员部署大会暨集中开复工活动后，同步举行2022年重点项目集中开复工活动。

17日 尧都区在解放路学校举行全员核酸检测应急演练，5000余名教职员工全员接受核酸检测。区委书记、区疫情防控工作领导小组组长崔绍民，区委常委、区委办主任温济荟，副区长孔令泽、石新亭到场进行观摩指导。

20日 临汾市副市长张潞萍前往临汾市尧都区中心敬老院调研疫情防控工作。尧都区副区长孔令泽，尧都区政协副主席、区卫体局局长武建斌，区民政局局长裴海峰等陪同调研。

21日 区委书记崔绍民主持召开专题会议，听取乡村振兴示范村、产业振兴示范村基地规划建设项目汇报。区委副书记刘磊，区委常委、贾得乡党委书记卢燕飞，区委常委、区委办主任温济荟，副区长范志军，以及区农业农村局、区财政局、区民政局、区交通局、区林业局、区自然资源局、吴村镇、贾得乡等单位负责同志参加会议。

22日 区领导主持召开解放路幸福养老服务中心建设专题会议，临汾市中心医院院长郭淑明，副区长范志军出席会议，区财政、住建、民政等部门相关负责人参加会议。

29—30日 由应急管理部安全生产综合协调司原副司长赵瑞华带队的国务院安委会督导组，在临汾市督导调研建筑施工安全工作。省应急管理厅一级巡视员王天庆、省住建厅副厅长张学锋一同督导调研。市委常委、常务副市长王渊，副市长王云，区委书记崔绍民，副区长王洪锁等参加调研。

31日 尧都区人民政府与吕梁山国有林管理局在枕头乡联合举办2022年森林草原防灭火联合实战演练。省林草局荒漠化处处长乔春明，吕梁山国有林管理局局长王晓林，区人大常委会副主任史大胜，副区长范志军，副区长、区公安局局长崔军等出席活动。

4月

8日 尧都区召开煤矿行业生态环境保护专项整治会议。副区长王洪锁出席会议并讲话，市生态环境局尧都分局班子成员及相关企业主要负责人参加会议。

9日上午 区领导调研城镇社区幸福养老工程，副区长范志军、区政府办、区民政局、财政局等相关部门负责人一同调研。

13日 在临汾土门北高速口，山西东泰鑫源煤业公司为广大抗疫一线人员捐赠了价值两万余元的消毒洗手液、藿香正气水、矿泉水、方便面等抗疫、防暑生活物资，助力疫情防控工作正常有序开展。副区长孔令泽，区政协副主席、区卫体局局长武建斌参加捐赠仪式。

18日 尧都区召开东关街、规划三街等城建项目征拆建设工作推进会。副区长王洪锁出席会议，刘村镇、段店乡、铁路东办事处，区住建、自然资源、工程事务中心、土地收储中心、城投公司主要负责人及相关项目具体负责人参加会议。

24日上午 区委书记崔绍民主持召开全区高标准农田建设问题排查整改部署会议暨区委高标准农田建设工作领导小组第一次会议。区委领导刘磊、乔永生、丁春明、汤晓燕、卢燕飞、杨斑、温济荟以及有关乡镇、区直部门负责同志参加会议。

25日上午 区委书记崔绍民主持召开全区“争先、进位、崛起”解放思想大讨论总结会议。区委副书记刘磊，区人大常委会主任鲁立波、尧都高新区党工委书记、管委会主任郭忠义，区领导乔永生、丁春明、任丽岗、汤晓燕、郭亮、贺婧、杨斑、温济荟出席会议。

30日 临汾市尧都区农村集体经济发展有限责任公司挂牌成立。区委书记崔绍民出席挂牌仪式并为公司揭牌。区领导刘磊、鲁立波、丁春明、任丽岗、温济荟等出席仪式。

5月

7日 区委书记崔绍民主持召开尧都区汾河流域防洪能力提升工程推进会，重点研究解决防洪项目工程推进中的问题与困难。区委常委、区委办主任温济荟等出席。

9日 全区巩固拓展脱贫攻坚成果同乡村振兴有效衔接考核评估反馈问题整改动员部署会召开。区委书记崔绍民出席会议并讲话，区委副书记刘磊，区委常委、组织部部长任丽岗，区委常委、屯里镇党委书记贺婧，区委常委、区委办主任温济荟，区人大常委会副主任史大胜，副区长范志军参加会议。

13日 市委、市政府专项督查我区安全生产汇报会召开，市委、市政府专项督查第一督查组组长，市委督查专员任志晨，副区长范志军出席会议。

15日 尧都区纪念第三十二个全国助残日暨“用爱助残·点亮希望”主题活动在特殊教育学校举行。副区长石新亭出席，区教科局、区残联、区总工会、共青团尧都区委、区慈善总会、区妇联负责人以及爱心捐赠单位代表参加活动。

17日上午 市区两级在临汾烈士陵园举行临汾解放74周年纪念活动。市四套班子领导闫晨曦、李云峰、袁振旭、郝忠祥、郭行杰、闫建国、崔元斌、杨红梅，临汾军分区政委刘海洋，陆军航空兵学院驻临某部、武警支队以及尧都区副县级以上领导干部出席纪念活动，尧都区委书记崔绍民主持。

20日上午 尧都区召开2022年普通高校招生考试考点环境综合治理暨安全工作联席会议，区招生考试委员会主任、副区长石新亭出席会议，区招考委各成员单位负责同志参加会议。

21日 区委书记、区疫情防控工作领导小组组长崔绍民就疫情防控和自建房安全隐患排查整改工作进行调研，并看望慰问疫情防控一线工作人员。区委副书记、区疫情防控工作领导小组第一副组长刘磊，区委常委、区委办主任温济荟，副区长孔令泽、王洪锁，区政协副主席、区卫体局局长武建斌参加调研。

25日上午 区委书记崔绍民主持召开全区巩固脱贫攻坚成果同乡村振兴有效衔接月例会。区领导刘磊、郭亮、贺婧、卢燕飞、杨珽、温济荟、史大胜、范志军出席会议。

27日 尧都区召开创建省级文明城市工作推进会。区委书记、区创建省级文明城市领导小组组长崔绍民出席会议并讲话。区委副书记刘磊主持会议，区领导鲁立波、乔永生、郭亮、卢燕飞、杨珽、温济荟等出席会议。

28日下午 2022年“悦享临汾·回家有礼”文旅惠民活动——“文旅惠民一卡通”首发。副市长王云、市政府副秘书长李虎山、市文旅局局长李青萍，副区长石新亭等出席首发仪式。

30日下午 蒲县县委书记杨晓舟，县委副书记、代县长薛向阳带领县四大班子领导以及相关部门负责人来尧都区观摩考察。区人大常委会主任鲁立波，区委常委、区委办主任温济荟一同参加。

31日下午 区领导主持召开全区房屋产权登记确权颁证清零行动推进会，副区长王洪锁出席会议，区纪委监委、区政府办及区直相关部门、部分乡镇、街道负责人参加会议。

6月

7日上午 市人民检察院检察长姚江华深入尧都区调研G5京昆高速引线环境治理保护工作，市人民检察院副检察长霍晓燕，区人民检察院检察长曾新平一同调研。

9日晚上 尧都区公立医院（区人民医院）院长聘任会召开，副区长孔令泽，区政协副主席、区卫体局局长武建斌出席会议。会议由孔令泽主持。

14日上午 区委书记崔绍民深入魏村镇，就抓党建促基层治理能力提升专项行动、发展农村集体经济、企业运行和安全生产、全域旅游、中药材产业、疫情防控、农村日间照料中心建设等工作进行调研，并与镇党政班子座谈交流。区委常委、区委办主任温济荟，尧帝旅游景区建设发展中心主任、涝洰河生态景区服务中心主任王金保参加调研。

14日下午 区领导前往汾河办事处调研采煤沉陷区安置房道路建设以及配套小学、幼儿园建设情况。副区长范志军、王洪锁一同调研。

15日 市人大常委会副主任郑步电带领市人大财政经济委员会、部分市人大代表组成的执法检查组，就尧都区贯彻实施《山西省优化营商环境条例》情况开展执法检查。区人大常委会主任鲁立波，尧都高新区党工委书记、管委会主任郭忠义，区人大常委会副主任张李平参加活动。

16日 区委书记崔绍民先后深入汾河办和屯里镇，就抓党建促基层治理能力提升专项行动、企业运行和安全生产、集体经济发展等工作进行调研，并开展入企服务。区人大常委会主任鲁立波，区委常委、屯里镇党委书记贺婧，区委常委、区委办主任温济荟参加调研。

17日 市人大常委会副主任王金珍在尧都区调研红色文化保护传承立法工作。区人大常委会主任鲁立波、区人大常委会副主任张李平、副区长石新亭等市、区有关部门负责人一同调研。

18日 由中国医学科学院北京协和医学院党委书记、副院长，国务院联防联控机制新冠病毒疫苗接种驻山西工作组组长姚建红带队的指导组在尧都区调研并召开座谈会，听取尧都区疫苗接种相关情况汇报。国家卫健委药政司副处长田芳，福建省疾控中心副主任医师张子胜，省卫健委二级巡视员刘奎，省卫健委综合监督处处长金永生，省驻临督导组组长、省工信厅二级巡视员席虎平，副市长闫建国，市卫健委主任董凤妮，区委常委，区委办主任温济荟出席会议，区委常委、贾得乡党委书记卢燕飞参加调研，副区长孔令泽汇报全区疫苗接种工作总体情况。

19日上午 副市长乔飞鸿前往市区部分考点，巡视中考准备工作。副区长石新亭及市直相关部门负责人参加。

22日下午 区委书记崔绍民主持召开巩固拓展脱贫攻坚成果同乡村振兴有效衔接月例会，就当前重点工作作出安排部署。区领导马平、任丽岗、郭亮、贺婧、卢燕飞、温济荟、史大胜、范志军、石新亭、武建斌以及区乡村振兴战略工作领导小组成员单位负责人参加会议。

24日上午 区领导调研水利和道路规划建设工作，区人大常委会副主任史大胜，副区长王洪锁参加调研。

24日上午 区委书记崔绍民在段店乡调研安全生产、抓党建促基层治理能力提升专项行动、棚户区改造、农村日间照料中心建设等工作并开展入企服务。区委常委、常务副区长马平，区委常委、区委办主任温济荟一同调研。

27日下午 区领导主持召开区政府第30次常务会议。区委常委、常务副区长马平，副区长、区公安局局长崔军，副区长孔令泽、王洪锁、石新亭出席会议，区发改局、财政局、自然资源局等相关部门负责人列席会议。

28日上午 尧都区召开治理非法超限超载车辆会议。副区长孔令泽、市交通局综合行政执法大队副大队长冯大勇出席会议，区直相关部门、各乡镇、街道办事处以及重点企业负责人参加会议。

28日上午 区领导前往段店乡三合村老党员家中进行走访慰问。为他们送去了慰问金、慰问品，并致以节日问候和祝福。区委组织部、段店乡相关负责人参加。

7月

1日上午 尧都区召开庆祝建党101周年暨全区“两优一先”代表座谈会。区委书记崔绍民出席并讲话，区委副书记刘磊主持会议，区领导鲁立波、丁春明、汤晓燕、郭亮、贺婧、卢燕飞、杨斑、温济荟等参加会议。会上，崔绍民为“光荣在党50年”老党员代表颁发纪念章，并带领全体与会同志重温入党誓词，来自全区农村（社区）、乡镇（街道）、企业、学校等领域的“两优一先”代表结合各自的思想和工作实际作了发言。

1日上午 省政府安委会第六督导巡查组组长、省总工会副主席谭立新，副组长、省应急管理厅二级巡视员郝海青带领督导巡查组成员深入尧都区部分企业就安全生产工作进行专项督导巡查，区委常委、常务副区长马平一同参加。

2日上午 区领导就全区重点项目建设情况进行调研，副区长王洪锁、尧都高新区管委会常务副主任汤国庆一同调研。

他们先后到东王路、文化艺术中心、东城体育馆、解放路立交桥、东关街、枣林街南延、贾得新兴产业园中小企业创业孵化基地和山西建筑产业现代化（临汾）园区等重点项目施工现场，通过实地察看、听取汇报等方式，详细了解了各个重点项目建设工程进度、手续办理、规划设计等情况，仔细询问了推进项目施工过程中存在的困难与问题并提出了具体的指导意见。

3日上午 区领导深入刘村镇、尧庙镇调研市场主体倍增工作并召开座谈会。区委常委、常务副区长马平，区人大常委会副主任史大胜一同参加座谈。座谈会上，区领导与刘村镇、尧庙镇负责人进行深入交流，详细了解了乡镇市场主体倍增工作开展情况以及当前工作推进中存在的问题，并围绕问题进行逐一研判分析，提出针对性建议。

4日上午 区委常委会召开会议，区委书记崔绍民主持，区领导刘磊、鲁立波、郭云平、丁春明、白向阳、汤晓燕、郭亮、贺婧、卢燕飞、杨斑、温济荟、王洪锁、乔永生出席。会议指出，环保问题事关长远发展与民生实际，要坚持以习近平生态文明思想为指导，聚焦群众关心的突出环境问题，牢固践行绿色发展理念，压紧压实生态环保责任，完善环保督察机制，强化考核评价和追责问责，加大自然生态保护和农村污染治理力度，持续改善生态环境质量，坚决打好蓝天、碧水、净土保卫战。

4日上午 由尧都区人民政府主办，区应急管理局、区消防救援大队、枕头乡人民政府等单位联合承办的液氯罐区管道泄漏露专项应急演练在临汾市嘉玮化工有限公司举行，市应急管理局四级调研员周武俊，区委常委、常务副区长马平出席演练活动，尧都高新区、区应急管理局、消防救援大队以及各乡镇、重点企业负责人在现场观摩演练。

4日下午 在收听收看省委、市委疫情防控专题会议后，区委书记、区疫情防控工作领导小组组长崔绍民主持召开疫情防控工作专题会议，对全区疫情防控工作进行安排部署。区委副书记、区疫情防控工作领导小组第一副组长刘磊，区领导白向阳、贺婧、卢燕飞、杨珽、温济荟、王洪锁、孔令泽等出席会议。

4日 区委常委、常务副区长马平前往山西焦煤汾西矿业金辛达煤业调研。区应急管理局、区能源局等负责人一同调研。在金辛达煤业，马平一行深入矿井，实地察看了生产一线采掘作业情况，随后，马平同枕头乡辖区内的各煤矿企业负责人进行座谈，就煤矿企业夏季迎峰保供工作深入座谈交流。

5日上午 区委书记崔绍民深入解放路、水塔街调研，区委常委、组织部部长白向阳，区委常委、区委办主任温济荟一同调研。调研中，崔绍民一行先后深入社区、商场、饭店等地实地了解抓党建促基层治理能力提升、疫情防控、社零指标、疫苗接种、自建房安全隐患排查整治等工作情况，并与街道党政班子成员进行面对面交流。

6日上午 区领导前往交通卡口调研疫情防控工作，区人大常委会副主任张李平，区政协副主席、卫体局局长武建斌参加调研。在临汾西高速口、临汾西高铁站转运点，区领导一行实地察看了卡口防疫检查、人员值守相关情况。

7日上午 区委书记崔绍民深入辛寺街办事处和乡贤街办事处，就抓党建促基层治理能力提升专项行动、疫情防控、安全生产、城中村改造等工作进行调研。区委常委、区委办主任温济荟一同调研。在辛寺街华州社区党群服务中心、乡贤街贡院社区碧云轩小区党群服务驿站，崔绍民通过实地查看、翻阅资料、听取汇报、深入交流等方式，详细了解了基层党组织建设、社区治理和疫情防控等工作开展情况。

7日上午 尧都区特色农产品入驻晋南国际农产品物流园招商启动仪式举行。市农业农村局副局长王红，区委副书记刘磊，区人大常委会主任鲁立波，区委常委、组织部部长白向阳，副区长范志军出席活动。仪式上，刘磊宣布尧都区特色农产品入驻晋南农批招商活动正式启动。在现场，区农业农村局向晋南农批授“尧都区特色农产品展示展销区”牌匾。临汾市尧都区农村集体经济发展有限责任公司、部分乡镇农特产品经营户代表分别与晋南农批签订入驻协议。

7日下午 尧都区召开推动村级集体经济壮大提质暨“万企兴万村”尧都行动启动大会，部署“万企兴万村”尧都行动及“百企入百村、消除薄弱村”专项行动各项工作，区委书记崔绍民，区委常委、组织部部长白向阳，区委常委、统战部部长汤晓燕，区委常委、区委办主任温济荟，副区长范志军出席会议。会议由白向阳主持。会上，部分乡镇汇报了“清、化、收”专项工作进展情况。范志军传达了全市农村集体经济壮大提质（永和）现场推进会精神，通报各乡镇“清、化、收”进展情况，并安排近期工作；汤晓燕就“万企兴万村”尧都行动作简要解读；白向阳就“百企入百村、消除薄弱村”专项行动作简要解读。

8日 尧都区首批“村改社区”挂牌。区委书记崔绍民出席段店乡上康社区（原康庄村）揭牌仪式。区委常委、组织部部长白向阳，区委常委、区委办主任温济荟，区人大常委会副主任史大胜，副区长范志军分别出席段店乡、刘村镇、尧庙镇“村改社区”揭牌仪式。区委组织部、区民政局有关负责同志，相关乡镇党政班子成员、社区“两委”干部参加活动。

9日上午 区领导调研城区危房整治工作，区委常委、副区长王洪锁参加调研。区领导一行先后前往铁路东办事处、辛寺街办事处、车站街办事处等城区危房整治现场，实地察看了现场环境，深入了解房屋现状、危房产权、住户及危房搬迁措施等情况，听取相关职能部门的工作汇报，询问了解危房数量、房屋隐患、排查整改等情况，详细听取住户反映住房安全问题，仔细检查存在的安全隐患，并现场指导城区危旧房整治工作，对下一步工作提出具体要求。

11日 区领导主持召开疫情防控工作落实会议。区委副书记刘磊，副区长孔令泽，区政协副主席、区卫体局局长武建斌出席会议，区直各部门以及乡镇、街道办负责人参加会议。

12日下午 区委书记崔绍就防汛和水利工作进行调研。区领导卢燕飞、温济荟、王洪锁、范志军一同调研。在区气象局，崔绍民一行详细了解区防汛抗旱指挥中心运行及汛情应急响应机制情况；在贾得乡小贾村，实地查看防洪水利设施建设情况；在区气象台，了解气象预报预警和人影作业情况；在平阳大桥，实地了解汾河干流尧都区段防洪能力提升工程建设情况。

13日下午 区领导主持召开区政府党组（扩大）会议。区委常委、副区长王洪锁，副区长范志军，副区长、区公安局局长崔军，副区长石新亭出席会议，区政府办党组成员列席会议。

13日下午 区领导主持召开区政府第31次常务会议，区委常委、副区长王洪锁，副区长范志军，副区长、区公安局局长崔军，副区长石新亭出席会议，区发改局、区财政局、区自然资源局等相关部门负责人列席会议。

14日上午 尧都区召开贯彻落实习近平总书记考察调研山西重要指示精神情况汇报会。市委第一督导组组长、市纪委监委派驻市政府办公室纪检监察组组长刘青鹏，区委副书记刘磊出席会议，区委办、区人大办、区政府办、区政协办主要负责同志，区纪委监委机关、区委各部委主持日常工作的副职，区直相关部门主要负责参加会议。

14日 在集中收听收看省委、市委第九十四次疫情防控专题会暨疫情防控工作领导小组会议后，区委书记、区疫情防控工作领导小组组长崔绍民立即主持召开全区疫情防控工作专题会议，对做好当前疫情防控及重点工作进行安排部署。区领导郭亮、杨斑、温济荟、王洪锁等出席会议。

15日下午 尧都区召开2022第四届尧都文化旅游节工作推进会。区委书记崔绍民出席会议并讲话，区委副书记刘磊主持会议，区领导鲁立波、郭云平、马平、白向阳、汤晓燕、郭亮、温济荟等出席。

18日 全区重点项目和重点工作观摩总结推进会议召开。区委书记崔绍民作讲话，区委副书记刘磊，区人大常委会主任鲁立波，区政协主席郭云平，尧都高新区党工委书记、管委会主任郭忠义等参加观摩和总结推进会议。

19日上午 副市长胡晓刚在尧都区调研超低排放工作，尧都高新区党工委书记、管委会主任郭忠义，副区长孔令泽，尧都高新区管委会常务副主任汤国庆等一同调研。在山西东方恒略精密铸造有限公司，胡晓刚一行通过实地察看、听取汇报等方式，详细了解了企业环保设备运行和超低排放改造情况。

20日上午 区委书记崔绍民深入南街办事处和鼓楼西街办事处，就抓党建促基层治理能力提升专项行动、重点项目建设、集体经济壮大提质、自建房安全隐患排查整治、市场主体倍增、疫情防控等工作进行调研。区委常委、区委办主任温济荟，副区长孔令泽参加调研。

20日下午 尧都区举办送政策、送服务、送温暖、助企纾困“下午茶”活动，副区长孔令泽参加活动，6家中小企业应邀参加，与区直相关部门负责人进行交流。

21日下午 省委台办副主任吴伟、省委台办联络处处长孙长军、市委台办主任赵新喜、市委台办副主任李明山一行在尧都区调研第四届尧都文化旅游节筹备情况并召开座谈会，区委书记崔绍民，区领导刘磊、石新亭，尧帝旅游景区建设发展中心主任王金保参加调研座谈。

22日 在集中收听收看省委、市委疫情防控专题会暨疫情防控工作领导小组会议后，区委书记、区疫情防控工作领导小组组长崔绍民立即主持召开全区疫情防控工作专题会议，对做好当前疫情防控及重点工作进行安排部署。区委副书记、区疫情防控工作领导小组第一副组长刘磊，区领导白向阳、贺婧、卢燕飞、杨琎、温济荟、孔令泽等出席会议。

22日 区委书记崔绍民主持召开巩固拓展脱贫攻坚成果同乡村振兴有效衔接月例会，传达学习省、市相关文件精神，就当前重点工作进行安排部署。区领导刘磊、白向阳、贺婧、卢燕飞、杨琎、温济荟等出席会议。

24日上午 区委常委、常务副区长马平深入枕头乡，就和盛煤业复工复建工作进行调研。区自然资源局、区能源局、区应急局等相关职能部门负责人一同调研。

25日 尧都区召开经济运行分析调度会议，区委常委、常务副区长马平出席会议。尧都高新区、区委宣传部、区发改局、统计局、农业农村局等部门相关负责人及各乡镇、街道办事处负责人参加会议。

25日上午 晋城市阳城县人大常委会副主任贾兵富带领阳城县相关部门负责人在尧都区就“村改社区”工作进行考察交流。区人大常委会副主任史大胜、柴惠京陪同考察。考察团一行先后来到段店乡上康社区、尧庙镇东赵社区、郭村社区等地，通过听讲解、提问题、实地参观等方式，详细了解尧都区“村改社区”的工作经验。

25日下午 尧都区召开农村集体经济壮大提质调研专题汇报会。区委常委、组织部部长白向阳出席会议并讲话，副区长范志军出席会议。

26日下午 区领导主持召开区政府党组（扩大）会议，区委常委、副区长王洪锁，副区长范志军，副区长、区公安局局长崔军，副区长孔令泽出席会议，区政府办党组成员列席会议。

26日下午 区领导主持召开区政府第32次

常务会议，区委常委、副区长王洪锁，副区长范志军，副区长、区公安局局长崔军，副区长孔令泽出席会议。尧都高新区管委会副主任李俊，区发改局、区财政局、区自然资源局等相关部门负责人列席会议。

29日 区委书记崔绍民分别带队走访慰问驻尧部队官兵，向广大官兵致以节日的问候。随后，在驻尧某部举行尧都区2022年军事日活动暨区委中心组学习习近平强军思想实践活动。

临汾军分区政委刘海洋、武警临汾支队政委安贵明，区委常委、常务副区长马平，区委常委、贾得乡党委书记卢燕飞，区委常委、区委办主任温济荟，区委常委、副区长王洪锁，区人武部部长朱定海等领导及相关部门负责人参加。

29日上午 区委书记、区疫情防控工作领导小组组长崔绍民主持召开疫情防控工作专题会议，区领导贺婧、卢燕飞、杨斑、温济荟、史大胜、孔令泽、武建斌出席会议，区直相关部门和各乡镇、街道主要负责人参加会议。

29日下午 尧都区召开自建房安全专项整治指挥部工作例会。区委常委、副区长王洪锁出席会议并讲话，区住建、自然资源、农业农村、应急管理等相关部门负责人以及各乡镇长、街道办事处主任参加会议。

30日上午 区领导前往刘村镇、一平垣乡调研出让土地和地质灾害防治工作。区委常委、副区长王洪锁一同调研。

在刘村镇漪汾花园X43地块，西荣阁西侧X88地块，详细了解了出让土地进展情况及存在问题；在一平垣乡卓里村扭峰沟滑坡隐患点，查看了地质灾害现状，现场研究解决办法。

30日上午 区委书记、区疫情防控工作领导小组组长崔绍民先后深入铁路东街道、乡贤街街道、车站街街道、水塔街街道、西街街道部分社区，督导检查新冠肺炎疫苗接种工作进展情况。区委常委、区委办主任温济荟，副区长孔令泽、石新亭，区政协副主席、区卫体局局长武建斌参加督导。

31日 区领导调研城区经营性自建房安全隐患专项整治工作。区委常委、副区长王洪锁、区住建局及相关部门负责人一同调研。

他们先后来到车站街办事处、水塔街办事处、南街办事处、西街办事处、乡贤街办事处等经营性自建房现场，查看经营性自建房安全隐患整治处理情况，听取了相关职能部门的工作汇报，深入了解房屋现状、人员安置等情况，并现场指导专项整治工作。

31日下午 区领导调研危桥改造工作，区交通局及相关部门负责人一同调研。

他们先后来到魏村镇吴家庄村、金殿镇西杜村的危桥改造现场，仔细查看了危桥上下部结构、桥梁整体情况，现场听取了相关负责人就危桥改造项目实施情况的汇报。

8月

1日上午 尧都区召开尧都高新区污水处理厂设计方案汇报会，就贾得新兴产业园污水处理厂项目进行分析研讨。区委书记崔绍民出席并讲话。尧都高新区党工委书记、管委会主任郭忠义，区委常委、副区长王洪锁，副区长孔令泽以及部分专家和区住建局、尧都高新区、设计研究院相关负责人参加汇报会。

2日上午 省投资促进局党组书记、局长杨春权带领民营企业考察团在尧都区考察，市政府督查专员胡建军，市促进外来投资局党组书记崔玲玲，尧都区委书记崔绍民，尧都高新区党工委书记、管委会主任郭忠义，区委常委、区委办主任温济荟及省、市、区相关部门负责人一同考察。

2日上午 区委书记崔绍民先后走进尧庙镇杜村、刘村镇沙桥村和韩家庄村等城市更新项目建设现场，听取汇报、查看资料，实地调研尧庙片区和河西片区征地拆迁、项目招商等情况。区委常委、区委办主任温济荟，区委常委、副区长王洪锁，区人大常委会副主任史大胜参加调研。

2日上午 区领导主持召开全区自建房安全专项整治工作专题会。区政府办、区住建局及各乡镇、街道办事处主要负责人参加会议。

2日下午 临汾市经济运行联合指导帮扶组组长、市发改委主任张瑜庆带队在尧都区就经济运行工作进行帮扶指导，并召开座谈会。区委常委、常务副区长马平，区发改局、统计局等相关区直部门负责人参加座谈会。

3日上午 区委书记、区疫情防控工作领导小组组长崔绍民主持召开全区疫情防控工作专题会议。区领导鲁立波、马平、丁春明、贺婧、温济荟、王洪锁、孔令泽出席会议，区直相关部门和各乡镇、街道主要负责人参加会议。

5日上午 区委书记崔绍民围绕创建省级文明城市工作，深入市区部分公园、学校、社区、街道、小区等点位进行实地调研。区委常委、宣传部部长郭亮，区委常委、区委办主任温济荟等一同调研。

5日上午 尧都区人武部召开宣布命令大会，市委常委、临汾军分区司令员王彬，尧都区委书记、区人武部党委第一书记崔绍民出席会议并讲话，区党政军领导温济荟、朱定海、席朝辉出席会议。

5日上午 介休市委书记任光耀、市委副书记、市长魏鹏耀带领市四大班子领导及介休市相关部门、乡镇及部分重点企业负责人来尧都区考察煤矿企业环境综合治理工作，区人大常委会主任鲁立波，区委常委、常务副区长马平陪同考察。

5日下午 区领导主持召开区政府第33次常务会议，区委常委、常务副区长马平，区委常委、副区长王洪锁，副区长范志军，副区长、区公安局局长崔军，副区长石新亭，区政协副主席、卫体局局长武建斌出席会议。区发改局、区工信局、区司法局、区财政局等相关部门负责人列席会议。

6日上午 区领导深入尧都高新区、段店乡、刘村镇调研项目及道路工程建设工作，尧都高新区党工委书记、管委会主任郭忠义，区委常委、副区长王洪锁，尧都高新区管委会副主任李俊一同调研。

8日上午 区委书记、区疫情防控工作领导小组组长崔绍民主持召开全区疫情防控工作专题会议。区领导马平、白向阳、郭亮、卢燕飞、杨斑、温济荟、王洪锁、孔令泽等出席会议，区直相关部门和各乡镇、街道主要负责人参加会议。

9日 江苏美科太阳能股份有限公司总经理王艺澄一行在尧都区就投资合作项目进行实地考察。尧都高新区党工委书记、管委会主任郭忠义、尧都高新区管委会常务副主任汤国庆、副主任李俊及相关部门负责人陪同。

11日上午 区领导就农村公路修复以及疫情防控工作进行调研。区政协副主席、区卫体局局长武建斌以及区交通局、大阳镇等相关负责人一同调研。

12日 尧都区召开临汾市殡仪馆公益性公墓项目推进会，研究解决项目推进中的困难和问题，安排部署下一步工作。区委书记崔绍民出席并讲话。区领导卢燕飞、温济荟、王洪锁、范志军，以及区民政局、区自然资源局、区财政局、区发改局、区交通局、区住建局、区行政审批局、区林业局等单位负责人参加会议。

15日上午 区委常委会召开会议，研究全区意识形态、未成年人思想道德建设和省级文明城市创建相关工作；传达学习全省政法领导干部加强政治建设专题培训班精神；研究审议《尧都区规范民办义务教育发展工作实施方案》等。区委书记崔绍民主持会议。区领导刘磊、鲁立波、郭云平、丁春明、白向阳、汤晓燕、郭亮、贺婧、卢燕飞、杨斑、温济荟、乔永生出席会议。

15日 区委理论学习中心组召开学习会议，传达学习习近平总书记在省部级主要领导干部“学习习近平总书记重要讲话精神，迎接党的二十大”专题研讨班上的重要讲话精神，学习中央政治局第四十一次集体学习会议精神，传达中央统战工作会议精神、中共山西省纪律检查委员会《关于杨建忠等人严重违反中央八项规定精神违规吃喝问题的通报》，传达学习《中共山西省委机构编制管理规定》。区委书记崔绍民主持会议并讲话。区领导刘磊、鲁立波、郭云平、丁春明、白向阳、汤晓燕、郭亮、贺婧、卢燕飞、杨斑、温济荟、王洪锁、乔永生等出席会议。

15日下午 市委一级巡视员李朝旗就东关街道路工程建设工作进行调研，区委书记崔绍民，区委常委、区委办主任温济荟一同调研。

15日 区领导主持召开区政府党组（扩大）会议，区委常委、常务副区长马平，副区长范志军，副区长、区公安局局长崔军，副区长石新亭参加会议，区政府办党组成员列席会议。

16日上午 区委书记、区疫情防控工作领导小组组长崔绍民主持召开疫情防控工作专题会议。区领导刘磊、丁春明、白向阳、郭亮、贺婧、卢燕飞、温济荟、王洪锁等出席会议，区直相关部门和各乡镇、街道主要负责人参加会议。

16日上午 山西省优化营商环境和开发区重点工作第六督导组组长、省交通厅原副厅长、省交通战备办原主任唐晋带队在尧都区督导工作并召开座谈会。尧都高新区党工委书记、管委会主任郭忠义，市商务局副局长聂磊，区委常委、常务副区长马平，尧都高新区管委会常务副主任汤国庆，副主任李俊、张学东出席座谈会。

17日上午 尧都区召开2022年“助学助教·筑梦未来”捐助活动协调会。副区长石新亭主持，区委办、区政府办、区委宣传部、区教科局、区财政局等单位负责人参加会议。

17日上午 区委书记、区疫情防控工作领导小组组长崔绍民先后走进高速口、居民小区、大型商超等地，检查指导疫情防控工作，并以"四不两直"方式随机走进沿街药店、门店，督导检查常态化疫情防控措施落实情况。区委副书记、区疫情防控工作领导小组第一副组长刘磊，区委常委、区委办公室主任温济荟，副区长孔令泽一同调研。

19日 区委书记、区疫情防控工作领导小组组长崔绍民主持召开全区疫情防控工作专题会议。区领导刘磊、马平、白向阳、郭亮、贺婧、卢燕飞、杨斑、温济荟、王洪锁、孔令泽等出席会议，区直相关部门和各乡镇、街道主要负责人参加会议。

20日下午 区委书记、区疫情防控工作领导小组组长崔绍民督导检查交通卡口疫情防控工作，并以"四不两直"方式检查重点场所疫情防控工作。

20日下午 省禁毒委督导调研第一组组长、省法院党组成员、副院长杨宏等一行3人，深入尧都区对《山西省禁毒条例》实施情况进行督导调研。市中级人民法院院长乔杰，市公安局副局长崔仲亮，市中级人民法院副院长白剑，副区长、区禁毒委主任、区公安局局长崔军一同调研。

21日上午 区领导前往山西焦煤汾西矿业临汾公司金裕达煤业调研煤矿安全工作，区委常委、常务副区长马平以及区应急局、区能源局等相关部门负责人一同参加调研。

22日上午 晋南国际农产品物流园水果交易区开业暨枣林街（五一东路—南外环东路）竣工通车仪式举行。副市长张潞萍，临汾市城市管理局局长马健，区委书记崔绍民，市公安局党委委员、市交警支队长曹国刚，市农业农村局副局长周晓东，市住建局副局长李东山，区领导刘磊、鲁立波、郭云平、郭忠义、卢燕飞、温济荟、王洪锁、范志军出席活动。

22日下午 尧都区召开2022年第四届尧都文化旅游节工作推进会。区委书记崔绍民，区委副书记刘磊主持会议，区领导郭云平、郭亮、温济荟、王洪锁等出席。

22日上午 区委书记、区疫情防控工作领导小组组长崔绍民主持召开全区疫情防控工作专题会议。区委副书记、区疫情防控工作领导小组第一副组长刘磊，区领导丁春明、白向阳、郭亮、贺婧、卢燕飞、杨斑、温济荟、王洪锁等出席会议，区直相关部门和各乡镇、街道主要负责人参加会议。

23日 区领导深入一线督导检查疫情防控工作。区委副书记、区疫情防控工作领导小组第一副组长刘磊、副区长孔令泽、区卫体局、区交通局等相关部门负责人一同督导调研。

23日下午 尧都区召开建筑工地扬尘治理工作推进会议，深入贯彻落实市政府及区委、区政府有关建筑工地扬尘治理工作的部署和要求，对推进尧都区建筑工地扬尘污染整治工作作出安排部署。区委常委、副区长王洪锁出席会议并讲话，区直相关单位、有关乡镇、街道，建筑工地负责人及监理、建设负责人参加会议。

25日 区委书记崔绍民主持召开巩固拓展脱贫攻坚成果同乡村振兴有效衔接月例会，传达学习习近平总书记关于粮食安全的重要论述以及省、市相关文件精神，听取巩固脱贫攻坚成果衔接乡村振兴问题整改及农村户厕问题摸排整改“回头看”工作汇报，安排部署乡村振兴干部帮扶调整等工作。区领导刘磊、白向阳、郭亮、贺婧、卢燕飞、杨斑、温济荟、王洪锁等出席。

26日上午 区委书记崔绍民深入东城体育馆、汾东棚户区、尧都高新区等地调研重点项目建设。尧都高新区党工委书记、管委会主任郭忠义，区委常委、统战部部长汤晓燕，区委常委、区委办主任温济荟等一同调研。

26日下午 在收听收看省委、市委第101次疫情防控专题会暨疫情防控工作领导小组会议之后，区委书记、区疫情防控工作领导小组组长崔绍民立即组织召开全区疫情防控工作专题会议，对尧都区当前疫情防控工作进行再安排、再部署。区委副书记、区疫情防控工作领导小组第一副组长刘磊，区领导汤晓燕、郭亮、贺婧、卢燕飞、杨斑、温济荟、王洪锁、孔令泽等出席会议。

27日上午 尧都区召开经济运行督导帮扶座谈会暨经济运行分析会议，市政府副秘书长、办公室副主任杨楠及市住建局、统计局负责人深入尧都区进行督导帮扶，区委常委、常务副区长马平，区政协副主席、区财政局局长武建斌，尧都高新区管委会副主任李俊出席会议，区住建、统计等相关部门以及各乡镇、街道办相关负责人参加会议。

29日 尧都区召开自建房安全专项整治工作专题会议，区委常委、副区长王洪锁出席会议并讲话，区直相关部门及各乡镇、街道办相关负责人参加会议。

30日晚上 尧都区开展助企纾困送政策、送温暖、送服务“夜沙龙”专题活动。区委副书记刘磊出席活动。共青团尧都区委、区农业农村局、区水利局等部门负责人参加活动。

30日 在省委、市委第102次疫情防控专题会议暨疫情防控工作领导小组会议结束后，区委书记、区疫情防控工作领导小组组长崔绍民主持召开全区疫情防控工作专题会议，对尧都区疫情防控工作进行再安排、再部署。区委副书记、区疫情防控工作领导小组第一副组长刘磊，区领导丁春明、汤晓燕、郭亮、贺婧、杨斑、温济荟、王洪锁等出席。

30日下午 区委常委、常务副区长马平主持召开全区重点行业领域安全生产督查和“百日攻坚”专项行动督导检查工作会议与推进市场主体登记便利化相关工作专题推进会。区直相关部门和各乡镇、街道主要负责人参加会议。

30日 区委常委、纪委书记、监委主任丁春明主持召开市委统筹提级交叉巡察六组巡察尧都区农村集体“三资”管理贪腐问题进驻动员会。市委统筹提级交叉巡察六组组长刘成军，区领导杨斑、史大胜、范志军、石新亭、解武强、武建斌出席会议，市委统筹提级交叉巡察六组全体成员，区农村集体“三资”管理贪腐问题专项整治领导小组全体成员，包联乡镇的区级领导干部，各乡镇党委书记，被巡察村“两委”班子成员参加会议。

31日 区委常委会召开会议，研究审议《中共尧都区委党建工作领导小组2022年工作要点（送审稿）》（以下简称《要点》）《中共尧都区委落实全面从严治党主体责任2022年任务安排（送审稿）》

（以下简称《任务安排》）《2021年度担当作为表现突出干部建议人选》（以下简称《建议人选》）；听取区委人大工作会议筹备情况汇报，研究审议《中共尧都区委关于新时代坚持和完善人民代表大会制度、加强和改进人大工作的贯彻落实意见（代拟稿）》（以下简称《意见》）《关于贯彻落实区委人大工作会议重点任务若干措施和分工方案（送审稿）》（以下简称《方案》）；听取全区经济运行、安全生产、环境质量情况汇报，研究部署下一步工作。区委书记崔绍民主持会议。

31日上午 区政府开展助企纾困、送政策、送服务、送温暖“早餐会”（建材行业）专题活动。

9月

1日 区领导主持召开区政府党组（扩大）会议。区委常委、常务副区长马平，副区长范志军，副区长、区公安局局长崔军，副区长石新亭出席会议，区政府办党组成员列席会议。

1日 区委常委、统战部部长汤晓燕带队对区宗教活动场所的安全管理、疫情防控以及新的《宗教场所财务管理办法》等工作落实情况进行督导检查。在检查过程中，召集相关乡镇、办事处党委负责人现场办公，协调解决部分场所实际困难。

1日上午 区领导主持召开区政府第35次常务会议，区领导马平、范志军、崔军、石新亭、武建斌出席会议，区政府办、区直相关部门、部分乡镇和企业负责人参加会议。

1日上午 尧都云商产业园山西智创城NO.11入驻企业代表座谈会在尧都双创基地举行，区委书记崔绍民出席会议并讲话。尧都高新区党工委书记、管委会主任郭忠义主持会议。区委常委、区委办公室主任温济荟，尧都高新区管委会常务副主任汤国庆，副主任李俊、张学东出席。

2日 区委人大工作会议召开。区委书记崔绍民出席会议并讲话。他强调，要深入学习贯彻习近平法治思想和习近平总书记关于坚持和完善人民代表大会制度的重要思想，认真贯彻落实中央和省委、市委人大工作会议精神，毫不动摇坚持、与时俱进完善人民代表大会制度，为实现“三区三地”战略目标、全方位推动尧都高质量发展提供坚强制度支撑和法治保障。区委副书记刘磊主持会议。区人大常委会主任鲁立波，区政协主席郭云平等出席会议。

3日上午 区领导深入贾得乡、段店乡、刘村镇、南街办事处、乡贤街办事处实地调研文物勘探和项目拆迁工作。区委常委、常务副区长马平，区委常委、副区长王洪锁，区政协副主席、财政局局长武建斌一同调研。

5日上午 区人大常委会主任鲁立波主持召开区人大常委会党组（扩大）会议，传达学习区委人大工作会议精神，研究部署下一步落实工作。区人大常委会副主任史大胜、贾国杰、张李平出席会议，机关全体人员参加。

5日上午 2022年国家网络安全宣传周尧都活动暨校园日主题活动启动仪式在解放路学校二校区举行，区委常委、宣传部部长郭亮出席并宣布活动启动。区委宣传部、区委网信办，区教科局、区工信局、区公安局、市公安局直属分局、共青团尧都区委、区总工会、尧都农商行、解放路学校二校区等部门和单位负责人参加启动仪式。

6日上午 市区河西新城规划四街南段（景观大道—迎宾大道）竣工通车仪式举行。副市长张潞萍出席仪式并宣布竣工通车。区委书记崔绍民，市住建局局长刘玉平，市城市管理局局长马健，区领导刘磊、鲁立波、温济荟、王洪锁以及市、区两级相关部门负责人出席通车仪式。

6日 区委书记、区疫情防控工作领导小组组长崔绍民先后深入大运高速临汾西出口、土门出口，临长高速临汾东出口，调研指导交通卡口“第一落点”排查管控和货运车辆保通保畅工作。区委常委、区委办主任温济荟一同调研。

6日上午 区政协副主席、区财政局局长武建斌带队开展完善养老服务体系建设专题调研，区委常委、县底镇党委书记杨斑参加在县底镇的调研，区民政局、县底镇、大阳镇相关负责人参加调研。

6日上午 省妇联乡村振兴巾帼行动——农村妇女创业就业技能示范培训班开班仪式在金殿镇小榆东村举行，省妇联发展部部长谢圆圆，市妇联二级调研员杨清凤，区委副书记刘磊出席，区妇联、金殿镇负责人参加开班仪式。

6日上午 尧都区召开餐饮、零售企业专项入企服务工作会。区委常委、常务副区长马平出席会议并讲话，区市场监管局、区税务局、区公安局、区商务局、区统计局、区消防救援大队主要负责人参加会议。

7日下午 尧都区召开清洁取暖、散煤整治工作推进会，区委常委、常务副区长马平，副区长、区公安局局长崔军出席会议，区能源局等相关部门以及各乡镇、街道办负责人参加会议。

7日 尧都区召开尧都高新技术产业开发区安全生产专项整治三年行动推进会。副区长孔令泽、尧都高新区管委会副主任李俊出席会议，区应急局、区工信局等相关区直部门负责人参加会议。

7日下午 市民政局党组成员、二级调研员丁国刚带领抓党建促基层治理能力提升专项行动调研组在尧都区督导调研。区委常委、组织部部长白向阳一同调研，市、区两级民政局主要负责人参加调研，区委常委、屯里镇党委书记贺婧参加在屯里镇的调研。

7日晚 在省委、市委第103次疫情防控专题会议暨疫情防控工作领导小组会议结束后，区委书记、区疫情防控工作领导小组组长崔绍民主持召开全区疫情防控工作专题会议，对尧都区疫情防控工作进行再安排、再部署。区委副书记、区疫情防控工作领导小组第一副组长刘磊，区领导汤晓燕、杨斑、温济荟、王洪锁、孔令泽等出席。

7日 区委常委、常务副区长马平主持召开九月份安全生产例会暨安全生产事故警示教育大会。副区长、区公安局局长崔军出席会议，区安委会各成员单位、各乡镇街道以及道路运输、燃气、建筑施工、煤矿等相关企业负责人参加会议。

8日上午 尧都区召开2022年第四届尧都文化旅游节闭幕式工作推进会。2022年第四届尧都文化旅游节闭幕式领导组组长、区政协主席郭云平出席会议并讲话，区政协副主席郭迎昕主持会议，各工作组主要负责人参加会议。

8日上午 市委常委、市纪委书记、市监委主任杨红梅深入尧都区部分乡镇、街道、企业调研清廉建设、“三个一批”治理、农村集体“三资”管理、企业安全生产等工作。市纪委常委张朝晖，区委书记崔绍民，区委常委、纪委书记、监委主任丁春明，区委常委、区委办主任温济荟等市、区相关部门负责人一同调研。

8日下午 尧都区召开2022年第四届尧都文化旅游节安保工作对接会，对文化旅游节期间各项活动的安保工作进行安排部署。区委政法委书记乔永生出席会议并讲话，副区长、区公安局局长崔军主持会议。

8日 在第38个教师节即将来临之际，区委书记崔绍民先后走进临钢小学、临汾八中、东城第一小学、临汾二中，调研学校建设、教学管理、疫情防控等工作，并向广大一线教师致以节日慰问。区委副书记刘磊，区委常委、区委办公室主任温济荟，副区长石新亭参加调研慰问。

8日 区委常委、常务副区长马平就中秋节假期安全生产等工作深入包联乡镇尧庙镇调研。区应急局、区消防救援大队等相关部门负责人一同调研。

8日 区委常委、常务副区长马平就中秋节假期安全生产等工作深入包联乡镇尧庙镇调研。区应急局、区消防救援大队等相关部门负责人一同调研。

9日下午 尧都区召开中秋国庆假期安全防范工作会议暨煤矿安全专项治理推进会议，区委常委，常务副区长马平出席会议并讲话，区直相关部门和各乡镇、街道主要负责人参加会议。

9日 尧都区隆重举办庆祝第38个教师节大会，回顾总结一年来全区教育工作，表彰先进单位和个人，对下一步工作作出安排和部署。区委书记崔绍民，区委副书记刘磊，区人大常委会主任鲁立波，区政协主席郭云平，区委常委、区委办主任温济荟，区人大常委会副主任张李平，区政府副区长石新亭，区政协副主席郭迎昕等区四大班子领导出席会议。区直有关部门负责人，各学校校长（园长）以及受表彰的模范教师和先进单位代表参加会议。会议由刘磊主持。

9日 区委常委、常务副区长马平调研交通道路安全工作，区交通局、区公安交警大队等相关负责人前往国道108、国道309沿线的各个路口一同调研。实地查看事故多发路段安全隐患、电子警察设备等交通安全措施情况，并就当前的交通安全工作提出具体要求。

9日 尧都区召开安全生产专项整治三年行动煤矿、洗（选）煤企业工作情况汇报会议，区委常委、常务副区长马平出席会议。区直相关单位、一平垣乡、枕头乡、土门镇等相关乡镇及各煤矿企业负责人参加会议。

12日 全区安全生产专项整治三年行动危化、消防行业汇报会议在区应急管理局召开，区委常委、常务副区长马平出席会议。区应急管理局、区林业局、区消防救援大队等部门，相关乡镇街道办以及部分企业负责人参加会议。

12日上午 区领导深入一平垣乡恒昇煤业调研安全生产及环保工作。区委常委、常务副区长马平一同调研。

13日上午 区领导就水污染防治、文物勘探和项目拆迁工作进行调研。区政府办、市生态环境局尧都分局、区水利局、区自然资源局等部门主要负责人一同调研。

13日 区委书记崔绍民深入贾得乡调研。调研中，崔绍民一行先后走进临汾市安康医用氧有限公司、临汾市威顿水泥有限责任公司，了解企业运营和安全生产工作情况。随后，前往柏壁村走访慰问脱贫户。区委常委、贾得乡党委书记卢燕飞，区委常委、区委办主任温济荟参加调研。

14日下午 尧都区召开省生态环境厅汾渭平原区域生态环境保护监察办公室交办问题整改推进会，区委常委，副区长王洪锁出席会议，尧都高新区、区直相关部门、部分乡镇负责人参加会议。

14日 尧都区举行2022年科级干部读书班与优秀年轻干部能力提升班开班典礼。区委书记崔绍民出席会议并讲话，区委常委、组织部部长白向阳主持会议，区委常委、区委办主任温济荟等出席会议。区直相关部门负责人参加会议。

14日上午 在集中收听收看省委、市委第104次疫情防控专题会议暨疫情防控工作领导小组会议之后，区委书记、区疫情防控工作领导小组组长崔绍民主持召开疫情防控工作专题会议，对下一步工作进行安排部署。区委副书记、区疫情防控工作领导小组第一副组长刘磊，区领导白向阳、汤晓燕、郭亮、贺婧、卢燕飞、温济荟、王洪锁、孔令泽等出席。

14日 尧都区召开尧都文化旅游节活动期间疫情防控工作安排部署会议。副区长孔令泽出席会议，尧都高新区、区委宣传部、区文旅局、区商务局、区卫体局、尧帝旅游景区建设发展中心及帝尧旅游文化发展有限公司主要负责人参加。

14日上午 尧都区召开2022年第四届尧都文化旅游节启动仪式工作协调会。区委副书记刘磊出席会议并讲话，区委常委、宣传部部长郭亮出席会议。

14日 区政协党组书记、主席郭云平带队深入部分乡镇街道实地调研指导有事好商量协商议事室、政协委员工作室、社情民意联系点“三位一体”平台和零工经济服务点建设工作，区政协副主席解武强、武建斌、郭迎昕一同调研。

14日 全区推进“标准地”改革和清理“批而未用”土地专项督察反馈问题整改工作会议召开。区委常委、副区长王洪锁出席会议，尧都高新区管委会分管负责人，区财政局、区自然资源局、区住建局等相关区直单位，各乡镇街道等相关部门负责人参加会议。

15日 尧都区开展抓党建促基层治理能力提升专项行动第十三次调度会暨基层党建重点任务推进会，对近期专项行动重点工作及下半年全区基层党建工作重点任务进行安排部署。区委常委、组织部部长、区委专项办主任白向阳出席会议。

15日 为确保第四届尧都文化旅游节顺利开幕，区委政法委书记乔永生前往万达广场调研督导安保工作，市公安局副局长、直属分局局长杨勇，市公安局开发区分局政委陈翔，尧帝旅游景区建设发展中心主任、涝洰河生态景区服务中心主任王金保，市交警大队一大队、区应急局、区市场监督局、区交警大队、区卫健局等相关安保成员单位负责人一同调研。

15日上午 区委副书记刘磊、副区长石新亭深入金殿镇调研安全生产、疫情防控等工作。

16日下午 省农业农村厅总农艺师李慧芳带领省委第十督导组在尧都区督导抓党建促基层治理能力提升专项行动开展情况。市委组织部副部长、市委非公经济组织和社会组织工委书记高涛，区委常委、组织部部长白向阳及区委组织部、乔李镇相关负责人一同调研。

16日上午 区领导主持召开区政府党组（扩大）会议，会议传达学习习近平总书记重要文章《坚持和发展中国特色社会主义要一以贯之》，传达学习《临汾市贯彻落实全省专题警示教育大会有关要求的具体举措》《临汾市规范党员干部办理婚丧喜庆事宜的实施细则》《临汾市大气污染整治攻坚量化问责办法》。区委常委、常务副区长马平，区委常委、副区长王洪锁，副区长范志军，副区长石新亭出席会议，区政府办党组成员列席会议。

16日上午 “寻根尧祖·德耀中华”2022年第四届尧都文化旅游节路演体验宣传活动周在临汾万达广场正式拉开帷幕。市委宣传部副部长郭婷慧，区委副书记刘磊，区委常委、宣传部部长郭亮，尧帝旅游景区建设发展中心主任、涝洰河生态景区服务中心主任王金保等领导出席活动。

17日 区领导经解放东路、枣林街、华康路至河汾一路跨铁路桥调研道路绿化及沿街道路规划，听取相关工作情况汇报，实地查看道路绿化设计情况并提出明确要求，对下一步工作进行安排部署。区委常委、副区长王洪锁，区住建局、区自然资源局等相关部门负责人一同调研。

17日下午 区委常委、常务副区长马平深入吴村镇部分企业调研安全生产工作。区发改局负责人、吴村镇党政负责人参加调研。

18日上午 区领导在部分重点项目工程一线就工程项目建设、道路绿化、文物勘探等相关工作进行调研，区委常委、副区长王洪锁一同调研。

18日下午 区委书记崔绍民主持召开2022年第四届尧都文化旅游节工作推进会，听取各工作组、活动组工作情况汇报，并就筹备工作中的困难和问题进行协调部署。区领导鲁立波、郭云平、马平、郭亮、温济荟、王洪锁、乔永生等出席。

19日晚 区领导主持召开征地拆迁工作进展汇报会，区委常委，常务副区长马平，区委常委、副区长王洪锁出席会议。

19日下午 区委书记崔绍民就2022年第四届尧都文化旅游节开幕式、闭幕式、祭尧大典、招商引资推介会等各项活动筹备工作进行调研，并就文化节期间的疫情防控工作作出安排部署。区领导刘磊、郭云平、郭忠义、郭亮、温济荟、王洪锁、乔永生等一同调研。

20日 尧都区召开城乡房屋安全隐患排查整治工作推进会，区委常委、副区长王洪锁出席会议。区住建局及相关乡镇、街道负责人参加。

20日上午 尧都区举办以“数说新时代 奋进新征程”为主题的第十三届“中国统计

开放日”活动。区委常委、常务副区长马平致辞。区统计局、段店乡负责人参加活动。

20日 尧都高新区人大代表联络站举行揭牌仪式，并开展首次人大代表进站活动。区人大常委会主任鲁立波，尧都高新区党工委书记、管委会主任郭忠义，区人大常委会副主任史大胜、贾国杰，尧都高新区管委会常务副主任汤国庆出席活动。

21日 区委常委、副区长王洪锁调研建筑行业安全生产及“三强制”改造工作。区住建局相关负责人参加。

21日上午 在省委、市委第105次疫情防控专题会议暨疫情防控工作领导小组会议之后，区委书记、区疫情防控工作领导小组组长崔绍民主持召开全区疫情防控工作专题会议，对尧都区疫情防控工作进行再安排、再部署。区委副书记、区疫情防控工作领导小组第一副组长刘磊，区领导汤晓燕、贺婧、卢燕飞、杨斑、温济荟、王洪锁、孔令泽等出席。

21日 尧都区举行尧文化研究专著《尧帝陵》授书仪式，临汾市人大常委会原主任、临汾市三晋文化研究会会长刘合心，原胜利、仇振刚、王醒安、杨玉龙、周征松、王庚星、石耀辉、彭亚鸣、李梅秀、武建杰等专家学者，以及区委书记崔绍民、区委副书记刘磊、区委常委、区委办主任温济荟参加授书仪式。

22日上午 区委政法委书记乔永生带领区公安局、区卫健局、区公安交警大队、区消防大队等有关职能部门负责人，在尧都公园调研督导第四届尧都文化旅游节开幕式安保工作。副区长、区公安局局长崔军一同调研。

22日下午 以“寻根尧祖，德耀中华”为主题的2022年第四届尧都文化旅游节在临汾市东城尧都公园启动。山西省委常委、宣传部部长吴伟出席并宣布活动启动。临汾市委副书记、洪洞县委书记黄巍致辞。临汾市委常委、宣传部部长闫建国主持启动仪式。尧都区委书记崔绍民介绍相关情况。

22日下午 以“寻根尧祖，德耀中华”为主题的2022年第四届尧都文化旅游节“台商台青走晋来”尧都专场推介活动成功举行。省委台办经济处二级调研员乞登庆，市委台办副主任李明山，区委副书记刘磊，副区长孔令泽，副区长石新亭，尧都高新区管委会副主任李俊出席，区直有关部门、尧都高新区有关部门负责人参加活动。

23日 2022年尧文化与黄河文明摄影展正式启动。临汾市委宣传部主持日常工作的副部长石莹宣布尧文化与黄河文明摄影展启动。临汾市文联主席元福明，中国新闻摄影学会常务理事、《人民摄影报》副总编辑贾晓霞，尧都区委副书记刘磊出席，尧都区委常委、宣传部部长郭亮主持启动仪式。来自全省11个地市的36名摄影师参加本次摄影展。

24日 2022年第四届尧都文化旅游节帝尧德孝文化研学教育活动在古老的尧庙景区拉开帷幕。山西省研学旅行协会会长、太原工业学院体育系书记王定安，山西省研学旅行协会副会长、山西财经大学文旅学院院长弓志刚，山西省研学旅行协会副会长、山西文化旅游职业大学就业指导中心主任王朋军，临汾市尧帝旅游景区建设发展中心主任、尧都区涝洰河生态景区服务中心主任王金保出席。尧都区副区长石新亭宣布2022年第四届尧都文化旅游节帝尧德孝文化研学教育活动正式开始。临汾市和尧都区教育部门、文旅部门的相关负责人，全市多所中小学校负责人以及文旅和研学企业代表参加活动。

24日 2022年第四届尧都文化旅游节主题活动之一——2022年山西·临汾招商引资推介会在尧都云商产业园华汉云极信创产业中心举行，此次推介会成功签约项目10个，总投资额37.19亿元。

25日 2022年第四届尧都文化旅游节尧文化研讨交流会成功举行。山西省政协原副主席、三晋文化研究会名誉会长朱先奇出席并宣布研讨交流会开幕。

25日上午 2022年第四届尧都文化旅游节尧文化与黄河文明摄影展评选交流会成功举行，临汾市文联主席元福明，中国新闻摄影学会常务理事、《人民摄影报》副总编贾晓霞，中国摄影家协会理事武勇、山西省摄影家协会副主席徐劲松等出席活动并担任评委。

26日晚 尧都区召开征地拆迁工作进展情况汇报会，区委常委、常务副区长马平，区委常委、副区长王洪锁出席会议。区政府办、住建局以及相关乡镇、街道办负责人参加会议。

26日 “寻根尧祖·德耀中华”2022年第四届尧都文化旅游节闭幕式在尧都云商产业园华汉云极信创产业中心举行。临汾市政府副市长王云出席并讲话。临汾市委宣传部主持日常工作的副部长石莹，尧都区委书记崔绍民，尧都区委副书记刘磊，尧都区人大常委会主任鲁立波、尧都区政协主席郭云平，临汾市文旅局副局长杨文单，以及尧都区副县级以上干部出席。

27日下午 区委书记崔绍民就交通安全隐患整治、安全生产工作进行调研，区委常委、组织部部长白向阳，区委常委、屯里镇党委书记贺婧，副区长、区公安局局长崔军一同调研。

28日 区领导主持召开助企纾困、送政策、送服务、送温暖“早餐会”（煤炭行业）。副区长孔令泽出席，区政府办、区委网信办、区应急管理局、区发改局等区直部门及相关煤矿企业参加活动。

28日上午 省委、市委第106次疫情防控专题会议暨疫情防控工作领导小组会议结束后，区委书记、区疫情防控工作领导小组组长崔绍民主持召开全区疫情防控工作专题会议，对尧都区国庆假期前后疫情防控工作进行再安排、再部署。区委副书记、区疫情防控工作领导小组第一副组长刘磊，区领导白向阳、卢燕飞、杨珽、孔令泽等出席。

28日下午 区领导主持召开区政府第36次常务会议，副区长范志军，副区长、区公安局局长崔军，副区长石新亭出席会议。区政协副主席、财政局局长武建斌以及区发改、住建等相关部门负责人列席会议。

28日 区领导主持召开区政府党组（扩大）会议，副区长范志军、崔军、石新亭出席。

29日上午 晋南集团恒略恒安冶金轧辊铸造项目开工奠基仪式在大阳高端装备制造产业园举行。市委常委、副市长崔元斌出席并宣布项目开工奠基。市政府副秘书长、办公室副主任杨楠，市工信局副局长余瑞金、市行政审批局副局长邢建勋、市促进外来投资局副局长迟红霞；区委书记崔绍民，区委副书记刘磊，区政协主席郭云平，尧都高新区党工委书记、管委会主任郭忠义，以及其他副县级干部为项目培土奠基。

29日上午 尧都区召开安全生产“强作风、抓落实”专题会议，区委常委、常务副区长马平主持会议，各区直部门、各乡镇、街道办负责人参加会议。

29日下午 区委书记崔绍民主持召开巩固拓展脱贫攻坚成果同乡村振兴有效衔接月例会，传达学习省、市相关文件精神，审议《尧都区关于加大力度支持脱贫人口增收的若干措施方案》，安排部署下一步重点工作。区领导刘磊、马平、白向阳、郭亮、杨斑等出席会议。

29日晚上 尧都区开展助企纾困“送政策、送温暖、送服务”“夜沙龙”专题活动。副区长石新亭出席活动。共青团尧都区委、区文旅局、财政局、商务局、农业农村局、区直属机关事务服务中心、金融办等部门及相关乡镇负责人参加活动。

29日下午 全区经济运行分析会议召开，通报1—8月份经济运行情况，并安排下一步工作。区委书记崔绍民出席并讲话，区领导马平、杨斑、范志军、孔令泽、武建斌以及区直各部门、乡镇、街道负责人参加会议。

30日下午 省委、市委第107次疫情防控专题会议暨疫情防控工作领导小组会议结束后，区委书记、区疫情防控工作领导小组组长崔绍民主持召开全区疫情防控工作专题会议，对尧都区国庆假期疫情防控工作进行再安排、再部署。区委副书记、区疫情防控工作领导小组第一副组长刘磊，区领导郭亮、贺婧、卢燕飞、杨斑、孔令泽等出席。

30日上午 尧都区组织离退休老干部实地观摩重点项目并召开重阳节座谈会。区委书记崔绍民出席座谈会并讲话。区人大常委会主任鲁立波、区政协主席郭云平，区委常委、常务副区长马平，区委常委、组织部部长白向阳等参加观摩座谈。座谈会由白向阳主持。

30日 尧都区委理论学习中心组在临汾烈士陵园举行爱国主义主题教育学习实践活动。区委书记崔绍民作重要讲话。区领导鲁立波、郭云平、丁春明、郭亮、朱定海、贺婧、卢燕飞、杨斑、乔永生等参加活动。

30日上午 副区长范志军，尧帝旅游景区建设发展中心主任、涝洰河生态景区服务中心主任王金保，先后走进魏村镇华力洗煤厂、魏村老年幸福家园、临汾市新型环能墙材有限公司实地调研安全生产、重点工程、疫情防控等工作。

10月

1日 区委常委、常务副区长马平前往一平垣乡调研煤矿安全生产工作，区应急管理局负责人一同调研。

1日上午 区委书记、区疫情防控工作领导小组组长崔绍民，冒雨深入各交通卡口调研疫情防控工作，并看望奋战在疫情防控一线的工作人员。副区长孔令泽一同调研。

2日上午 区领导深入一线调研解放路立交桥附属工程及自建房安全整治工作，区委常委、副区长王洪锁，区政府办、区住建局等相关部门负责人一同调研。

3日上午 省委、市委第108次疫情防控工作专题会议暨疫情防控工作领导小组会议之后，区委书记、区疫情防控工作领导小组组长崔绍民主持召开全区疫情防控工作专题会议，对尧都区疫情防控工作进行再安排、再部署。区委副书记、区疫情防控工作领导小组第一副组长刘磊，区领导马平、郭亮、贺婧、卢燕飞、杨斑、孔令泽等出席。

3日晚 尧都区召开征地拆迁工作进展情况汇报会，区委常委、常务副区长马平，区委常委、副区长王洪锁出席会议。区政府办、区住建局以及相关乡镇、街道办负责人参加会议。

5日下午 区委书记、区疫情防控工作领导小组组长崔绍民主持召开全区疫情防控工作专题会议。区委副书记、区疫情防控工作领导小组第一副组长刘磊，区领导马平、贺婧、卢燕飞、杨斑、温济荟、乔永生、崔军、孔令泽出席会议，区直各部门、各乡镇、街道办主要负责人参加会议。

6日上午 在收听收看省委、市委第109次疫情防控专题会议暨疫情防控工作领导小组会议之后，区委书记、区疫情防控工作领导小组组长崔绍民主持召开全区疫情防控工作专题会议，对全区疫情防控工作作出安排部署。区领导马平、丁春明、贺婧、卢燕飞、王洪锁等出席会议。

6日下午 区委书记、区疫情防控工作领导小组组长崔绍民深入区公安局、市公安局直属分局调研疫情防控工作，区委副书记、区疫情防控工作领导小组第一副组长刘磊，区委常委、区委办公室主任温济荟，副区长、区公安局局长崔军，临汾市公安局副局长、直属分局局长杨勇等一同调研。

根据市新冠肺炎疫情防控指挥部安排部署，尧都区从6日晚8点开始，直至7日上午6点，在全区范围内顺利开展全域全员核酸检测工作。

7日下午 区领导深入农贸市场调研疫情防控工作，区卫体局、市场监管局等部门负责人一同调研。

8日上午 在收听收看了市疫情防控调度暨安全生产工作会之后，区委书记、区疫情防控工作领导小组组长崔绍民主持召开尧都区疫情防控调度暨安全生产工作会议，对统筹做好当前疫情防控、经济运行和安全生产工作作出安排部署。区委副书记、区疫情防控工作领导小组第一副组长刘磊，尧都高新区党工委书记、管委会主任郭忠义，区领导马平、贺婧、卢燕飞、杨斑、温济荟、孔令泽等出席。

9日下午 区领导以“四不两直”方式深入段店乡督导检查重点地区返尧人员居家隔离措施落实情况，确保各项防控措施真执行、真落实、真安全。

9日上午 区委书记、区疫情防控工作领导小组组长崔绍民深入大运高速临汾西出口、长临高速临汾东出口和馨阳农贸市场、广宣街菜市场现场检查疫情防控工作，并就更加规范高效开展核酸检测和“点对点”转运工作提出具体要求。区委副书记、区疫情防控工作领导小组第一副组长刘磊，区委常委、区委办主任温济荟参加调研。

10日上午 在收听收看省委、市委第110次疫情防控专题会议暨疫情防控工作领导小组会议之后，区委书记、区疫情防控工作领导小组组长崔绍民主持召开全区疫情防控工作专题会议。区委副书记、区疫情防控工作领导小组第一副组长刘磊，区领导郭亮、贺婧、卢燕飞、杨珽、温济荟、王洪锁、孔令泽等出席，区直各部门、各乡镇、街道主要负责人参加。

10日下午 副区长石新亭在部分学校调研国庆节后学校开学疫情防控及安全工作。区教科局主要负责人及区卫体局、区消防救援大队、区市场监督管理局分管负责人参加。

10日下午 区委书记崔绍民先后走进解放路关帝庙文旅片区、规划三街道路工程陶家庄段、河汾一路快速路工程项目、五一路快速通道沿街更新改造项目南街段和乡贤街段、五一东路周家庄地段等处，实地调研征地拆迁工作进展情况，了解征地拆迁工作中需要协调解决的问题和困难，并就快速高效完成征拆任务提出要求。区委常委、贾得乡党委书记卢燕飞，区委常委、区委办主任温济荟，区委常委、副区长王洪锁参加调研。

11日下午 区委常委、常务副区长马平深入尧庙镇杜村调研指导疫情防控居家隔离管控工作，尧庙镇党政领导负责人参加调研。

11日下午 尧都区召开2022年度“批而未供”土地清理工作协调推进会。区委常委、常务副区长马平，区委常委、副区长王洪锁，区政协副主席、区财政局局长武建斌，尧帝旅游景区建设发展中心主任、涝洰河生态景区服务中心主任王金保出席会议。区政府办、区自然资源局、区住建局、区应急管理局、区工信局、区文旅局、市生态环境局尧都分局、区能源局主要负责人参加。

12日下午 区领导在尧都高新区调研指导工作并召开座谈会。尧都高新区党工委书记、管委会主任郭忠义，区委常委、常务副区长马平，尧都高新区常务副主任汤国庆，副主任李俊等一同调研并参加座谈。

12日上午 尧都区召开工程建设相关事宜汇报会，听取河西新城规划四街绿化设计方案和东城尧贤街、华康路过街天桥设计方案汇报。区委书记崔绍民，区委常委、常务副区长马平，区委常委、区委办主任温济荟出席。

12日 区委书记崔绍民前往贾得乡，就重点项目建设、安全生产和疫情防控工作进行调研。尧都高新区党工委书记、管委会主任郭忠义，区委常委、贾得乡党委书记卢燕飞，区委常委、区委办主任温济荟，副区长孔令泽，尧都高新区管委会常务副主任汤国庆参加调研。

12日下午 区委副书记刘磊、副区长石新亭在金殿镇调研检查重点地区返尧人员管控、辖区企业疫情防控、安全生产、大气污染防治等工作。

12日 区委常委、副区长王洪锁前往包联乡镇和街道调研疫情防控居家隔离管控工作。

13日晚 区委书记、区疫情防控工作领导小组组长崔绍民以“四不两直”方式督导检查各交通卡口疫情防控工作，并对值守在疫情防控一线的工作人员表示慰问。区委副书记、区疫情防控工作领导小组第一副组长刘磊，区委常委、纪委书记、监委主任丁春明等一同检查。

13日 区领导主持召开征地拆迁工作进展汇报会，区委常委、常务副区长马平，区委常委、副区长王洪锁出席会议，区政府办、住建局以及相关乡镇、街道负责人参加会议。

13日 尧都区召开特种灾害应急救援联席会。区委常委、常务副区长马平出席会议，区应急局、住建局、市场监管局等区直相关部门负责人及相关行业专家参加会议。

13日 在收听收看省委、市委第111次疫情防控专题会议暨疫情防控工作领导小组会议之后，区委书记、区疫情防控工作领导小组组长崔绍民立即主持召开尧都区疫情防控工作专题会议，学习贯彻省、市会议精神，通报工作中的相关问题，并就下一步工作作出安排部署。区委副书记、区疫情防控工作领导小组第一副组长刘磊，区领导马平、丁春明、白向阳、汤晓燕、郭亮、贺婧、卢燕飞、杨珽、孔令泽等出席会议。

14日上午 区领导前往解放路立交桥、尧贤街南延就附属工程建设、道路绿化以及临工市场选址等工作进行现场调研，区委常委、常务副区长马平，区委常委、副区长王洪锁一同调研。

16日 中国共产党第二十次全国代表大会在北京隆重召开。尧都区四大班子集中收听收看党的二十大开幕会，聆听了习近平同志代表第十九届中央委员会向大会所作的报告，大家认真学习领会报告精神。区委书记崔绍民，区领导刘磊、鲁立波、郭云平、丁春明、白向阳、汤晓燕、郭亮、温济荟、王洪锁等参加集中学习。

17日晚 尧都区召开全域静态管理、全员核酸检测分析复盘会议。会议坚持问题导向，梳理工作中的短板和漏洞，研究解决措施，对接下来的全域静态管理、全员核酸检测工作作出安排部署。

18日 尧都区召开疫情防控物资保障专题会议，区委常委、常务副区长马平出席，区政府办，市交通运输中心，区直相关部门，各乡镇、街道，外卖企业，农贸市场，保供企业相关负责人参加。

18日晚 尧都区召开全域静态管理、全员核酸检测分析复盘会议。对当日工作中存在的短板和漏洞进行盘点和梳理，研究整改措施，对下一步全域静态管理、全员核酸检测工作进行再安排、再部署。

19日晚 区委书记、区疫情防控工作领导小组组长崔绍民主持召开全区疫情防控工作专题会议，分析复盘全域静态管理、全员核酸检测工作第三日情况，对疫情防控工作进行再部署、再安排、再鼓劲、再加压。

20日晚 尧都区召开全域静态管理、全员核酸检测分析复盘会议。对当日工作中存在的短板和漏洞进行盘点和梳理，研究整改措施，对下一步全域静态管理、全员核酸检测工作进行再安排、再部署。

21日晚 尧都区召开全域静态管理、全员核酸检测分析复盘会议，并以视频方式连线到全区所有乡镇、街道办。

22日 区委书记、区疫情防控工作领导小组组长崔绍民以“四不两直”方式，先后深入到段店乡大福小区、贾得乡乔家庄村、尧庙镇东赵社区以及市区印染巷、水门街区域和尧丰市场就全域静态管理、全员核酸检测工作、物资保供工作进行督导检查，并看望慰问一线核酸采集人员和志愿者。

22日晚 尧都区召开全域静态管理、全员核酸检测分析复盘会议，并以视频方式连线至各乡镇、街道办事处。会议通报了市、区两级督导检查发现的问题，并就进一步补齐短板和漏洞，继续做好全域静态管理、全员核酸检测工作进行安排部署，为解除静态管理打下坚实基础。

23日晚 区委书记崔绍民带领区四大班子专程走访慰问全域静态管理期间坚守岗位的一线工作人员。区领导马平、郭亮、温济荟、乔永生、崔军、孔令泽、石新亭等参加慰问。

23日晚 尧都区召开全域静态管理、全员核酸检测分析复盘会议，并以视频方式连线至各乡镇、街道办事处。会议梳理和盘点了当日工作中存在的短板和漏洞，分析研究整改措施，为解除静态管理打下坚实基础。

23日晚 副区长孔令泽前往瑞晶酒店和地矿大酒店调研隔离酒店管理工作，区卫体局及相关专家一同前往。

24日上午 区领导前往隔离酒店调研疫情防控工作，区政府办、区卫体局以及卫生监督所等部门负责人、院感专家参加调研。

24日 区委书记、区疫情防控工作领导小组组长崔绍民主持召开全区疫情防控工作专题会议，对尧都区解除静态管理后的工作进行安排和部署。区领导马平、白向阳、汤晓燕、郭亮、温济荟、王洪锁等出席会议。

24日下午 区委召开常委会扩大会议暨理论学习中心组学习会，传达学习党的二十大和二十届一中全会精神，对学习宣传贯彻工作进行安排部署。区委书记崔绍民主持会议并讲话。区委副书记刘磊，区政协主席郭云平，尧都高新区党工委书记、管委会主任郭忠义以及其他副县级以上干部参加会议。

25日 区领导主持召开区政府党组（扩大）会议。区委常委、副区长王洪锁，副区长范志军，副区长、区公安局局长崔军，副区长石新亭出席。

25日 区领导主持召开区政府第37次常务会议，区委常委、副区长王洪锁，副区长范志军，副区长、区公安局局长崔军，副区长石新亭，区政协副主席、区财政局局长武建斌出席会议。区发改局、区工信局、区司法局、区财政局等相关部门负责人列席会议。

25日上午 区委书记、区疫情防控工作领导小组组长崔绍民深入屯里镇检查调研疫情防控工作。区人大常委会主任鲁立波，区委常委、屯里镇党委书记贺婧，区委常委、区委办主任温济荟一同调研。

25日 尧都区召开2023年重点项目谋划会，区委常委、常务副区长马平、尧都高新技术产业开发区管委会常务副主任汤国庆出席，相关区直单位、企业、各乡镇长、街道办事处主任参加会议。

25日下午 区委书记、区疫情防控工作领导小组组长崔绍民主持召开疫情防控工作分析复盘专题会议，检查梳理问题，总结经验做法，进一步完善疫情应急处置的各项工作预案。区领导刘磊、马平、白向阳、郭亮、温济荟、乔永生、崔军、孔令泽等参加会议。

26日下午 区领导主持召开2022年度“批而未用”土地清理工作专班调度会议，区委常委、副区长王洪锁，区政协副主席、区财政局局长武建斌出席会议，区政府办、区直相关部门主要负责人参加。

27日上午 区委书记、区疫情防控工作领导小组组长崔绍民前往高速卡口调研疫情防控保通保畅工作，区委常委、区委办主任温济荟，副区长孔令泽一同调研。

27日下午 区委常委、常务副区长马平前往西山生辉煤业调研安全生产工作。区应急管理局等相关部门负责人一同调研。

27日下午 区领导前往东泰鑫源煤业调研安全生产工作。区委常委、常务副区长马平，区政府办、应急局、能源局等相关部门负责人一同调研。

27日下午 区委副书记刘磊、副区长石新亭深入金殿镇调研企业安全生产、疫情防控、大气污染防治等重点工作。金殿镇主要负责人参加调研。

27日下午 区委书记崔绍民深入山西焦煤霍州煤电锦程煤业有限公司，就企业运营、安全生产和疫情防控等工作进行调研。区委常委、常务副区长马平，区委常委、区委办主任温济荟一同调研。

28日 尧都区召开安全生产工作例会。区委常委、常务副区长马平主持会议，区安委会各成员单位负责人，各乡镇长、街道办事处主任，以及重点企业负责人参会。

28日 在集中收看省委、市委第113次疫情防控专题会议暨疫情防控工作领导小组会议之后，区委书记、区疫情防控工作领导小组组长崔绍民立即主持召开全区疫情防控工作专题会议，对尧都区疫情防控工作作出进一步安排部署。区委副书记、区疫情防控工作领导小组第一副组长刘磊，区领导马平、汤晓燕、郭亮、卢燕飞、杨斑、温济荟、王洪锁、孔令泽等出席会议。

29日上午 区领导前往隔离酒店、重点项目现场调研疫情防控及征地拆迁工作。区委常委、常务副区长马平，区委常委、副区长王洪锁一同调研。区政府办、区住建局、区卫体局等相关部门负责人参加调研。

30日 区委书记、区疫情防控工作领导小组组长崔绍民先后走进尧丰市场、凯宾施酒店，调研指导疫情防控各项措施落实情况，走访慰问一线工作人员，并赴市区多处核酸采集点进行现场调度。区委常委、区委办主任温济荟，副区长范志军、孔令泽参加调研。

30日 区领导在交通卡口调研疫情防控工作，区政府办等相关部门负责人一同调研。

31日 区委副书记刘磊主持召开巩固拓展脱贫攻坚成果同乡村振兴有效衔接月例会。副区长范志军出席会议，区委组织部、区委宣传部、区农业农村局等相关区直部门及各乡镇、街道负责人参加会议。

31日下午 在集中收听收看省委、市委第114次疫情防控专题会议暨疫情防控工作领导小组会议之后，区委书记、区疫情防控工作领导小组组长崔绍民立即主持召开尧都区疫情防控工作专题会议，对做好当前全区疫情防控工作进行安排部署。区领导郭亮、贺婧、卢燕飞、杨斑、温济荟、孔令泽等出席会议。

11月

1日 尧都区在劳动保障监察接待窗口开展2023年春节前根治欠薪集中接访活动。区委常委、常务副区长马平，区人社局、区司法局、区水利局、临汾市公安局直属分局等单位负责人参加活动。

1日 区委常委、常务副区长马平在部分商场、市场调研“四下”企业达规入统工作情况。区统计局、区商务局等部门负责人一同调研。

2日 区委书记、区疫情防控工作领导小组组长崔绍民先后奔赴段店初中、东王小学、临汾二中，调研指导校园疫情防控工作。随后，前往海姿供气供热有限公司，检查集中供热准备工作。区委副书记刘磊，区委常委、贾得乡党委书记卢燕飞，区委常委、区委办公室主任温济荟，区委常委、副区长王洪锁先后参加调研。

2日 区领导主持召开城镇社区养老幸福工程推进会。区委常委、屯里镇党委书记贺婧，副区长范志军出席会议。区政府办、区民政局等相关区直部门及相关乡镇街道负责人参加会议。

2日下午 区领导主持召开区政府第38次常务会议。区领导马平、王洪锁、范志军、崔军、孔令泽出席会议，区政府办、区直相关部门负责人参加会议。

3日晚 尧都区召开征地拆迁工作进展情况汇报会。区委常委、常务副区长马平，区委常委、副区长王洪锁出席会议。区政府办、区住建局以及相关乡镇、街道办负责人参加会议。

3日下午 全区疫情防控工作专题会议召开，区委副书记、区疫情防控工作领导小组第一副组长刘磊出席会议并讲话。区领导汤晓燕、郭亮、杨斑、史大胜、范志军、孔令泽、石新亭、武建斌、郭迎昕，以及尧都高新区管委会副主任张学东出席会议。区直相关部门、各乡镇街道负责人参加会议。

3日下午 区委常委、常务副区长马平深入平阳中学（台地地块）、二中路北延、植物园、规划三街、规划四街等地调研2023年重点谋划项目手续办理情况。区发改局、区住建局、区重点项目促进中心、区自然资源局及段店乡等单位主要负责人一同调研。

4日下午 区委常委会召开会议。传达学习中共山西省委十二届五次全体会议、中共临汾市委五届五次全体会议精神，听取2021年度区级目标责任考核各单位拟定等次情况汇报，研究审议《中共尧都区委深入学习贯彻党的二十大精神的实施方案》（讨论稿）等。区领导刘磊、郭云平、马平、丁春明、白向阳、汤晓燕、贺婧、卢燕飞、杨斑、温济荟、王洪锁、乔永生出席会议。

4日 尧都区召开批发业企业经济运行专题会，区委常委、常务副区长马平出席会议。区商务局负责人、相关乡镇、街道及企业负责人参加会议。会上，区商务局主要负责人通报有关情况。

6日 尧都区召开疫情防控政策培训工作会议，副区长孔令泽出席会议。区卫体局班子成员，各乡镇、街道办负责人，各乡镇卫生院主要负责人，街道卫生服务中心、服务站主要负责人参加会议。

7日下午 区领导前往尧都高新区云商产业园调研，尧都高新区党工委书记、管委会主任郭忠义，副区长孔令泽，尧都高新区管委会常务副主任汤国庆参加活动。

7日 区委常委、常务副区长马平深入山西汾河制药公司、山西华德冶铸有限公司，就推动尧都区经济高质量增长工作进行调研。区工信局、区商务局、段店乡、大阳镇主要负责人一同参加。

7日 在集中收听收看省委、市委第116次疫情防控专题会暨疫情防控工作领导小组会议之后，区委书记、区疫情防控工作领导小组组长崔绍民主持召开尧都区疫情防控工作专题会议，对全区疫情防控工作进行再安排、再部署。区领导白向阳、郭亮、贺婧、卢燕飞、杨珽、王洪锁、孔令泽等出席会议。

8日 召开中国共产党临汾市尧都区第十届委员会第六次全体会议。

8日晚 尧都区召开安全生产“两个行动”自评整改推进工作会议和全区2022年消防宣传月工作推进会。区委常委、常务副区长马平出席会议，尧都高新区、区委宣传部分管负责人及区直各部门、各乡镇、街道主要负责人参加会议。

9日 区领导调研校园疫情防控工作，区委常委、县底镇党委书记杨珽，副区长石新亭，区政府办、卫体局、教科局等相关部门负责人一同调研。

9日 区委书记崔绍民深入贾得乡，走田间、访农户、入企业，面向基层干部群众宣讲党的二十大精神，调研乡村振兴、农村集体经济发展、抓党建促基层治理能力提升专项行动等工作。区委常委、宣传部部长郭亮，区委常委、贾得乡党委书记卢燕飞，副区长范志军一同参加。

10日上午 区领导主持召开2022年尧都区第5次国土空间规划委员会会议。区委常委、副区长王洪锁，尧都区高新技术产业开发区党工委副书记汤国庆，区政府办、区委组织部、区自然资源局、区发改局、区财政局、区住建局、贾得乡、县底镇、大阳镇等部门和乡镇主要负责人参加。

10日上午 区领导主持召开2022年度“批而未用”土地清理工作专班调度会议，区委常委、常务副区长马平，区委常委、区政府副区长王洪锁，区政府办、区财政局、区自然资源局等部门以及相关乡镇负责人参加会议。

10日上午 区领导主持召开区政府第39次常务会议，区委常委、常务副区长马平，区委常委、副区长王洪锁，副区长范志军，副区长、区公安局局长崔军，副区长孔令泽、石新亭出席会议。区发改局、住建局等相关部门负责人列席会议。

10日 区委书记、区疫情防控工作领导小组组长崔绍民主持召开全区疫情防控工作专题会议。区委副书记、区疫情防控工作领导小组第一副组长刘磊，区领导郭亮、贺婧、卢燕飞、杨珽、王洪锁、孔令泽等出席会议。

11日 区政协召开十一届六次常委会议。区政协党组书记、主席郭云平，副区长范志军，区政协副主席解武强、郭迎昕出席会议，区十一届政协常委参加会议，区政府办和相关职能部门负责人，各乡镇、街道政协联络组长、政协机关干部列席会议。

11日上午 区领导前往尧都高新区云商产业园百度标注有限公司调研，尧都高新区管委会常务副主任汤国庆一同调研。

11日 区委理论学习中心组召开学习会，开展党的二十大精神专题辅导，集中学习相关文件精神，并围绕贯彻党的二十大精神开展研讨交流。区委书记崔绍民主持会议。区委副书记刘磊，区人大常委会主任鲁立波，区政协主席郭云平，尧都高新区党工委书记、管委会主任郭忠义，以及其他副县级以上干部参加学习。市委列席旁听第一工作组组长、市委办公室四级调研员黄临鸣及工作组成员列席旁听。

11日 尧都区召开产业工人队伍建设改革工作推进会议，区委副书记、区产业工人队伍建设改革协调小组组长刘磊出席会议并讲话，区产业工人队伍建设改革协调小组35个成员单位负责人参加会议。

13日 区领导调研靓城提质项目建设、智慧停车场建设及交通秩序整治等工作。区委常委、副区长王洪锁，副区长、区公安局局长崔军，区政府办、发改局等相关部门负责人一同调研。

13日上午 区委书记、区疫情防控工作领导小组组长崔绍民深入各交通卡口调研指导疫情防控工作。区委副书记、区疫情防控工作领导小组第一副组长刘磊，区委常委、区委办公室主任温济荟一同调研。

14日 区领导调研重点项目工程建设情况。区人大常委会主任鲁立波，尧都高新技术产业开发区党工委书记、管委会主任郭忠义，区委常委、常务副区长马平，副区长范志军，区政府办、区住建局等相关部门负责人一同调研。

14日下午 在收听收看省委、市委第118次疫情防控专题会暨疫情防控工作领导小组会议之后，区委书记、区疫情防控工作领导小组组长崔绍民主持召开全区疫情防控工作专题会议，对尧都区疫情防控工作进行再安排、再部署。区委副书记、区疫情防控工作领导小组第一副组长刘磊，区领导白向阳、郭亮、贺婧、杨珽、孔令泽等出席会议。

15日 2022年尧都区科级领导干部读书班与优秀年轻干部能力提升班结业仪式举行，区委常委、组织部部长白向阳，区政府办、区委老干部局、区委党校负责人参加会议。

16日上午 尧都区召开创建省级文明城市工作推进会，对迎接省级城市测评验收等重点工作进行再安排、再部署。区委书记崔绍民出席会议并讲话。区委常委、宣传部部长郭亮主持会议。

16日上午 区委、区政府召开专题会议，研究尧都高新区相关工作事项，区委书记崔绍民主持会议。尧都高新区党工委书记、管委会主任郭忠义，区委常委、常务副区长马平，副区长孔令泽，尧都高新区管委会常务副主任汤国庆，副主任张学东出席会议，相关部门负责人参加会议。

17日上午 尧都区召开2022年度市级目标责任考核推进会议，全力冲刺年度目标任务，促进各项工作圆满收官。区委书记崔绍民出席会议并讲话。区领导马平、白向阳、王洪锁等出席会议，市级目标责任考核各责任单位主要负责人参加会议。

17日晚 在收听收看省委、市委第119次疫情防控专题会暨疫情防控工作领导小组会议之后，区委书记、区疫情防控工作领导小组组长崔绍民主持召开全区疫情防控工作专题会议。区委副书记、区疫情防控工作领导小组第一副组长刘磊，区领导郭亮、贺婧、卢燕飞、孔令泽等出席，区直各部门、各乡镇、街道主要负责人参加。

17日 区领导主持召开征地拆迁工作进展情况汇报会，区委常委、副区长王洪锁出席会议。区政府办、区住建局、区自然资源局及相关乡镇、街道办主要负责人参加会议。

20日上午 区委书记、区疫情防控工作领导小组组长崔绍民深入部分交通卡口督导检查疫情防控工作。区委副书记、区疫情防控工作领导小组第一副组长刘磊，区委常委、区委办主任温济荟，副区长孔令泽一同督导检查。

20日 尧都区召开2022年项目建设年观摩活动筹备会，区委常委、常务副区长马平出席会议。区委办、政府办、宣传部、发改局等相关部门负责人参加会议。

21日上午 区领导以“四不两直”方式督导检查疫情防控工作。区委常委、县底镇党委书记杨斑，副区长孔令泽及相关区直部门负责人一同检查。

21日晚 区领导主持召开征地拆迁工作进展汇报会。区委常委、常务副区长马平，区委常委、副区长王洪锁出席会议。区政府办、区住建局、区自然资源局及相关乡镇、街道办主要负责人参加会议。

21日 尧都区委书记崔绍民深入工业企业、建筑工地等地调研生态环境保护工作，检查“秋冬防”和重污染天气橙色预警期间相关单位生态环保各项措施落实情况，并在市生态环境局尧都分局召开座谈会。区委常委、贾得乡党委书记卢燕飞，区委常委、区委办主任温济荟，区委常委、副区长王洪锁参加调研。

23日晚 尧都区召开经济运行分析会。区委常委、常务副区长马平出席会议。区发改局、区统计局等区直部门以及各乡镇、街道办负责人参加会议。

23日 区委副书记刘磊、副区长石新亭在金殿镇调研督导安全生产、疫情防控、食品安全等工作，金殿镇主要负责人及区商务局相关负责人一同督导。

23日 在收听收看省委第121次疫情防控专题会暨省疫情防控工作领导小组会议、市委第120次疫情防控专题会之后，区委书记、区疫情防控工作领导小组组长崔绍民主持召开全区疫情防控工作专题会议。区委副书记、区疫情防控工作领导小组第一副组长刘磊，区领导马平、白向阳、汤晓燕、郭亮、贺婧、卢燕飞、杨斑、王洪锁、孔令泽等出席，区直各部门、各乡镇、街道办主要负责人参加。

23日 尧都区召开市场主体倍增和优化营商环境考核工作推进会。区委常委、常务副区长马平出席会议。区委宣传部、区发改局、区统计局等区直部门以及各乡镇、街道办负责人参加会议。

24日凌晨 尧都区召开疫情防控工作紧急会议，分析研判当前疫情形势，对静态管理相关工作进行安排部署。区委书记、区疫情防控工作领导小组组长崔绍民，区委副书记、区疫情防控工作领导小组第一副组长刘磊，区领导鲁立波、郭忠义、马平、丁春明、白向阳、汤晓燕、郭亮、朱定海、贺婧、卢燕飞、杨斑、温济荟、王洪锁、乔永生、孔令泽等出席会议，区直各部门、各乡镇街道主要负责人参加会议。

24日上午 区委书记崔绍民采取“四不两直”的方式，在中心城区实地调研全域静态管理工作。区委常委、区委办主任温济荟，区委政法委书记乔永生一同调研。

12月

5日 区领导召开全区安全生产工作例会暨安全生产隐患排查整治行动动员会，区委常委、常务副区长马平出席会议。区领导贺婧、卢燕飞、杨珽、王洪锁等参加会议。

5日 区领导主持召开全区近期促进经济运行有关重点工作推进会，区领导马平、贺婧、卢燕飞、杨珽、王洪锁、范志军、崔军、武建斌出席会议，相关区直部门以及各乡镇、街道负责人参加会议。

5日上午 尧都区在临汾西高速口举行援尧抗疫医护人员欢送仪式，欢送侯马、蒲县、吉县、乡宁等兄弟县市援尧抗疫医护团队回家。区委书记崔绍民出席并讲话。区委常委、区委办主任温济荟，副区长孔令泽参加活动。

8日上午 尧都区召开14个乡镇级国土空间总体规划和75个村庄规划编制工作安排部署会。区委常委、副区长王洪锁出席会议。区直相关部门及相关乡镇主要负责人参加会议。

8日下午 区领导主持召开区政府党组（扩大）会议，区委常委、副区长王洪锁，副区长范志军、崔军、孔令泽、石新亭出席，区政府办党组成员、督查室、研究室负责人参加会议。

8日下午 区领导主持召开区政府第40次常务会议，区委常委、常务副区长马平，区委常委、副区长王洪锁，副区长范志军、崔军、孔令泽、石新亭，区政协副主席、区财政局局长武建斌出席，尧都高新区管委会常务副主任汤国庆列席，区直相关部门和部分乡镇街道负责人参加。

9日 区委理论学习中心组召开学习会议，开展党的二十大精神专题辅导，区委书记崔绍民主持会议。区委副书记刘磊，区人大常委会主任鲁立波，区政协主席郭云平，尧都高新区党工委书记、管委会主任郭忠义及其他副县级以上领导干部参加学习。

9日 尧都区召开2023年普通高校招生艺术类（美术及音乐理论）专业考试安全工作联席会。区招生考试委员会主任、副区长石新亭出席会议。区委办（保密局）、区政府办、区招考委成员单位及市直有关单位、考点所在学校校长、相关乡镇、街道办事处等相关负责人参加会议。

9日上午 区委常委、常务副区长马平前往枕头乡调研煤矿安全生产工作。区应急局、区能源局主要负责人参加调研。

9日上午 区委书记崔绍民深入金殿镇、刘村镇、贾得乡开展秋冬防“晨查”工作。区委常委、贾得乡党委书记卢燕飞，区委常委、区委办主任温济荟，区委常委、副区长王洪锁参加检查。

11日下午 尧都区召开安全生产紧急会议暨安全隐患排查整治推进会议。区委书记崔绍民，区委常委、常务副区长马平，区委常委、区委办主任温济荟，尧都高新区管委会副主任张学东出席会议。区直相关部门和各乡镇、街道主要负责人参加会议。

12日 副区长范志军深入乔李镇、吴村镇调研乡村振兴产业发展情况。

12日下午 尧都区召开贯彻落实市政府“三个文件”精神安排部署会议，就全力做好促进经济运行、2023年项目谋划及前期重点工作、开展“冬季行动”进行研究和部署。市政府副秘书长、办公室副主任杨楠出席会议并讲话。区政府班子成员，区直有关单位主要负责人，各乡镇、街道党（工）委书记参加会议。

14日 工业和信息化部装备工业二司副司长李毅，山西省通信管理局发展处处长刘新明进驻山西汾河制药有限公司督导工作并召开座谈会，山西省工信厅一级调研员赵根生，市政府副秘书长、办公室副主任杨楠，市工信局副局长周俊虎，副区长孔令泽，山西汾河制药有限公司负责人及各相关部门负责人参加会议。

14日上午 区委书记崔绍民深入大阳高端装备制造产业园，调研复工复产工作进展情况。尧都高新区党工委书记、管委会主任郭忠义，区委常委、区委办主任温济荟，尧都高新区管委会副主任张学东，以及区发改局、应急局、工信局、商务局、自然资源局及市生态环境局尧都分局等部门负责人一同调研。

14日上午 区领导前往临汾宝珠制药有限公司和部分医疗场所调研企业稳产达产、扩能扩产和发热门诊、留观病区、感染病区建设情况。区委常委、贾得乡党委书记卢燕飞，尧都高新区管委会常务副主任汤国庆参加调研活动。

15日 副区长石新亭深入土门镇东羊村后土庙、尧庙景区、贾得乡乔家庄净土寺检查指导安全保护工作。

15日下午 区委书记崔绍民主持召开全区巩固拓展脱贫攻坚成果同乡村振兴有效衔接月例会。会议传达省、市相关文件精神，安排部署迎接年度考核相关工作。区领导刘磊、马平、郭亮、卢燕飞、杨珽、温济荟、王洪锁等出席。

15日至16日 吕梁市委组织部副部长、市委党建办主任刘建树带领吕梁市、县两级组织部、民政局、现代农业发展中心负责人、部分乡镇（街道）党（工）委书记等一行30余人组成的专题考察团，到尧都区考察学习县域社区管理体制改革和“村改社区”等工作。市委组织部副部长、市委专项办副主任马波，区委常委、组织部部长白向阳，副区长范志军陪同考察。

16日上午 区委副书记刘磊、副区长石新亭深入金殿镇督导检查“秋冬防”、农村集体经济发展、项目建设、地质灾害防治等工作。区应急管理局、金殿镇主要负责人一同参加。

17日上午 区领导前往一平垣乡锦程煤业调研安全生产工作。区委常委，常务副区长马平一同调研。

18日上午 区领导调研交警中队搬迁改造、天寿山景区建设及复工和企业“秋冬防”工作。区委常委、副区长王洪锁，副区长、区公安局局长崔军，区政府办、区文旅局等相关部门负责人一同调研。

19日上午 尧都区召开疫情防控工作视频调度会议，安排部署疫情防控相关工作。会议以视频形式召开，副区长孔令泽在主会场出席会议，区委办、区政府办、区委组织部及区卫体、公安、交通、工信等有关部门负责人在主会场参会，各乡镇、街道办事处负责人在分会场参会。

19日下午 尧都区召开重点工程征地拆迁调度会。区委常委、常务副区长马平出席会议。区政府办、区住建局、区自然资源局以及相关乡镇、街道办负责人参加会议。

26日 区委书记崔绍民深入铁路东办事处和贾得乡，就居民群众就医用药及老年人疫苗接种等工作进行调研。区委常委、贾得乡党委书记卢燕飞一同调研。

27日 区委书记崔绍民在部分乡镇调研“秋冬防”工作。区委办公室、区应急局、市生态环境局尧都分局等相关部门负责人一同调研。

28日 副区长、区公安局局长崔军深入一线调研督导交通安全工作，区公安局党委委员、交警大队长申红星，区公安局副局长杜岗和相关职能部门负责人一同调研。

29日上午 区委常委、常务副区长马平深入涝洰河片区进行调研。区住建局、教科局、林业局、自然资源局等部门以及区重点项目促进中心、区城投公司主要负责人一同调研。尧帝旅游景区发展中心主任、涝洰河景区服务中心主任王金保参加调研。

29日 区委书记崔绍民主持召开区委常委（扩大）会会议，区领导刘磊、鲁立波、马平、白向阳、汤晓燕、郭亮、朱定海、贺婧、卢燕飞、杨斑、温济荟、乔永生、范志军、崔军、孔令泽出席会议。

30日上午 尧都区举行提升基层医疗服务能力急救车辆和设备配发仪式。副区长孔令泽出席仪式并讲话，区卫体局班子成员，区医疗集团全体班子成员，所有乡镇卫生院院长参加仪式。

30日 区委书记、区疫情防控工作领导小组组长崔绍民主持召开全区疫情防控工作专题会议，区委副书记、区疫情防控工作领导小组第一副组长刘磊，区领导马平、白向阳、郭亮、贺婧、卢燕飞、温济荟等出席会议。

31日上午 区领导深入一线调研蓝山国际电线杆处置、五一路安置房建设及乡贤街派出所搬迁计划、贡院街菜市场改造等项目建设情况，区委常委、副区长王洪锁，区政府办、区住建局等相关部门负责人一同调研。

31日下午 区委常委、常务副区长马平前往西山生辉煤业调研“两节”期间安全生产工作。区应急管理局等相关部门负责人一同调研。

区情概览

自然环境

【地理位置】 临汾市尧都区位于山西省南部、临汾地区中部，地处临汾盆地中央。汾河由北向南穿境而过。东连太岳山余支，西接吕梁山余脉。东邻浮山县、古县，西依蒲县、吉县，南与襄汾县、乡宁县接壤，北与洪洞县毗邻。从最东端郭行乡景家庄至最西端河底乡西梁，经度相距65千米。地理坐标为北纬35° 54′ 21″ ～36° 19′ 48″ ，东经111° 05′ 07″ ～111° 49′ 04″ 。

【地形地貌】 境内东为太岳山脉，西为吕梁山余脉，中部为断陷盆地。汾河由北向南纵贯市境，将全区分为河西、河东两个基本对等的部分。汾河以西10千米内平原地带为河西平川，再向西为西部山区。汾河以东10千米内为河东平川，再向东连接东部山区。海拔最高点为河底乡风葫芦嘴，1815米；最低点为尧庙乡下靳村汾河滩入襄汾县界处，海拔420米。东西两山的中低山脉和丘陵，以及汾河两岸宽阔的冲洪积平原，构成“东西两山夹平原”的地貌特征。山地总面积624平方千米，占全市总面积的47.9%，分布于盆地东西隆起区。

2022年气候概况

2022年平均气温为15.1℃，较历年偏高1.3℃；年降水量为461毫米，较历年偏多1.8毫米；年日照时数为2120.4小时，比历年偏多29.9小时。

【气候条件对农作物的影响】 本年度冬小麦是2021年10月2日播种，2022年6月10日收获，历时251天。整个生育期的天数比上年多8天；整个生育期≥0℃的积温为2526.4℃，比历年平均多422.4℃，比上年多21.0℃；总的降水量为225.4毫米，比历年平均多59.4毫米，比上年多120.8毫米；日照时数为1533.5小时，比历年多100.4小时。水地的冬小麦基本能保证灌溉，冬小麦的孕穗、抽穗及开花期的长势良好。冬小麦生育后期，光、温、湿基本适宜，长势良好，籽粒较饱满。从大田调查来看，尧都区冬小麦因2021年10上旬连阴降雨，播期偏迟，小麦冬前苗情偏弱，平均产量与上年相比减产2%，与历年相比是略增的。

本年度夏玉米是6月14日播种，10月10日成熟，整个生育期为118天，≥0℃的积温为2932.8度，比上年少77.8度；降水量为334.3毫米，比上年少357.2毫米；日照时数为766.4小时，比上年多75.8小时。尧都区夏玉米是水浇地，基本能保证灌溉。从产量结构分析看：2022年观测地段夏玉米的果穗长、株籽粒重、百粒重、理论产量等产量因素与上年相比基本持平，产量与上年相比变化不大。从大田调查来看，夏玉米的平均产量与上年基本持平，与历年相比还是略增。

【气候条件对其他行业的影响】 全年的温度偏高，降水量和日照时数基本与历年持平，能见度较好，对交通和人们的生活影响不大。

【主要气候要素及其特点】

气温。本年度平均气温为15.1℃，比历年偏高1.3℃，各季平均气温均高于历年同期值（见表1），2022年6月24日出现最高气温，达到41.1℃，为本年度极值。最低气温为-10.7℃，出现在2022年12月27日。

本年度及各季气温距平数据信息表

表1　　单位：℃

项目/数值/名称	年平均值	冬季（12、1、2月）	春季（3、4、5月）	夏季（6、7、8月）	秋季（9、10、11月）
本年度值	15.1	1.5	16.6	27.5	14.7
历年值	13.8	0.4	15.2	26.0	13.4
距平	1.3	1.1	1.4	1.5	1.3

降水。本年度总降水量为461毫米，比历年偏多1.8。由表2可看出与历年相比，秋季降水偏多，春季、夏季、冬季降水偏少。

本年度及各季降水量距平数据信息表

表2　　单位：毫米

项目/数值/名称	年度总降水量	冬季（12、1、2月）	春季（3、4、5月）	夏季（6、7、8月）	秋季（9、10、11月）
本年度值	461.0	9.7	63.9	229.1	158.3
历年值	459.2	13.7	79.6	249.1	116.8
距平	1.8	-4.0	-15.7	-20.0	41.5

日照。本年度总日照时数为2120.4小时，比历年偏多29.9小时。冬季、秋季日照时数比历年偏多；春季、夏季比历年偏少。

本年度及各季日照时数距平数据信息表

表3　　单位：小时

项目/数值/名称	年度总日照时数	冬季（12、1、2月）	春季（3、4、5月）	夏季（6、7、8月）	秋季（9、10、11月）
本年度值	2120.4	504.1	631.7	533.5	451.1
历年值	2090.5	379.8	635.7	626.9	448.1
距平百分率%	1	33	0	-15	7

霜冻。本年度终霜为2月25日，初霜出现在11月7日，无霜期为255天。

自然资源

【土地资源】 截至2018年12月31日，临汾市尧都区土地资源总面积130773.28公顷，其中收储土地总面积35.2公顷；土地总面积130738.08公顷，其中耕地面积45711.79公顷、园地1252.62公顷、林地35273.62公顷、草地16848.6公顷、城镇村及工矿用地18425.72公顷、交通运输用地4527.02公顷、水域及水利设施用地2798.85公顷、其他土地5899.86公顷。

【水资源】 临汾市尧都区水资源的主要组成部分是地表水和地下水。根据全市第二次水资源评价，尧都区境内水资源总量为13002万立方米，其中地下水资源量10313万立方米，地表水19904万立方米，重复计算量17215万立方米。人均占有量179.3立方米，亩均水资源量为186立方米，仅占全国人均水资源总量的十二分之一。

【矿产资源】 临汾市尧都区矿产资源较丰富，截至2015年底，共发现18种矿产，矿产地45处。资源储量较丰富的矿产主要有煤、铁、金、铝土、石膏、白云岩、石灰岩7种。其中，煤炭已查明资源储量为10.8亿吨。

煤炭。尧都区境内的煤炭资源主要分布在西部河底乡、枕头乡和西北部的一平垣乡、土门镇一带，含煤面积为257.9平方千米，占全区总面积的19.6%。东部的贺家庄乡、大阳镇、段店乡也发现有煤炭资源，但勘查程度较低，储量不明。

铁。铁矿是尧都区第二大主要矿产，主要集中在东南部县底镇东风村一带，以山西式赤铁矿、褐铁矿为主，磁铁矿次之。山西式铁矿主要分布于西山一平垣、土门、金殿、枕头及河底一带，出露广泛，含矿面积约180平方千米，矿石品位在35%~60%。

其他非金属。区内石灰岩储量丰富，但开采比较分散，没有形成规模化开采。白云岩和石膏储量都有限，且勘查程度较低，难以形成开采规模，主要是为本地生产单位提供生产配料。

【生物资源】 临汾市尧都区位于山西省中南部，临汾盆地中心，属黄土丘陵残垣沟壑区，是吕梁山余支和太行山余脉生态脆弱区、国家重点生态功能区、天然林资源保护工程区。经济林13342.03公顷，森林覆盖率21%。区域内分布有野生植物200余种，陆生野生动物100余种，兽类主要有狼、狐、兔、野猪、獾等，鸟类主要有麻雀、家燕、喜鹊、珠颈斑鸠、大嘴乌鸦、石鸡、褐马鸡等。褐马鸡是世界闻名的珍稀动物，国家一级保护动物。两栖爬行类有黑斑蛙（青蛙、田鸡）、无蹼壁虎等。主要植物品种有白皮松、油松、侧柏、辽东栎、刺槐、杨、柳、核桃、荆条、黄刺玫、黄栌、羊胡草、蒿类等。

建置区划

【建置沿革】 约4300年前，帝尧在平阳建都，相传都城在金殿一带。虞、夏、商，属传说中的冀州之域。西周时期，为唐国地，有贾国（今贾得乡一带）、昆都邑（境内西南）。

春秋时，为晋国地，有平阳、羊舍、高梁等邑。周敬王六年（前514年），晋灭祁氏、羊舌氏，分二氏之田为10县，平阳为其一，治今金殿镇伍级堡。周敬王二十三年，韩贞子居平阳，平阳成为韩氏根据地。周贞定王十六年（前453年），韩、赵、魏共分晋知伯地，平阳仍属韩。周威烈王二十三年（前403年），周王命韩、赵、魏为诸侯，韩景侯都平阳（今金殿一带）。周烈王元年（前375年），韩灭郑，韩哀侯徙都于郑（今河南省新郑市），平阳为韩国武遂地。周赧王二十五年（前290年），韩割武遂（平阳属之）地方圆200里与秦，平阳属秦。

秦，为河东郡平阳县（治金殿一带）。西汉高帝元年（前206年）九月，西魏王魏豹都平阳，属西魏国；二年八月，汉灭西魏，县属汉河东郡；六年，曹参为平阳侯，为平阳侯国（治河西刘村）地；十二年，封郦济为高梁侯，食邑九百户，后徙为武遂侯，元狩六年（前117年）国除。西汉元封五年（前106年），县属司隶校尉河东郡。新莽时，县改香平。东汉复称平阳县，属河东郡司隶校尉部。

三国魏，初仍为平阳县（治金殿一带，后称平阳故城），属河东郡。正始八年（247年）五月，属司州平阳郡，郡、县同治平阳故城。

西晋，县属司州平阳郡。永嘉三年（309年）十月，刘渊都平阳，为雍州平阳县。司隶校尉、雍州皆治平阳。

东晋十六国时，相继属前赵（汉）、后赵、前燕、前秦、西燕、后秦、后燕。

北魏，县属晋州平阳郡。神䴥年间（428—431年），于平阳故城北20里筑白马城（今临汾市区），析置禽昌郡，治禽昌城（今乔李镇一带），境域分属平阳、禽昌二县。太平真君二年（441年），废郡归禽昌县。太平真君四年，置东雍州，平阳、禽昌均属之。太平真君六年，并平阳于禽昌。太和十一年（487年），恢复平阳县；太和十八年，恢复平阳郡，州、郡皆治白马城。孝昌二年（526年），州改唐州，治平阳故城，县属之。建义元年（528年），属晋州平阳郡，州、郡同治白马城。东魏、北齐、北周，郡、县因之。

隋开皇元年（581年），县改平河，隶平河郡。开皇三年郡废，属晋州，县始称临汾，州、县同治白马城。大业三年（607年），降晋州为临汾郡，县属之。

唐武德元年（618年），县属河东道晋州。武德四年，析临汾、洪洞二县汾河以西地置西河县，治境内西北部。贞观十二年（638年），移治平阳故城。贞观十七年，省西河入临汾。永徽二年（651年）前后，复移治白马城。天宝元年（742年），改州为平阳郡，县属河东道平阳郡。天宝年间（742—756年），县辖30乡。乾元元年（758年），复为晋州，治临汾县，县属晋州。

五代梁开平四年（910年），县属晋州，于州置定昌军，贞明三年（917年）改建宁军。五代后唐同光元年（923年），改建雄军，县仍属晋州。

宋初，为晋州临汾县地。政和六年（1116年），升州为府后，隶河东路平阳府。

金初，置建雄军节度使，县属河东南路平阳府。府、县同治临汾城。金天会六年（1128年），升总管府，置转运司，县属之。兴定二年（1218年），以残破降为散府临汾县。兴定四年七月，析河西之地置平水县，属河东南路绛州。

元初，仍为临汾县，属中书省平阳路总管府。大德九年（1305年），因地震平阳路改称晋宁路，县属之，隶河东山西道肃政廉访司。

明洪武二年（1369年），属平阳府，省平水县入临汾县，隶山西布政使司河东道。天顺元年（1457年）至隆庆五年（1571年），县有151里。万历年间（1573—1620年），辖16坊5乡15都128里。

清因明制，隶山西省河东道平阳府。康熙十二年（1673年），辖2坊12都65里。

1912年，直属山西省。1914年，属河东道，辖5镇12都66里344主村。1918年，全县划为8镇5区348乡（村）。1927年，复属省。1937年，属山西省第六专署。1938年4月，建立临汾县（河东）抗日政府，属晋冀鲁豫边区太岳专区。1940年初，属吉县区中心县。3个月后又属山西省第十四行政区。1947年2月，边区政府在汾河西设临西县，隶属太岳区第二专署；翌年4月，与襄陵县河西部分合并，设汾陵县，先后隶晋绥十专区、临汾专区。1948年4月，汾河以东与襄陵县汾河东部地区合并为临襄县。同年5月，临汾解放后县城设为临汾市，隶属晋绥边区第十二专区。同年7月1日，撤销临襄县、汾陵县，临汾河东、河西合并，恢复临汾县建置，属晋绥边区。1949年6月22日，临汾市并入临汾县，隶陕甘宁边区晋南中心专署，辖9个区、13个街、206个行政村、955个自然村。

1949年10月，隶晋南中心专署，辖城关区及一至八共9个区。1950年1月6日，县属临汾专区。同年，第六区、第七区并为第六区，第八区改为第七区，城区13街并为6街。1951年，城关区改为城关镇，辖7街，原北街改为郭家庄行政村。1952年，第七区划分为第七、第八区；撤销郭家庄行政村，设立城关镇水塔街。

1953年，整顿区划，辖1个镇8个区9个街90个乡971个自然村。1954年9月，属晋南专区；城关镇9个街合并为南街、西街、北街、中街、乡贤街、辛寺街6个街公所。1955年，城关镇下辖6街合并为南北街、西街、中街、东关街4街。

1956年3月，撤销区级建置，全县划为城关镇1个镇，伊村、贾得、段店、屯里、乔李、大阳、东张、岳壁、县底、大苏、许村、贺家庄、口子里、刘村、泊庄、小榆、金殿、北杜、吴村、土门、魏村、一平垣、西头、太山坡、枕头、仪上、河底、何家峪、圪垛、许家庄、官雀、杨家坡、井窑33个乡。1958年9月25日，浮山县、襄陵县并入临汾县，境内设5个人民公社95个管理区949个自然村（不含浮山县、襄陵县）。1959年3月，原平阳公社分为城关镇（驻解放路侯家院）、贾得、屯里、刘村、枕头公社，县底东风公社分出贺家庄公社，土门七一公社分出一平垣公社，龙祠、大阳未变，全县共11个公社（镇）；6月，恢复浮山县建制。1961年5月，襄陵县恢复建制，临汾县恢复为原区划，辖23个人民公社6个街分社319个生产大队6个管理区（与生产大队平级）1453个生产队973个自然村。

1963年，城关镇变为“一套机构、两块牌子”，境内称城关镇，对外称城市人民公社，县辖23个人民公社。1964年，从贾得公社分出尧庙公社，驻尧庙；由城关、贾得各分出一部分设立段店公社，驻段店，辖25个公社6个街361个大队939个自然村。1965年1月，城市人民公社改为城关镇，下辖7个街道，街道办事处为城关镇人民委员会派出机构；接收晋南专署移交的果树场，作为公社一级建置。1966年末，县辖1个镇24个公社1个公社级果树场。1970年5月，晋南专区分为临汾、运城两地区，属临汾地区。

1971年8月，原临汾县分出城关、尧庙、贾得、段店4个公社，设立临汾市，城关镇改称城区人民公社，其余区域仍属临汾县建置，县革命委员会仍驻临汾城内；县辖21个公社1个社级果树场303个生产大队855个自然村，市辖4个公社6个街道552个居民组67个大队80个自然村。1972年，设铁路家属委员会。1978年，县辖21个公社1个社级果树场306个生产大队847个自然村，市辖4个公社6个街道578个居民组73个大队。1979年，增设太铁四段家属委员会，1982年撤销该委员会。1983年10月，撤销临汾县，并入临汾市，为省辖县级市，辖25个人民公社6个街道389个生产大队1个社级果树场1个街道级铁路家属委员会937个自然村1586个生产队。

1984年10月5日，撤销人民公社，改乡镇制，果树场名称及建置未变；原城区公社分出9个大队设立党家楼乡，市辖8镇、17乡、1个乡级果树场、389个村民委员会、965个自然村；城区公社改为城市街道工作委员会，下设解放路、鼓楼西街、水塔街、南街、乡贤街、辛寺街、铁路东、车站街8个街道，党家楼乡改称北郊乡。1988年，仍辖8镇、17乡、8个街道、1个乡级果树场。1992年9月，北郊乡改称北城镇。1995年，辖9镇、16乡、8个街道、1个乡级果树场。

1999年3月8日，以北城镇辖区设立山西省临汾经济技术开发区（省级），仍属临汾市行政区划，由临汾经济技术开发区代管。

2000年2月28日，屯里乡改为屯里镇。6月26日，尧庙乡改为尧庙镇。年末，辖8个街道、11个镇、14个乡、1个乡级果树场。

2000年11月1日，临汾市更名为临汾市尧都区，属临汾市。区政府仍驻鼓楼东大街原址，地级临汾市政府驻尧都区解放西路。

2001年4月，原14乡11镇调整为6乡10镇：泊庄乡并入刘村镇，大苏乡并入贾得乡，东张乡并入段店乡，西头乡并入土门镇，龙祠乡、小榆乡并入金殿镇，郭行乡并入大阳镇，城隍乡并入县底镇，屯里镇、尧庙镇、吴村镇、魏村镇、乔李镇、一平垣乡、枕头乡、河底乡、贺家庄乡保持原建制；北城镇并入车站街办事处，原果树场辖区改设汾河办事处，共设9个街道。5月，原北城镇辖区改为滨河办事处，仍属尧都区行政区划，由临汾经济技术开发区代管。年末下辖10个街道、10个镇、6个乡。

2007年6月13日，临汾市尧都区人民政府正式移驻华州路001号。

【行政区划】 2022年，临汾市尧都区有街道办事处10个，即车站街、水塔街、南街、铁路东街、解放路街、乡贤街、辛寺街、鼓楼西街街道办事处及汾河办事处、滨河办事处；镇10个，即土门镇、刘村镇、金殿镇、大阳镇、县底镇、魏村镇、吴村镇、尧庙镇、乔李镇、屯里镇；乡4个，即贾得乡、段店乡、枕头乡、一平垣乡。

民族宗教

【民族】 2022年，全区共有31个少数民族，分别是：蒙古族、回族、藏族、维吾尔族、苗族、彝族、壮族、布依族、朝鲜族、满族、侗族、瑶族、白族、土家族、哈尼族、哈萨克族、傣族、傈僳族、佤族、拉祜族、景颇族、土族、达斡尔族、羌族、锡伯族、怒族、鄂伦春族、赫哲族、仡佬族、黎族、畲族。共计5000余人。

【宗教】 全区共有5种宗教，包括佛教、道教、伊斯兰教、天主教、基督教，开放宗教活动场所67个。

国民经济和社会发展

【综合】 全年辖区生产总值实现442.1亿元，按可比价计算，同比增长2.2%，全年经济发展保持大局稳定。分产业看，第一产业增加值13.6亿元，同比增长4.6%；第二产业增加值139.2亿元，同比增长4.5%；第三产业增加值289.3亿元，同比增长1.4%。第三产业中，批发和零售业增加值48.7亿元，同比下降0.2%；交通运输、仓储和邮政业增加值25.9亿元，同比下降3.3%；住宿和餐饮业增加值6.1亿元，同比增长6.3%；金融业增加值33亿元，同比增长6.1%；房地产业增加值68.4亿元，同比下降6.9%；其他服务业增加值106.5亿元，同比增长7.5%。

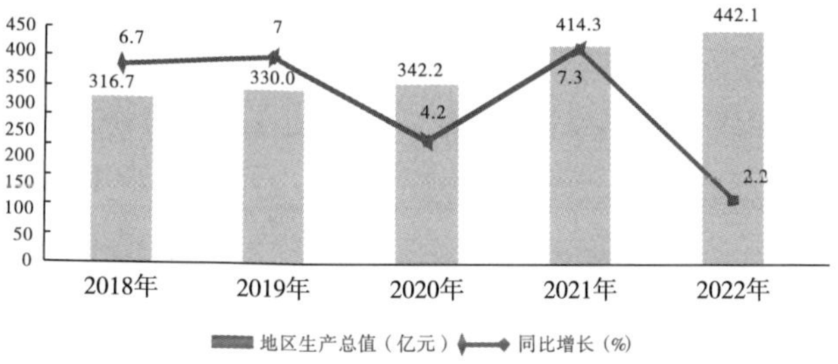

图1 2018—2022年全区生产总值及其增长速度

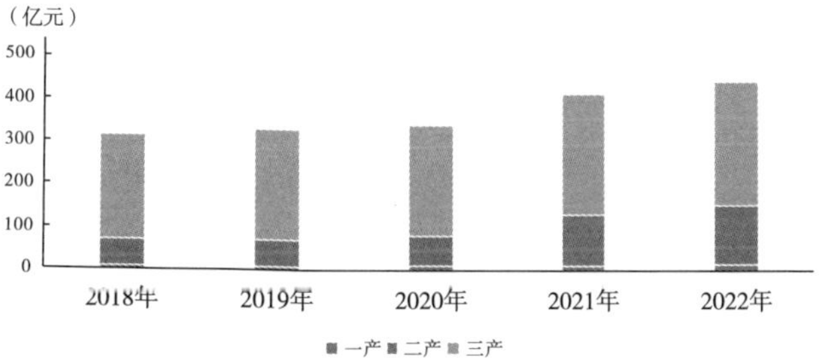

图2 2018—2022年生产总值构成

从三次产业对经济的作用看，第一产业贡献率为6.9%，拉动经济0.15个百分点；第二产业贡献率为44.7%，拉动经济0.99个百分点；第三产业贡献率为48.4%，拉动经济1.08个百分点，三次产业占比由上年的3.2：28.9：67.9调整为3.1：31.5：65.4。

居民消费价格比上年上涨1.9%，其中，交通和通信类上涨4.7%。

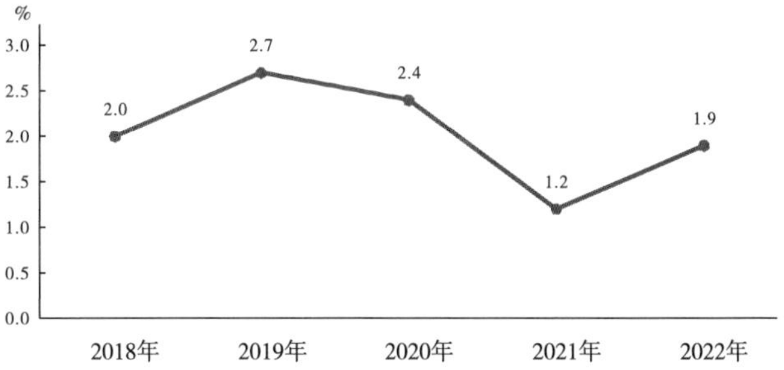

图3 2018—2022年居民消费价格比上年涨跌幅度

2022年居民消费价格比上年涨跌幅度一览表

表4

指标	涨幅（%）
居民消费价格	1.9
其中：食品烟酒	2.1
衣着	4.5
居住	0.5
生活用品及服务	1.2
交通和通信	4.7
教育文化和娱乐	1.5
医疗保健	−0.1
其他用品和服务	1.6

全年全区城镇新增就业7752人、失业人员再就业2535人、转移农村劳动力就业7148人、就业困难人员再就业556人，城镇登记失业率始终保持在低位，就业局势持续稳定。

【农业】 全年农林牧渔服增加值实现14.3亿元，同比增长4.7%。全年全区粮食总产量20.9万吨，同比增长4.5%；粮食面积69.7万亩，同比增长1.7%。其中，夏粮总产量11万吨，同比增长3.5%；单产288.1公斤/亩，同比增长1.4%；面积38.1万亩，同比增长2%。秋粮总产量9.9万吨，同比增长5.6%；单产315.5公斤/亩，同比增长13.3%；面积31.5万亩，同比增长0.3%。

全年全区农作物总播种面积73.61万亩，比上年增加1.16万亩，增长0.98%。其中，粮食种植面积69.65万亩，增加0.86万亩；油料种植面积2706亩，减少1145.3亩；蔬菜播种面积22315.4亩，增加2918.7亩。果园面积39171.7亩，增加707亩。

2022年主要农产品产量情况表

表5

产品名称	产量（吨）	比上年增长（%）
粮食	209327	4.5
夏粮	109860	3.5
秋粮	99467	5.6
油料	487.1	-19.2
花生	118.2	-13.5
瓜果	1006.2	-0.8
水果	106947.8	2.3
蔬菜	72952.3	5.5

全年全区肉蛋奶产量3.5万吨，同比增长2%。其中，猪肉产量9894吨，增长0.6%；牛肉产量395.6吨，增长13.8%；羊肉产量490.9吨，增长21%；禽肉产量1240.8 吨，下降9.6%。牛奶产量9294.9吨，增长2.9%。禽蛋产量1.4万吨，增长2.6%。年末生猪存栏9.3万头，增长3.5%；生猪出栏12.8万头，增长2.5%。

年末林地总面积为63.87万亩，草地面积18.83万亩，森林覆盖率16.4 %。当年森林抚育0.2万亩，四旁植树198万株，育苗面积1.04万亩，全年木材产量6120立方米。

【工业和建筑业】 年末辖区规模以上工业企业89家。辖区规模以上工业增加值累计增长9.8%。其中，采矿业增长10.3%、制造业增长3.4%、电力、热力、燃气及水生产和供应业增长12.5%。代表新动能的装备制造业、战略性新兴产业、高技术产业增加值分别为-21.5%、1.5%、3.5%。

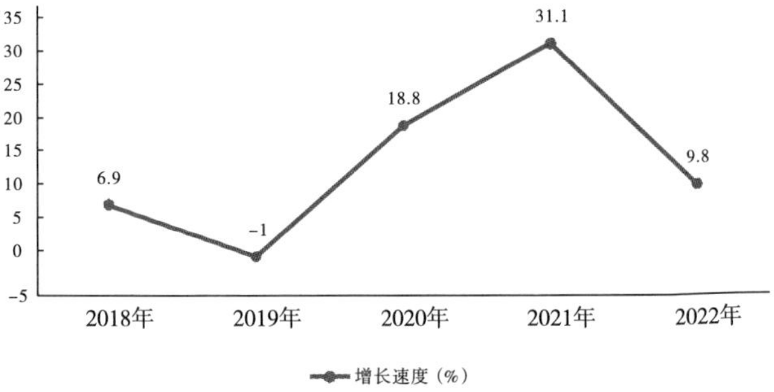

图4 2018—2022年规模以上工业增加值增长速度

分行业看，全区规模以上工业增加值总量排在前四位的“煤电冶非”行业合计占规模以上工业增加值的95.3%。

2022年规模以上工业七大类行业增长情况表（累计）

表6

指标名称	累计增速（%）	现价占比（%）
煤炭开采和洗选业	10.3	86.2
电力、热力生产和供应业	31.8	4.9
燃气生产和供应业	-28	1.2
化学原料和化学制品制造业	-58.5	0.8
医药制造业	3.5	0.7
非金属矿物制品业	-8.5	2.1
黑色金属冶炼和压延加工业	338.4	2.1

2022年规模以上工业增加值主要分类情况表

表7

指标	累计增速（%）	现价占比（%）
规模以上工业	9.8	100
其中：轻工业	9.7	1.2
重工业	9.8	98.8
股份制企业	11.3	95.3
外商及港澳台投资企业	1.6	0.8
其中：国有控股企业	13.7	69.8
其中：中型企业	43.5	75

规模以上工业企业原煤产量累计完成

1319.5万吨，同比增长9.2%；洗精煤694.5万吨，同比增长21.5%；生铁83.1万吨，同比增长196.3%。

2022年规模以上工业主要工业产品产量及其增速表

表8

产品名称	单位	产量	比上年增长（%）
原煤	万吨	1319.5	9.2
洗精煤	万吨	694.5	21.5
铸钢件	万吨	2.4	56.5
水泥	万吨	73.8	–13.6
生铁	万吨	83.1	196.3
钢材	万吨	37.4	0
粗钢	万吨	47.2	0
灯具及照明装置	万套（台、个）	11.0	44
砖	万块	6492	–2.7
商品混凝土	万立方米	234	–7.8
煤气	万立方米	22791	93
发电量	亿千瓦小时	62.3	0

工业企业效益持续改善。全年辖区规上工业企业完成营业收入307.8亿元，同比增长40.9%；完成利税总额67.7亿元，同比增长119.6%；实现利润43亿元，同比增长171.8%；资产负债率同比下降5.7%。四大骨干行业中，企业利润主要来自煤炭行业。其中，煤炭开采和洗选业实现利润41.79亿元，同比增长83.8%。

2022年规模以上工业企业利润总额及其增速表

表9

指标	利润总额（亿元）	比上年增长（%）
规模以上工业	43.0	171.8
其中：国有控股企业	38.3	126.6
股份制企业	41.9	163.5
外商及港澳台投资企业	1.1	3790.9

注：工业部分以2022年12月月报为准

全年全区建筑业实现增加值31.6亿元，同比下降0.9%。资质以上建筑业企业完成总产值109.3亿元，增长3.8%，共签订合同额180.4亿元，增长5.3%。房屋建筑施工面积52.1万平方米，下降52.3%。资质以上建筑业企业共150家，其中特级资质1家、一级资质企业8家、二级资质企业47家、三级资质企业及其他94家。

【固定资产投资】 全年辖区固定资产投资完成126.1亿元（含开发区），同比增长4.5%。分产业看：第一产业投资2.5亿元，同比增长90.9%；第二产业投资20.2亿元，同比增长41.9%；第三产业投资103.4亿元，同比下降1.7%。

2022年分行业固定资产投资及其增速表

表10

指标名称	代码	本年完成投资（万元）	增速（%）
总计		1260739	4.5
按行业分：			
农、林、牧、渔业	1	25786	100.5
采矿业	2	91136	545.3
制造业	3	75746	24.2
电力、热力、燃气及水生产和供应业	4	35399	–47.6
建筑业	5	0	
批发和零售业	6	1811	940.8
交通运输、仓储和邮政业	7	38659	–33.9
住宿和餐饮业	8	0	
信息传输、软件和信息技术服务业	9	28685	–13.3
金融业	10	0	
房地产业	11	634348	24.8
租赁和商务服务业	12	600	–
科学研究和技术服务业	13	0	
水利、环境和公共设施管理业	14	161643	–22.5
居民服务、修理和其他服务业	15	0	

续表10

指标名称	代码	本年完成投资（万元）	增速（%）
教育	16	47774	-69.8
卫生和社会工作	17	46191	193.9
文化、体育和娱乐业	18	22699	568.6
公共管理、社会保障和社会组织	19	1599	306.9
国际组织	20	0	

辖区房地产开发投资63.4亿元，同比增长24.8%。其中，住宅投资54.1亿元，同比增长31.9%。商品房销售面积92.5万平方米，同比下降35%；商品房销售额65.8亿元，同比下降31.2%；商品房待售面积20.1万平方米，同比下降11.7%。

2022年房地产开发和销售情况表

表11

指标	单位	绝对数	比上年增长(%)
投资完成额	亿　元	63.4	24.8
其中：住宅	亿　元	54.1	31.9
房屋施工面积	万平方米	1484.8	14.5
房屋新开工面积	万平方米	205.9	13.3
房屋竣工面积	万平方米	4.4	-93.1
商品房销售面积	万平方米	92.5	-35.0
商品房待售面积	万平方米	20.1	-11.7
商品房销售额	亿　元	65.8	-31.2

【能源】 全年全区规模以上工业向省外运输洗精煤68.1万吨，占洗精煤产量的9.8%，未向省外运输原煤。

全年全区全社会用电量37.6亿千瓦时。其中，第一产业用电0.2亿千瓦时，占全部用电量的0.5%；第二产业用电17.4亿千瓦时，占全部用电量的46.3%，其中工业用电16.8亿千瓦时；第三产业用电10亿千瓦时，占全部用电量的26.6%；城乡居民用电10亿千瓦时，占全部用电量的26.6%。

【国内贸易】 全年全区全社会消费品零售总额完成286.9亿元，同比下降1.5%。其中，限上零售额完成118.7亿元，同比增长2.7%。

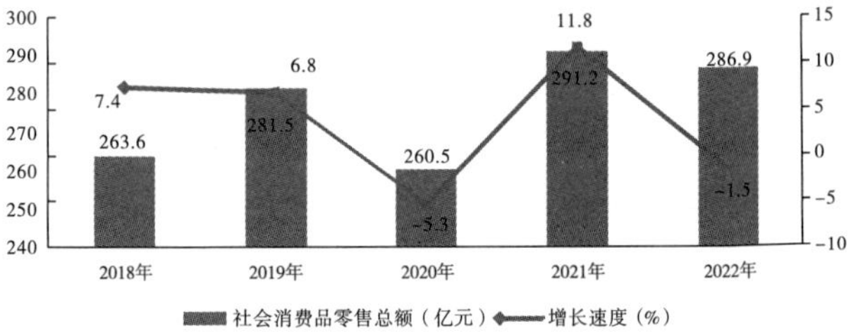

图5　2018—2022年社会消费品零售总额及增长速度

分地域看，城镇消费品零售额253亿元，同比下降2.3%，乡村消费品零售额33.9亿元，同比增长5.5%。

2022年社会消费品零售总额及其增速表

表12

指标	绝对数（亿元）	比上年增长（%）
社会消费品零售总额	286.9	-1.5
分地域：城镇	253	-2.3
其中：		
城区	233.7	0
乡村	33.9	5.5
分行业：批发业	570.3	8.9
零售业	285.1	6.1
住宿业	2.4	-13.4
餐饮业	20.4	12.3

2022年限额以上批发零售业零售额及其增速表

表13

指标	绝对数（亿元）	比上年增长（%）
汽车类	56.64	7.1
石油及制品类	42.94	17.4
服装、鞋帽、针纺织品类	2.45	-56.6

续表13

指标	绝对数（亿元）	比上年增长（%）
粮油、食品类	1.75	28.9
家用电器和音像器材类	0.82	-5.4
中西药品类	6.26	4.8
书报杂志类	2.62	28.1
金银珠宝类	0.01	-80.8
文化办公用品类	0.28	-15.4
化妆品类	0. 06	-65.7

【对外经济和旅游】 全年全区海关进出口总额81343万元，同比增长14.7%。其中出口总额81300万元，同比增长14.8%；进口总额44万元，同比下降47.2%。

全年全区重点监测景区旅游接待人数7万人次，下降56%；门票收入134.5万元，下降64%；旅游经营收入40.8万元，下降39%。

【交通和邮电】 2022年末，全区公路总里程为1873.7公里，其中高速公路40.3公里、一级公路173.5公里、二级公路154.3公里、三级公路589.2公里、四级公路916.3公里。

全年全区完成邮电业务总量21.11亿元，下降89%，其中邮政业务总量0.61亿元、电信业务总量20.5亿元。年末全区固定电话3.4万户、移动电话年末达132.7万户。其中，4G移动电话用户44.1万户，下降6.8%；5G移动电话用户30.7万户，下降28.3%。年末全区宽带接入用户46.4万户，增长17.8%。

【财政和金融】 全年全区一般公共预算收入25.3亿元，比上年增长11.8%。其中，税收收入20.1亿元，增长12.5%，占一般公共预算收入的比重79.3%。

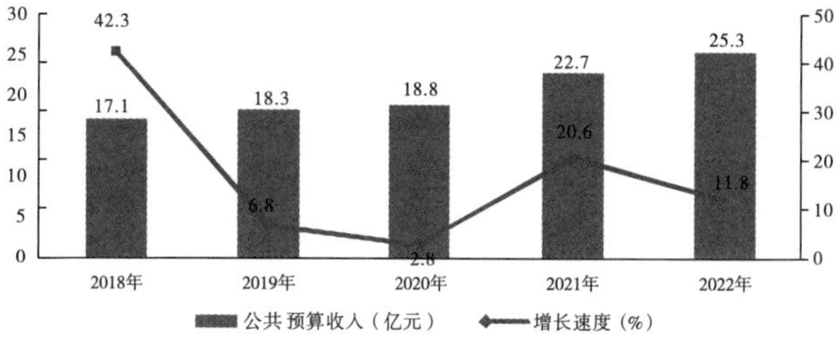

图6 2018—2022年一般公共预算收入及其增长速度

全年全区一般公共预算支出47.3亿元，增长12.7%。其中，节能环保支出增长3.6%，教育支出增长17%，社会保障和就业支出增长13.9%，交通运输增长77.5%，科学技术增长81.7%。

年末全区金融机构本外币各项存款余额1572.7亿元，比年初增长16.1%。各项贷款余额1220亿元，比年初增长14.2%。

2022年年末金融机构本外币存款及其增速表

表14

指标	年末数（亿元）	比年初增长（%）
各项存款余额	1572.7	16.1
其中：住户存款	999.6	16.4
非金融企业存款	388.5	17.4
广义政府存款	167.1	11.2
非银行金融机构存款	15.2	2.1
各项贷款余额	1220	14.2
其中：住户贷款	302.6	9.8
短期贷款	101.3	4.2
中长期贷款	201.4	12.9
非金融企业及机关团体贷款	917.3	15.7
短期贷款	216.2	3.8
中长期贷款	526.4	10.3

年末全区农村合作金融机构（农村商业银行）本外币存款余额509.8亿元，比年初减少6429万元；贷款余额399.2亿元，比年初增加

14.5亿元。

【教育和科学技术】 尧都区现有公办普通中小学校147所（其中小学112所、初级中学15所、九年一贯制学校16所、高中4所）、教学点40个；在职教职工5015名，在校生70288名（其中小学生51715名、初中生11284名、普通高中生7289名）；职业技术学校1所，在校生1001名；特殊教育学校1所，学生133人；各类幼儿园262所（其中各类公办102所，民办160所），在园幼儿28914名；民办中小学校14所（其中小学12所、九年一贯制学校2所），在校生10149名；短期培训学校20所。

2022年尧都区各类教育发展情况（公办）

表15 单位：人

指标	招生	在校生	毕业生
中等职业学校	384	1001	216
普通高中	2386	7289	2882
初中	4946	11284	3072
普通小学	9723	51715	7529
特殊教育	7	49	23
学前教育	1335	4112	1767

注：学前教育人数为尧都区地界内除民办外的人数

2022年区域内高新技术企业30家，高新技术产品收入32.3亿元，同比下降4.4%；高新技术企业研发投入2.3亿元，下降4.2%；高新企业科技人员总数1390人，占职工总数41.3%，占比提高0.3个百分点。

【文化、卫生和体育】 年末全区有证照齐全正常营业的网吧38家，娱乐场所28家、旅行社1家、文艺演出团体2家、电影院12家、书店105家、印刷厂81家、跆拳道馆31家、棋牌室25家，263个行政村、71个社区建有农家书屋、图书馆、博物馆、群艺馆各1座。

全区共有各级各类医疗卫生机构762个。其中，综合医院1个，专科医院3个，妇幼保健计划生育服务中心1个，疾病预防控制中心1个。乡镇卫生院14个，村卫生室324个，社区卫生服务中心11个，社区卫生服务站31个，现有民营医院3家，个体诊所347个。

全年共组织各类全民健身赛事活动14场，体育技能培训8次336人，为13个乡镇、28个行政村补缺配备体育健身路径器材28套。尧都选手在2022年度竞技比赛中荣获“荀子杯”临汾市（青少年）足球锦标赛小学男子组冠军、小学混合组季军、小学女子组冠军、初中女子组冠军；荣获临汾市“东联杯”排球锦标赛高中男子组冠军、女子组季军。

【人口、人民生活和社会保障】 2022年末全区常住人口为944669人，比上年末增加393人。其中，城镇人口为696064人，城镇化率为73.68%，乡村人口248605人。全年出生人口7089人，出生率为7.51‰；死亡人口7850人，死亡率为8.31‰；自然增长率-0.81‰，人口性别比为97.89。

全区居民人均可支配收入完成35575元，同比增长5.3%。其中，城镇居民人均可支配收入完成43758元，同比增长4.8%；农村居民人均可支配收入完成19984元，同比增长5.6%。

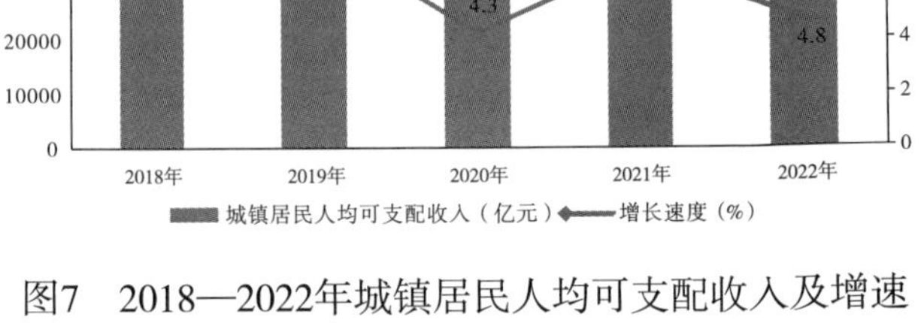

图7 2018—2022年城镇居民人均可支配收入及增速

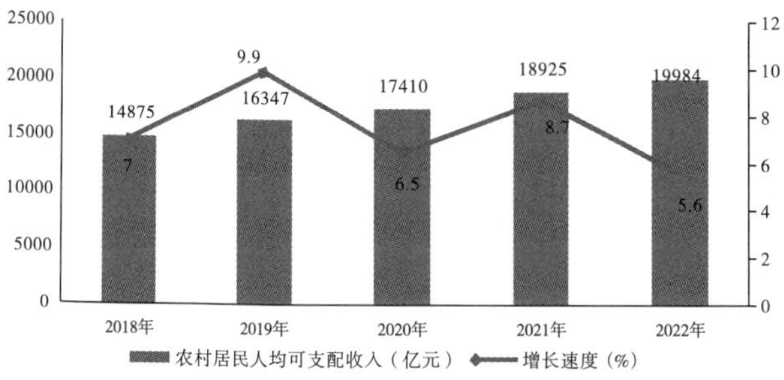

图8　2018—2022年农村居民人均可支配收入及增速

全年全区纳入城乡最低生活保障的居民6537人，发放城乡低保资金3388.4万元，比上年减少218.3万元；城乡特困供养949人，累计支出1207.3万元；临时救助1451人次，累计支出131.58万元；发放重度残疾人护理补贴和困难残疾人生活补贴757.5万元。

全区共有养老服务机构16家。其中民办养老机构15家，公办养老机构1家，总床位2603张；农村养老设施（农村老年人日间照料中心）196家。全区办理结婚登记5119对，补领结婚证4912对，离婚登记1207对，补领离婚证177对。

2022年末全区参加企业养老保险的人数为53434人，比上年末减少10171人；机关事业养老保险的人数为12279人，减少8321人；参加城乡居民养老保险的人数为298194人，增加32429人；参加基本医疗保险的人数为607326人，减少8149人；参加失业保险的人数为36742人，减少2107人；参加工伤保险的人数为55430人，增加6395人。完成社保卡发放682540张，电子社保卡签发763429张。

保障劳资权益，全年共检查各类用人单位3855家，受理举报案件980起，共为7568名劳动者追回拖欠工资8700余万元；受理劳动人事争议案件184件，结案率达到97%；共9360人次，办理因聘用岗位变动、个人辞职等原因解聘备案664人次。

【资源、环境和安全生产】 全区实有耕地面积61.2万亩，“三区三线”永久基本农田控制数为50.6万亩。

年末全区中型水库蓄水量2602万立方米；全区总用水量18707万立方米；全年有效灌溉面积40.5万亩，实际灌溉面积39.59万亩；水保综合治理全年完成3.6万亩；地下水压采量完成0万方。

全年市区环境空气质量综合指数4.94，在全省11地市排名第9，在168个城市中排名倒数第11。空气优良天数219天，比例为60%。六项参数浓度分别为，SO_2浓度为10微克/立方米、NO_2浓度为32微克/立方米、PM_{10}浓度为73微克/立方米、$PM_{2.5}$浓度为48微克/立方米、O_3浓度为179微克/立方米、CO浓度为1.8毫克/立方米。地表水汾河下靳桥断面、涝洰河高河店西断面两个国考断面达地表水Ⅳ类标准。

全年共发生各类生产经营性亡人事故5起、死亡8人，与去年同比减少6起、5人，分别下降54.5%、38.4%。其中，建筑事故1起，死亡1人；机械伤害事故2起，死亡2人；高空坠落1起，死亡1人；较大道路交通事故1起，死亡4人。亿元GDP安全生产事故死亡率为0.02人/亿元，低于市下达的年度控制目标0.05人/亿元；煤矿未发生生产安全事故，未发生重大以上生产安全事故，全区安全生产形势总体稳定。

历史文化

【古迹遗址】 帝尧故里伊村。位于城西南10

里，汾河东岸塬上。该村以尧姓伊祁而得名，传为帝尧故里。该村古堡周长原约有1公里。

尧神屋碑。据郦道元《水经注》汾水条下引《魏土地记》文说："平阳城东10里，汾水东原上有小台，台上有尧神屋碑。"此碑当为汉晋时建立的文物标志。

帝尧茅茨土阶碑。伊村土堡西南墙外，有一高台，俗称尧王圪塔，今存明代万历三十六年（1608年）所立《帝尧茅茨土阶》石碑。赐进士及第中宪大夫知平阳府事李从心书，知临汾县事孙延长建石。碑阴有"尧封茅茨土阶记"，孙延长撰文，字已漫漶。

"帝尧故里"牌楼城南原有斜向西南、通往河西的古道，称小官道。在小官道旁通伊村的岔路口，建有一座高大的古式牌楼，其额书"帝尧故里"四个大字。

伊村土堡。四面各有一门，门上嵌有匾额，东刻"遮披尧光"，西镌"尧天再造"，南书"尧天化雨"，北写"尧都遗风"。

尧王井。伊村西南郊有古井，传为尧王亲凿，故称。此井可供人畜用水，井水不汲时则满，又称"满水井"。后人用子母砖做5道拱券加固，装水车提水浇田。有尧祠，为帝尧后裔祭祖场所。该村北有杜村（唐杜氏后裔），南有神刘（刘累后裔），均为帝尧后裔。每年正月和帝尧生辰（传说四月二十八日），3村人都到尧祠献牲祭祖。后因官方祭尧扰攘，村民不堪受累，遂改尧祠为玉皇庙。1947年被晋军拆毁。

康衢。今临汾市区东北郊有康庄，传为尧时访察民政之处，今存"击壤处"碑。晋代皇甫谧《高士传》（卷上）载："帝尧之世，天下大治，百姓无事，壤父年八十余而击壤于道中。观者曰：'大哉！帝之德也。'壤父曰：'吾日出而作，日入而息，凿井而饮，耕田而食，帝何德于我哉！'"帝尧听了十分激动，当面拜一席姓壤父为师。

击壤是一种游戏，也是中国最早的体育活动之一。《山西通志·风土记》中载："壤以木为之，前广后锐，长尺三寸，其形如履"。《三才图会》中说："先置一壤于地，遥三四十步外，以手中壤掷之，中者为胜，谓之'击壤'。"

传说，尧到康衢，听儿童们唱道："立我烝民，莫匪尔极，不识不知，顺帝之则。"尧问是谁教的，儿童回答："学大夫们唱的。"尧了解到百姓能顺乎自然地生活下去，贾便其肆，民乐其业，大夫安其职，而处士循其道，感到无限快慰。前人有《康衢》诗云："抱郭天开百亩宫，鸡栖豚栅尚唐风。地当就日瞻云处，人在耕田凿井中。社鼓一声春水满，衢尊数酌晚花红。流莺也仗东皇力，啼向林间击壤翁。"

《金史》载，张浩任平阳尹在康庄建"击壤遗风亭"。清乾隆十八年（1753年）康衢立一"击壤处"碑，系名人杨二酉书。原碑破损，只存"击"字。1921年，阎锡山亲令新制一碑仍立原处，上将击壤歌全诗镌刻，宁超武书，此碑仍存。

丹朱墓。位于吴村镇王曲村，传说为帝尧之子丹朱坟墓。在王曲村西靠近大运公路处。墓冢南北长15.5米，东西宽13.2米，丘高5米，为市级文物保护单位。

【历史名人】 霍去病（前140—前117年），汉河东平阳人（今高堆村）。父霍仲孺原为平阳县吏，后到平阳侯府当差。仲孺在侯府与侯妾卫媪次女少儿未婚生去病。去病两岁时，姨母卫子夫被武帝选入宫中受到宠幸，卫氏之家一跃而为皇亲国戚。去病自幼有壮志，善骑射。元朔五年（前124年），霍去病随舅父出征，出朔方围匈奴右贤王战役中，一马当先，英勇冲杀，初露锋芒。第二年再请缨出征，武帝授骠姚校尉，率精骑八百，随大将军卫青出定襄进击匈奴。他长途奔袭直穿大漠，远离主力数百里，深入匈奴腹地，使匈奴军措手不及，去病斩杀单于族祖父籍若侯产，生擒单于叔父罗姑比，斩敌2000人，及相国、当户多人。武帝以1600户封他为冠军侯。元狩二年（前121年）春，任骠骑将军，统万骑，兵出陇西，长驱直入，越乌戾山，涉狐奴河，横扫五王国，深入敌境千余里。在皋兰山下斩卢胡王、折兰王，捕获浑邪王子等，夺获休屠国祭天金人。当年夏，去病率师西进，逾居延，过小月氏，攻祁连山，迫使单桓、酋涂二王率众2500人投降，斩敌首虏3万余人，俘获五王、五王母单于阏氏、王子59人，相国、将军、当户、都尉63人。武帝高度评价霍去病攻占祁连山的功绩，增封食邑两次合计7000户。当年秋，匈奴单于怪罪并欲擒杀浑邪王、休屠王，二王商议降汉。武帝派霍去病到河西受降，霍去病当机立断，派兵护送浑邪王入京，诛灭骁悍，斩虏八千，收众十万，降异国之主32人。安定河塞，宁息边关，减少戍卒，减轻百姓负担，增封食邑1700户。从此，古丝绸之路畅通无阻。皇帝赐他甲第一区，他说："匈奴不灭，无以家为也。"元狩四年春，霍去病、卫青各领精兵五万人，分别从代郡、定襄出兵，相约袭其不备，深入大漠，捣其巢穴。霍去病出代郡二千里，大败匈奴左贤王，杀车耆王，俘单于近臣章渠等，活捉屯头等三王及将军、相国、当户、都尉83人，斩首7万余级。登狼居胥山（阴山主峰），设坛祭天，在姑衍山旁辟场地为坛祀地。从此匈奴远遁。增封食邑5800户，与大将军品秩俸禄一样，同为大司马。元狩六年秋九月霍去病因病逝世，时年仅24岁。武帝十分悲伤，让他陪葬茂陵。

胡建（生卒年不详），字子孟，河东平阳人。武帝天汉年间（前100—前97年），胡建在军中任正示，常步行往来，与士卒同甘共苦。监军御史常干些违法之事，推倒军营垣墙，辟为市场，课取私利。胡建气愤，暗中与士卒们约好，要杀违法犯禁的人。一天，监军御史和护军诸校，都排坐在大堂上，胡建带领士卒到堂下，给诸位军官行礼拜见，乘机下令，将监军御史拉下大堂，当场杀掉，护军诸校都惊呆了。胡建立即展示写好的奏章说："臣闻军法立武以威众，诛恶以禁，今监军御史，公然穿军营垣墙，设市以谋私利，让士卒参与交易，违法乱禁，实属奸人，军法当斩，我任正丞，用法行事，作亦敢当，绝不推诿，先斩奸人，再冒死上奏。"从此，胡建名声大振。昭帝时，胡建任渭城令。霍光辅政，丁外人将京兆尹樊福杀死。然后隐于公主庐舍，京兆尹吏役不敢去捉拿。胡建不顾个人安危，亲带吏卒去围捕刺客。公主让丁外人带上官将军家奴前去抵抗，胡建带领的吏卒被冲散奔逃。公主一面指使仆射，弹劾胡建率吏卒打伤公主家奴，一面让家奴托人上书，诬告胡建侵犯侮辱长公主，射击公主甲舍门人。大将军霍光闻奏，以此事虚妄不实，扣压奏章，未予过问。恰遇霍光染病，后父上官氏代理朝政，下令逮捕胡建。胡建自杀。

中国共产党临汾市尧都区委员会

主要工作

【经济发展】 2022年，中国共产党临汾市尧都区委员会围绕“三区三地”战略目标，推动尧都经济发展。尧都区生产总值完成442亿元，规模以上工业增加值完成135亿元，固定资产投资完成126亿元，社会消费品零售总额完成287亿元，一般公共预算收入完成25.3亿元，城镇和农村居民人均可支配收入预计分别达到43758元、19984元，全区经济运行总体平稳，恢复向好。

【经济社会环境营造】 2022年，中国共产党临汾市尧都区委员会在防控疫情上，落实疫情防控政策，优化调整防控措施，保障人民群众生命安全；稳经济上，用足用活国家和省市密集出台的政策举措，纾困政策顶格执行，扶持政策精准滴灌，消费政策加力，各项主要经济指标逐月好转，完成临汾市下达的任务；保安全上，以“防风险、保安全、迎接二十大”为主线，开展治理重复信访、化解信访积案专项工作，常态化推进扫黑除恶斗争，引深安全生产专项整治三年行动，全年安全生产事故起数和死亡人数下降。

【产业转型升级】 2022年，中国共产党临汾市尧都区委员会推进产业转型，深化改革，优化营商环境。产业发展上，粮食生产稳步增收，全年粮食产量达21万吨；尧都高新区山西智创城NO.11（临汾）高标准建设，华汉云极信创产业中心投入使用，数字经济及信创产业初具规模。深化改革上，高新区“标准地+承诺制+全代办”改革持续推进，国企改革三年行动收官，农村集体资产股份权能省级试点工作完成。优化环境上，探索“24小时自助服务取件箱”、“办不成事”反映窗口、“5+1”政务服务新模式，开办企业时间压缩至0.5个工作日；推进市场主体倍增行动，市场主体增量和总量为临汾市第一。

【生态治理和环境保护】 2022年，中国共产党临汾市尧都区委员会在大气污染治理上，先后开展夏季臭氧污染管控、扬尘污染防治、秋冬季大气污染综合治理等行动，空气质量如期实现“退出倒十”目标；水质污染治理上，抓源头治理、工程治理、水资源管理，压实河长责任，两个汾河监测断面水质达地表水Ⅳ类标准；生态环境治理上，全区182家企业、11处固体废物堆场实现常态化监管，环境产业园区一期工程竣工运营，开展绿化造林工程，筑起绿色生态屏障。

【民生事业】 2022年，中国共产党临汾市尧都区委员会在教育方面，滨西小学、东城第一小学建成招生，新增临汾二中初中部、五一路学校二校区，组建解放路学校、五一路学校等6个教育集团；投资9000余万元购买1.2万个学位，民办义务教育在校生比例压减至6%。医疗方面，深化县域医疗卫生一体化改革，构建“医防结合”全生命周期健康服务体系和“平战结合”重大疫情防控快速转换机制。就业方面，累计开展线上线下招聘活动70余场，帮助126家企业发布就业岗位1.5万余个；落实援企稳岗奖励资金774万余元，惠及315家企业1.8万余人。城建方面，华州路7座景观游园全部对公众开放，规划四街、枣林路南延顺利通车，汾河制药厂、三元小区等12个老旧小区改造项目竣工验收。引深“向人民群众交好账”实践活动，建成并投入运行农村公共浴室113个、日间照料中心170个，解决农村困难群众特别是老年群众洗澡难、做饭难等问题。

【宣传思想文化工作】 意识形态工作上，开展“护航党的二十大”维护意识形态安全专项行动，每季度分析研判意识形态领域形势，确保了意识形态领域阵地可管可控、导向正确、基调健康；精神文明创建上，承办全市创建省级文明城市“百日攻坚”誓师大会，推进“星级文明户”创评活动，开展道德模范、“尧都好人”选树活动，厚植文明乡风、良好家风、淳朴民风；文化强区建设上，推进“三个一批”群众文化惠民工程，开展非物质文化遗产保护和新媒体推介宣传，文旅产业竞争力增强。

【民主法治建设】 人大工作上，加强党对人大工作的领导，制定出台《关于新时代坚持和完善人民代表大会制度加强和改进人大工作的贯彻落实意见》，支持保障区人大及其常委会依法履职，推动区委重大决策部署的贯彻落实；政协工作上，支持区政协把参政为民作为履职主线，发挥提案信息和监督视察作用，推进协商民主广泛多层制度化发展；统战工作上，组织民主党派开展“矢志不渝跟党走，携手奋进新时代”政治交接主题教育，加强党外人士、新的社会阶层人士统战工作，凝聚共同奋斗新力量；法治建设上，深化行政执法和司法体制综合配套改革，实施“八五”普法规划。支持群团组织发挥作用，促进军民融合发展，军政军民团结局面得到巩固和发展。

【政治生态巩固】 定期研究管党治党工作，对从严治党、基层党建、作风建设、反腐败等重点工作作出部署；做好市委涉粮领域机动式巡察整改工作，完成十届区委第一轮和第二轮巡察工作，开展清廉尧都建设，以高质量党建引领保障高质量发展。推进抓党建促基层治理能力提升专项行动，推进“一改三化”工作，特色做法被山西省委组织部专项办予以肯定和推介；实施村级集体经济壮大提质行动，制定出台发展壮大农村集体经济5方面20项举措，农村集体资产“清化收”专项工作取得成效；探索党建引领小区治理，经验做法被央视新闻频道《朝闻天下》专题报道。树立正确选人用人导向，形成能者上、优者奖、庸者下、劣者汰的局面；推行事业单位管理岗位职员等级晋升制度改革，实施“12810”干部教育培训、“智汇尧都·3112”工程，全区乡村振兴人才驿站建设实现全覆盖。

【领导成员】

中共尧都区委书记：崔绍民（2月任）

中共尧都区委副书记、区长：任俊杰★

中共尧都区委副书记：刘　磊

中共尧都区委常委、副区长：薛向阳（4月免）

王洪锁（6月任）

中共尧都区委常委、纪委书记、监委主任：丁春明

中共尧都区委常委、组织部部长：任丽岗（6月免）、白向阳（6月任）

中共尧都区委常委、武装部政委：周勇军（8月免）、朱定海（8月任）

中共尧都区委常委、统战部部长：汤晓燕

中共尧都区委常委、宣传部部长：郭　亮

中共尧都区委常委、屯里镇党委书记：贺　婧

中共尧都区委常委、贾得乡党委书记：卢燕飞

中共尧都区委常委、县底镇党委书记：杨　珽

中共尧都区委常委、区委办公室主任：温济荟

中共尧都区委常委、政法委书记：乔永生（6月免）

（杨　璐）

区委办公室

【政治建设】　2022年，中共尧都区委办公室立足区委"三区三地"战略目标，紧扣区委办"四最一中枢"的政治定位和使命职责，学习《习近平谈治国理政》（第四卷）、《习近平新时代中国特色社会主义思想学习问答》、《党的二十大辅导读本》、《二十大党章修订案学习问答》等材料，将党的二十大、省委十二届五次全会、市委五届五次全会和区委十届六次全会等会议精神纳入周例会学习内容，理论指导实践的能力和水平得到提升。

【辅政能力增强】　2022年，中共尧都区委办公室坚持把当好参谋、做好工作、搞好服务作为基本要求，抓好各项工作落地落实，为区委科学决策和总揽全局、协调各方、推动发展做工作。调查研究方面，围绕区委"三区三地"战略目标，以疫情防控、产业转型、项目建设、环保治理、民生保障、抓党建促基层治理能力提升为重点，全年开展调研51次。以文辅政方面，体现区委意图、把握领导思路，全年共起草讲话、汇报等各类材料680余篇，近440万字；按照发文程序办理公文制发工作，全年共审核编发文件127件，其中7件规范性文件全部向市委进行了备案。会务工作方面，按照"反应灵敏、行动迅速、运转高效"的要求，提升办会质量，精简会议数量和规模，全年共承办区委全会4次，区委常委会议31次，中心组学习会17次。信息工作方面，完善全区党委系统信息报送考核工作制度，加强信息员队伍建设，全年共向省委办公厅、市委办公室编发报送信息330余条，办理省市转办社情民意250余件，办理区社情民意件442件。督查工作方面，发挥督办职责，围绕贯彻落实习近平总书记视察山西重要讲话重要指示精神、山西省"13710"工作制度平台重点交办事项、疫情防控、项目建设、安全生产、环境治理、森林防火等区委重大部署和领导交办的其他重要事项开展督查150余次，推动工作任务落实。值班值守和机要保密方面，坚持24小时昼夜值

★ 2023年8月涉嫌严重违纪违法，接受纪律审查和监察调查

班，开展保密法制宣传教育工作，开展保密工作专项检查，公文处理无任何纰漏；通过多种形式向机关干部职工和群众宣传讲解《国家安全法》及相关法律法规，处理失泄密事件。档案管理方面，对区直各部门、各单位和乡镇、街道进行档案业务指导；聘请专家对各乡镇、街道、区直部门档案员进行档案法制业务培训，全区档案管理规范化水平提高。

【服务保障工作】 2022年，中共尧都区委办公室统筹兼顾，搞好服务保障。机关事务方面，全年共接待各类宾客260批次3000余人，调度出车4215次，全年安全行驶476836公里，完成省委督导组接待、2022第四届尧都文化旅游节、疫情静默期间防疫工作人员食宿及办公等工作。疫情时期，成立综合协调组，负责区疫情防控领导小组日常工作和疫情防控工作各小组、专班的协调与调度，疫情相关数据统计与信息报送，防控信息的更新与互联互通，会议组织、重要方案预案拟定、文稿撰写、信息发布前审核、档案整理与归档及承担区领导小组交办的其他事宜等工作，确保全区防疫各项工作在市、区疫情防控领导小组的统一指挥调度下，抓住关键节点、打通堵点、协调各方力量，确保各项政策措施高效、精准落实。

【安全发展工作】 2022年，中共尧都区委办公室树牢底线，安全发展意识提高。坚持安全发展理念，围绕年初上级下达的目标任务，加强组织领导，强化责任意识，加强督导和管理。加大调研力度。全年开展安全生产督导调研20余次，督促全面压紧压实企业主体责任、乡镇属地管理责任和行业部门监管责任，层层传导压力，倒逼安全生产管理规范化，把安全生产责任和措施落实到每个环节和岗位上。组织区委办全体人员重点学习党中央、国务院关于安全生产工作的决策部署，学习上级领导同志关于安全生产工作的重要讲话精神和安全生产法等各类文件。筑牢安全屏障。建立健全工作机制，完善相关工作方案，完善国家安全工作台账，执行信息上报制度，确保信息传递及时，确保工作开展。

【廉政法治建设】 2022年，中共尧都区委办公室落实中央八项规定及其实施细则精神，落实“五个严禁”“五个严查”。推进“清廉尧都”建设，配合完成区委书记陈纲离任审计工作，完成巡视巡察问题整改等工作；把“清廉尧都”建设和各项工作同部署、同落实、同检查、同考核，督促班子成员和办公室中层干部落实“一岗双责”，传递压力，靠实责任，实现工作拓展到哪里，党风廉政建设的职责就延伸到哪里。

在推进法治建设上，学习贯彻习近平总书记关于全面依法治国新理念新思想新战略，建立完善履职工作制度，对法治建设重要工作亲自部署、重大问题亲自过问、重点环节亲自协调、重要任务亲自督办，将法治建设与“三服务”工作同部署、同推进、同督促、同考核。始终树牢制度意识，运用法治思维，坚持把党的制度规定置于案头，经常学习、经常对照、严格执行；坚持带头学法、知法、用法、守法，把严格依法、按政策办事落实到工作履职各方面各环节。

【领导成员】

区委常委、区委办主任：温济荟

主持日常工作的副主任、区委国安办副主任：尉剑（9月任）

区委办副主任、区信访局副局长、主持全面工作：温少华

区委办副主任：姚鹏飞（9月任）

王志宇（12月任）

区委信息化中心主任：王志宇（12月免）

（杨　璐）

组织工作

【抓党建促基层治理能力提升专项行动】 2022年，尧都区委组织部实行“周提醒、旬调度、月排队”工作制度，组建11个专项行动督导组，设立12个工作专班，推出“12810”主题培训工程，开展383期，培训党员干部1.8万人次；细化村社党组织和书记“双星联创”评定标准，按照每月200~1000元级差兑现奖金。开展星级文明户创建，村级初评3.8万户，乡级评选2300户，区级评选232户。规范农村党员积分管理，屯里镇做法在全区推广；深化村改社区，已转改7个村，正加快推进第二批2个村。深化网格治理，设置小区网格728个，楼栋网格4268个，区财政每年列支430.8万元落实网格员补贴。全区735个小区实现物业管理全覆盖。省委专项行动《探索》刊载该区《落子“村改居”织牢“治理网”破解城乡接合部转改衔接治理难题》经验文章。党建引领小区治理特色做法在央视《朝闻天下》栏目专题报道。

【政治教育】 2022年，尧都区委组织部举办27期学习十九届六中全会精神和党的二十大精神培训班，培训干部9680人次。开展“党课开讲啦”887期，培训2.3万人次；开展“学习身边榜样”活动，选树5名市级先进典型；组织召开2021年度党（工）委（党组）书记抓基层党建工作述职评议会议。指导全区68个党委（党组）高质量开展党史学习教育专题民主生活会。制定印发《中共尧都区委落实全面从严治党主体责任2022年任务安排》，明确12大项50小项重点工作任务；围绕中心工作和重点攻坚任务，共开展12期49个专题的党日活动，印发应知应会口袋书4期，拍摄电教片、微视频、微党课等21部。印发《县级全域主题党日活动自选主题“菜单”（试行）》；开展“喜迎二十大、奋进新征程”系列活动。召开全区庆祝建党101周年暨“两优一先”代表座谈会，颁发“光荣在党50年”纪念章571枚。开展尧都区暖心工程暨建国前入党老党员生活环境改善项目，改善25户老党员的生活现状和居住环境。

【干部队伍】 2022年，尧都区委组织部调整区直部门科级岗位58人，乡镇街道科级岗位12人。完成事业单位管理岗位职员等级晋升工作，晋升六级职员8人，七级职员29人，八级职员430人。招聘180名大学毕业生到村任职；举办科级干部读书班、优秀年轻干部能力培训班，培训干部89名。与清华大学联合举办8期“尧都区科级以上干部及村社主干抓党建促基层治理能力提升班”，培训干部1.3万人次；坚持“凡提四必”，持续加大干部选拔任用监督力度，本年以来共征求执纪执法部门意见816人次。对12家单位部分股级岗位进行选任审批和业务指导。开展“12380”重复举报化

解专项行动，化解重复举报12件；晋升三级调研员13人，晋升四级调研员5人，晋升一级主任科员10人，晋升三级主任科员7人。开展21期心理健康下基层服务活动。

【基层组织】 2022年，尧都区委组织部发展壮大村级集体经济，制定出台发展壮大农村集体经济5方面20项举措，成立区、乡、村三级农村集体经济发展组织，构建“1+15+N”组织架构。创新开展“百企入百村、消除薄弱村”专项行动，106个本地规上企业与102个“薄弱村”签约结对，启动项目112个。全区256个村集体经济收入全部突破10万元，30万元以上的村90个，占比35%；开展“双星联创”工作，出台《村党组织书记星级化管理实施细则》《尧都区村党组织书记星级化管理初评方案》，将发展成效与村干部待遇挂钩，对表现突出的每年最高可奖励1.2万元。完成2022年度村社党组织书记星级化管理初评工作，初步评出一星级49人、二星级61人、三星级25人、五星级4人、零星级1人；深化党建引领小区治理，835个小区（片区）实现党组织全覆盖，规范开展小区“一月一主题”活动，选树1个省级试点、142个市级试点。党群阵地建设，打造167个小区党群驿站，配套增设新就业群体“暖新驿站”服务功能；完善城市治理体系，落实全区427名社区工作者“三岗十八级”薪酬待遇。出台社区服务标准化实施细则，明确服务事项3类77条。高标准打造167个小区党群驿站。对7个社区党群服务中心进行改造升级。组建物业企业党组织26个，选派74名党建工作指导员。联合10余家快递成立快递联合党支部。

【人才队伍】 2022年，尧都区委组织部抓实区校合作，与省内外31所高校和科研机构合作，共建大学生实习实训、就业创业等基地84个，实施产学研合作项目84项，共同开发和转化科技成果10个；抓优政策环境，制定出台《尧都区委人才工作领导小组及其成员单位主要职责和运行规则》《关于区领导包联推进2022年度重点人才项目的通知》，下发《尧都区人才工作目标责任制考核指标》，进一步压实领导小组、主管单位、用人单位主体责任；构建良好生态，开展“谷雨日”尧都人才节系列活动，开展第三届区委联系专家和优秀人才评定，评选出45名优秀专家和人才、10家优秀人才工作基地，完成1096名高层次人才的认定。引进高层次人才和专业技术人才174人，柔性引进博士50人，硕士124人。开展第五届“尧都学子·智汇家乡”大学生暑期实践活动，共有来自全国53所高校77名学生参加暑期社会实践活动。

【组工队伍】 2022年，尧都区委组织部落实从严治部要求，拓展“组工干部能力素质提升工程”，深化“大学习、大练兵、大比武”，开展“组工干部读书分享会”，引导组工干部学理论、学业务、学新知，掌握党建、干部、人才等方面的业务知识和规章制度，努力成为组织工作的“专门家”和“政策通”。组织开展“争先进位崛起”解放思想大讨论和“向人民群众交好账”主题实践活动。完善部机关会议、学习、请销假等制度，落实组工干部“十严禁”和保密、请示报告等制度，常态化开展谈心谈话活动。

【领导成员】

部　长：任丽岗（6月免）

白向阳（6月任）

主持日常工作的副部长：路俊生（8月免）

白满平（11月任）

副部长：韩亚丽（女）

副部长、区委党建办主任：陈国乾（11月任）

区委非公经济组织和社会组织工委书记：白满平（11月任）

区委非公经济组织和社会组织工委副书记：贺　鸿（11月任）

党群服务中心主任：续　岩（9月任）

党群服务中心副主任：董晓彬

党群服务中心副主任：安月玲（女，9月任）

四级调研员：李广祥

霍巍林

李　伟

二级主任科员：卫宇卿

享受正科级待遇干部：史　强

孙海峰

张　平

享受副科级待遇干部：刘建兵

李　娟（女）

庞　芳（女）

（张　岩）

宣传工作

【“向人民群众交好账”实践活动】 2022年，尧都区委宣传部征集启事汇民意。在“今日尧都在线”微信公众号发布尧都区“向人民群众交好账”实践活动民意征集启事，征集民生需求600余件。各单位网络征求民意29000余件。发放调查问卷5万余份，征求意见建议24763件，形成需求清单2160件。走访座谈察民情。“七一”期间区乡两级领导干部深入基层走访座谈，征求民生需求4086件。落实清单解民忧。按照群众点题、党委派题、部门解题的办法，区委、区政府班子成员确定民生实事27项，各单位确定民生实事1782项，办结率100%。开展党员社区报到、承诺践诺评诺、“你有所需、我来帮你”志愿服务三大活动，每名党员至少为群众办理1件实事。主题宣传展成果。2021年8月上旬至2022年2月，在临汾广播电视台推出“向人民群众交好账”“亮、晒、评”主题宣传活动，跟踪报道全区23个乡镇街办以及10个主要区直部门实践活动进展情况和成果成效。在亮承诺阶段，制作1分钟活动宣传短片，在临汾广播电视台《向人民群众交好账》专栏滚动播出5天1000余次。制作33家单位党政负责人实事公开承诺短片9部，在专栏连播27天400余次1200分钟，在“临汾TV”公众号和视频号播发14期。在晒动态阶段，每周一在专栏播出一期专题节目，动态展示各单位实事进展情况和成果，共播出14期84次600分钟，135条动态。“临汾TV”新媒体专栏浏览量超过10万+。在评成果阶段，拍摄33个交账短片，1月12日起在临汾广播电视台一、二、三套和“临汾TV”微信公众号、视频号高频次滚动播出20天，平均每天120分钟，在“今日尧都”APP平台进行网络投票，提高群众参与率。长效机制惠民生。区级层面制定《尧都区优化营商环境联席会议制度》等32项为民办实事长效机制，打通服务群众“最后一公里”。

【党的二十大宣传】 2022年，尧都区委宣传部做好喜迎二十大系列活动。在“今日尧都”在线开辟专栏宣传报道，组织开展全区“喜迎二十大奋进新征程”17项全区性群众文化活动、“喜迎二十大筑梦向未来”儿童节关爱活动、“少年儿童心向党喜迎党的二十大”志愿服务关爱行动、“喜迎二十大红色家风代代传”主题展等系列活动。做好尧都“五个一百”大宣传。区级主流媒体百篇新闻报道。在“今日尧都在线”持续推出一批新闻报道、主题采访、通讯综述、评论言论、理论文章。城乡大小喇叭百村联播。利用城乡大小喇叭每天播放党的二十大精神相关内容，扩大教育覆盖面。“七级闭环”微信工作群百日推送。推送学习内容和学习资料，达到党员群众全覆盖。社会和文艺宣传百场主题活动。通过编排文艺节目、说唱、小品、顺口溜、三句半、快板等群众喜闻乐见的形式，广泛宣传党的二十大精神。百名领导干部大宣讲。构建“23+10+N”基层宣讲队伍矩阵，23个乡镇街道党（工）委组建23支宣讲团，区直机关组建法治、机关、校园、企业、农村、社区、工会、青年、巾帼、文艺等10个宣讲分团，各新时代文明实践所、站组建N支宣讲小分队。全区副县级以上领导干部深入分管单位、包联单位宣讲，正科级单位“一把手”在本单位、下属支部宣讲，各宣讲队伍宣讲党的二十大精神。创新形式开辟好尧都“七小课堂”宣传载体。利用“板凳课堂”“炕头课堂”“田间课堂”“车间工地课堂”“红领巾课堂”“喇叭课堂”“指尖课堂”七小课堂宣传宣讲。区委老干部局开展音乐快板“二十大精神我宣讲”；区妇联开展“贯彻二十大精神、社区大讲堂”；段店乡开展“学习二十大金句我来读”，读原文、悟原理；水塔街汾泽社区开展“楼房板凳会课堂”走进社区广场等。

【理论武装深化】 2022年，尧都区委宣传部“关键少数”示范引领。2022年，区委中心组共组织集中学习17次，其中专题辅导3次、研讨交流3次、收听收看视频4次、开展主题实践活动2次。各党委（党组）理论学习中心组至少开展集中学习12次。列席旁听推进。出台《尧都区党委（党组）理论学习中心组列席旁听制度》和《列席旁听手册》，派专人对全区69家乡科级以上党委（党组）中心组学习进行列席旁听，实现全覆盖。理论宣讲形式多样。区理论学习志愿宣讲团开展“新思想在山西”基层宣讲70余场，受众10000余人。各乡镇街道理论宣讲志愿服务小分队开展宣讲百余场。汾泽社区被命名为“山西省社会科学普及宣传基地”。“学习强国”学习平台使用。党员干部每天在平台读要闻、学理论、强思想、做试题、晒积分，形成比学赶超的浓厚氛围。该区代表队获2022年度临汾市“学习强国”学习平台“学习在我强国有我”主题知识竞赛一等奖。

【意识形态工作责任制落实】 2022年，尧都区委宣传部重视意识形态工作，常态化听取意识形态工作汇报，区委常委会专题研究意识形态工作3次，全区意识形态领域形势总体向上向好。风险研判保障精准发力。开展“护航党的二十大”维护意识形态安全专项行动，每季度召开分析研判会议，保障意识形态阵地安全稳固。创新形式激发工作活力。在全区各党（工）委（党组）开展意识形态工作责任制落实“十个一”小载体活动，夯实基层工作基础。监督检查夯实责任格局。完成全区意识形态工作“回头看”一轮，配合十届区委第二轮和第三轮巡察，完成18个单位意识形态专项检查，强化意识形态工作责任体系建设。扫黄打非行动稳健落实。加大案件查办力度，净化文化市场环境。汾泽社区成功申报2022年度全省“扫黄打非”示范点标兵。全区建设标准化“护苗“工作站21个，实现乡镇全覆盖。网络意识形态防线日益稳固。开展网络环境专项整治活动，摸排网络平台6个，自媒体账号58个，对30个重点网络平台和活跃度较高的自媒体账号进行重点监测。召开自媒体运营人员座谈会，教育引导运营人员遵守“七条底线”和“九不准”。开展网络安全宣传周和网络安全进校园活动普及网络安全知识。

【舆论宣传引导】 2022年，尧都区委宣传部宣传强劲有力。《幸福从哪里来？》等410余篇优秀新闻稿件，先后在中央、省、市级媒体刊发，展示尧都良好形象。“今日尧都在线”微信公众号被评为山西省最具影响力的新媒体平台，在全省县市区级融媒体中名列前茅。《打通乡村治理“经络”，小网格藏着“大乾坤”》等3件新闻作品分获“临汾好新闻”一、二、三等奖。社会宣传全面覆盖。完成社会宣传工作42项。组织开展“喜迎二十大、奋进新征程”尧都这十年发展成就网络图片展，展示十八大以来尧都各行各业取得的成就。在10月前组织各乡镇街道、区直部门统一制作大型展板50余块，后受疫情影响，该活动由线下转为线上。

【精神文明建设巩固】 2022年，尧都区委宣传部开展文明城市创建工作。重点围绕公益氛围营造、老旧小区整治、背街小巷提升、城乡接合部整治、居民物业管理、未成年人思想道德、窗口服务质量、新时代文明实践中心（所、站）建设等八项工作，提升创建点位工作。在公益氛围营造方面，设置景观小品21处、设置公益广告7267处、悬挂尊德守礼牌5400余块，制作创文小视频53个。在公共服务设施方面，21家窗口单位设置无障碍专用停车位，设置引导标识，59个社区设置无障碍标识，标注求助电话。在公共秩序和公共文明方面，在东城规划47个智慧停车场、3400余个车位，实现各类车辆有序停放；在改善环境方面，总投资4.23亿元的53个老旧小区改造全面开工建设；常态化开展背街小巷和城乡接合部环境卫生整治，累计清理垃圾近1500立方米，人居环境得到提升。开展文明创建常态行动。开展文明村镇、文明单位、文明社区、文明户等创建活动。评选区级文明单位10个、文明社区25个、文明乡镇7个、文明村173个、市级以上文明先进集体60余个。评选村级星级文明户37936户，其中十星级3204户，参评率63.43%、创评率33.75%。评选镇级星级文明户2300户，区级星级文明户232户，推荐50户家庭参加临汾市“星级文明户”评选。开展典型选树。开展第六届尧都区道德模范评选活动，初步确定候选人27名。李建忠被评选为山西省2022年度学雷锋志愿服务最美志愿者。开展志愿服务活动。培育出铁路东三元社区“红星闪闪志愿服务温暖千万家”等优秀志愿服务项目20余个。区志愿者联合会“益路童行”项目被评选为山西省2022年度学雷锋志愿服务最佳志愿服务项目。开展第三批社会主义核心价值观示范点创建。区人民法院、贾得乡靳家庄村等6家单位社会主义核心价值观示范点通过市级检查验收。区税务局被评为省级创建示范点。开展爱国主义教育。命名中共晋绥分局党校旧址等8家单位为“尧都区爱国主义教育基地”。开展第七届“好基地讲好故事”活动，录制《暗战风云红色程村》《退役不褪色忠诚为人民》2部参赛作品参加市级选拔赛，并进入市级决赛。

【文化文艺工作发展】 2022年，尧都区委宣传部文化惠民工作开展。全年组织乡村文艺小分队演出1747场，开展送戏下乡68场，文艺巡演8场、送电影下乡4464场。积极参加省市举办的模特大赛、农民歌手大赛、锣鼓大赛，荣获省级合唱比赛一等奖，省级锣鼓大赛二等奖。区文化馆举办二胡、竹笛等线上远程培训98课节，受益群众达23000余人次。举办16项2023年“春节”“元宵节”文化活动丰富群众精神文化生活。非物质文化遗产保护传承力度加大。完成土疙瘩布鞋、面雕、平水绣、平阳窑等制作工艺影像资料拍摄工作。推送晋南威风锣鼓参加CCTV-17《乡村大舞台》农民丰收节特别节目《丰收集结号》录制。全民阅读活动开展。组织开展“书香三晋文化山西”全民线上阅读大赛，获得全省公共图书馆阅读大赛组织奖。文艺创作精品不断涌现。创作报告文学《带孩子去延安》、中篇小说《永辉歌剧院》等一批优秀作品。尧文化品牌打响。举办第四届尧都文化旅游节。新华社、央视网、人民网、中新网等30余家中央、省、市主流媒体聚焦报道，凤凰网全网宣推，启动仪式网上直播点击量150余万次。

【业务水平提升】 2022年，尧都区委宣传部提升干部能力素养。举办全区宣传思想文化系统业务能力培训班，重点就宣传思想文化工作业务、意识形态及通讯员新闻写作、摄影等几方面进行培训。打造工作品牌。在全区宣传思想文化系统各单位及各乡镇（街道）开展“谋突破、创品牌、争一流”活动，打造尧都思想文化精品工作品牌。

【领导成员】

区委常委、宣传部部长：郭　亮

区委宣传部主持日常工作的副部长：秦　英

区委宣传部副部长：左永杰

区委宣传部副部长：刘俊峰

区委宣传部党支部书记：李　婷

尧都区新闻传媒中心负责人：李永秀

区委宣传部文明办主任：魏晓红

区委宣传部理论室主任：柳贵荣

尧都区新闻中心副科级干部：孙　繁

区委宣传部副科级干部：候　璐

区委宣传部三级主任科员：加建军

区新闻传媒中心副主任：李　森

区新闻传媒中心副主任：宋建军

（董伟民）

统战工作

【党建工作】 2022年，尧都区委统战部坚持把党的领导贯穿统战工作全过程，引导统战资源和力量围绕区委中心工作，服务全区经济大局。强化党建引领，以区委统战工作领导小组和民族宗教事务工作领导小组为抓手，向全区统战成员传达落实习近平总书记关于做好新时代党的统战工作的重要思想，印发《尧都区2022年统战工作要点》，对贯彻《中国共产党统一战线工作条例》、落实国家和省市统战工作会议精神、巩固宗教领域专项治理成果等重点工作进行部署安排，对全区统战工作进行指导，确保全年统战工作方向正确。以系统内党建工作为着力点，以主题党日活动为载体，建立健全党员评价机制，探索实行党员积分制管理，把党员参加主题党日活动、学习活动、履行党员义务、遵章守纪、完成工作、服务群众等情况作为积分管理重要内容，纳入年度综合考核。突出党建引领，把牢政治方向，压实工作责任，凝聚统战力量。

发挥统战工作领导小组和民族宗教事务工作领导小组的牵头作用，加强对民营经济的统筹协调，建立由区委组织部、发改局等22家党政部门组成的民营经济工作协调机制，为该区民营经济纾困解难提供组织保障，形成助推民营经济健康发展的合力。发挥统战系统团结优势，在民营企业开展“示范党支部”建设，打造以区工商联会员企业映连红贸易集团公司党支部、大福房地产开发有限公司党支部为代表的省级工商联系统示范党支部，辐射带动全区非公经济党建，凝聚民营经济人士政治共识。

以喜迎党的二十大为主题，组织全系统开展系列教育活动。举办为期一周的统战系统喜迎二十大书画展；组织开展深入学习党的二十大精神宣讲活动。各民主党派、工商联、民族宗教团体等，开展不同形式教育活动，区基督教两会举办“建清廉尧都”主题书画展览，得到省、市统战和宗教部门好评。通过主题教育实践活动，将党的二十大精神覆盖到统战系统党员干部和全区统一战线各领域各方面。

【**提升多党合作制度效能**】贯彻加强参政党建设有关文件精神，着眼换届后的民主党派班子建设，开展民主党派领导班子运行情况调研，增强领导班子整体功能。围绕中心工作，落实年度政党协商计划，推进协商成果落地。参政议政。鼓励各民主党派积极建言献策，撰写提案议案和社情民意60多条。许多提案被相关部门作为重点提案督办，部分社情民意还被省、市采纳。社会服务。以“专业”为特色，依托统一战线各民主党派专家，组成服务团，开展各种社会服务活动500余次，逐步形成常态化制度。民进开展心理辅导专题讲座和捐资助学等活动；民建参加区法院陪审刑事案件；民盟举办“送教下乡”“送法下乡”“爱心助学”等活动；民革、九三学社举办“送法进校园”活动，开展各类健康讲座等。队伍建设。完善各领域党外代表人士数据库，党外干部的梯队建设得到加强。做好民主党派干部推荐工作，推荐九三学社邓跃文担任尧都区人民医院院长、九三学社冯振发担任尧都区人民医院党委书记、民进李锐敏担任尧都区科协主席。

【**非公领域统战**】推进非公有制领域“两个健康”发展。在经济下行和疫情冲击双重影响下，全区民营经济持续低迷，以提振发展信心为着力点，聚焦“两个健康”，构建“亲”“清”政商关系，推动民营经济统战工作不断走深走实。互惠双赢。开展“万企兴万村”尧都行动，以全国工商联“万企兴万村”行动为工作主题，以区委工作思路和举措为引领，在全区动员民营企业和商（协）会组织，开展

"万企兴万村"尧都行动，确定20个企业对接24个村子，通过"五个结合"全力助推"万企兴万村"尧都行动取得实效，发挥工商联会员企业在乡村振兴中的中坚力量作用。纾难解困。实施民营经济统战工作协调机制，针对民营企业诉求，实行"一事一议"跟踪服务，建立服务民营企业直通车制度，畅通民企诉求表达渠道。光彩事业。引导广大非公有制经济企业家积极帮扶慰问事业18次，在捐资助学、扶贫济困等方面，号召全区非公企业累计捐助达118.6万元。

【民族宗教工作】秉承民族宗教无小事的思想，持续加强党对宗教工作的领导，注重发挥区委统战工作领导小组、民族宗教工作领导小组作用，形成"一体两翼"工作模式，取得效果。铸牢中华民族共同体意识。注重健全完善民族工作机制，以解决少数民族群众实际困难为出发点，加大少数民族流动人口服务管理，提升民族事务法治化水平。注重加强民族团结进步宣传，将"七进"作为民族团结进步创建的主阵地、主渠道，宣传民族理论方针政策和民族团结进步事业取得的成就，形成以点串线、以线连片、以片带面的示范创建格局，筑牢各民族共同团结奋斗、共同繁荣发展的思想基础。做好整治非法宗教活动、遏制宗教渗透工作。促进宗教领域平安和谐。抓好宗教领域风险隐患排查化解，与消防、市场监督管理局等职能部门开展多轮次联合检查、执法行动，针对检查出的风险点逐一整改，消除各类安全隐患、杜绝发生重特大事故。提高宗教工作法治化水平。强化宗教政策法规教育宣传，开展"民族宗教政策法规学习月"宣传活动；推动宗教事务规范化管理，加强宗教团体自身建设，压实宗教工作责任，发挥宗教工作三级网络两级责任主体工作机制作用；开展伊斯兰教"三化"治理工作，坚持宗教中国化方向，引导宗教与社会主义社会相适应。

【新的社会阶层人士统战】坚持把做好新的社会阶层人士统战工作与党派工作、工商联工作及商会组织工作结合起来，从不同角度做好对他们的统战工作，通过开展联谊交友、经济论坛、光彩献爱心等活动，增强新的社会阶层人士的归属感；协助人大、政协等部门开展政治吸纳工作，引导新的社会阶层人士进行有序政治参与。组织新阶层人士举办创业分享会、座谈会、观摩学习等创新创业活动，为新阶层人士搭建创新成果分享平台，开辟创业经验交流渠道，创造提升自身能力素质机会。创建实践创新基地，加强组织平台创新建设，推动新阶层工作取得成效。

【海外统战】组织建设。推动侨联组织建设，协调申请工作项目经费；开展法律知识"进侨企、入侨户"法治宣传活动，依法维护归侨侨眷、侨资侨企的合法权益；完善侨情数据档案，建立起全区侨情普查数据长效机制，侨情数据实时更新。助力高质量发展。加强与重点侨领、重要华商和高层次专业人士等侨界重点人士的联系，发挥侨界资源优势，服务促进经济工作。桥梁纽带。挖掘该区侨眷侨属的潜力和资源，通过网络平台积极推荐尧庙、尧陵、仙洞沟、华门等标志性旅游和文物景点，讲好"尧都故事"，扩大尧都的影响力。

【“向人民群众交好账”】 2022年，尧都区委统战部开展“向人民群众交好账”活动，采取实地走访、集体座谈、民意调查等多种方式，听取群众意见、了解民生需求，形成群众“需求清单”，形成部班子牵头、责任科室落实到位的工作举措，解决民生领域的急事、难事、愁事。解决民宗领域急难愁盼。经与上级部门沟通协调，争取因强降雨影响受损程度比较严重的4处宗教活动场修缮专项资金；经多次召集金殿镇村干部与迴光寺负责人面对面交流沟通，解决迴光寺与金殿镇界峪村委会土地纠纷问题；组织市场监管、伊斯兰教协会、所属乡镇街道等部门联合执法，针对检查出的问题下达整改通知书，解决大丰超市、杨晓奇牛羊肉等七家经营场所清真食品管理不规范的问题；与教育部门对接，解决部分少数民族群众、归侨子女就学难问题。畅通政企对接渠道。建立民营经济统战工作协调机制，开展协调活动，协调华夏地产、尚荣地产、大福地产等企业反映108国道以东电力设施配套不完善问题、协调大福地产因虚假诉讼导致800万元资金冻结问题、协调映连红集团反映在临汾高速路口建立广告牌问题等，向各级决策部门反映民营企业各类诉求，推动相关政策的制定和完善。关注困难侨眷。坚持开展助侨暖侨行动，动态解决归侨侨眷生活困难问题，提升为侨服务水平，凝聚侨心侨力。针对蒙古归侨吴雪东生活困难问题，统战部人员及侨联班子成员进行捐助。

【清廉建设】 2022年，尧都区委统战部领导班子扛起管党治党政治责任，落实“一岗双责”，定期研究党风廉政建设工作，推动党风廉政建设与业务工作同部署、同落实。在部机关推行周任务清单工作制，要求领导班子和部机关各科室制定每周工作任务清单，召开部务会进行审议，对各项重点工作、调研任务进行细致安排，进一步明确工作责任、细化工作任务，做到人人“有责任、有工作、有目标”，提升统战部门的工作执行力和工作效率。以习近平总书记关于全面从严治党重要论述、《党委（党组）落实全面从严治党主体责任规定》《中国共产党统一战线工作条例》《中共山西省委关于加强政治监督的实施意见》等为学习内容，引导支持统战各界人士深化理论学习。组织民营企业家收听收看全国工商联“合规月月谈”线上课程，促进政商关系有序发展。在全系统开展清廉书画创作活动，引导统战人士学廉、思廉、践廉、行廉。组织5个宗教团体负责人召开专题会议，推行《宗教场所财务管理制度》，确保各宗教场所资金管理在阳光下运行。定期组织统战系统干部集中观看《贪腐之鉴》《案鉴》等警示教育片，要求人人对照案例谈危害、找根源、提对策，强化知敬畏、存戒惧、守底线的思想根基。定期开展谈心谈话，对倾向性苗头性的问题及早提醒和警示，使咬耳扯袖、红脸出汗成为常态，引导统战系统成员坚定理想信念，把好做人做事底线，筑牢反腐堤坝。

【领导成员】

部长：汤晓燕（女）

主持日常工作副部长、民宗局局长：孙　瑞

机关党支部书记、副部长：郭利林

副部长：杨王军

成　员：李朝红（女）

张康平
张建辉（女）
武晓增
张晓丽（女）
张丽霞（女）
靳雯雯

（靳雯雯）

机构编制

【落实区委专项行动工作】 2022年，尧都区委编办根据工作任务安排，牵头乡街体制改革专班，配合完成综合行政执法队伍建设专班和制度清单专班工作。规范机构设置，清理加挂牌子。2022年5月，尧都区委编办以专项办的文件印发《关于深化基层管理体系建设促基层治理能力提升的通知》（尧区专办发〔2022〕12号），对已设立的机构和牌子进行清理规范，明确除机构编制专项法律法规明确规定外，区直各部门不得要求乡镇（街道）对口设立机构或加挂牌子，于2022年5月起开展为期一个月的专项督查。全区各乡镇（街道）完成统一机构设置和清理规范各类牌子事宜。理顺派驻站所管理体制。4个继续实行派驻体制的站所（公安派出所、司法所、市场监管所、自然资源所）人员组织关系纳入乡镇（街道）统一管理，实行派驻单位和乡镇（街道）双重管理。动态调整权责清单。尧都区委编办会同区司法局、区行政审批局，以省委编办下发的《乡镇（街道）权责清单参考目录》（2022年版）为标准，结合该区实际，动态调整尧都区乡镇（街道）权责清单，于2022年11月15日在尧都区政府网站上进行公布。核实乡镇（街道）人员在编在岗情况。2022年4月，通过实地走访和发放调研表的方式，对全区14个乡镇、9个街道办事处就机构设置、人员配置、日常运行等存在的问题进行调研摸底。完成执法机构编制核定和本年度执法人员备案工作。尧都区委编办印发《关于调整乡镇（街道）综合行政执法队伍编制有关事项的通知》，明确乡镇综合行政执法办公室编制3名，综合行政执法队编制7名；各街道办事处综合行政执法办公室编制2名，综合行政执法队编制8名，完成执法人员在编在岗情况审核和人员备案工作。各乡镇（街道）备案行政人员103人，财政拨款事业人员167人。“乡村振兴万人计划”工作。2021年度全区14个乡镇招聘大学生到村工作78人，2022年度继续招聘180人。尧都区委编办落实省市区要求，采取调剂乡镇空余编制、部分街道空余编制和借用区级事业单位周转池编制的方式，建立乡镇（街道）编制周转池的方式，保障基层用编需求。

【机构编制日常管理】 事业单位登记管理。尧都区委编办建立《拟注销事业单位统计清单》，实施分级分类指导。全区共有97个行政单位办理统一社会信用代码证书（其中行政机关88个，群团单位9个），186个事业单位办理事业单位法人证书。对2个行政单位的法人进行变更登记工作，对全区110个事业单位办理变更登记工作，4个事业单位办理设立登记工作，180个事业单位办理注销登记工作，186个事业单位的法人年检工作。实名制库登记管理工作。尧都区委编办印发《关于进一步加强实名制系统管理的通知》（尧区编办函〔2022〕13号），凡涉及招录、调出、调入、退休、辞职及职务调整等在编人员信息变动进行更新。实名制系统共进行人员调整890余人次。

【党建学习】 2022年，尧都区委编办按照区委工作安排，党员干部收看收听《高举中国特色社会主义伟大旗帜为全面建设社会主义现代化国家而团结奋斗》的二十大报告，召开党的二十大精神学习教育动员大会，印发《中共尧都区委机构编制委员会办公室学习贯彻党的二十大精神实施方案》，制定《中共尧都区委机构编制委员会办公室党的二十大精神学习计划》。该单位制定学习计划表，细化学习要求。组织二十大精神集中学习10余次，党员干部系统学习《中国共产党章程》《党的二十大报告》等规定学习资料。领导班子成员带头开展研讨交流3次。该单位做到二十大精神学习与业务学习相结合，系统学习《中国共产党机构编制管理条例》《机构编制监督检查工作办法》等。该单位根据区委疫情防控安排，支援车站街办事处的疫情防控工作。党员服从社区要求，从事信息录入、物资保障、特殊人群救助、宣传引导、志愿者招募及使用等一线疫情防控工作。副科级以上领导按照疫情防控要求，驻扎隔离酒店，驻守关键部门。

【领导成员】

编办主任：石军虎

编办副主任：董丽敏（女）

二级主任科员：张学刚

正科级领导干部：李国防

副科级领导干部：张建军

韩毅翔

谷　渊

事业单位运行评估中心主任：张振东

（马　乾）

老干部工作

【概况】 2022年，尧都区委老干部局以“让党放心，让老干部满意”为目标导向，以习近平总书记关于老干部工作的重要论述为根本遵循，践行新时代离退休干部党的建设要求，推动离退休干部各项工作稳步推进。

【突出党建引领】 2022年，尧都区委老干部局为全区离退休干部订阅《中国老年》《山西老年》《人民日报》等10种1800多份学习资料。制定《尧都区离退休干部学习活动管理暂行办法》，通过落实听报告、参加重要会议、通报情况、参观学习等制度，使老同志了解国家大政方针、国内外形势和本地经济社会发展情况；以老年大学为依托，办好“银龄讲堂”，老年大学坚持“课前10分钟”政治学习，引导老同志坚持用习近平新时代中国特色社会主义思想武装头脑，树牢“四个意识”，坚定“四个自信”，自觉做到“两个维护”。以党支部为单位组织开展“向党说句心里话”主题活动，上年共录制“向党说句心里话”10期，100余名离退休干部参与活动。开展“喜迎二十大·银龄心向党”微党课竞赛活动，16名老党员参与党课演讲，推动离退休干部自觉用党的创新理论武装头脑。落实离退休党建工作经费，建好全区离退休干部党员信息库，把威信高、身体好、经验足的老干部党员选配到党支部书记或委员岗位上。推进离退休干部示范党支部创建工作，评选“银龄先锋”党支部8个。聘请25名党性强、理论水平过硬的退休党员干部到全区23个乡镇（街道）担任基层党建指导员，为基层党组织开展工作提供指导服务。

【坚持精准服务】 2022年，尧都区委老干部局建好离休干部“一人一策”档案，制定个性服务方案。为离休干部提供送学习、送医疗、送慰藉、送服务、送健康“五上门”服务，使老干部工作有力度有深度有温度。做到“五必访”（逢年过节、生日、住院、重大变故、特殊困难必访）。通过建立微信群等便捷方式，与老干部子女、家属定期联系，做到联系“无死角”、服务“零距离”。2022年共走访重点老干部48人次，发放慰问金3.6万元。投资130余万元，对尧都区老年大学、老干部活动中心进行提档升级建设，完善老干部活动中心图书室、排练厅、棋牌室等多个活动室。老年大学结合老干部兴趣爱好需求，开设书法、绘画、太极、合唱、器乐、舞蹈等17个教学班，在重大节庆日组织开展书法、绘画、演唱、舞蹈等项目比赛，为老同志老有所学、老有所乐提供保证。

【引导发挥作用】 2022年，尧都区委老干部局组织离退休干部围绕基层社会治理、生态环境保护、乡村振兴等开展“桑榆耀尧都”志愿服务活动。全区有60余名老党员担任小区临时党支部书记，350余名老干部担任小区业委会成员，1650余名老干部深入参与各项行动。共承诺办好事200余件，化解邻里矛盾70余起，承诺事项95%以上得到兑现。为机关、学校捐赠各类书籍1000余册；撰写红色宣传资料100余万字，其中《刘村人文传奇》和《程村史话》受到省委宣传部的关注。疫情期间，老干部通过微信群和朋友圈，用诗词书画作品为战疫鼓劲加油，撰写诗词书画作品79篇，以实际行动彰显老干部的初心和使命。发挥老干部政治优势、经验优势和威望优势，开展理论宣讲、普法宣传、二十大精神等宣讲活动30余场次，受训人数达3000余人次。以“三晋英才”拔尖骨干人才、山西省散文学会名誉会长、尧文化研究专家“乔忠延工作室”为代表，推出“尧文化的新时代价值”“快乐作文”等精品课程，弘扬传承尧文化。全区共打造老干部名人工作室6个。

【领导成员】

局　长：韩亚丽（女）

党委书记：吴庆勇

副局长：张海宏（9月免）

二级主任科员：杨俊瑜（女）（10月免）

　　　　　　　张慧娟（女）

四级主任科员：秦志勇

　　　　　　　吴文清

（马卫国）

信访工作

【概况】 2022年，尧都区信访局贯彻落实习近平总书记关于加强和改进人民信访工作的重要思想，坚持人民至上，坚持稳字当头，牢记为民解难、为党分忧的政治责任，实施《信访工作条例》，建立健全治理重复信访长效机制，依法就地解决群众合理诉求，为社会安全稳定提供信访保障。

【基本情况】 2022年，尧都区信访局共接待来访群众541件1721人次，与上年同期618件2972人次相比，件次下降12.46%，人次下降42.09%。其中，集体信访97批1151人次，与上年同期130批2179人次相比，件次下降25.38%，人次下降47.18%；重复信访件132批580人次，与上年同期212批982人次相比，批次下降37.73%，人次下降40.94%；转办上级来访件43件，与上年同期44件相比，件次下降2.27%。

【重复信访治理】 2022年，尧都区信访局关于治理重复信访、化解信访积案是该区本年重点专项工作。为落实此项工作，尧都区信访局以“事要解决”为出发点，开展重复信访化解信访积案专项工作，使信访矛盾依法及时就地解决，信访秩序规范有序，信访形势向好。中央信访联席办共交办该区两批202件重复信访事项，由副县级领导包案，网上办结汇报完毕，其中多次倒流提级包案14件，省领导包案4件。已化解202件，化解率100%。

【矛盾纠纷排查】 2022年，尧都区信访局关于各乡镇、街道每月定期排查矛盾纠纷隐患。排查时与本辖区网格矛盾纠纷排查工作联合，对排查出的矛盾纠纷事项录入山西信访信息系统，并登记在矛盾纠纷排查台账中；对排查出的矛盾纠纷当月没能化解，自动累计到下月，每月月底由分管领导签字并上报区信访局。对已排查出的矛盾纠纷隐患及时化解并在信访信息系统中更改化解状态。2022年全年23个乡镇（街道）排查出1213件矛盾隐患，化解总数1203件，化解率99.18%，排查出的矛盾隐患均录入信访信息系统。

【干部大接访】 2022年，尧都区信访局实行《区级领导信访接待日制度》，每周一至周五区级领导在区矛盾纠纷多元化解中心（后简称：矛调中心）坐班接待，在重大活动期间，坚持领导“无假日接访”和信访工作人员24小时在岗带班值班“零报告”制度，处理各类紧急情况。2022年区级领导在矛盾纠纷多元化解中心共坐班接待来访群众59批327人次。

【信访法治建设】 2022年，尧都区信访局在推进信访工作法治化上，落实《进一步加强信访法治化建设的意见》，坚持从完善机制、规范程序两个方面推进信访法治化工作。设立矛盾调解委员会，经常性开展法律宣传教育，提高普法教育的覆盖面，减少矛盾纠纷的发生；通过说服、教育、规劝、疏导等方式，促进当事人平等协商、自愿达成调解协议。本年，区访调委共接待调处354件541人次。其中，来访移交区访调委178件、自办24件、现场调解152件，移交法律咨询窗口、诉讼服务窗口214件次328人次。

【信访工作条例宣讲】 2022年，尧都区信访局关于《信访工作条例》工作。5月1日起，新的《信访工作条例》（后简称《条例》）正式实施。5月20日上午，区信访局在贾得乡贾得村组织开展《信访工作条例》主题宣传活动，通过悬挂横幅、摆放展板、发放《信访工作条例》手册等方式，向过往群众宣传普及新修订的《信访工作条例》及相关法律法规。针对《条例》的亮点内容进行全方位、多角度讲解；6月2日，尧都区西方局副科级干部高继潮到山西大唐国际临汾热电有限责任公司为干部职工讲解《条例》，其间，发放《条例》宣传手册，结合信访工作从业经验，推动《条例》入脑入心；10月25日上午，尧都区委办公室副主任、尧都区信访局党组成员、副局长温少华以“为民解难·为党分忧——新时代信访工作的神圣职责和使命”为主题，在尧都区委党校优秀年轻干部能力提升培训班会上，通过云视频方式，与90余名学员进行交流学习。

【领导成员】

党组成员、副局长（2021年11月任职，主持信访局全面工作）：温少华

党组副书记：杨　超（女）

四级调研员（2021年11月免）：高继潮

副科级干部：连冬冬

副科级干部：张继锋

区矛盾纠纷多元化解中心主任：李　岩

附：获奖情况

2022年12月，尧都区信访工作联席会议被临汾市信访工作联席会议表扬，并下发区委表扬信。

2022年7月，尧都区信访局督查室（督查督办科）刘国瑞被山西省人力资源和社会保障厅及山西省信访局授予“山西省信访系统先进工作者”，颁发证书。

（李　超）

机关事务服务

【概况】 2022年，尧都区机关事务服务中心为提升机关事务保障和管理效能，推动后勤服务保障工作高质量发展，为建设“三区三地”做贡献。内设办公室、财务室、接待室、保卫科、房管室、电讯室、公务车辆事务室、资产事务室、项目事务室、党建办公室、节能办公室11个科室。有正式工作人员61人，其中参公人员9人、技术工人40人、事业管理人员5人、事业工人7人。

【党建工作】 2022年，尧都区机关事务服务中心党支部加强机关后勤党员队伍建设，落实意识形态工作，发挥基层党组织战斗堡垒作用，增强“四个意识”、坚定“四个自信”、做到“两个维护”。日常工作中落实“三会一课”制度，每月定期开展主题党日活动，为历年来七月入党党员过政治生日，向过政治生日的党员赠送生日贺卡，代表们围绕“党建引领基层治理能力提升”谈经验、谈亮点、谈打算、谈变化、谈感受、谈建议，为中心支部党建工作高质量、高水平推进提供经验参考。编辑主题党日活动简报11篇，上报三晋先锋信息考核。完成党员冬训定查评工作，完成年初制定目标台账。利用工作群把二十大精神及系列报告发至工作群，办理党员的转接工作，按时足额交纳党费。按照组织部“2344”模式完善发展党员材料，全年共推荐3人为积极分子，确定2人为推荐发展对象。

【平安建设工作】 2022年，尧都区机关事务服务中心强化队伍建设。制定工作人员工作职责和岗位细则，完善各项制度，疫情防控期间扫码、测体温、强化门卫管理，在保证车辆人员正常进出的情况下，做到“六个坚持”。强化值班巡逻管理，按照“谁在岗，谁负责”的原则，坚持24小时轮流值班制度，加大对重点部位和要害部门的夜间看护巡逻力度。发挥人防、技防、设施防的作用，对要害部门全部安装“三铁一器”，严防盗窃、抢劫、破坏、爆炸等案件及灾害事故的发生。把防火工作列入日常综治的重要议事日程，做到盘查登记，严禁闲杂人员进入，严禁外单位车辆夜间停放。遇到突发事件做到快速响应、高效处置，确保机关大院安全有序运转。

【后勤服务保障】 2022年，尧都区机关事务服务中心保障视频会议室186次、云视频会议室58次、机关大会议室234次。按照“横向到边覆盖党群，纵向到底覆盖县区”的原则，按要求精确填报尧都区47家行政单位和参公单位2021年成本报表数据工作。全年共接听报修电话396次，施维修86次，基础设施维修63次，会议通知208次，其他19次，督查检查105次，对存在的276个问题，都做到及时通知、及时处理、及时回复，确保各项工作高效落实。

对机关餐厅、保洁、绿化服务团队的监督检查加大力度，确保机关大院干净、整洁、舒适。特别是1号楼保洁人员不分昼夜、不分节假日尽职尽责辛勤保洁，受到上级赞扬。绿化人员每月汇总养护管理日志，完成大院树木种植、移栽、养护、更换草皮、麦冬、冬季树木防寒、涂白、日常维护等工作，完成树木种植、移栽、树木冬季防寒、涂白养护等工作。

按照操作规程尽职尽责保障机关大院24小时用水、用电、用气和取暖等。定期巡查大院用电设施设备，对大院超负荷运行3、4号箱变压器进行监测，及时调整部分单位用电情况，消除安全隐患。维修大院路灯与公共场所照明上百次，随季节变化调整路灯照明时间，维修路灯、草坪灯，修理大院各单位照明、插座、空调、电路等。利用单位节假日休息时间修理卫生间漏水和室内外水管、水龙头。为大院各单位办公室修门、修锁、换锁、换锁芯50余次。

全年共完成大院屏幕日程开启、关闭及管理。对一至九号楼及东西平房的所有光纤进行管理维护。维护招待所的网络及固话，确保电视正常观看。检查维护机关餐厅的网络、电话、机顶盒和电视，确保能够正常使用。对机关大院所有财政专网进行光纤改造，将各单位使用的财政专网及对应房间号一一统计，并对线路进行汇总整理。共维护网络635起，维修电话592起，更换光猫387个。强化与通信公司的联络沟通，处理通信突发事故及业务事宜。

【公车管理】 2022年，尧都区机关事务服务中心在第四届尧文化旅游节接待任务工作。成立14个活动车队，组织车辆80余辆，24小时坚守岗位，随时听从调度指挥，全程保障参会人员的出行。此次活动共出车209次，做到运行有序、行驶安全、服务优质、保障有力，完成车辆任务。

坚持在工作群发布“安全行驶每日一语”的小知识，定期组织全体人员参加行车安全，召开“拒绝酒驾、安全出行”主题活动动员大会。共召开培训课5次，深入所有乡镇和区直有车单位检查5次，调度出车4215次，完成1240项任务，大型活动20余次，车辆调度整体运行良好，全年安全行驶476836公里，零事故发生。

执行《党政机关公车管理办法》，统一编制、统一标准、统一购置经费、统一采购配备。变更、过户2台车辆（越野车1辆，面包车1辆）；处置已达报废标准车辆18台；新购置MPV2台，新能源轿车16台。为减排节耗，延长车辆使用寿命，方便新能源汽车充电，按照新能源车辆的配备基本达到上级要求30%的标准，采用轻型膜结构进行搭建原有的停车场，安装18个新能源车辆充电桩。

【办公用房】 2022年，尧都区机关事务服务中心对尧都区15个乡镇机关、8个街道办事处、22个党群机关、28个政府机关、完成办公用房基本信息收集工作，统计办公用房楼宇面积9.11万平方米，充实完善办公用房信息管理数据库。对各单位房屋及土地进行摸底排查。尧都区规范出租房产总数109户，年租金1163万元，保障国有资产保值增值。按照《山西省财政厅关于落实减免房屋业小微企业和个体商户房产租金事项的通知》要求，与财政部门沟通，严格审核审批流程，审核审批84户，减免总额19.7万元，落实减免29户，减免金额81万元。为西街办事处、交警四中队、巡察中队、土门镇政府便民服务窗口、尧都区事故队5家单位调配办公用房；为土门镇、段店乡等8个乡镇、18个乡村建立日间照料中心及党群服务中心，共建面积8500平方米。

【公务接待工作】 2022年，尧都区机关事务服务中心按照“精细化、个性化、特色化”服务标准，优化工作流程，完善接待服务制度，推行自助餐和分餐制相结合，做到节约接待开支，保障来宾需求和接待服务质量。按照中央和省市区制定的接待标准及流程执行公务接待事宜，在保障完成接待任务的前提下，压缩公务接待费用，厉行节约，接待从简等相关规定。全年共接待各类宾客260批次3000余人，重点完成省委督导组、2022第四届尧都文化旅游节、疫情静默期间防疫工作人员食宿及办公等接待工作。

【节能工作】 2022年，尧都区机关事务服务中心组织实施绿色行动和绿色工程，完善制度标准，健全工作机制，细化落实举措，推动公共机构节约能源资源工作实现新发展。能耗分析：2021年尧都区公共机构数量163个，建筑面积80.46万平方米，用能人数61813人。公共机构能源消耗：人均用电量417.55千瓦时，人均用水量13.53立方米，单位面积用电量32.08千瓦时，人均建筑面积13.02平方米，人均综合能耗186.77公斤标准煤，通过对尧都区各单位能耗的统计分析，人均用电量、用水量、单位面积用电量、人均综合能耗均在约束值以下，符合相关规定。2022年，尧都区推进示范单位创建，完成申报和相关创建整改工作，共有42个单位完成节约型机关创建工作，完成率达到87.5%，超额完成任务。组织开展节能宣传周、全国低碳日等主题宣传活动，组织节能管理、统计人员开展专项技术节能培训。做好网站、微信、简报等日常节能宣传，引导干部职工树立良好的生态文明理念，带动群众关注生态环保、参与节能减排、践行绿色生活，扩大公共机构节能工作的影响力。在机关食堂开展反食品浪费工作，把机关食堂反食品浪费作为一项重点工作统筹推进，联合发改局、商务局、市场监督管理局成立工作领导组，明确责任主体，制定责任清单，层层压实工作责任，形成创建工作的整体合力，确保机关食堂反食品浪费工作稳步推进。

【帮扶工作】 2022年，尧都区机关事务服务中心根据帮扶工作安排，帮扶任务调整至一平垣乡一平垣村，一平垣村是由一平垣村、卓里村、闫马庄村三个村合并而成，共有15个居民组869户2689人，脱贫户有45户96人，其中原一平垣村21户46人；卓里村8户28人；闫马庄16户22人，有3户是重点监测户，分别派三名帮扶队员入户帮扶，将帮扶任务责任到人，同时开展消费帮扶工作。

为促进脱贫人口稳定增收，提高脱贫群众收入水平，推动实现巩固拓展脱贫攻坚成果，引导市场主体参与消费帮扶活动，助力乡村振兴。尧都区建立“尧都区机关扶贫超市”，鼓励和引导各机关事业单位、金融机构、学校、医院、机关餐厅、各基层工会等依托尧都区消费帮扶区级平台同等条件下优先采购脱贫地区产品，明确从2022年起，福利费的30%用于采购贫困村的农副产品。通过一年多的试运营，达到示范效应，帮助贫困户架起连接市场和消费者的桥梁，实现增产增收、脱贫致富。

【项目审批工作】 2022年，尧都区机关事务服务中心完成区机关大院物业管理服务预算评审及招投标手续，尧都区机关大院1号楼室内外翻修项目预算评审及招投标，区交警大队事故中队搬迁新址装修项目预算评审与招投标手续及结算评审，公务车辆信息化平台预算评审，膜结构车棚项目预算评审与招投标及结算评审，10千伏充电桩箱变工程预算评审与招投标及结算评审，2022尧都文化旅游节车辆服务项目预算及招投标，2022尧都文化旅游节食宿接待与会议项目预算及招投标，县底东杜学校应急物资储备库改造项目预算与二次竞价及结算评审，机关大院11、12、20号屋顶修缮预算评审及二次竞价，机关大院后勤购买服务预算评审，党政机关大院会议中心后勤中心购买服务预算评审及中心大院多项零星维修的审核工作。

【工会工作】 2022年，尧都区机关事务服务中心工会组织全体机关干部职工参加区总工会开展“会聚良缘”婚恋服务活动、尧都区钓鱼协会承办的2022年山西省群众文化活动暨尧都区第一届职工钓鱼大赛、区总工会组织的“喜迎二十大奋进新征程”职工群众书法、美术、摄影大赛等各类文体活动。

【领导成员】

主任：温济荟（3月主持工作）

副主任：吕国瑞

副主任：刘国宏（9月免）

三级主任科员：刘国宏（11月任）

党支部书记：孙　熠（女）

党支部副书记：宋里翼

纪检委员：王　胜

工会主席：逯亚萍（女）

（王海丽）

党 校

【政治建校】 2022年，尧都区委党校培训工作。区财政拨付培训经费20万元。区委组织部投资20多万元党费，建立党校云视频网络，设立以“区委组织部、党校2个主会场+23个乡镇（街道）分会场”为载体的云视频培训网络培训。可采取在主会场授课，23个分会场同频共振听课，共上一堂课，确保2022年基层治理培训任务完成。尧都区委党校投资3万多元，修缮暖气与卫生间，确保培训工作与党校工作正常开展。

【质量立校】 2022年，尧都区委党校举办为期1个月的科级干部读书班与年轻干部能力提升班；举办2期党员发展对象培训班；累计培训431人次；举办尧都区2022年招聘到村任职大学生任职暨学习贯彻党的二十大精神培训班，全区176名任职大学生参加培训；举办5期10位乡镇（街道）、村（社区）“一把手登讲台”活动；举办尧都区科级以上干部及村社主干抓党建促基层能力提升清华大学培训班，共计开展基层治理能力高端培训8讲。尧都区委党校重点围绕贯彻习近平新时代中国特色社会主义思想，十九届六中全会精神，习近平总书记考察调研山西重要指示精神，党的二十大精神等内容进行下基层宣讲。全年下基层宣讲20余次，培训人员5000余人。在宣讲中做到区委有部署，党校有行动，基层有收获。

【基层治理】 2022年，尧都区委党校制定出台《尧都区抓党建促基层治理能力提升“12810”主题培训方案》。开展精细化分层分类主题培训，尧都区区乡两级累计共举办412期培训班，累计培训52760余人次。区级层面共举办30期培训班，共培训44000余人次，完成2022年基层治理培训任务。

【科研咨政】 2022年，尧都区委党校教师公开发表论文3篇，分别在《美丽中国》《未来科学》和《临汾学刊》上发表。参加2022—2023年度全省党校系统课题申报，目前有《共同富裕视域下临汾区域协调发展的现实困境与创新路径》《临汾市打造晋陕豫黄河金三角区域中心城市专题研究》两项课题立项。组织教师赛讲活动，尧都区委党校两名教师在参加市级党校系统教师赛讲获三等奖。

【创新活校】 2022年，尧都区委党校按照“全员、精准、有效”要求，制定出台《尧都区抓党建促基层治理能力提升“12810”主题培训方案》。创新开展培训，做到“五个强化”：举办清华大学高端培训班，强化高端培训；开展云视频网络直播培训，强化线上培训；开展“一把手登台讲”活动，强化案例教学；开办“农民夜校”试点，强化示范培训；开展学习贯彻党的二十大精神培训，强化时政培训。

【领导成员】

常务副校长：张韶云

副校长：狄红红(9月免）

副校长：任彦茹

党总支委员：吕　宣

校委委员：罗　琳

附：获奖情况

贺丽艳荣获临汾市党校系统第七届教师赛讲三等奖；

贺素婵荣获临汾市党校系统第七届教师赛讲三等奖；

董青华荣获第四期全市党校系统骨干教师培训暨党的二十大精神专题培训班优秀学员。

（董青华）

党史地方志研究

【队伍建设】 2022年，尧都区委党史研究室（区地方志研究室）开展庆祝“喜迎二十大·奋进新征程”系列活动。在会议室开展主题党日活动，集中观看《党课月讲》之习近平新时代中国特色社会主义思想“十个明确”第五讲《全面深化改革的总目标》。专题党课学习。研究室全体人员进行专题党课学习。副主任于碧作题为《学习党史：中国共产党人的必修课》专题党课。学习和研究党史方志理论知识。征订党史方志理论学习书籍。购买党史方志理论学习书籍15本，供大家学习理论知识，研究党史方志业务。每周五集中学习，就学习心得开展交流讨论。组织召开民主生活会。征求意见建议，开展谈心谈话，查找突出问题，剖析产生问题的思想根源，研究制定整改措施。配齐配强史志队伍。配备优秀复转军人2名；从基层遴选研究生学历相关专业人才1名。

【《中国共产党临汾市尧都区历史》编撰出版】 2022年，尧都区委党史研究室（区地方志研究室）形成《中国共产党临汾市尧都区历史》（三卷送审稿），约70万字。同中共党史出版社签署图书出版合同。第一、二、三卷书号已审批，第一、二卷送审稿送至中共党史出版社进行终审，第三卷已定稿。

【尧都年鉴编纂出版】 2022年，尧都区委党史研究室（区地方志研究室）组织完成尧都年鉴编纂出版工作。《尧都年鉴（2022）》由山西出版传媒集团·三晋出版社出版。《尧都年鉴（2023）》开始编纂工作，下发征稿文件。

【《临汾市志》重新印刷工作】 2022年，尧都区委党史研究室（区地方志研究室）完成《临汾市志》重新印刷工作。经研究室领导班子集体研究，启动《临汾市志》影印版的再次印刷工作，同《临汾市志》原出版社协调沟通，修改200余处错别字。

【清代《临汾县志》翻印工作】 2022年，尧都区委党史研究室（区地方志研究室）完成清代《临汾县志》翻印工作。国家图书馆馆藏版清代康熙、雍正及民国10年版《临汾县志》影印版仅剩一套，组织专人负责将影印版编号、逐页校核，并扫描、排版、打印装订，完成扫描、排版、印刷及装订工作。

【镇村志编修工作】 2022年，尧都区委党史研究室（区地方志研究室）对镇村志、行业志和部门志编纂工作进行指导把关。《屯里镇志》和《贾村志》的编纂工作完成并出版；吴村镇的《北郤村志》完成13万字初稿；参与编纂、修改和完善临汾市政协地方志、尧都区地名录工作；协助尧都区政协完成《临汾尧都区政协志》编校修改工作，现出版。

【尧都区红色遗址认证工作】 2022年，尧都区委党史研究室（区地方志研究室）根据《尧都区红色文化遗址调查认证实施方案》通知要求，与区文物旅游局、退役军人事务局联合成立专家指导组。尧都区红色遗址认证工作已通过初审，上报市文物局11处红色文化和革命遗址。

【红色资源专项调查】 2022年，尧都区委党史研究室（区地方志研究室）做好红色资源专项调查工作。联络尧都区退役军人事务局、屯里镇、贺家庄乡等相关部门收集资料、梳理研究，对收集到的该区 4 处《山西省红色遗址专项调查信息表》上报，完成该区红色遗址专项调查任务。另外，配合山西省、临汾市做好关于尧都革命老区的规划范围。

【乡村振兴工作】 2022年，尧都区委党史研究室（区地方志研究室）在吴村镇洪堡村包联19户，共计56人。工作人员在洪堡村下户对接了解情况，开展测算工作，完成工作任务。

【“向人民群众交好账”实践活动】 2022年，尧都区委党史研究室（区地方志研究室）完成“向人民群众交好账”实践活动。6月，研究室全体人员召开“向人民群众交好账”实践活动动员部署会议，把此项活动作为重大政治任务，摆在突出位置。研究制定实施方案，成立工作机构，明确工作任务目标，召开动员会议，进行安排部署，教育引导党员干部群众明确开展实践活动的重要意义，把思想和行动统一到区委的决策部署上来。单位班子成员研究制定“向人民群众交好账”实践活动群众“工作清单”“需求清单”“服务清单”，制定责任人和完成时限，组织开展“向人民群众交好账”实践活动各项任务。召开“向人民群众交好账”实践活动座谈会，颁发“光荣在党50年”纪念章活动，由于碧为任引贵、贾生金颁发“光荣在党”50年纪念章，任引贵、贾生金发言，提出对党史、方志工作的建议。8月，全体人员赴临汾市三晋史志博物馆召开调研会议。为博物馆赠送党史方志著作和相关书籍，参观博物馆陈列和收藏的书籍，听取馆长王兆元对博物馆的情况介绍，以及数字方志馆的功能应用情况。

【完成上级交办任务】 2022年，尧都区委党史研究室（区地方志研究室）召开《临汾清廉故事选暨历代廉吏录》座谈会，编写组主任杨泽杰汇报尧都区清廉故事编写情况，市委党史研究室党史编研科科长岳方涛讲话并简要总结。总共撰写各时期清廉故事稿件计16篇，上报市委党史研究室。另为临汾市委党史研究室供稿《尧都小康志》《尧都扶贫志》。

【领导成员】

主　任：杨泽杰
副主任：于　碧
七级职员：李　军
一级调研员：李砚珠
　　　　　　孙跃泽

附：获奖情况

2022年8月，尧都区委党史研究室（区地方志研究室）被临汾市委党史研究室（临汾市地方志研究室）授予“县级综合年鉴编纂出版完成较好单位”称号。

2022年8月，杨逵峰被临汾市委党史研究室（临汾市地方志研究室）授予“综合工作优秀个人”称号。

（杨逵峰）

新闻传媒

【概况】 2022年，尧都区新闻传媒中心围绕尧都中心工作，聚焦重点，服务大局。全年共在中央、省、市主流新闻媒体发稿410余篇，自采并在区属融媒体平台发稿2390件，传播尧都声音，讲好尧都故事，为推动尧都高质量发展营造舆论氛围。2022年“今日尧都在线”微信公众平台，被评为山西省最具影响力的新媒体平台。正科级事业单位，专门负责全区新闻和对外宣传工作，现有正式在编人员17人，领导班子成员2人，副主任2名。

【政策传达】 2022年，尧都区新闻传媒中心在官方微信平台“今日尧都在线”“尧都发布”微信公众平台和“今日尧都”APP客户端，开辟“特别关注”专栏，先后转发中央、省级主流媒体稿件1200余篇，把党中央有关从严治党、加强基层治理、乡村振兴、产业转型的政策精神以及“疫情要防住，经济要稳住，发展要安全”总要求传达到城乡基层，传达到厂矿企业。在“今日尧都”抖音号、“今日尧都”视频号转发上级主流媒体推送的有关疫情防控科普知识的H5、动漫、卡通、短视频680余件，为搞好常态化疫情防控工作发挥作用。在党的二十大召开前后，在“今日尧都在线”“今日尧都”APP开辟“喜迎党的二十大”“二十大时光”专栏，先后编发“党的二十大举行预备会议，习近平主持会议”“党的二十大在京开幕，习近平代表第十九届中央委员会向大会作报告”“一图速览二十大报告”“山西省代表团举行全体会议，学习讨论习近平总书记所作的报告”等30多篇要闻稿件，传播党的二十大精神。

【宣传报道】 2022年，尧都区新闻传媒中心围绕区四大班子领导调研、督查和各种重要会议，开展宣传报道工作，先后采写并编发“今日尧都在线”微信平台新闻365期，发布新闻2390件，出版《今日尧都》报42期，累计工作量达158万余字，坚持当天新闻当天发，保证新闻报道的时效性。在《临汾日报·尧都版》出专版22块，集中宣传该区重要活动、重要会议以及各条战线呈现出的新亮点、新经验，展示区委、区政府在各项工作上的举措和成效。

【新闻稿件推送】 2022年，尧都区新闻传媒中心围绕疫情防控、抓党建促基层治理能力提升、重点项目建设、防汛救灾、“秋冬防”、环境治理、疫情防控等工作，采写深度报道稿件100余篇。设置“基层治理看尧都”专栏，报道该区县底镇建设农村日间照料中心和公共浴室，让农民群众产生获得感、幸福感的长篇通讯稿《幸福从哪里来》。采写的反映该区干部群众抗汛救灾的新闻稿《风雨中，这里的百姓没有一个冻着》，采写并在“今日尧都在线”“抓党建促基层治理能力提升”专栏报道的好新闻《二十年蝶变，一个村庄共同富裕的“幸福密码”》及《打通乡村治理“经络”，小网格藏着“大乾坤”——临汾市尧都区提升基层治理能力的“东王实践”》等一批新闻稿件，被推送至新华网、“学习强国”学习平台、《山西日报》、《山西农民报》、《临汾日报》等主流媒体发表。

【重要活动报道】 2022年，尧都区新闻传媒中心围绕尧都区委全体会议和经济工作会议，人大、政协两会，重点项目开复工，“争先、进位、崛起”解放思想大讨论，疫情防控，房屋安全隐患大排查，“向人民群众交好账”，农村集体资产“清、化、收”专项行动，第四届尧都文化旅游节进行采访报道，推出一批精品力作，在区委提出实现“三区三地”战略目标后，连续撰写3篇评论员文章，为“三区三地”战略目标和思路的顺利实施发挥的推动作用。党的二十大召开后，组织记者深入全区各条战线进行采访，在“今日尧都在线”先后以“视频+图片”方式，采写编发基层反响15篇，为全区学习贯彻党的二十大精神营造氛围。

【舆情引导工作】 2022年，尧都区新闻传媒中心在网信工作上，开展网络环境专项整治工作。通过前期摸排梳理，对辖区范围内自媒体进行重新登记备案。连续召开3次推进会，给辖区内有影响的20余家自媒体宣讲习近平总书记关于网络强国的重要论述，传达全市网络环境专项整治工作会议精神，为每人发放习近平论网络强国图书一册，让自媒体经营者学法、懂法、知法、守法，组织网信工作人员深入部分自媒体运营场所进行检查督导，为开展网络环境专项整治工作奠定基础。

开展网络安全知识宣传普及，提高广大人民群众网络安全意识和防护技能。在本年网络安全宣传周期间，于9月5日至11日在全区组织开展以“网络安全为人民，网络安全靠人民”为主题的网络安全宣传周系列活动。在解放路学校二校区举行网络安全宣传周启动仪式及“网络安全进校园”活动，对2000余名师生开展网络安全知识宣传教育，向师生发放各类宣传材料2000余份，回答部分师生咨询。在区政府大院及城市主要街道悬挂网络安全宣传周标语横幅50余条，张贴网络安全宣传周海报300份，组织在辖区范围内户外电子屏滚动播发网络安全宣传周标语5000条次。

落实网络安全工作责任制，强化网络安全信息搜索、沟通、研判、处置机制，加强对包括设备安全、网络安全、数据安全等网络建设全方位的安全管理。

【领导成员】

副主任：李　森　宋建军

四级调研员：李永秀

副科级：孙　繁

附：获奖情况

2022年11月，尧都区新闻传媒中心被中共临汾市委宣传部、临汾市新闻工作者协会评为2022年度新闻宣传工作先进集体。

2022年11月，李森、冯鸽被评为优秀新闻工作者。

（董伟民）

临汾市尧都区人大常委会

主要工作

【坚持党的领导】 2022年，尧都区人大常委会全年召开常委会会议8次、主任会议15次，依法任免国家工作人员27人次，确保区委决策通过法定程序得到贯彻。执行请示报告制度，全年就常委会工作要点、监督工作和代表工作计划、常委会决议决定、机构设置等重大事项向区委请示报告13次。

【依法监督】 2022年，尧都区人大常委会依法正确有效监督，助力全区经济社会高质量发展。聚焦高质量发展，听取审议区政府招商引资和项目落地情况专项工作报告；开展《山西省优化营商环境条例》执法检查；助力乡村振兴战略实施，开展农村产业振兴专题调研；听取和审议区政府关于乡村产业振兴工作情况的报告；对国有资产管理情况开展监督，专题调研企业国有资产管理情况，进行本届常委会履职以来的首次专题询问；调研全区养老保险基金情况，听取专项工作汇报，建议政府多措并举保障养老保险基金安全运行和可持续发展；开展城乡环卫一体化情况专项视察，推动城乡人居环境持续改善；听取审议区人民法院、区人民检察院半年工作报告和区法院创优法治化营商环境服务尧都高质量发展、区人民检察院民事裁判及执行监督工作专项工作报告；对公安系统创建“枫桥式”派出所工作开展视察调研；对《临汾电动自行车管理条例》实施情况开展执法检查；优化“三账监督”工作，探索开展民生实事项目实施监督。

【做好代表工作】 2022年，尧都区人大常委会重点推进尧庙、解放路等7个人大代表联络站星级化建设。开展“向人民群众交账、做优秀人大代表”主题实践活动。听取区政府代表建议办理情况报告，对各承办单位开展满意度测评，测评结果向社会公开。2022年区人大代表提出的107件建议全部回复。

【加强自身建设】 2022年，尧都区人大常委会坚持常委会专题讲座制度，完善常委会会前学法、视察检查前培训制度，推进常委会组成人员履职能力建设。深化学习型机关建设，组织机关干部赴汾西县僧念镇段村、霍州市师庄乡冯南垣村，沿总书记足迹，开展集中研学。推进机关干部能力提升工程，2022年，完成《尧都区人大文秘小组应用文写作辅导纲要》《机关干部能力提升培训教程三编》《尧都人大工作年鉴（2021）》编纂工作。深化人大宣传工作，编辑《尧都人大工作动态》，推进“尧都人大”公众号上线运行，该区人大工作经验做法、人大代表履职成效和风采获《人民代表报》《临汾日报》《临汾人大》等媒体、平台报道。履行全面从严治党和党风廉政建设主体责任，加强人大常委会机关党风廉政建设和廉洁文化建设，开展“清廉机关”创建活动，赴霍州署廉政文化教育基地开展廉政教育。在尧都抗击疫情时期，常委会主任、副主任带队，坚守高风险区、交通卡口、包联乡镇、隔离酒店等防疫一线，机关干部、人大代表在各条战线上各尽所能。

【领导成员】

主　任：鲁立波

副主任：史大胜　张李平

贾国杰　柴惠京（女）

（李国伟）

区人大常委会办公室

【坚持党的领导】　2022年，尧都区人大常委会办公室坚持政治学习，主动学习党的新理论、新思想。党的二十大召开后，办公室人员把党的二十大精神作为主要学习内容，将学习党的二十大精神与学习习近平总书记视察调研山西重要指示精神相结合、与学习中央、省市区委人大工作会议精神相结合、与开展“向人民群众交好账”主题实践活动相结合，开展全方位、多种形式的学习活动。通过理论学习，提升政治素养，捍卫“两个确立”、践行“两个维护”的政治自觉、思想自觉和行动自觉。提高政治站位，自觉维护党的权威。坚持党的全面领导，执行请示报告制度，重要工作、重大事项、重要会议，常委会机关党组向区委、区人大常委会党组汇报。围绕区委的决策部署，参与全区重点项目、主导产业、城乡发展、民计民生等工作，减灾救灾、企业帮扶、重点项目包联等活动，完成区委交给的各项任务。

【重点工作】　2022年，尧都区人大常委会办公室研究部署重点工作。坚持维护国家安全不动摇，召开专题会议，学习习近平总书记关于总体国家安全观的重要论述和国家安全法，以“线上+线下”相结合的方式开展全民国家安全教育日学习宣传活动，树牢安全发展观念，增强国家安全意识。落实意识形态工作责任制，召开专题会议研究人大系统意识形态工作，加强对“尧都人大”微信公众号等舆论宣传平台的建设和管理。推进法治建设，履行法治建设第一责任人职责，谋划参与推进人大法治建设相关工作。把贯彻宪法法律落实到人大工作的各方面、全过程，确保决策施策经得起历史和人民检验。守住安全生产底线，贯彻落实中央、国务院关于安全生产的部署要求，坚持“人民至上、生命至上”，把安全生产监督列入年度工作要点，定期到包联乡镇、包联企业指导检查安全生产工作。

【履行监督职责】　2022年，尧都区人大常委会办公室履行监督职责，助力经济社会高质量发展。聚焦区委中心工作，聚力全区发展大局，加强和改进监督工作，做好办会服务工作。全年听取和审议“一府两院”计划、预决算、审计、国有资产等法定或常规工作报告10个，招商引资和项目落地、乡村产业振兴、区人民法院关于创优法治化营商环境服务尧都高质量发展和区人民检察院关于民事裁判及执行监督工作情况等专项报告6个，开展《山西省优化营商环境条例》执法检查1次，疫情防控等专项视察2次，农村产业振兴等专题调研3次，以高质量监督回应民生关切，维护人民利益。完善常委会会议监督链条。探索总结形成“发现问题、提出问题、跟踪问题、推动解决问题”的工作闭环，事前调研发现问题、提出问题，审议中形成审议意见、及时交办，会后跟踪问效、推动问题解决，实现“审议、交办、督办、再审议”的监督闭环，提高常委会会议审议质量，推动人大监督由程序性监督向实质性监督深入。

首次开展专题询问。精准选题，针对社会普遍关注的国有资产管理情况，就企业国有资产管理情况，开展本届常委会履职以来的首次专题询问。为该区企业国有资产管理把脉问诊，起到了解、检点、帮助、促进的作用。

优化“三账监督”工作。根据新形势、新要求，改进“三账监督”工作，督促被监督单位年初六个方面科学“建账”，开展年中“查账”与年底“交账”，开展满意度测评，结果向社会公开，使监督更加有力有效，推动政府各部门目标任务的落地落实。

探索开展民生实事项目实施监督。向区委提议，建立民生实事项目票决办法，将政府每年要办的民生实事，交区人代会以投票表决方式决定。

【**做好代表工作**】　2022年，尧都区人大常委会办公室做好代表工作，发挥代表主体作用。尊重代表主体地位，坚持联系和服务并重，完善代表工作各项制度，拓宽代表参政渠道，全年共邀请人大代表列席常委会会议、参加各类活动800余人次。拓宽代表履职渠道。开展星级代表联络站创建工作，重点打造尧庙、贾得、屯里、解放路等7个星级化代表联络站。延伸代表联系群众工作链条，探索建立“联络站+联络点+服务岗”为民服务网络体系，在打造“街道人大代表联络站”的基础上，建立“社区人大代表联络点”和“小区人大代表为民服务岗”。首批试点工作已在铁路东办事处开展。

开展代表履职活动。开展“向人民群众交好账、做优秀人大代表”主题实践活动，本年度各级代表进站参加活动累计629人次（省级代表4人次、市级代表54人次、区级代表262人次、乡级代表309人次），接待群众739人次。根据群众反映问题，代表提出建议、批评、意见266条，涉及群众反映的突出问题52个，需要区级以上层面解决的问题47条。主题实践活动取得成效。

多措并举督办代表建议和意见。健全人大常委会督办、政府领办、承办单位主办、代表全程参与的督办格局，完善议案建议办理工作制度和办理评价公开。开展代表建议重点督办，听取区政府代表建议办理情况报告，对各承办单位开展满意度测评，测评结果向社会公开，办理工作更加规范。2022年区人大代表提出的107件建议全部回复。

【**自身建设**】　2022年，尧都区人大常委会办公室加强自身建设，建好“四个机关”。在常委会党组领导下，办公室坚决贯彻中央、省委、市委、区委部署要求，加强机关自身建设。

推进常委会组成人员履职能力建设。坚持常委会专题讲座制度，完善常委会会前学法、视察检查前培训制度，采取以会代训、讲座报告等方式，组织常委会组成人员学习政治理论、法律法规和业务知识，不断提升常委会组成人员履职水平。

提升机关干部能力。完成《尧都区人大文秘小组应用文写作辅导纲要》《机关干部能力提升培训教程三编》《尧都人大工作年鉴2021》编撰工作，帮助机关干部夯实理论基础和业务功底，总结经验、指导实践，提升人大常委会机关工作质效。

改进工作作风。加强调查研究，将调查研究作为履行各项职权的必经程序和重要基础。坚决“一线”作为，在尧都抗疫艰难时刻，机关科级干部发挥作用，坚守高风险区、交通卡口、包联乡镇、隔离酒店等防疫一线，机关干部、人大代表在各条战线上各尽所能，为筑牢疫情防控尧都阵地贡献人大力量。

深化人大宣传工作。推进“尧都人大”公众号上线运行，反映人大履职实践，更好展示人大代表履职风采，宣传人民代表大会制度的尧都实践，先后在《人民代表报》刊发稿件（宣传报道）2篇，市级平台4篇。

【领导成员】

主　任：柴明江

副主任：王　凯

（李国伟）

临汾市尧都区人民政府

主要工作

【概况】 2022年，临汾市尧都区政府在市委、市政府和区委领导下，在区人大、区政协监督支持下，全区生产总值完成442亿元，同比增长2.2%，绝对额位居全省117个县市区第11位；规上工业增加值完成135亿元，同比增长9.8%；固定资产投资完成126亿元，同比增长4.5%；全社会消费品零售总额完成287亿元，同比下降1.5%；一般公共预算收入完成25.3亿元，同比增长11.8%，绝对额位居全省25个市辖区第2位；城镇居民人均可支配收入完成43758元，同比增长4.8%；农村居民人均可支配收入完成19984元，同比增长5.6%。各项经济指标名列全市前茅，两项指标挺进全省第一方阵。

【高新区建设】 2022年，临汾市尧都区高新区建设工作。出台《尧都高新区2022年招商引资工作方案》《尧都高新区企业投资项目承诺制改革“全承诺、零审批、拿地即开工”实施细则（试行）》等。加快推进总投资26亿元的9个产业类项目，重点实施总投资7.45亿元“一房一厂两路”4个基础设施建设项目。尧都高新区入驻企业达186家，培育“四上”企业54家、高新技术企业10家。工业投资、规上工业增加值增速分别达到29.2%、23%，对全区转型发展支撑作用突显。

【工业转型】 2022年，临汾市尧都区工业体系加快重构。坚持一手抓传统产业转型升级，一手抓新兴产业培育壮大，全区工业形成以煤炭、电力、医药、新材料、新技术和数字经济为主的多元支撑新格局。在煤炭产业上，东泰鑫源煤矿完成土建和安装工程，恒昇、恒晋等4座煤矿7个智能化采掘工作面建成验收。全年煤炭产量达1320万吨，同比增长9.2%。在电力产业上，景能和丰20兆瓦风电项目启动建设。全年电力企业累计发电量达62亿千瓦时。在新兴产业上，山西建筑产业现代化（临汾）园区古建筑厂房投产。大阳高端装备制造产业园盛泰源合金材料铸锻加工、中贝锂电池正极材料、纳海鸣岩棉板3个项目正式投产，恒安轧辊、康腾威机械属具2个项目开工建设。在数字经济上，尧都云商产业园2.1万平方米的华汉云极信创产业中心投入使用，山西智创城挂牌运营，字节跳动、百度标注、网易、360网络安全、北京优炫等数字企业陆续入驻，63家数字信创企业汇聚尧都，数字经济年产值达28.66亿元。

【乡村振兴】 2022年，临汾市尧都区乡村振兴推进。农业产业特色显现。优质粮食、特色水果、设施蔬菜等五大基地规模持续巩固，全年粮食产量达21万吨、蔬菜7.3万吨、水果11万吨、肉蛋奶3.5万吨，发展草莓、樱桃等特色水果和连翘、艾草等中药材种植1.7万亩。龙头企业带动力增强。成功创建“临汾优选”品牌7个，认证绿色食品企业6家、市级农业龙头企业4家、全国名特优新农产品企业2家，农产品精深加工产值达到14.6亿元。“尧商聚惠”乡村e镇团队荣获全省乡村e镇网红直播大赛一等奖。农村基础设施完善。成功创建省市乡村振兴示范村2个、省级特色产业示范基地1个、美丽宜居示范村15个，建成农村公共浴室113个、老年人日间照料中心170个，完成农村改厕27174座。

【现代服务业】 2022年，临汾市尧都区现代服务业发展。培育商贸、物流、餐饮等规上服务业企业89家。红星美凯龙商场开业运营。亿达安电商仓储主体完工。晋南农产品国际物流园水果交易区开业运营，日均吞吐量500吨，占全市水果批发总量的70%，成为黄河金三角最大的农产品交易平台。3.8公里天寿山旅游公路建成通车，4公里尧陵旅游道路修复贯通，姑射山景区项目启动土地征收。成功举办第四届尧都文化旅游节，尧都文旅品牌的知名度提升。

【城市建设】 2022年，临汾市尧都区城市建设工作。城市道路设施完善。启动实施总投资6.9亿元的5个道路管网工程。规划四街、枣林路南延道路竣工通车。东王路北段路面工程铺设过半，中段管网和路基启动建设。东关街（孟家庄至尧贤街段）第二层水稳工程完成铺设。河西采煤沉陷区安置小区道路管网工程完成施工。棚改城改旧改进展顺利。汾东一期、翟庄、西王3000套棚改安置房主体工程完工，互感器厂、刁家庄、水塔社区1040套安置房工程全部竣工，三元小区、东方商贸、汾河制药厂等12个老旧小区改造工程交付使用。市级重点工程征拆工作圆满完成。围绕市级重点项目建设，组织300余名党员干部深入社区，进村入户，讲解政策，先后拆除建筑30万平方米，征收土地585亩，迁移坟头3000余座，如期完成关帝庙文旅片区、五一路拓宽改造、汾河一路等十大重点项目拆迁任务。城市品位明显提升。华州路靓城提质改造全部完成，7座景观游园建成开放。尧贤街南延绿化工程完成地形、园路等基础设施建设。东城3300个停车位实现智慧化运营。城乡环卫一体化项目覆盖13个乡镇171个行政村，东城24条市政道路、5座公厕和高新区8条园区道路实现常态化保洁作业，城市颜值、气质、价值不断攀升。

【项目建设】 2022年，临汾市尧都区项目建设推进。122个重点项目累计完成投资100亿元。先后参加晋阳湖·数字经济发展峰会、国际投资贸易洽谈会、粤港澳大湾区招商推介会、“台商台青走晋来”等大型招商推介活动，举办“寻根尧祖·德耀中华”招商引资推介会。2022年，参加各级招商引资活动6次，接待来尧考察团队12次，累计签约项目17个，签约资金115亿元。

【营商环境】 2022年，临汾市尧都区营商环境优化。围绕创建“三无三可”营商环境，深化“放管服”改革，推进市场主体倍增行动，持续开展免费复印、免费邮递、免费刻章的“三免费”服务，市场主体登记注册实现一网通、一窗办、半日结、零成本。创新“5+1”

政务服务模式，企业开办时间压缩至0.5个工作日。开展“市场主体建设年”活动，狠抓特色专业镇等“十大平台”建设，新增市场主体2.4万户，总数达9.2万户，市场主体增量、总量位居全市第一。

【污染防治】 2022年，临汾市尧都区环境质量改善。投资800余万元，聘请环保专家团队精准管控，先后开展夏季臭氧污染管控、扬尘污染防治、移动源污染治理等活动。推进企业“创A退D”，完成超低排放改造企业3家、创A企业1家、创B企业1家，培育引领性企业9家。持续巩固清洁取暖改造成果，完成清洁取暖改造414户，供应洁净煤1.7万吨。加大环保执法力度，查处问题1200余个。市区空气质量综合指数4.94，改善率6.3%，在全国168个重点城市排名中前进10名，实现“退倒十”目标。汾河、涝洰河水质改善率18%，达到地表水四类标准。

【民生事业】 2022年，临汾市尧都区民生福祉增强。教育事业均衡发展。滨西小学、东城第一小学建成招生，新设立临汾二中初中部、五一路学校二校区。91个教师岗位启动招聘，147名农村初中教师完成岗位调整。投资9000余万元购买学位1.2万个，规范民办义务教育。高考二本以上达线率提升15个百分点，再创历史新高。“呦呦驿站”家庭教育工作品牌在全省得到推广。文化事业繁荣发展。实施“三个一批”文化惠民、“非遗”技艺传承等工程，开展送戏下乡、文艺巡演等活动1700余场次。完成低级别文物普查、刘村三官庙修复文保工作。开展全民阅读活动，更新农家书屋、图书馆图书3万余册。群众就业保持稳定。开展职业技能培训10394人次，培养技能人才5941人。新增城镇就业7752人，转移农村劳动力就业7148人，推动失业和就业困难人员再就业3091人，失业率保持在4.5%以下。社会保障有力。提高保障救助标准，困难残疾人生活补贴、乡村最低生活保障、孤儿生活养育补贴分别提高5元、10元、145元。开展爱心助学活动，筹集善款265.9万元，帮助182名困难学子圆梦大学。巩固区级医疗救助体系，支付资金1100余万元，救助群众1.2万人次。整治欠薪行为，帮助7500余名农民工追回欠薪8700余万元，维护群众利益。

【安全稳定】 2022年，临汾市尧都区坚持“防风险、保安全、迎接二十大”主线推进安全生产专项整治三年行动和安全生产大检查，针对煤矿、危化品、道路交通、城乡房屋、城镇燃气、消防等重点领域开展专项整治，累计排查城市房屋38万套、农村房屋12万套，实施城镇燃气“三强制”改造22.7万户，整治各类隐患1.1万余条。全年共发生各类生产经营性亡人事故5起、死亡8人，同比减少6起、5人，分别下降54.5%、38.4%，事故起数、死亡人数实现“双下降”。始终保持严打、严防、严治高压态势，开展夏季治安整治“百日行动”，侦办各类案件1383起。完成乡镇街道综合行政执法体制改革，210人持证执法，实现基层执法队伍全覆盖。开展治理重复信访、化解信访积案专项工作，信访总量同比下降12.46%，调解各类矛盾纠纷697件，全区社会大局持续稳定。

【政府建设】 2022年，临汾市尧都区治理效能提升。以政治建设为统领，学习贯彻习近平总书记考察调研山西重要讲话重要指示精神，领悟“两个确立”的决定性意义，保持正确政治方向。开展“向人民群众交好账”实践活动，累计解决群众关心关注的问题1782件。执行区人大及其常委会的决议决定，接受人大和政协监督，办理人大代表建议84件、政协提案143件。建立“1+N”抓落实工作机制，制定《闭环工作落实制度》，推动重点工作有效落实。开展“八五”普法，常态化落实政府法律顾问制度，编制法治政府建设、法治社会建设、法治尧都建设三个五年规划，获“山西省法制政府建设先进集体”称号。落实中央八项规定精神，抓巡视巡察反馈意见整改落实，整治形式主义、官僚主义，政府效能提升。

【领导成员】

区　长：任俊杰★

副区长：马　平

王洪锁

范志军

崔　军

孔令泽

石新亭

（柴　冰）

区政府办公室

【概况】 2022年，区政府办公室在区委、区政府领导下，围绕全区中心工作和发展大局，发挥抓重点、重统筹、善协调的中心枢纽作用，提升办文办会办事水平，履行“三服务”职能，推动区政府各项决策部署落地见效。

【综合协调工作】 2022年，区政府办公室围绕全区中心工作，发挥承上启下的关键作用，综合协调、强化效能，规范管理。坚持从严、从精、从快的原则，全年共处理、接收各类文件4700余件次，OA系统上传处理文件4441件次，做到文件当天办、不过夜，行政效率提升。围绕会前准备、会中控制、会后跟踪三个环节，管理办会流程，全年共承办区政府常务会议26次，安全生产工作例会12次，经济工作分析会12次，电视电话会议136次，组织其他各类会议450余次。协调沟通，组织区政府领导调研200余次，完成第四届尧都文化旅游节、尧贤街贯通仪式、重点项目集中开复工仪式、晋南国际农产品物流园水果交易区开业暨枣林街（五一东路—南外环东路）竣工通车仪式等大型活动组织任务，做到部署周密、安全有序。强化应急值守，健全完善三级值班带班、24小时在岗值班、突发事件处置工作等工作机制，打造“数字化、网格化、一体化”的值班综合平台，实现值班值守的“可视化”调度。按照“首报要快、续报要准、终报要全”的要求，建立“即接即报、边核边报、阶段续报”的信息报送流程，全年累计报送《尧都区人民政府值班信息》240期，保障市区领导及时掌握情况、准确科学决策。

【文秘机要工作】 2022年，区政府办公室发挥“参谋部、智囊团、资料库”的作用，严

★ 2023年8月涉嫌严重违纪违法，接受纪律审查和监察调查

把文稿起草、审核、签发、印制等各个环节，以高质量的文稿服务政务活动，准确把握领导意图和决策思路，结合工作实际主动分析研判，全年共起草完成各类讲话、汇报材料500余篇350余万字，编发政府常务纪要、专题会议纪要等90余件，审核制发区政府、政府办公室各类公文300余件，做到参在点子上、谋在关键处，为区政府科学、民主、依法决策提供高质量服务。严守保密工作原则，依照规章办理，做好区政府、区政府办公室文件登记、编号、存档等环节，实现档案资料和印鉴规范化管理。

【政务信息工作】 2022年，区政府办公室推行数字政府建设，全面提升政府门户网站建设、政务公开数据资源平台搭建和政府信息发布等工作，完成无障碍阅读程序开发应用，规范建设政务新媒体账号，全年累计发布信息8320条。其中，转载国务院要闻信息3060条、省政府要闻信息3887条，发布政务要闻信息497条、通知公告信息152条、尧都区政府文件信息11条、尧都区政府办公室文件信息44条、政策解读信息79条、反馈信息40条、财政预决算信息550条，依申请公开13件，保障了群众的知情权、参与权和监督权。

【督查工作】 2022年，区政府办公室按照区政府抓落实工作要求，围绕中心工作，建立“1+N”抓落实工作机制，制定《闭环工作落实制度》，对各项工作任务实行台账式管理。发挥督查工作“助推器”作用，全年开展各类督查500余次，其中迎接上级大型综合性督查35次、单项工作督查75项，督办市长交办事项26件、区政府主要领导安排事项184件、其他来件和问题184件，编制督查报告、督查专报50余期，确保区委、区政府决策部署落实到位。督办市人大代表建议10件，市政协委员提案3件；区人大代表建议84件，区政协委员提案143件，办理过程中以责任促落实，完成全部人大代表建议、政协委员提案的办理任务。

【融资规范工作】 2022年，区政府办公室以乡村振兴战略和规范金融行业管理为主线，推动金融助力脱贫攻坚，加强行业管理，防范化解金融风险，提升金融服务能力和水平，实现金融市场健康稳定发展。调动金融机构支持尧都经济发展的积极性，引导加大脱贫人口小额贷款投放力度，全年尧都农商银行、光大银行临汾分行、惠都村镇银行等6家银行为253户脱贫人口提供扶贫小额信贷，投放金额共计1253万元，超额完成扶贫小额信贷目标任务。加强现场检查和非现场监管力度，完成6家典当企业年审工作，推进后备企业培育，搜集7家符合省上市挂牌后备资源库条件的企业，促进金融行业规范有序发展。做好防范和处置非法集资宣传及预警排查工作，开展宣传月活动，通过电视、网络、发放宣传手册等方式，集中宣传防范和处置非法集资的相关法律、法规和政策，提高群众防范意识和识别能力。

【对台工作】 2022年，区政府办公室贯彻新时代党解决台湾问题的总体方略和决策部署，发挥“两个服务”职能，开展对台工作。深化涉台事务管理工作，建立应急指挥体系，修订《尧都区涉台突发事件应急预案》，完善应急工作机制，为妥善处置涉台突发事件提供机制保障。做好台胞服务工作，建立该区在台港澳人员信息台账，为在尧台胞做好事、办实事、解难事，帮助红豆人刨冰店和长良医院解决大暖费用和房屋拆迁事宜。加强尧台经贸文化交流合作，举办“台商台青走晋来尧都专场推介会”，配合国台办“台青黄河游记”尧庙拍摄活动。

【外事工作】 2022年，区政府办公室学习贯彻习近平外交思想，贯彻落实省、市外事工作会议精神，提升外事工作水平。增强对外文化交流，参加“2022中国人民对外友好协会友好日”活动，推荐上报平阳窑、平水绣、土疙瘩布鞋等极具传统特色的地方产品作为优质外交物资，举办“涵养传承·魅力尧都”青年尧文化衍生共创大赛，接待美国来宾，不断扩大尧都文化的吸引力和影响力。加强涉外知识宣传工作，重点对涉外部门和人员普及海外领事保护和境外安全防范知识，宣传中国领事保护知识、协助指南及APEC商旅卡，增强涉外群众境外安全风险防范、守法和维权意识，提升风险防范化解能力。

【领导成员】

主　任：梁奎明（9月免）

　　　　王　涛（9月任）

副主任：刘　鹏

　　　　许才斌

二级调研员：贺　忠

大数据中心主任：赵世春

副科级干部：郭珍珍

四级主任科员：赵　雷

（柴　冰）

行政审批服务管理

【概况】 2022年，临汾市尧都区行政审批服务管理局围绕全区工作大局，以统筹推进市场主体倍增工程和营商环境创新提升行动为牵引，打造“三无三可”营商环境。成立于2019年2月，行政单位。内设6个股室，办公室、政务改革管理股、政务信息监督管理股、审批一股、审批二股、审批三股。局行政编制14人，在职11人。其中，正科级2人，副科级3人，四级调研员1人，二级主任科员1人，四级主任科员3人，一级科员1人。在2021年事业单位改革中，所属事业单位2个，尧都区政府采购中心（副科级）、尧都区政务服务中心（股级）。

【市场主体倍增工作】 2022年，临汾市尧都区行政审批服务管理局统计尧都区市场主体存量92086户，新增户数24069户。其中，企业新增4337户，农民专业合作社新增40户，个体工商户新增19692户；净增户数16598户，其中企业净增2411户，个体工商户净增14187户。出台相关文件，成立区优化营商环境促进市场主体倍增工作专班，实行“1+1+8”工作模式，第一时间建立清单管理机制等6项工作机制。召开工作推进会、特邀优秀企业家向新登记的市场主体传授创业经验；定期开展特色“早餐会”“下午茶”活动，倾听各位企业家的建议，解答企业发展困难。深入基层实地查看，解决市场主体倍增工作中存在的困难与问题，加快“十大平台载体”建设，提升城市“烟火气”，打造一批一刻钟便捷生活地标性夜生活集聚区；加快双创平台建设，打造数字经济产业集群；依托晋南国际农产品物流园（简称晋南农批）建立电商公共服务中心，打造尧都区特色农产品展示平台。开展多种形式培训。对各乡镇（街道）便民服务中心组织开展市场主体登记注册业务集中培训，每天安排两个乡镇（街道）到区政务服务中心个体登记注册窗口进行跟班学习，提高乡镇（街道）办事人员的业务办理水平。对下放个体工商户、农村专业合作社登记权限等工作进行部署、推进，对过渡期工作及设备转接工作进行安排，向23个乡镇配备打证机。开展“个体工商户服务月”活动。以“送服务、办实事、促发展”为主题，围绕个体工商户发展需求，建立市场主体倍增帮办代办服务，设立市场主体倍增开展专区，配备专职帮办代办人员，为居民提供“店小二”式服务。加大宣传力度，确保市场主体倍增工作知晓率。在尧都区政府网站公示《尧都区乡镇（街道）便民服务中心市场主体登记联络指引》《尧都区“政银合作”服务网点地址及电话》。宣传市场主体倍增相关政策，让群众享受改革红利，在醒目位置张贴个体工商户的办理流程、办理电话。畅通监督举报渠道，形成信、访、网、电“四位一体”信访举报平台，确保广泛收集信息，使反映的各类问题及时解决、及时反馈。

【“三无三可”营商环境打造】 2022年，临汾市尧都区行政审批服务管理局为全面创优营商环境，激发高质量发展新活力，印发《尧都区营商环境“五有套餐”配套办法实施方案》（尧营办发〔2022〕2号）及《尧都区营商环境考核办法》（尧营办发〔2022〕3号）文件，营造安商亲商富商的浓厚氛围，促进营商环境提档升级，为全方位推动尧都区高质量发展提供支撑。承接下放行政审批事项。为深化行政审批制度改革，最大限度简化行政审批事项，持续优化营商环境，印发《关于落实和承接市政府下放行政审批事项的通知》（尧区政发〔2022〕4号）文件，对应承接行政审批事项11项。

【“一枚印章管审批”改革巩固】 2022年，临汾市尧都区行政审批服务管理局授权一线工作人员，实行“一审一核马上办”，做到即办件当日办，网办件不过夜，承诺件不逾期，企业开办事项0.5个工作日办结，“一枚印章管审批”工作规范高效运行。开展“五减”专项行动。审批事项总环节由1423个减少至566个，压减率60.2%；审批承诺时限由3138个工作日减少至1216个工作日，压减率61.2%；申请材料总数由原2462个减少至935个，压减率62%。探索创新“拿地即开工”工作机制。制定《尧都区房屋建筑和市政工程建设项目“拿地即开工”实施方案》和《尧都区工程建设项目联合验收配套制度》，对涉及“基坑支护和土方开挖”的建设项目，在签订国有土地使用权出让合同后，承诺制办理“基坑支护和土方开挖”阶段施工许可证，房屋建筑和市政工程建设项目“拿地即开工”。深化“证照分离”改革。制定出台《临汾市尧都区人民政府关于进一步深化“证照分离”改革激发市场主体发展活力的通知》，紧盯“准入不准营”难题，采取直接取消审批、审批改为备案、实行告知承诺、优化审批服务4类改革方式，将57项区级涉企经营许可事项全部纳入管理清单，逐项明确法律依据、许可条件、材料要求、程序环节等改革措施。取消审批6项、审批改备案6项、告知承诺23项、优化审批服务22项，惠及企业3470户。

2022年全年共办理各类审批业务76168件。包括即办件74088件，占审批总量的97.27%；承诺件2080件，占审批总量的2.73%；网上审批事项件76168件，占审批总量的100%。电子证照系统已录入种类108项，电子证照累计录入的数量达48569条。100%的审批事项实现四级全程网办和零跑腿率。

【政务服务便民化】 2022年，临汾市尧都区行政审批服务管理局为提升政务服务质效，打造“便民化”服务，采取一系列措施，深化项目审批“全代办”服务。为推行“承诺制+标准地+全代办”改革，尧都区行政审批局“全代办”团队向服务对象推行了并联审批和容缺后补制度，推行“一项目一方案一清单”审批模式，在优化投资项目审批流程、简化办事环节、缩短审批时间、提高办事效率上取得成效。加快推进政务服务事项“就近办”改革。实施“政银”合作服务。与23家银行网点签订合作协议，开展企业商户登记注册“一站式”免费代办服务，“互联网+政务+金融”三方互信共赢，打通服务企业和群众的“最后一公里”。加强基层便民服务中心建设，授权乡镇（街道）便民服务中心市场主体登记注册事项，为第一批七个乡镇（街道）便民服务中心配备政务服务就近办自助机，推深做实“7×24小时不打烊”随时办服务。推进“一件事一次办”改革。对企业和群众行政审批事项，坚持一窗受理、一次告知、一套标准、一个流程、一网通办，完善目录清单，深化流程再造，重组审批事项，形成300项“套餐式”主题服务清单，实现行政审批线上“一次登录、一网通办”、线下“只进一扇门、最多跑一次”。为投资项目量身定制“一站式”审批服务，共为11个项目建立“全代办”台账，对144个备案项目进行“秒办”。继续全面推行免费复印、免费邮递、免费刻章“三免费”服务。为将企业群众办理的证、照、函等通过快递免费寄送到家，消除人民群众二次上门烦恼。除“即办件”外，入驻大厅的所有事项已开通“证照快递”，实现人民群众“省时、省力、省钱、省心”的办事愿望。2022年共为3826家新开办企业、418家个体工商户进行免费刻章，免费制出15237枚印章。推行“独任制审批”改革。制定《尧都区行政审批服务管理局推行“独任制审批”工作实施方案(试行)》，任命8名“独任审批员”，促进政务服务全方位多维度变革，实现审批提速、服务提效、环境提质。推进政务服务“好差评”工作。为提升服务质量、服务效率，主动引导企业和群众参与“好差评”工作。2022年全区“好差评”评价数量240103件，服务满意度为100%。

【政务服务便民热线】 2022年，临汾市尧都区行政审批服务管理局关于尧都区政务便民服务热线办以“12345”呼叫中心登录系统为平台，通过及时交办，重点督办、回复回访，重点解决群众的有效诉求，社会满意度得到提升，2022年共受理诉求31725件，按期应办结30821件，办结率100%。全年建立47期周报、12期月报，建立联席会议制度，更新知识库，目前知识库6616条，确保信息流通，疫情静默管理期间接听市民来电和“110”转接电话数约3600件，疫情专报24期，协调处理重大问题18件，解决市民的急、难、愁问题，减轻市民的恐慌心理，群众满意率达98.61%。

【重点项目前期手续办理】 2022年，临汾市尧都区行政审批服务管理局按照“拿地即开工，手续我来办”的审批模式，以企业和群众满意度作为第一标准，为项目落地建设提供优质的服务平台。尧都区行政审批局与区级相关各部门及项目单位进行沟通、协调，对接，跟踪督导，压缩审批时限，快速办结。2022年底立项审批已办结54个，未办理3个，办结率为95%；环评手续已办结52个，未办理5个，其中38个项目无需办理，办结率为91%。

【政务信息监管】 2022年全区各监管部门通过山西省“互联网+监管”系统共报送监管业务数据82730条，其中监管行为数据77276条、“双随机、一公开”数据6条、监管对象数据5425条、执法人员数据23条。目录清单应认领事项907项，已认领907项。检查实施清单应编制906项，已编制906项。开展政务数据共享工作。2022年通过“市级政务信息资源数据共享交换平台”编制发布目录165条事项，挂载165条，上传数据总数4266条。2022年政务数据资源目录管理系统内已同步1126条事项，已编制完成1126条，录入率为100%。

【政府采购】 2022年，临汾市尧都区行政审批服务管理局采购中心推行不见面开评标，实现全流程电子化交易。2022年共完成政府集中采购项目实施数42次，总预算金额7441.12万元，实际成交金额7314.988万元。其中，竞争性磋商36次，预算采购总价5458.75万元，实际成交金额5359.17万元；公开招标采购5次，预算金额1882.31万元，实际中标价1855.77万元；单一来源1次，预算金额100.06万元，实际成交金额100.058万元。

【领导成员】

党组书记、局长：高　鹏

党组副书记、党总支书记：靳宝忠

党组成员、副局长：李宏瑞

党组成员：王　莹

崔小霞

（李　晋）

档　案

【概况】 2022年，临汾市尧都区档案馆学习宣传贯彻党的二十大精神和习近平总书记对档案工作重要批示精神，落实中央决策部署和省委、市委、区委要求，按照档案工作“四个好”“两个服务”的目标要求，推进档案资源利用、安全、治理体系完善，围绕中心，服务大局，推动档案馆工作高质量发展。

【档案资源建设】 2022年，临汾市尧都区档案馆制定《临汾市尧都区国有企业退休人员社会化管理人事档案2020—2022年档案移交工作实施方案》；对全区国有企业54个单位的退休人员档案1751卷进行现状移交进馆；配合工信局完成2020年10月以前国有企业退休人员应进未进档案接收工作；做好疫情防控，党史学习教育等档案接收准备工作。

【档案信息建设】 2022年，临汾市尧都区档案馆邀请专业技术人员检查全馆的信息网络安全，排除信息安全隐患；完成2020年10月以来国有企业退休人员档案整理数字化进馆工作，全文扫描192072面。

【档案库房建设】 2022年，临汾市尧都区档案馆给国有企业退休人员档案库房3间配备柜式七氟丙烷自动气体灭火装置。

【档案安全体系建设】 2022年，临汾市尧都区档案馆执行安全检查制度，馆领导检查组每月大排查一次，管理人员每周大排查一次，全年处理问题10次，做好检查记录，排除馆库安全隐患；做好消防工作，邀请专业消防人员对全馆人员进行消防安全培训，实地查看库房安全保障设施，更换、填充库房消防设备。

【档案宣传】 2022年6月9日，临汾市尧都区档案馆围绕第15个国际档案日“喜迎二十大·档案颂辉煌”主题开展宣传活动。利用群众来档案馆查档之机，在档案馆服务大厅向群众发放宣传资料。利用微信平台动员档案工作人员参与档案科普文章推送，通过参与活动提高公众对档案的知晓度和社会影响力。

【档案查阅利用】 2022年，临汾市尧都区档案馆共接待档案利用者3000余人次，提供有效利用2000余卷。

【领导成员】

馆　长：王　平

副馆长：程　壮

　　　　曹月苹（女）

（景芳敏）

政协临汾市尧都区委员会

主要工作

【区政协十一届四次常委会议召开】 2022年1月21日，区政协召开十一届四次常委会议。区政协主席郭云平出席会议并讲话，区政府副区长范志军应邀到会听取意见和建议，区政协副主席解武强、武建斌、郭迎昕，秘书长王红宇及常委会其他组成人员出席会议。区委办、区政府办相关负责人、各乡镇（街道）政协组组长和部分机关干部列席会议。解武强主持会议。

会议传达学习省政协十二届五次会议精神；协商讨论了《政府工作报告》（征求意见稿）；听取区委办、政府办关于区政协十一届一次会议以来提案办理情况的通报；协商通过《区政协2022年协商工作计划》（草案）、《政协常委会工作报告》（草案）和《提案工作报告》（草案）；协商通过了区政协十一届二次会议议程和日程（草案）、会议轮执主席建议名单、会议秘书长建议名单、会议邀请列席人员建议名单、会议工作机构及工作人员建议名单等事项；协商通过有关人事事项。

【“三位一体”平台建设会召开】 2022年8月9日，区政协召开“三位一体”平台建设暨社情民意信息工作推进会。区政协主席郭云平出席会议并讲话。副主席解武强、武建斌、郭迎昕，秘书长王红宇，全体政协常委，各专委会主任，乡镇街道政协联络组长，部分信息骨干，特邀信息员及机关全体人员参加会议。武建斌主持会议。解武强传达了临汾市政协“三位一体”平台建设暨社情民意信息工作推进会精神；郭迎昕宣读《尧都区政协反映社情民意信息工作考评奖励办法》；主席班子向特邀信息员颁发聘书；8个专委会主任和信息科科长分别作表态发言。

【党的二十大精神线上学习】 2022年11月14—16日，区政协主席郭云平、副主席解武强、郭迎昕，各专委会主任及机关全体人员参加了省政协举办的市县政协班子成员轮训活动。此次培训班以辅导解读的形式，通过“学习贯彻党的二十大精神及省委十二届五次全体会议精神，发挥人民政协专门协商机构作用”“深入学习贯彻党的二十大精神，全方位推动高质量发展，谱写山西现代化建设新篇章”“深入学习贯彻党的二十大精神，践行‘懂政协、会协商、善议政’，提高基层政协履职能力”“学习贯彻党的二十大精神，落实《中国共产党政治协商工作条例》”“学习贯彻党的二十大精神，深入落实《关于加强和改进新时代市县政协工作的实施意见》”等专题辅导，帮助参训学员深刻领会、准确把握党的二十大精神的重大意义、丰富内涵、核心要义和实践要求。

【社情民意信息工作考察学习】 2022年8月3日至4日，区政协主席郭云平带队分别赴洪洞县、侯马市政协考察学习“三位一体”平台建设及反映社情民意信息工作。区政协副主席解武强、武建斌、郭迎昕，各专委会主任及部分机关干部参加。在洪洞县，郭云平一行在洪洞县政协主席敬三平陪同下，实地参观了解华翔集团和大槐树镇城东社区“三位一体”平台建设及委员履职情况，并就“零工市场”特色协商案例听取专题介绍。在随后召开的“洪洞·尧都政协社情民意信息工作交流座谈会”上，双方重点就反映社情民意信息工作进行互动交流。在侯马市，郭云平一行在侯马市政协主席郝爱民陪同下，深入市府北巷社区、呈王路西社区实地考察了解“三位一体”平台建设运行情况，并就协商议事活动的组织架构、相关流程、案例成果同在场的政协委员进行探讨交流。在随后召开的“侯马·尧都政协三位一体暨社情民意信息工作交流座谈会”上，侯马市政协重点就反映社情民意信息工作进行了经验分享。

【种粮奖补效益专题调研】 2022年8月25日下午，区政协副主席武建斌带领部分政协委员就种粮奖补效益落实情况开展专题调研，并同区农业农村局开展对口协商。在县底镇候村、吴村镇吴南村玉米种植基地，武建斌一行详细了解种粮奖补政策落实、农民种粮积极性、育种选种、种粮成本及收益等情况。在红福泰农产品加工合作社，武建斌一行实地查看合作社办公、农产品加工、农产品展厅、农业机械、农资化肥储备等情况，并听取相关负责人汇报。在随后召开的对口协商会上，区农业农村局相关负责人介绍了尧都区在提高种粮奖补效益、调动农民种粮积极性中所做的工作及存在的问题，与会委员就相关问题提出了具体可行的意见建议。

【“三位一体”平台及零工市场专题调研】 8月26日，区政协副主席郭迎昕带领部分政协委员，深入铁路东街道就政协“三位一体”平台运行及零工市场情况进行调研。在铁路东街道党群服务中心及康庄社区、三元社区，郭迎昕一行深入了解基层“三位一体”平台的工作机构、作用发挥、协商成果等情况，查看相关制度、档案资料等内容。她强调，要在平台建设、平台管理、平台运用上下功夫，最大化发挥平台作用，打造尧都政协的履职品牌。郭迎昕一行，还深入尧贤街、解放路立交桥传统零工聚集地，二中路新型零工聚集地实地调研，与零工人员进行交谈，了解他们的从业范围、收入状况、从业需求等情况，查看拟建的零工便民服务场所。

【重点项目专项视察】 2022年12月16日，区政协主席郭云平带领部分区政协委员开展重点项目专题调研视察活动，区委常委、副区长王洪锁，区政协副主席解武强、武建斌、郭迎昕一同视察，区住建局相关负责同志参加活动。郭云平一行先后对紫藤苑项目、东关街项目、尧贤街南延绿化项目、华州路尧德园公园项目、华州路靓城提质项目、东王路项目进行视察，听取各单位及项目负责人对重点项目建设情况的汇报，实地视察项目建设进度，就加快项目高质量建设提出意见建议。

【领导成员】

主　席：郭云平（女）

副主席：解武强

　　　　武建斌

　　　　郭迎昕（女）

秘书长：王红宇

（陈育哲）

区政协办公室

【制订2022年度协商工作计划】 2022年，区政协办公室制订2022年度协商工作计划。确定常委会会议议题3项，就“打造汾河流域生态修复治理示范区”召开常委会议专题协商议政，就“完善养老服务体系”召开常委会议专题协商议政，就“构建全域旅游发展格局”召开常委会议专题协商议政。确定对口协商议题6项，就“发展信创产业”进行对口协商，就“提高种粮奖补效益”进行对口协商，就“推动市场主体倍增”进行对口协商，就“落实双减政策”进行对口协商，就“建设健康尧都”进行对口协商，就“推进全民参保”进行对口协商。确定视察调研议题6项，视察特色农产品基地，视察城建重点工程项目，视察企业安全生产工作，视察平安尧都建设，视察家庭教育品牌创建工作，视察新时代合格宗教教职人员培养工作。

【完成年度协商计划任务】 2022年，区政协办公室围绕“打造汾河流域生态修复治理示范区”调研3次，外出考察1次，召开十一届五次常委会议专题协商会议，形成《关于打造汾河流域生态修复治理示范区的建议报告》。围绕“完善养老服务体系”开展调研视察4次，召开十一届六次常委会议专题协商会议，形成《关于加快构建高质量养老服务体系的建议报告》。围绕“发展信创产业”“提高种粮奖补效益”等调研13次，专题座谈协商6次。围绕“城建重点工程”“企业安全生产”等开展监督性视察6次。

【围绕迎接和学习宣传贯彻党的二十大加强思想政治引领】 2022年，区政协办公室建立常态长效学习制度体系，全年开展学习宣讲活动80多次，党组、主席班子和机关干部撰写研讨材料、心得体会120余篇。深学细悟中共十九大和二十大精神，贯彻理解习近平总书记关于加强和改进人民政协工作的重要思想、习近平总书记考察调研山西重要讲话重要指示精神，用习近平新时代中国特色社会主义思想凝心铸魂。

【严格落实从严治党主体责任】 2022年，区政协办公室落实《关于加强新时代人民政协党的建设工作的若干意见》《党委（党组)落实全面从严治党主体责任规定》，健全政协党组、机关党组、机关党支部三级党建工作责任链条，制定党组主体责任清单和个人责任清单，压实从严治党主体责任。全年召开政协党组会议30多次，研究落实区委部署安排，推进党风廉政建设、意识形态工作和法治建设，贯彻落实中央“八项规定”，坚决反对“四风”，支持第三派驻纪检监察组履行职责，强化日常管理监督，正风肃纪，开展集体警示教育40多次，全年未发生任何违纪违法行为，未发生任何舆情事件。

【健全党组工作制度】 2022年，区政协办公室健全“党组和主席班子联系各民主党派”“党员委员联系党外委员”等4项制度，更好地协调关系、汇聚力量。开展“遍访委员”活动，走访委员150余人，为委员企业排忧解难。

【优化履职工作规范】 2022年，区政协办公室完善《反映社情民意信息奖励办法》《委员履职考核管理办法》等2项工作制度，健全党建及履职档案27类。

【打造书香政协】 2022年，区政协办公室发挥“书香政协”优势，组织“抗疫有我”“委员宣讲二十大”线上读书宣讲活动，录制推送主题视频120多条，面向社会广泛引导预期、凝聚共识。

【打造“有事好商量”协商议事工作品牌】 2022年，区政协办公室依托全区23个乡镇街道党群服务和矛盾纠纷化解平台，拓展建设“有事好商量”协商议事室、委员工作室和社情民意信息联络站。全年组织开展协商议事活动380余场，解决急难愁盼问题128件，委员、群众代表参与7000余人次。

【做好提案工作】 2022年，区政协办公室全年收集提案269件，立案154件。主席班子牵头督办《关于加快解决农村集中供水的建议》《关于强化监管社区股份制合作经济的建议》等10件重点提案，带动提案办理向质量聚焦、向成效发力。

【反映社情民意】 2022年，区政协办公室全年收集社情民意信息754篇，编报290期479篇。全国和省市政协采用150篇，市领导批示7篇，信息工作位列全市第三。

【编撰尧都文史】 2022年，区政协办公室发挥文史优势，精心编撰20万字的《尧都文史》第二十六辑《尧都胜迹》，分七个篇章全景展示尧都璀璨历史和人文胜迹，进一步存史资政、团结育人。

【自身建设】 2022年，区政协办公室以“十个带头”为衡量标准，评选表彰年度优秀政协委员30人；以建设“五型机关”为牵引，机关连年考核获评优秀等次；广大委员和机关干部主动投身防疫大局，参与场站社区隔离管控、核酸检测、物资配送等工作，累计捐赠物资13万元。

【领导成员】

办公室主任：张冠宇

（陈育哲）

纪检　监察

主要工作

【概况】　中共临汾市尧都区纪律检查委员会和临汾市尧都区监察委员会，是党内监督和行使国家监察职能的专责机关。

2022年，尧都区纪委监委始终聚焦高质量发展目标，坚定不移履行党章和宪法赋予的职责，担当作为，敢于斗争，以清廉建设为引领，持之以恒正风肃纪反腐，高效监督执纪执法，“三不腐”一体推进取得更大治理成效，纪检监察工作屡有突破。

履职履责

【政治监督】　2022年，尧都区纪委监委紧扣党中央重大关切，以清单化推进、一体化监督深化政治监督。把党中央关注、省市纪委监委部署的专项治理整治等43个重点事项列入清单，锚定监督事项、工作进度、责任落实三个重点，开展监督检查108次，发现整改类问题47个。围绕党的二十大精神贯彻落实，深化重大任务、重点工作等专项整治督查，扭住主体责任开展随机暗访，推动党的二十大各项部署在基层落实落地。贯通“四项监督”，发挥“室组地”联动优势，构建“网格化+项目化”协同高效监督体系，对疫情防控、能源保供、教育民生等实现一体化、全领域监督。

【“三不腐”一体推进】　2022年，尧都区纪委监委始终以零容忍态度对待腐败增量、存量，统筹强化监督纠风惩腐、强化纪法完善执行、强化思想教育引领，持续深化不敢腐、不能腐、不想腐一体推进。全年共处置问题线索673件，立案307件，处分355人，组织处理490人，留置9人，移送检察机关8人；其中，查处基层“微腐败”问题线索231件，问责29人，处分203人，组织处理253人；对违规盗采矿产资源、破坏生态环境等违纪违法行为，处理处分10人，留置1人；立案查处利用职务侵占村集体资产等违纪违法行为，移送检察机关3人。坚持把办案与治理相结合，以问题推动查补漏洞、改善监管，以案件促进整改整治，推动职能部门制定完善制度27项、乡镇街道完善制度并整改问题22个。持续开展受处分党员干部回访教育和常态化警示教育；发挥典型案例惩治震慑、惩戒挽救、教育警醒作用，在区公安局、法院等案发单位针对性开展以案说纪、以案释法警示教育3次。

【党风政风监督】　2022年，尧都区纪委监委坚持把中央八项规定作为长期有效的铁规矩、硬杠杠，坚持党性党风党纪一起抓，持续深化纠治“四风”顽瘴痼疾，分组分片联动开展明察暗访、专项检查、随机抽查，始终保持重要节点警钟长鸣，始终从具体事入手，严肃惩治发生数量居高的老问题和各类隐形变异问题，全年共查处“四风”问题30件，处分39人，组织处理20人，通报曝光2批次8起13人。坚持一体贯通“预警+纠治+查处”长效机制，对党员干部早提醒、早预防，对重点岗位干部开展针对性廉政谈话，督促各部门各单位党委（党组）认真履行全面从严治党主体责任。

【专项整治工作】 2022年，尧都区纪委监委围绕基层治理，开展安全生产大检查大整治大提升行动、自建房安全专项整治、农村乱占耕地建房问题整治、农村集体“三资”管理贪腐问题等专项整治，共查处问题线索78件，处理处分165人。建立“纪委统一协调、专班监督推进、镇村具体落实”工作模式，顺利完成省纪委部署的两阶段“三个一批”（党建引领一批、督办化解一批、以案促治一批）重点村（社）监督治理工作。协助区委深入摸排甄别开展“清化收”专项工作，共清理涉农村集体资产合同9150份，收回资金1368.98万元，清收债权5251.69万元，化解债务6174.67万元；组织开展“清化收”专项监督检查7次，发现整改类问题42个，问题线索32个，立案处理23人。

【政治巡察】 2022年，尧都区委巡察机构紧扣履行党的领导职能职责，准确把握和推进政治巡察工作，扎实开展十届区委第二、第三轮巡察，对8个乡镇和10个区直单位党组织开展常规巡察，对62个村（社区）开展农村集体“三资”管理贪腐问题专项巡察，发现区级单位共性问题168个，问题线索51件；延伸巡察117个村（社区），发现共性问题493个，问题线索22件。综合运用专项检查、日常监督、调研指导等方式，持续强化整改监督机制和整改实效，第一轮、第二轮巡察发现的661个问题整改完成628个。探索施行《区委巡察协作联动工作机制》及《巡察监督与党风政风监督协作配合工作办法》，严明职责边界，细化工作流程，巡察工作有章可循、有据可依。

【清廉尧都建设】 2022年，尧都区纪委监委组建专班，牵头紧抓全区清廉建设，督导各级党委（党组）认责领责、扛责落责，推动形成各级党委统筹指挥、纪委组织协调、职能部门高效协同、社会各界积极参与的共创局面。编印清廉尧都系列口袋书，挖掘尧文化清廉元素，营造机关大院清廉文蕴，打造清廉尧都主题公园，督促乡镇建设多个多元清廉文化阵地，培树区级清廉单元示范点16个，创新开展清廉司法建设，定期组织“送法下乡”法律援助，持续推动司法为民、公正司法。

【队伍建设】 2022年，尧都区纪委监委加强自身建设，干部队伍自我革命不断深化。强化党建引领，2022年3月11日，中国共产党临汾市尧都区纪委监委机关委员会召开党员大会，选举产生新一届机关党委。同月，完成6个支部换届工作。全体党员坚持把学习贯彻党的二十大精神作为首要政治任务，深学习、实调研、抓落实，全面准确掌握精神实质，注重深化成果运用，纪检监察干部以党性立身做事的信念更加牢固。注重能力提升，常态化开展全员学习培训，扎实推进“以案促改促治，勇做忠诚卫士”警示教育活动，专题讲授警示教育党课，组织集中培训45次，参训人数2023人次。

强化监督管理，持续抓好纪检监察干部纪律作风，加大借用人员及审查调查临时党支部管理力度；处置反映纪检监察干部的问题线索3件（谈话函询2件，给予谈话提醒1人）。促进履职担当，带头开展清廉机关建设，完善机关内控机制，进一步强化干部组织观念、纪律观念和责任意识；实践完善基层监督方式，推进全区23个乡镇街道331个村（居）全部实现“三员合一”，基层监督力量得到有效整合。

【受表彰情况】 2022年9月，尧都区纪委监委党风政风监督室被省纪委监委、省人力资源和社会保障厅评为山西省纪检监察系统先进集体。

【领导成员】

（一）区纪律检查委员会领导成员

书　记：丁春明

副书记：乔文耀　段三路

常　委：贾红卫　段吉平　孙　亮　卫寅清

（二）区监察委员会领导成员

主　任：丁春明

副主任：乔文耀　段三路

委　员：贾红卫　段吉平　黄子勇　任　勇

（三）中共临汾市尧都区纪委监委机关委员会领导成员

书　记：李瑞平(女)(4月任)

专职副书记：杨　鑫(女)

组织委员：张立新(4月任)

纪检委员：李宇治(4月任)

宣传委员：王万民(4月任)

（四）区纪委监委机关内设机构负责人

办公室负责人：李　腾(兼)

综合室主任：王　浩

负责人：王万民

案件审理室主任：冯文胜

组织部部长：徐咏娟(女)

信访室主任：孟新林

党风政风监督室负责人：贾英杰（兼）

案件监督管理室主任：郭少庆

监督和审查调查技术室负责人：王润源(9月任)

第一监督检查室主任：李宇治

第二监督检查室主任：翟永明

第三监督检查室主任：康青丽(女)

第四监督检查室负责人：张文虎

第五审查调查室主任：徐　炜

第六审查调查室主任：贾文胜

第七审查调查室主任：于连春

第八审查调查室负责人：杜红斌(兼)

（五）区纪委监委下设事业单位负责人

警示教育中心副主任：贾英杰　杜红斌

网络技术中心主任：李　腾

（六）区纪委监委派驻机构负责人

第一派驻纪检监察组组长：王奇鑫

第二派驻纪检监察组组长：秦朝阳

第三派驻纪检监察组组长：秦丽萍(女)

第四派驻纪检监察组组长：程红耀

第五派驻纪检监察组组长：刘新忠

第六派驻纪检监察组组长：王国平

第七派驻纪检监察组组长：梁张平

第八派驻纪检监察组组长：刘斌伟

第九派驻纪检监察组组长：白国峰

第十派驻纪检监察组组长：吉新国

第十一派驻纪检监察组组长：李　倩(女)

第十二派驻纪检监察组组长：李瑞平(女，9月免)

第十三派驻纪检监察组组长：李盛基

（王万民）

军事　法治

人民武装

【概况】 2022年，尧都区人民武装部贯彻党的二十大这条主线，强化旗帜引领铸军魂，着眼应急应战抓准备，聚力国防动员促转型，注重强基固本打基础，深化政治整训净生态，围绕建好队伍抓提高，确保有效履行使命任务，确保高质量高标准发展，确保高度集中统一和安全稳定。

【二十大精神学习贯彻】 2022年，尧都区人民武装部在党的二十大召开前，组织赞颂习近平主席领航强国强军的伟大成就；二十大召开时，组织全程观看开幕式直播；会后，通过手抄报告和新党章原文，学习《人民日报》《解放军报》评论员文章，跟进学习贯彻党的二十大精神，购买《党的二十大报告》单行本、《党的二十大报告辅导读本》等5种100余本学习资料，原原本本进行学习，坚定捍卫“两个确立”，增强“四个意识”、坚定“四个自信”、做到“两个维护”，贯彻军委主席负责制的自觉性。

【“忠诚维护核心、矢志奋斗强军”主题教育】 2022年，尧都区人民武装部开展“忠诚维护核心、矢志奋斗强军”主题教育，利用专武干部、民兵骨干、基干民兵集训时机，集中进行授课辅导，重温入党誓词，参加“我与国旗同框”、向张连印将军学习等活动，增强吸引力、强化渗透力，收效明显。

【“学军史、讲战例”活动】 2022年，尧都区人民武装部在受领“学军史、讲战例”任务后，成立专班，与尧都区委党校、党史研究室、临汾电视台等单位合作，查阅大量资料，多方走访调查核实，率先在全市成稿定型，第一家为全市官兵进行授课，录播《临汾战史面对面——临汾攻坚战》栏目，激发官兵奋进新征程、建功新时代的昂扬斗志。

【党委班子建设】 2022年，尧都区人民武装部党委坚持落实每周五党委中心组理论学习制度，督导党委班子成员落实个人年度理论学习计划，运用《习近平谈治国理政》（第四卷）、《中共中央关于党的百年奋斗重大成就和历史经验的决议》《生命线——能打胜仗的政治指挥大计》等必读书目武装思想。党委班子强化贯彻民主集中制的自觉意识，班子调整后，规范党委工作内容和程序，让“组织为先、程序为要、执行为重”的观念深植内心，让“议事讲依据、决策讲质量、落实讲责任”的做法成为习惯自觉。深刻领悟习近平主席“党要管党、从严治党”的政治训诫，以迎接军委和国动部巡视巡察为牵引，突出政治整训把方向、纪律教育抓预防、执纪监督正风气，常态开展官兵身边的“微腐败”和不正之风纠治工作。

【党管武装】 2022年2月15日，尧都区人民武装部召开党委扩大会和党管武装工作述职大会，传达上级党委扩大会议精神，总结工作部署任务，部分基层单位书记进行党管武装工作现场述职，表彰国防动员工作先进单位和个人。“八一”前，在某部队组织全区县以上领导干部走进军营，参加军事日活动，感受强军氛围，提高领导干部的国防意识。

【专武干部培养】 2022年，尧都区人民武装部注重抓好专武干部队伍成长提升，利用每月专武干部例会，对专武干部进行理论知识、专业技能培训，提升专武干部能力素质。推荐2名专武干部参加省军区比武竞赛，参加第一批比武竞赛的县底镇武装部部长张富程取得全省2个单项第五名、综合第八名，第二批的尧庙镇武装部部长安敏取得全省1个单项第一名、综合第七名。

【民兵整组】 2022年，尧都区人民武装部落实民兵“十四五”建设规划，接受山西省军区民兵整组工作“回头看”检查。协调尧都区应急管理局和尧都区发改局，投入120余万元，购买四大类1600余件（套）装备器材，建成区属民兵应急器材库；投资30多万元完善乡镇专业装备器材，形成“城区反恐、山区防火、矿区防震、沿河防汛”的民兵装备保障结构，提升民兵分队执行应急应战任务保障能力。组织军地相关人员成立考核组，集中8天时间，采取“一把尺子量到底”的方法，对尧都区所有民兵编组单位进行检查督导。

【“中部盾牌·太行——2022”演练】 2022年，尧都区人民武装部根据临汾军分区通知和尧都区实际，在实战背景下，协调临汾市航空运动协会处理好工训矛盾，全程参与“中部盾牌·太行——2022”演练，参演民兵听从指挥，配合兄弟单位完成演练任务。

【专武干部和基干民兵训练】 2022年，尧都区人武部与临汾军分区同步实施，组织专武干部和民兵骨干集训。7月10—17日，依托山西师范大学现代文理学院组织基干民兵进行集中封闭式训练，集训期间，实行连队化管理，坚持每天召开一次训练形势分析会，研究教学训练和保障计划，科学调整解决训练矛盾；邀请临汾市森林防火中心主任何国明、尧都区蓝天救援队队长李小军等专业人员进行授课辅导，完成训练和考核任务，参训人员的军事技能取得进步。

【兵员征集】 2022年，尧都区人民武装部按照“全面发动、精准到人、严格把关、确保质量”的工作思路，科学筹划，周密组织，以“五率”指标为牵引，突出大学毕业生兵员征集，落实征兵各项标准，完成新兵征集任务，兵员质量有所提升，连续五年实现“双无”目标。

【信息服务】 2022年，尧都区人民武装部共上报要讯16篇，其中2篇被军委国防动员部要讯刊用、2篇被中部战区要讯刊用、1篇被军委军队情况摘报刊用，要讯积分位列全市第一梯队前列，有3条工作动态报道被中央电视台新闻频道采播。

【安全管理】 2022年，区人武部开展“四严四整”、安全大检查、百日安全等整治活动，营造“我的安全我负责、他人安全我有责、单位安全我尽责”的群众性抓安全氛围。细化制定区人武部安全大检查实施方案，开展保密专项检查，查纠整改办公电脑屏保密码时间过长、行文编号不正规、借阅文件登记不规范等10余个问题，升级办公电脑病毒库和安防系统，提高技防水平。组织“严守政治纪律、深挖翻墙隐患”“微信清查”活动，排查整治隐患，纠治倾向性问题，制止安全隐患发酵蔓延，遏制事故案件苗头发生。

【领导成员】

部　　长：朱定海（8月免）
　　　　　席朝辉（8月任）
政治委员：周勇军（7月免）
　　　　　朱定海（8月任）
副部长：唐亚林
军事科科长：宁会斌
政工科科长：武二伟
保障科科长：王建强

附：获奖情况

2022年1月，尧都区人民武装部被山西省军区表彰为全面建设先进人武部先进单位、战备训练工作先进单位、民兵工作先进单位、新闻宣传工作先进单位。

2022年1月，尧都区人民武装部被临汾军分区表彰为信息服务工作先进单位、征兵工作先进单位、后勤工作先进单位。

2022年1月，尧都区人民武装部上校部长朱定海、尧都区人民武装部军事科中校科长（营级正职）宁会斌被临汾军分区表彰为军事训练工作先进个人。

2022年1月，尧都区人民武装部军事科中校科长（营级正职）宁会斌、尧都区人民武装部政治工作科科长武二伟受到临汾军分区嘉奖一次。

2022年1月，尧都区人民武装部保障科科长王建强被临汾军分区表彰为人武部建设优秀个人。

2022年1月，尧都区人民武装部职工吴毅琨被临汾军分区表彰为优秀职工。

2022年1月，山西焦煤汾西矿业临汾公司武装部部长杨卫东被临汾军分区表彰为民兵工作先进个人。

2022年1月，山西焦煤汾西矿业临汾公司武装部、尧都区段店乡武装部、尧都区刘村镇武装部、尧都区吴村镇武装部、尧都区金殿镇武装部、尧都区枕头乡武装部、尧都区鼓楼西街办事处武装部、中国宝武宝地山西临汾钢铁有限公司武装部被临汾军分区表彰为先进基层武装部。

2022年1月，尧都区南街办事处武装部部长陈卫明、尧都区汾河办事处武装部部长司文奇、尧都区魏村镇武装部部长张晓明、尧都区尧庙镇武装部部长安敏、尧都区水塔街办事处武装部部长邓大伟、尧都区刘村镇武装部部长梁新茂等被临汾军分区表彰为优秀专武干部。

（武二伟）

政法委与综治

【概况】 2022年，中共临汾市尧都区委政法委员会（简称区委政法委）有办公室、政工室、督察室、调研宣教室、执法检查室、基层社会治理室、综治督查室、维稳指导（反邪教协调）室8个内设科室。原信访帮助教育中心、社会服务管理中心合并为法制教育和综合治理中心。核定编制26名，其中行政编制11名，事业编制17名，工勤编制1名。有正式人员27人，其中行政人员17人，事业人员9人，工勤人员1人。

【维护政治安全和社会稳定】 2022年，区委政法委坚持总体国家安全观，以落实“两工程一机制”为牵引，紧扣目标任务，筑牢七道防线，做好庆祝建党100周年等重要时间节点的安保工作。落实属地管理和部门责任，建立清单台账，加强分析研判，推进控新治旧，推动积案清零。全年调处各类矛盾纠纷6863起（民调1259起、法调3851起、多元调解1213起），化解社会稳定重点难点问题5件，涉法涉诉信访积案7件，依法处置群体性事件138起。

【“平安尧都”建设】 2022年，区委政法委深化基层平安创建，夯实基层工作基础。调整平安建设领导组人员构成，制定相关工作制度9个，开展专项督导5轮次，督促9个专项组出台议事章程，召开联席会议，重点聚焦问题隐患发现不了、行业监管闭环不严、创建工作力度不够等问题，推动形成工作合力；细化调整全区网格16007个，全面实施“强基、提能、先锋、暖心、固本”五大工程，推动“警网融合”，推广企业微信，建立健全首问负责等10余项工作制度，拓宽群众参与基层治理渠道，企业微信建群率100%，群众进群率80%以上，综治平台全年有效办结率99.08%；区乡两级综治中心规范化设置“一厅四室”，采取常驻、轮驻、挂牌办公相结合，整合各部门行业力量专业调委会、法律咨询、心理咨询等进驻区级综治中心，将综治中心打造成贴近基层、服务群众的综合性平台；完善一站式、多元化矛盾纠纷调处机制，开展“调解七进”及“枫桥式”派出所、司法所创建活动，全年调处各类矛盾纠纷6863起，其中民调1259起、法调3851起、多元调解1213起，评查化解政法队伍教育整顿期间中央督导组移交的信访案件102件，司法救助94案94人。

【“法治尧都”建设】 2022年，区委政法委聚焦群众急难愁盼，部署开展“扫黑恶、治电诈、打盗窃、禁毒品、护民生”专项行动。累计破获刑事案件1315起，抓获犯罪嫌疑人1542人，抓捕网上逃犯161人，批捕356件502人，起诉744件1014人，审结执结各类案件14880件。协调完成冬奥会、党的二十大、尧都文化旅游节等重大安保任务；落实应急处置、社会面管控，督促政法单位紧盯情报预警和源头管控；宣传国家安全法、反间谍法、反恐怖主义法等法律法规，在全区1393个党支部开展反邪教主题教育及“反邪拒邪”大签名，教育干部群众反奸防谍、远离邪教，自觉维护国家安全；依法取缔私设聚会点96处，对3起涉邪教、非法宗教案件提起公诉。

【扫黑除恶专项斗争】 2022年，区委政法委完善常态化工作机制，推进扫黑除恶工作取得实效。本年共收到涉黑涉恶线索17条，核查办结14条，打掉恶势力集团1个，抓获犯罪嫌疑人13人，破获各类刑事案件9起，制发“三书一函”17份；累计推广注册“国家反诈中心”APP25.42万余人次、“临汾反诈卫士”28.98万余人次，预警劝阻8666人次。破获电信网络诈骗案件551起，抓获犯罪嫌疑人129人，止付资金2289万余元，冻结资金1266万余元，返还受害人资金128万余元；开展夏季治安打击整治“百日行动”，破获“两抢一盗”案件209起，涉毒案件13起，“食药环”案件30起，命案全区发6起破8起（积案2起），查处各类交通违法30771起。开展反养老诈骗专题宣传活动76场次，发放宣传册、宣传彩页137650余份，张挂横幅标语3961条，核查线索62条，破案23起，抓获犯罪嫌疑人21人，扣押冻结涉案资金3909.561 万元，移送起诉9起，审结3案5人，取缔非法养老机构1家。

【过硬队伍建设】 2022年，区委政法委坚持把政法委机关政治建设，开展全员政治轮训、主题宣讲、专题研讨及网上答题活动，增强“四个意识”、坚定“四个自信”、做到“两个维护”；落实全面从严管党治党主体责任，健全组织机构，严格党员管理，落实“三会一课”，规范党费缴纳，在职党员干部下沉基层，参与疫情防控、网格治理等工作，开展“向人民群众交好账”实践活动；贯彻落实《政法工作条例》，健全完善政治督察、政治轮训、综治督导、执法监督等常态化制度机制，组建督察组，开展专项督察，派员列席政法各机关领导班子民主生活会，督促各党组（党委）压紧压实政治建设主体责任。

【领导成员】

书　　记：乔永生
常务副书记：张　涛
副 书 记：张　勇
　　　　　杨亚明
二级主任科员：王爱军
　　　　　张建中
　　　　　张临鸿
　　　　　景淑娟（女）
　　　　　张彦玉
四级主任科员：李晓鹏
正科级干部：胡晓莹（女）
副科级干部：吴玉林
　　　　　杨秀斌
　　　　　石双峰

（张诚君）

公　安

·临汾市尧都区公安局·

【百日行动】 2022年，尧都区公安局贯彻落实上级公安机关夏季治安打击整治“百日行动”决策部署，成立专项行动领导小组及工作专班，细化制定“1+5”工作方案，落实“隐患排查整治、打击违法犯罪、主动预警防范、强化基层基础”四个方面措施，开展全局统一行动3次，各战区行动120余次，出动警力2.3万人次，破获刑事案件93起，查处治安案件92起，打击处理各类违法犯罪嫌疑人315名，抓获网上逃犯40人，查处交通违法行为8747起，检查重点部位800余处，整改隐患70余条，排查化解矛盾纠纷146起，化解信访积案6起。悬挂横幅、播放标语500余条，发放宣传材料1万余份，动员社会力量1000余人次。

【打击违法犯罪】 2022年，尧都区公安局学习宣传新颁布的反有组织犯罪法，推动扫黑除恶斗争常态化，共核查涉黑涉恶线索8条，打掉恶势力集团1个，抓获犯罪嫌疑人13人，破获刑事案件9起；向相关行业监管部门发出风险提示函5份。推进打击文物犯罪行动，破获盗掘古墓葬案件2起，抓获文物案件逃犯2人。围绕人民群众关心关切的“盗抢骗”“食药环”等犯罪活动，坚持以打开路，深化集中整治，先后破获各类刑事案件665起，抓获犯罪嫌疑人660人，抓获网上逃犯89人。打击治理电信网络诈骗犯罪，破获电信诈骗案件48起，抓获犯罪嫌疑人120人，止付资金6167万余元，冻结资金2092万元，返还资金218.18万余元。破获洋州大厦收藏品被诈骗系列案件13起，抓获犯罪嫌疑人19人。推进禁毒人民战争，破获涉毒刑事案件6起，抓获违法犯罪嫌疑人9人，查获土制海洛因6.04克，共查获查处吸毒人员38人。

【社会治安防控】 2022年，尧都区公安局依托“滨河一号”和东城街面警务站，落实联勤武装巡逻“四项机制”和“1、3、5分钟”应急响应机制，出动车辆2797辆次，警力19125人次，处置各类突发事件141起。开展打击整治枪爆违法犯罪专项行动，检查涉爆单位37次，发现整改安全隐患12处，张贴通告1万余份，发放宣传材料2万余份，收缴猎枪5支、手榴弹1枚、炸药670.2公斤、雷管252发，子弹1536发。推动智安校园建设，督促落实安全主体责任，推进校园人防、物防、技防建设，提升校园安防建设整体水平。严打涉校违法犯罪，破获未成年学生盗窃车内财物案件5起，抓获违法行为人10人，推送教育部门落实监管主体责任。会同邮政、交通等部门推进寄递物流管理，督促146家寄递物流网点落实“实名收寄、收寄验视、过机安检”三个100%制度，严防危爆物品通过寄递渠道进入北京。

【道路交通安全管理】 2022年，尧都区公安局开展重点车辆和驾驶人隐患“清零”行动，深入23家重点运输企业摸排238次，签订安全责任书323份，集中约谈158次。全面排查整治公路危险路段5处，治理30米以上深沟隐患路段3处，封闭隐患路口14处，增设减速带60条，黄闪警示灯16处，太阳能雷达测速反馈屏14块，标志标牌18块，配合静态公司在东城规划设置停车位401个。紧盯重点区域、路段、时段、节点，开展“一盔一带”安全防护行动，出动车辆2000余辆次，警力18000余人次，查处各类交通违法30771起。

【深化公安改革】 2022年，尧都区公安局深化智慧安防建设，提升基层社会治理水平，完成路东派出所“一室两队”警务机制改革，完成汾河所、县底所提档升级，推进贾得、金殿、土门三个所基层设施改造。依托“情指勤舆一体化”工作机制，通过视频调度、网上巡查、“110”警情监测等方式，主动发现、核查、报告重大紧急信息，健全完善“快速、高效、精准、顺畅”的重大紧急信息报送机制，推动传统警务向现代警务提速加挡、转型升级，处置各类重大案（事）件5起。发挥案管中心职能，通过日核查、周通报、月考评，逐案进行受案审核监督，下发核查通报10期，发现纠正问题470余个。梳理该局历年出台的执法制度，结合最新的法律法规，开展“立修废”工作，打造规范化、标准化、流程化执法制度体系，为实现执法工作规范化引领、标准化指引、流程化运作提供支撑。推进清廉法制尧都工作，常态化开展执法监督，推行执法监督事项“日清月结周通报”，通过网上巡查、挂账督办，实现执法监督源头预防、过程管控、问题查纠、考核问责功能。落实辅警改革各项工作，与区政府沟通协调，将299名辅警工资纳入财政预算，签订辅警劳动合同，按层级工资予以保障；完成第二批对内招录考试工作，确保辅警队伍稳定。

【深化“放管服效”】 2022年，尧都区公安局开展联企服务专项活动，定点联系辖区企业，定期走访调研，宣讲公安机关服务保障推动高质量发展的工作举措，倾听了解企业诉求，帮助企业解决困难问题。部署开展“向人民群众交好账”实践活动，紧盯牵头的重点项目，把好事办实、把实事办好。围绕“放管服”改革措施，开展“我为群众办实事”实践活动，通过开展延时服务、微笑服务、预约服务、上门服务等，优化行政审批程序，提升服务质效。共办理交管业务1.3万笔，户籍业务9.3万笔。

【从严管党治警】 2022年，尧都区公安局坚持把政治建警置于首位，以局党委中心组理论学习为龙头，组织开展支部学习、交流研讨、党课辅导，学习全国公安系统英雄模范立功集体表彰大会精神，弘扬英模精神，激发奋进动力。狠抓教育培训，依托尧都区公安局能力提升训练平台，推进全警实战大练兵活动，举办各类培训84期，受教育民警达3000余人次。坚持“战时高于平时、严于平时”的标准，紧盯枪、酒、车、密、网等关键环节，执行24小时值班备勤和领导双带班、重大事项请示报告制度，组织全警签订承诺书1358份。开展清廉机关建设，推进肃清流毒和信息化项目问题整治，整肃队伍、严明警纪。落实从优待警，推进“暖警拴心”工程，落实暖警惠警措施，通过手机短信推送生日祝福、节日慰问、廉政提醒信息等形式，增强民辅警的职业荣誉感和工作责任感。挖掘先进典型，加大表彰奖励力度，确保队伍保持旺盛的战斗力。

【领导成员】

局 长：崔 军
政 委：杨玉波
副局长：褚绍勇 张立功
王文东 杜 岗
法制大队大队长：陈吉宁
交警大队大队长：申红星
政工监督室主任：张秀峰
驻局纪检监察组长：李盛基
政工监督室副主任：贾东东 公 婷
工会主席：曹国萍
警务保障室主任：苏朝华
网安大队大队长：高 峰
网安大队指导员：郭志宁
法制大队指导员：王 青
国保大队负责人：吕 军
国保大队教导员：刘 艳
国保大队副大队长：冯志强 李伟峰
刑侦大队大队长：高国柱
刑侦大队教导员：闫 龙
刑侦大队副大队长：赵建新 贺卫星
经侦大队负责人：冯 峻
经侦大队教导员：关 颖

经侦大队副大队长：赵　楠　刘兆康
防暴巡警大队负责人：高　峰
防暴巡警大队教导员：吉双燕
防暴巡警大队副大队长：侯晓峰
食药侦大队大队长：卫强红
拘留所指导员：崔　荔
看守所所长：李永红
看守所教导员：孙慧娟
看守所副所长：李安锋　聂捍红　李朝晖
　　　　　　　高俊义　崔晓雷
治安大队大队长：秦　岩
治安大队副大队长：毕　斌
路东所所长：王　斌
路东所副所长：行国庆　张素明　张国权
　　　　　　　史　涛
段店所所长：乔红钢
段店所教导员：郭艳青
段店所副所长：崔小芳　邱绍杰　安　斌
刘村所负责人：王　峰
刘村所副所长：罗学新　徐海霞　王建军
金殿所所长：樊丰斌
金殿所教导员：翟积代
金殿所副所长：孙松年　陈晓洁　单保林
　　　　　　　李　斌　张艳艳
站前所所长：刘增平　张忠心
屯里所所长：贾永刚
汾河所所长：郭秋燕
乔李所所长：李晋峰
贾得所所长：张庆龙
贾得所指导员：郭　伟
大阳所所长：徐　前
大阳所指导员：苏　治
土门所所长：乔吉平
土门所指导员：刘　强
吴村所负责人：张志强
县底所所长：屈伟杰
枕头所所长：薛　宏
魏村所指导员：石　伟
一平垣所指导员：孔文帅
交警大队教导员：张海涌
交警大队副大队长：赵志高　陈　镜
交警大队办公室主任：薛　峰
交警大队秩序科科长：李文勇
交警大队法制室主任：褚运生
交警大队指挥中心主任：李　莉
交警大队车管所所长：魏爱军
交警大队一中队负责人：张　军
交警大队一中队指导员：张韶敏
交警大队二中队负责人：乔安峰
交警大队三中队中队长：刘兆彬
交警大队三中队指导员：石　和
交警大队四中队中队长：任春合
交警大队四中队指导员：杜长峰
交警大队空港中队负责人：李水荣

附：获奖情况

2022年5月，尧都区公安局法制大队被公安部评为全国优秀公安基层单位；7月，尧都区看守所被公安部评为2020—2021年度一级看守所。

2022年5月，尧都区公安局警犬基地被省公安厅科技处评为“2021年度山西省警犬工作先进单位”。

2022年6月，治安大队基层基础中队、土门派出所、交警大队环监中队被市公安局评为全市公安系统抗击新冠肺炎疫情通报表扬集体，巡警大队特警中队、交警大队公路巡逻中队被市公安局授予集体三等功。9月，交警大队车管所被市公安局授予集体三等功。

2022年5月，王宝华被山西省公安厅科技处授予“2021年度山西省警犬工作先进个人”荣誉称号；9月，徐海霞被中共山西省委宣传部、山西省公安厅授予2022山西公安“最美基层民警”称号。

2022年5月，石伟、王亚宁、王秉杰、任一帆被临汾市公安局授予个人三等功；王超获临汾市公安局个人嘉奖。6月，苏朝青、赵志高、李安锋、闫俊豪被临汾市公安局授予个人三等功；高俊义、李雨舟、王毅、许文生获临汾市公安局个人嘉奖；张宁、高扬、张智涵、刘玺、李洲洋、邓鑫、刘亚坤、范鑫、薛迎山被临汾市公安局评为全市公安系统抗击新冠肺炎疫情通报表扬个人。7月，邱绍杰获临汾市公安局个人嘉奖。12月，刘兆康、韩斐、丛强被临汾市公安局授予个人三等功；乔森、李伟峰、冯志强、王颖君、范磊、徐鹏伟、段斌、武楷钦、史峨、孙松年、吕伟、尚大为、张素明、陈晓洁、刘小红、左跃鹏、王晓珺、乔吉平、屈伟杰、廉润、毕斌、韩军、李保华、贾卫东、张军、张磊、吉晋、王希彦、李晋荣、王健获临汾市公安局个人嘉奖。

（张安民）

·临汾市公安局直属分局·

【概况】 2022年，临汾市公安局直属分局共有民警318人。根据临编发〔2010〕5号、临编办发〔2010〕83号、临编办发〔2013〕46号、临编办发〔2013〕47号、临编办发〔2013〕197号、临编办发〔2016〕53号，临汾市公安局直属分局共有12个内设机构（政工监督室、办公室、法制大队、警务保障室、防暴巡警大队、刑事侦查大队、治安管理大队、国内安全保卫大队、禁毒大队、经济犯罪侦查大队、情报信息中心、食品药品犯罪侦查大队）、9个派出机构（解放路派出所、辛寺街派出所、车站街派出所、乡贤街派出所、西街派出所、南街派出所、水塔街派出所、尧庙派出所、华州路派出所）、1个全额事业机构（临汾市公安局直属分局警犬基地）。

正科级单位16个，分别为政工监督室、法制大队、防暴巡警大队、刑事侦查大队、治安管理大队、国内安全保卫大队、解放路派出所、辛寺街派出所、车站街派出所、乡贤街派出所、西街派出所、南街派出所、水塔街派出所、尧庙派出所、华州路派出所、警犬基地；副科级单位6个，分别为办公室、警务保障室、禁毒大队、经济犯罪侦查大队、情报信息中心（加挂网络安全保卫大队牌子）、食品药品犯罪侦查大队。

2022年全年破获刑事案件603起，全年打掉犯罪团伙64个，全年打击处理774人，提请批准逮捕256人，全年起诉634人。全年查处行政案件2390起，处罚780人，全年调解各类纠纷2150起。被评为山西省信访系统先进集体。

【维护社会安定】 2022年，临汾市公安局直属分局化解风险隐患。围绕苗头隐患和热点问题，及时做好信息预警和化解处置工作，化解矛盾纠纷2000余起，未发生影响社会稳定的案、事件。加强信访工作。开展信访积案百日会战行动，共完成信访案件223起，领导接访38起，完成上级信访转办、交办案件140起，受理完成群众来访自诉案件83起，接待来访群众83人次。

【严打整治推进】 2022年，临汾市公安局直属分局共接警24421起，立各类刑事案件1468起，破获603起；抓获犯罪嫌疑人774人，打掉各类犯罪团伙64个；共抓获网上逃犯651名；缴获赃款赃物总价值1350万余元；刑事立案数同比下降31%，打击人数同比上升19%；受理各类治安行政案件4709起，查处2390起；行政处罚780人，其中行政拘留510人、罚款257人、警告10人。

常态化推进扫黑除恶斗争。加强源头治理、系统治理、依法治理、综合治理、长效治理。办结各类举报线索11条。举行了反有组织犯罪法宣传活动。加大突出犯罪打击力度。健全侦查破案新机制，开展夏季治安打击整治“百日行动”，打击各类突出违法犯罪，破获盗抢骗类刑事案件411起，打掉张某昌等人盗窃车内财物团伙，范某豪、薛某文等恶势力团伙，以李某某、张某某为首的跨省盗窃团伙等64个犯罪团伙。加强命案攻坚，共破获命案6起，其中现发命案4起、命案积案2起。其中经过指纹比对和不懈努力，侦破1996年吴某某、徐某某抢劫杀人案。打击整治电信网络诈骗犯罪。开展“云剑——2022”行动和“飓风”行动，聚焦“抓金主、端窝点、打平台、断资金”，采取多警参与联合作战，实施全链条、集群式打击，强化大案侦办。全年共破案电信网络诈骗案件305起，打击处理犯罪嫌疑人364人，止付金额787万元，冻结金额2917万元，线下返还资金204万元。先后打掉以王某为首的使用POS机为诈骗团伙转移赃款的多个洗钱团伙；捣毁多个架设VOIP设备帮助境外人员实施诈骗的犯罪窝点。打击经济犯罪。开展打击非法集资、传销等犯罪专项行动，破获各类经济犯罪类案件38案，涉案金额3.7亿元，刑事拘留37人，逮捕32人，取保24人，移送起诉61人，监视居住22人。处置非法集资案件9起，为群众返还资金1200万元。开展打击传销集中统一行动，取缔传销窝点5处，疏散、教育遣返传销人员40余人。打击涉毒违法犯罪。共破获毒品刑事案件2起，打掉一个吸贩毒犯罪团伙。落实社区戒毒管控措施，纳控吸毒重点人员，对社区康复、社区戒毒人员进行检测。打击食药领域犯罪。开展“昆仑2022”专项行动，破获食药类案件25起，打击犯罪嫌疑人42人，发起全国协查2起，办理部督案件1起；成功侦破“12·13”生产、销售假冒伪劣液化石油气案，抓获犯罪嫌疑人24名，捣毁生产、销售窝点31处，查扣二甲醚及掺混石油液化气百余吨，涉案金额4亿余元，震慑制售伪劣液化石油气犯罪活动。在公安部开展的“百日行动”专项活动中该案被列为部督案件，省委、省厅等主要领导对此案件给予高度评价。公安部专发贺电表扬，省公安厅进行了通令嘉奖。中央电视台二套、十三套新闻频道等主流媒体进行专题报道。加强文物案件侦办。抓获涉案犯罪嫌疑人21名，查获、追缴文物507件。开展打击整治养老诈骗专项行动。破获养老诈骗犯罪案件6起，涉案价值2970余万元，挽回经济损失16.3万元。打击“黄赌”违法犯罪。破获黄赌刑事案件24起，刑事处罚58人；查处黄赌行政案件191起，行政处罚426人。

【防控体系构筑】 2022年，临汾市公安局直属分局筑牢重要节点安保防线。全方位、关注“人、地、物、事、网、组织”等重点要素动态，完成党的二十大、市各级两会、专项安保、公务员考试、高考、中考等各类重大安保任务60余次，确保万无一失。加强社会面巡逻防控。围绕党的二十大安保工作，及时启动高等级勤务模式，出动巡逻警力3万余人次，警务车4000台次，出动警用电动车1000余台次，提高见警率和快速反应能力。常态化抓好疫情防控。根据疫情形势和各级疫情防控部门工作要求，调整分局工作方案和预案，运行“一指四组”常态机制，研究修订各类制度、方案、预案，推进社会治安防控体系建设。整合打通社区各类数据资源要素，完成智慧安防小区创建258个。深化“一标三实”基础信息采集应用，采集录入信息28.8万余条；加强智慧内保建设，138家重点单位落实“一制度三防范”；加强重点行业管理，清查各类住宿场所6500余家次，停业整顿娱乐场所5家。开展反电诈宣传工作。通过警企联合等多种形式开展反电诈宣传活动，推广实名注册“国家反诈中心”APP，发挥宣传平台作用，定期把收集到的最新电诈案例通过报纸、电视、广播、网络等新闻媒体进行发布。开展流动人口、出租房屋清理整治。按照“人来登记、人走注销”的要求，实行动态化管理，查处不按规定登记承租人信息案50起。

【服务保障强化】 2022年，临汾市公安局直属分局服务保障市区重点项目建设。实施精准服务、跟踪保障，确保“靓城提质”、五一路快速通道工程、棚户区改造等重点项目建设顺利实施。深化公安“放管服效”改革。引深“我为群众办实事”实践活动，加强和改进公安“互联网+政务服务”，落实户籍管理“跨省通办”和“全省通办”改革措施，2022年，共办理出生申报2068人，迁入3830人、迁出2719人，办理二代身份证19183人。为群众做好事700余件。优化营商环境。建立企业联系服务机制。局党委班子成员带头建立服务企业联系点，定期深入企业走访调研，帮助解决实际困难。各单位提高办事效率，为企业发展保驾护航。

【深化改革】 2022年，临汾市公安局直属分局推进派出所体制机制改革。落实公安部、省厅和市局部署要求，按照“先行试点、总结经验、以点带面、全面启动”的思路，成立派出所“一室两队”警务机制改革工作领导小组，研究制定改革工作方案，明确“七化”总体目标、三条改革路径和18项具体举措，建立综合指挥室、执法办案队、社区警务队工作规范，8个派出所按“一室两队”警务运行机制改革要求搭建组织架构、明确了职责任务、优化警力配置、完善工作机制。辖区刑事发案同比下降28%，打击破案率同比上升26%。全市公安机关警务机制改革现场推进会在该局召开。推进“情指行”一体化改革。推动传统警务向现代警务提速加挡、转型升级。

【法治公安建设】 2022年，临汾市公安局直属分局创新执法监督管理机制。推动执法监督管理委员会实体化运行，对重大敏感复杂案件提前介入，与办案单位捆绑作战。推行行政裁量权基准制度，健全对重大行政处罚、重大行政许可和较大数额财产强制措施审核制度。深化刑事案件“两统一”和涉案财物管理改革，强化“大考评”理念，积极探索推行执法办案积分制，坚持每日、每月通报、一案一考评制度，提升执法质效。健全完善诉讼保障机制。依托公安机关、检察机关侦查监督与协作配合机制，在该局设立侦查监督与协作配合办公室，加强法律监督衔接配合，提升执法水平，保证案件质量。依托执法办案管理中心，向前延伸监督触角，确保纠正及时、整改有效；持续开展行刑衔接合作，使行政违法与刑事犯罪交叉案件得到公正处理，确保有罪必究、适格处置。优化执法办案运行模式。建成集执法办案中心、案件管理中心、涉案财物管理中心及智能辅助等功能于一体的“一站式办案、合成化作战、智能化管理、全流程监督”的执法办案场所，打造“一站式”执法办案模式，实现执法办案、监督管理、服务保障“一体化”运行。

【队伍建设】 2022年，临汾市公安局直属分局把政治建警放在首位。全局各级党组织高举习近平新时代中国特色社会主义思想伟大旗帜，抓好政治教育、理想信念教育、忠诚体系教育和警示教育。强化公安队伍政治思想教育，确保绝对忠诚、绝对纯洁、绝对可靠。坚持以党建带队建。形成以党委为中心，以党总支为枢纽，以基层党支部为依托，以党务干部为骨干，以全体党员民警为基础的党建责任落实体系，党建制度化、规范化水平提升。落实“两个责任”。坚持常抓常管、严抓严管、实抓实管，逐级签订党风廉政建设责任书，确保党风廉政建设和反腐败工作贯彻落实到基层、到民警。净化公安系统政治生态。坚持“严”的主基调，巩固和拓展肃清流毒成果，净化政治生态。落实从优待警政策。做好先进典型选树、评比表彰、职级晋升、请休假、民警体检、慰问、警衔管理、工资调整等各项从优待警工作。分局荣立集体二等功1个、集体三等功2个，个人二等功2人、个人三等功10人，市局通报表扬集体3个、市局通报表扬个人3人，分局集体嘉奖10个、个人嘉奖30人、辅警二星嘉奖8人、一星嘉奖24人。2022年度调整干部28人、职级晋升88人，完成30名科级干部调整工作。提升警务实战能力。开展“五个能力”提升培训，组织全局民警开展2022年健步走活动，开设分局图书馆，组织全局民警开展实弹射击训练，组织开展警务实战红蓝对抗及技战术训练，举办疫情防控专题知识讲座，提高民辅警工作能力。做实文秘、宣传工作。在各类新闻媒体和网站对外宣传稿件552篇，撰写文秘材料500余篇，编发《公安简报》435期，服务全局能力提升。

【领导成员】

市公安局党委委员、副局长、直属分局党委书记、局长、二级高级警长：杨　勇

党委副书记、政委、二级高级警长：张安旭

党委委员、副局长、三级高级警长：段永刚

党委委员、副局长、四级高级警长：齐志清

党委委员、副局长、四级高级警长：王洪剑

党委委员：左永杰　张百明

副县级2人：

杨　勇　张安旭

正科级35人：

段永刚　齐志清　王洪剑　周文泉

张百明　贾江峰　方　勇　吴文丽（女）

姬建刚　李晓斌　张海斌　李志刚

张西喜　李　岗　牛志强　段文平

武君宁 李拥军 陈 琪 刘俊铭
陈 瑞 赵春怀 李俊峰 桓 华
石红伟 王建文 贾金虎 张武霞（女）
董 武 曹保平 乔军峰 陈临生
罗凤岐 曹荣生 闫 娟（女）
副科级58人：
张建伟 王 凯 宁景山 马 刚
郭红卫 王东红 王 栋 毛志远
李 琪 吴学斌 周新阳 卓亚伟
陈 明 郝孟超 高彦虎 任俊武
吉 锋 闫伟伟 余成强 赵 斌
柴演兵 薛 勇 景英锐 景华茹（女）
张朝阳 张乐勇 李海虎 刘华亮
张 坚 宋方超 杨大勇 张 琴（女）
原 伟 刘奇志 王鑫洁 刘明菊（女）
李向阳 宋必临 尉海波 景 尧
王 迪 王志坚 王世杰 畅晓楠（女）
石建民 冯志刚 张 剑 高华晖（女）
张旭华 李兵兵 武志威 刘 婕（女）
李鹏鹏 范艺录 张 喜 王 建（女）
马 卉 胡 娟（女）

附：获奖情况

“2022年1月，尧庙派出所被山西省委平安建设领导小组、山西省人力资源和社会保障厅授予2017—2020年度平安山西建设先进集体。

2022年6月21日，解放路派出所被临汾市公安局授予集体三等功。

2022年6月21日，防暴巡警大队被临汾市公安局授予集体三等功。

2022年6月21日，治安管理大队被临汾市公安局授予全市公安系统抗击新冠肺炎疫情通报表扬集体。

2022年6月21日，南街派出所被临汾市公安局授予全市公安系统抗击新冠肺炎疫情通报表扬集体。

2022年6月21日，情报信息中心被临汾市公安局授予全市公安系统抗击新冠肺炎疫情通报表扬集体。

2022年6月27日，分局受公安部专发贺电表扬。

2022年8月15日，分局被山西省信访局、山西省人力资源和社会保障厅授予山西省信访系统先进集体。

2022年9月23日，食品药品犯罪侦查大队荣获山西省公安厅通令嘉奖。

2022年7月4日，分局荣获临汾市公安局通令嘉奖。

2022年5月8日，李岗被公安部评为全国优秀人民警察。

2022年6月21日，马明被临汾市公安局授予全市公安系统抗击新冠肺炎疫情通报表扬个人。

2022年6月21日，赵军荣被临汾市公安局授予全市公安系统抗击新冠肺炎疫情通报表扬个人。

2022年6月21日，张东方被临汾市公安局授予全市公安系统抗击新冠肺炎疫情通报表扬个人。

2022年5月7日，刘华亮被临汾市公安局授予个人三等功。

2022年6月21日，姬建刚被临汾市公安局授予个人三等功。

2022年6月21日，郭庆坤被临汾市公安局授予个人三等功。

2022年9月20日，郭生智被临汾市公安局授予个人三等功。

2022年12月14日，李琪被临汾市公安局授予个人三等功。

2022年12月14日，马刚被临汾市公安局授予个人三等功。

2022年12月14日，张高山被临汾市公安局授予个人三等功。

2022年12月14日，闫泽斌被临汾市公安局授予个人三等功。

2022年12月14日，李兵兵被临汾市公安局授予个人三等功。

2022年12月14日，张百明被临汾市公安局授予个人三等功。

（吉晋河　闫泽斌）

·临汾市公安局东城分局·

【安保工作】 2022年，临汾市公安局东城分局强化情报信息搜集研判。围绕重点人群、重点节点，落实阵地管控，提前掌握各类人员活动情况21次、提早化解各类矛盾纠纷17起。打击网上政治谣言和有害信息，共上报各类情报信息13条。全年以来，通过大型活动安保平台共计签收反馈重点人员预警信息31条，均按照要求进行处置并反馈。防范打击邪教工作。按照反邪教支队要求，走访摸排辖区重点场所部位，人员情况平稳，暂无外来邪教人员。

【违法犯罪打击】 2022年，临汾市公安局东城分局坚持严打方针不动摇，继续推进扫黑除恶专项斗争，开展打击治理电信网络诈骗违法犯罪专项行动，组织开展各类专项打击行动，并取得成效。全年破获刑事案件27起，查处各类行政案件15起，现案发案同比下降17.02%；破获电信诈骗11起，抓获犯罪嫌疑人13人，及时止付资金141万元，冻结资金109万元，返还受害人资金8.59万元；破获养老诈骗案件1起，抓获犯罪嫌疑人1人；全年抓获逃犯7人，其中办案民警多次赴重庆抓获在逃23年的命案犯罪嫌疑人2人。2022年，辖区无命案、严重暴力犯罪案件发生。

打击群众关注的盗抢骗等案件。该局成立专业队伍，组织刑警、治安、防暴巡警、派出所多次召开治安联席会议、案情分析会，对相关警种层层压实责任。以现发案件为主攻方向，加大侦破工作力度，按照“现场勘察、信息录入、情报研判、串并侦查”的基本思路，快侦快破一批案件，对犯罪分子形成震慑。2022年，辖区内的盗抢骗等案件发案率明显下降，人民群众安全感提升。

打击电信网络诈骗违法犯罪工作。分局利用大数据平台进行分析研判，强化案件串并研究，加强与网监部门的协作，利用各种手段措施加强案件侦破力度。2022年共立电信网络诈骗案件28起，破案11起，完成紧急止付资金141万元，冻结资金109万元，采集涉诈前科人员5人，采集涉诈重点人员10人，核查采集率100%。核查涉案银行卡资金明细及主体共117人，呈请涉案银行卡冻结120张，网勘通录入案件28起，“国家反诈中心”APP录入案件28起。

打击民族资产解冻、性侵类诈骗专项行动。该局辖区涉民族资产解冻类诈骗人员101人，已认领列控101人，已核查到85人，撤控待审批30人。上级公安机关下发的性侵类线索2条，录入完成1条，刑专新版性侵类犯罪系统下发线索4条，已认领采集1条。

防范各类违法犯罪宣传工作。自开展反电信网络诈骗宣传活动以来，在辖区中心地带竖立大幅广告宣传版面4块、设立防诈知识宣传栏、“国家反诈中心”APP下载注册流程展示板块5块、悬挂宣传条幅15条。在广场设点宣传

8次，出动民警100人次，发放宣传物品（挂历、条幅、纸杯、抽纸、手提袋、鼠标垫等）共10000份、宣传资料3000余份。

【立体防控强化】 2022年，临汾市公安局东城分局加强冬春火灾防控工作。共出动警力60人次，警车24辆次，共排查企业、“九小场所”重点部位18家，对发现的问题隐患当场提出均已整改。加强生产经营租住村（居）民自建房风险隐患排查工作。共出动警力30人次，排查登记自建房12家，建立排查登记台账，未发现突出风险隐患问题。开展流动人口、出租房屋登记及人员管理工作。本年以来，共计登记流动人口415人，出租房屋93户，办理居住证375人。其中包含为外来务工人员子女入学101户，办理居住证283人。加强辖区重点目标单位反恐防范措施落实工作。检查中共发现存在安全隐患12处，提出整改意见和建议。加快智能安防社区建设。辖区内12个居民住宅小区安防系统建设基本完成，小区的楼宇门禁、车牌识别、车辆道闸、视频监控及高层可视对讲等设备基本全覆盖；接入该局指挥中心的社会资源边界平台工作建设完成，为立体化、信息化社会治安防控体系的建设打下基础。

【公共领域安全守护】 2022年，临汾市公安局东城分局全面强化公共安全监管力度。全年销毁枪支4支、各类弹药1342发，收缴军用弹62发；组织派出所盯紧“九小场所”火灾隐患整治，强化消防安全整治，开展高层住宅建筑消防安全综合整治工作，着力消除了飞线充电、线路老化等火灾风险隐患,整治消防安全隐患6处，排查存在飞线充电问题的住户16户，全部整改。投入疫情防控工作。核查各类数据765批次58915人次；共参与累计70个检测点的核酸检测工作，采集70402人次；全面强化互联网巡查力度。落实7×24小时网上巡查制度，及时发现、封堵、查证非法政治类有害信息，落地核查涉“415”线索1条，核查上级推送的涉警线索1条。

【警队建设】 2022年，临汾市公安局东城分局突出党建引领，强化政治建警。累计召开专题会议5次，组织开展警示教育培训2次，累计谈心谈话138人次，签订承诺书46份，健全完善9项制度，强化对党员民警的教育管理，净化分局政治生态。狠抓理论武装，打牢思想根基。党的二十大会议召开后，分局通过多种形式在民辅警中开展了二十大报告知识宣讲和知识测试活动，先后组织召开党委会议和中心组学习会40场次，各支部开展专题辅导、交流研讨100余场次。落实正向激励，抓实从优待警。结合党的二十大安全保卫工作，聚焦队伍建设，激励担当作为，开展先进典型选树活动，共推荐表彰奖励2个集体4名个人；常态化开展关爱机制，落实节假日福利发放、体检等从优待警措施，全年慰问集体4个，慰问安保、抗疫一线民警辅警20余人次，发放慰问物资5000余元，传递分局党委关心关怀；做好2022年辅警招录工作，完成15名考生资格审查，招录辅警7名，推动提高辅警职业保障水平，为分局43名警务辅助人员调岗增资34万余元。

【领导成员】

党委书记、局长：张鹏起（12月免）

党委委员、副局长：曹向东

王雄虎

党委委员：姚　敏

政工监督室主任：郝　新

治安大队大队长：龙爱国（12月免）

刑警大队大队长：谭刚民

刑警大队教导员：屈海涛

国保大队教导员：舒　斌（女，9月免）

桥东街派出所所长：孙铁胜（9月免）

桥东街派出所教导员：邱俊力

二峰山派出所所长：郭砚灵

附：获奖情况

2022年5月7日，在工作中表现突出，龙爱国被临汾市公安局授予个人三等功一次。

2022年6月21日，在防控疫情工作中表现突出，指挥中心获临汾市公安局集体通报表扬。

2022年6月21日，在防控疫情工作中表现突出，张亮、龙镜泽获临汾市公安局集体通报表扬。

2022年11月15日，在党的二十大安保工作中表现突出，薛志勇获临汾市公安局通报表扬。

2022年11月15日，在党的二十大安保工作中表现突出，桥东街派出所获临汾市公安局集体通报表扬。

（云雨晴）

·公安交通管理·

【交通管理工作】 2022年，尧都区公安局交警大队抓队伍党风廉政建设。用习近平新时代中国特色社会主义思想武装头脑，教育引导民警铭记“四句话、十六字”的核心要义，牢记初心和使命，践行责任担当，确保交警队伍绝对忠诚、绝对纯洁、绝对可靠。强化纪律作风养成。通过开展专题警示教育、谈心谈话、领导干部讲廉政专题党课等有效活动，把肃清流毒专项工作作为重要政治任务来抓，汲取教训，引以为戒。强化服务意识。立足本职岗位，唱响“人民公安为人民”主旋律，发挥公安交警执勤点多、线长、面广的优势，紧盯人民群众遇到的“急、难、愁、盼”问题，开展为人民群众服务活动，队伍中产生一批先进模范典型，践行尧都公安交警全心全意为人民服务的宗旨。2022年收到社会各界和人民群众送来的锦旗30余面，感谢信20余封。

【事故处理工作】 2022年，尧都区公安局交警大队围绕“减量控大”总目标，聚焦“五大硬仗”，组织开展防风险、保安全、护稳定活动，维护全区道路交通安全形势总体平稳。全年大队辖区发生道路交通事故适用于一般处理程序的318起，死亡42人，伤人315人，直接经济损失101471元，与上年同期相比事故起数增加5起，上升1.6%；死亡人数减少20人，下降32.26%；受伤人数增加17人，上升5.7%；直接经济损失增加8001元，上升8.56%。2022年大队在全市公安交警系统预防事故“减量控大”整体工作考核中名列第一。

【秩序管理工作】 2022年，尧都区公安局交警大队根据该区交通违法和交通事故的特点和规律，以国、省道，城市道路及农村道路为主战场，盯住易肇事肇祸的重点时段、路段，实行“面上控、线上纠、点上查”工作方式，组织开展酒驾醉驾、交通安全隐患排查、农用三轮车违法载人等专项整治活动，强化路面管控。加大对无牌无证、酒驾醉驾、大货车不靠右行、三超一疲劳、农用车载人、三轮车违法载人等严重交通违法行为的查处力度，强化交警执法的惩戒、震慑、教育和警示作用。全年共出动警车2000余辆次、警力18000余人。

据统计，共查处各类交通违法42020起，其中查处酒驾775起、醉驾57起、现场处罚大货车超速1224起、机动车不按规定停放11514起、无证1220起，无牌711起、超员122起、超载980起、逆行315起、非机动车交通违法行为11419起、城市道路工程运输车交通违法行为278起、未按规定佩戴安全头盔545起、机动车不按规定车道行驶2931起、汽车驾乘人员不系安全带8907起、违法载人399起、三轮车违法1462起，依法扣留违法载人三轮车293辆、拘留42人、奖励举报人31起，因三轮机动车违法载人提请政府或相关行业主管部门处罚工地或市场24处。通过电子警察对辖区国、省道超速、闯红灯等交通违法行为进行自动检测、抓拍，共录入违法行为数据32963例，其中超速违法4509例，闯红灯违法10632例，不系安全带457例，不按规定车道行驶8423例，闯禁令违法2823例，开车接打电话519例，逆向行驶3068例，不礼让行人564例，单双号限行1968例。

【车驾管业务】 2022年，尧都区公安局交警大队车驾管业务中围绕“放管服”改革措施，通过开展延时服务、微笑服务、预约服务、上门服务等一系列“我为群众办实事”活动，提升人民群众的满意度。全年共办理业务26219笔。其中，机动车注册登记4580辆，核发检验合格标志1070辆，转移登记732辆，转入登记340辆，变更登记236辆，补领行驶证204辆,档案更正29笔，抵押登记85笔。驾驶证业务办理4065笔。组织汽车驾驶证业务考试17718人次，受理摩托车驾驶证业务6829人次，考试合格5856人次，为群众网上申领电子驾驶证2000人次。

针对“两客一危”重点车辆，排查走访运输企业160余家，检验600余辆，签订安全责任书400份，召开约谈会50余次，督促运输企业人车比全部完成1：1，逾期未换证完成100%，逾期未审验完成100%，逾期未报废7辆，清剿部局通报车辆22辆，检验车辆4200余辆、消除交通违法6200余条。清除总队通报重点交通违法行为300余条，同时督促本月临界车辆按时参加检验，避免违法行为累计增加。

【“靓城提质”工作】 2022年，尧都区公安局交警大队按照《关于实施尧都区“一街一巷一店一校一社区”工作模式的方案》要求，推进“五纵六横”11条精品示范街，并把学校、医院、商圈等重点区域纳入示范区进行重点管理，配合静态公司在东城规划设置401个停车位，设置尧贤街北延古镇路口交通护栏130米，人行横道标志牌2块，前方掉头标志牌2块，对东城城区交通隔离防护栏8800余米进行清洗保洁。采取机关民（辅）警上高峰岗加大路面见警率，执行《临汾市电动自行车管理条例》规定与要求。利用交通安全小程序在线教育纠正各类违法行为62629条，其中不佩戴头盔18602条、不按规定车道行驶1074条、逆行1064条、未悬挂号牌789条、违法载人236条、横穿马路64条、闯红灯47条、压线166条、违法停车3748条、不系安全带86条、违法载货7条、恶劣天气应急处置242条、重大勤务安保处置

11条、非机动车越过停止线等候信号灯79条、交通拥堵处置398条、喷涂严禁载人3条、疫情管控核查33974条。市民的出行守法意识，规则意识，安全意识，文明意识明显增强。

【领导成员】

大队负责人：董　文（9月免）

大 队 长：申红星（9月任）

教 导 员：张海涌

副大队长：赵志高　陈　镜

总支副书记：苏朝华（11月免）

办公室主任：薛　峰

秩序科科长：李文勇

车管所所长：魏爱军

法制室主任：褚运生

指挥中心主任：李　莉（女）

一中队负责人：张　军

二中队负责人：乔安峰

三中队中队长：刘兆彬

四中队中队长：任春合

五中队中队长：张战良

公路巡逻中队负责人：赵维明

空港中队负责人：李水荣

张韶敏（女）

事故处理中队负责人：李仁智

交通设施科、环境监察中队负责人：乔 刚

（郭海霞）

检　察

【概况】　2022年，临汾市尧都区人民检察院有正式干警141人，核定中央政法专项编制68名，实有在编干警65人，未入编0人，工勤人员26人，事业编9人。院班子成员10人（1名为党外干部），分别为检察长1名、副检察长4名、政治部主任1名、专职委员3名。科级以上干部19名。员额检察官26人。现有党员193人，党委1个，支部6个，17个党小组。司法体制改革后，经省编办批准设8个内设机构，分别是办公室、政治部、第一检察部、第二检察部、第三检察部、第四检察部、第五检察部、综合业务部。保留2个检察室，即派驻尧都区公安局检察室、派驻临汾市公安局直属分局检察室。

【刑事检察提质增效】　2022年，临汾市尧都区人民检察院共受理审查逮捕各类刑事犯罪502件700人，批准逮捕369件518人，依法不批准逮捕143件199人；共受理审查起诉1166件1662人，审查提起公诉743件1050人，依法不起诉239件272人。认罪认罚适用率87.21%，确定刑量刑建议提出率97.29%，采纳率94.13%。监督公安机关立案200件，撤案167件。纠正漏捕、漏诉137人。针对公安机关侦查活动违法提出纠正453件次，纠正463件次。办理的李某某涉嫌危险驾驶罪一案入选省院醉酒型危险驾驶类典型案例。对执行活动违法情形(非监外执行）提出纠正91件，纠正91件；社区矫正监管活动违法情形提出纠正710人，纠正710人；财产刑执行履职不当发出纠违42件，均纠正。

【民事行政工作】　2022年，尧都区人民检察院共受理民事生效裁判类案件4件，提出再审检察建议2件,提请抗诉2件（含2021年受理的1件），市院提出抗诉2件，审查1件。受理民事审判活动监督案件2件，提出检察建议2件，采纳2件。受理民事执行监督案件3件，提出检察建议1件，采纳1件，终结审查1件，不支持监督申请1件。受理支持起诉案件35件，支持起诉35件，为农民工追回劳动报酬共计486498元。受理行政执行监督案件1件，提出检察建议1件，采纳1件。受理行政审判监督案件1件，提出检察建议1件，采纳1件。办理行政社会治理类检察建议7件，提出检察建议7件，采纳7件。办理实质性化解行政争议案件30件。

【公益诉讼拓展】 2022年，尧都区人民检察院发现行政公益诉讼线索73件，立案73件，发出诉前检察建议71件，磋商函2件，制发社会治理类检察建议1件。其中，食品安全领域24件，药品安全领域1件，生态环境领域17件，国有财产保护领域4件，国有资源保护1件，安全生产领域19件，个人信息安全领域1件，其他领域4件。办理的洰河赵下村段阻水林木侵占河道行政公益诉讼案入选临汾市人民检察院、临汾市河长制办公室联合发布典型案例。

【信访申诉办理】 2022年，尧都区人民检察院共办理信访214件，其中来信1件、来访194件、网络19件，均在7日内告知"已收到、谁在办"，3个月内办理过程或结果答复率达到了100%。共办理涉法涉诉控告申诉案件88件，均已办理完成，释法说理到位，矛盾冲突化解。共办理司法救助案件148件148人，发放救助金额89.79万元。

【未成年人检察守护】 2022年，尧都区人民检察院共受理审查逮捕涉未成年人犯罪案件60件99人，批准逮捕39件55人，起诉36件59人，不起诉10件14人，制发督促监护令123份。联合区技工学校、区妇联设立未成年人观护帮扶基地、尧都区未成年人保护家庭教育指导中心。牵头组织召开"保护少年的你·携手落实'两法'共护祖国未来"联席会，会同16个部门出台落实强制报告制度意见、入职查询细则。《离家流浪的孩子与父亲解开"疙瘩"》被《检察日报》宣传报道；办理的依法督促区教育科技局落实强制报告制度行政公益诉讼案入选全省典型案例。

【领导成员】

党组书记、检察长：曾新平

党组副书记、主持日常工作的副检察长：刘　军

党组成员、副检察长：陈晔暄　胡武平

副检察长：刘丽华（女）

党组成员、政治部主任：刘　伟

专职委员：张　翔（8月免）
陈晋生　郭瑞华　穆小元

副科级检察员：王天荣　孙保峰
李　军　李晋峰
杨林林　何勇杰
陈晋平（8月免）
高晓明　贾海潮

附：获奖情况

2022年9月，临汾市尧都区人民检察院张凯琦在2022年度新征程杯全省人民防线宣教比武大赛荣获一等奖；12月，临汾市尧都区人民检察院张凯琦被临汾市青年志愿者协会授予"青年志愿先锋"荣誉称号。

（孙思萌）

法 院

【年度目标任务】 2022年，尧都区人民法院共受理各类案件14880件，结案14702件，在全省134家法院中排名第48，在全市17家基层法院中排名第6，全年审判、执行、诉服质效指标得分1055.2分，在全省120家基层法院中排92名。受理刑事案件953件，审结867件。受理民事案件9978件，审结9172件。受理行政案件161件，结案148件。受理执行案件5049件，执结4898件，执行到位金额7.5571亿元。

【党建工作】 2022年，尧都区人民法院全年召开党组会52次，坚持每周五进行党组集中学习，共学习44次，专题研讨4次；开展4次意识形态学习及形势研判，党组书记讲意识形态专题党课1次，党组书记与班子成员签订《意识形态工作责任书》；召开3次党组（扩大）会议，集中学习党的二十大精神。开展“星级化”评定工作，评定四星级支部2个，三星级支部5个；各支部开展主题党日活动共84次，党组书记、班子成员、支部书记上党课共计29次；开展党员培训3次70余人次；发展党员2人，培养入党积极分子7人；开展民主生活会2次，组织生活会1次；安排各党支部与其所属社区对接，开展服务基层社会治理工作；组织党员干警前往安泽县太岳红色教育基地、永和县东征纪念馆等红色教育基地深入领会革命精神；开展“喜迎二十大，奋进新征程”暨建党101周年文艺会演、“巾帼心向党 奋斗新征程”系列活动、“迎‘五一’·庆‘五四’”趣味运动会；“七一”前夕，对2个先进基层党组织，16名优秀共产党员，予以表彰；年终对5个集体、30名优秀干警及2名优秀党务工作者给予表彰。2022年，区人民法院被命名为“临汾市第三批社会主义核心价值观建设示范点”。

【党风廉政建设】 2022年，尧都区人民法院坚持把加强党风廉政建设摆在全院工作重要位置，层层签订党风廉政建设责任书。创建清廉法院，依托司法作风突出问题集中整治，共开展督察7次，通报司法作风问题41项。开展队伍教育整顿后续工作，扎实抓好肃清流毒影响、涉法涉诉信访案件评查化解等教育整顿重点工作。开展“以人民为中心”的执法司法理念集中教育、“争先、进位、崛起”解放思想大讨论、肃清孙力军政治团伙流毒影响、“向人民群众交好账”等活动。召开警示教育会议3次，组织观看警示教育片《零容忍》。

【惩治刑事犯罪】 2022年，尧都区人民法院常态化开展扫黑除恶；打击电信网络诈骗犯罪，审结电信网络诈骗案87件；开展打击整治养老诈骗专项行动，排查出3案，建立专案台账。与全省三级法院共同开展打击整治养老诈骗联合宣传活动，共发放宣传页、顺口溜彩页600余份、张贴海报50余张、解答群众咨询80余人次。打击生产销售有毒有害食品、假药犯罪，审结相关案件10件。审结贪贿、渎职等职务犯罪案件3件。

【法治尧都建设】 2022年，尧都区人民法院支持行政机关发挥经济调控、市场监管、公共服务等职能，推动行政争议实质化解。发挥行政审判司法监督作用，邀请人社局、市场监管局等单位20余人次旁听案件庭审。

【优化营商环境】 2022年，尧都区人民法院践行“法治是最好的营商环境”理念，制定尧都区法院营商环境工作实施方案。推进民商事案件类型专业化分工；推进家事审判改革，办结各类民生案件1126件，审结土地承包、流转等涉“三农”案件38件，审结追索劳动报酬等案件25件。受理各类涉企案件6128件，已结5755件；受理知识产权案件立案51件，已结36件；受理国有、集体企业破产清算案件5件，破产终结1件，剩余4件已宣告破产，待财产变现、职工安置后依法终结。开展联企服务专项活动，院党组一班人带头深入尧都农商行、中石化临汾公司等企业进行调研20余次，宣讲政策法律，倾听企业诉求，精准解决难题。

【执行工作】 2022年，尧都区人民法院围绕“3+1”核心指标，提升执行质效，有财产可供执行案件法定审限内执结率100%，无财产可供执行案件终本合格率100%；执行信访办结率100%；执行案件执结率97.03%。开展“三晋执行利剑”集中攻坚行动，以拘传、搜查、腾房、集中发放案款、网络直播执行行动等多种形式，敦促被执行人自觉履行法律义务，依法惩处拒执违法犯罪行为，共执行到位金额901万余元。

【一站式多元解纷和诉讼服务体系建设】 2022年，尧都区人民法院指派调解人员常驻区矛调中心，将矛盾化解在萌芽状态。诉前调解收案6919案，调解成功3832件，调解成功率59.31%，其中音视频在线调解案件占比63.04%。质效平台2.0+版的得分稳定在95.5至96分，高于临汾市平均得分，并列排名全市第一、全省第一。在尧庙镇新百汇社区党群服务中心增设远程视频调解室，立案法官每周固定时间通过远程视频开展法律咨询。

【智慧法院建设】 2022年，尧都区人民法院深化在线诉讼模式运用，开通移动微法院、人民法院调解平台、律师服务平台、委托鉴定系统、网上保全系统、统一送达平台、道交一体化平台等在线服务平台，努力推进“一次办好”和“一网通办”。庭审直播案件数共计2060件，观看人数达23万人次；利用远程网络技术开展“云庭审”348案696人；法律文书电子送达率为37.75%；在线委托鉴定500余件。

【人民法庭建设】 2022年，尧都区人民法院尧庙法庭挂牌入驻尧都区矛盾纠纷多元化解中心，归口办理环资类案件，组建环资类案件审判团队。北城法庭归口办理物权纠纷、与房屋、土地等不动产有关的合同纠纷、与农村农业有关的合同纠纷等案件。河西法庭积极服务新型城镇化建设，重点关注征地拆迁纠纷、集体资产处置等法律问题，法庭年巡诊量达300余起，化解纠纷100余件；挂牌汾河生态环境保护法庭，设立点对点形式的环境保护站，进行环保治理。探索创建“一核多元化”矛盾纠纷解决机制。2022年11月，被最高人民法院确定为“打造枫桥式人民法庭，服务基层社会治理”典型法庭。

【司法责任制落实】 2022年，尧都区人民法院坚持落实随机分案，设置法官承诺墙，在全院公示所有法官的办案指标。完善院庭长审判监督管理办法和“四类案件”管控机制，院庭长办理案件1794件，占全院结案总数的30%。组织召开审委会会议12次，讨论案件35件，促进裁判尺度统一。

【法院队伍建设】 2022年，尧都区人民法院配齐班子队伍，平均年龄由55.6岁降低为49.3岁，实现班子队伍的年轻化、专业化，增强队伍凝聚力。择优遴选5名员额法官，招录6名助理。将习近平法治思想、党的二十大精神等纳入党组学习、全院干警学习教育计划；组织全院干警开展政治理论培训30余次，参与人数3000余人次；共组织业务学习16次500余人次；隔周开展“尧都区人民法院大讲堂”集中学习，全年开展16期，累计参与学习人数达1500余人次。全院干警积极参与省高院学习二十大精神在线测试30期，被省高院微信公众号上榜表彰8次。组织召开青年干警座谈会，助力青年干警逐梦起航。共有15名干警17人次荣获省市区表彰。

【领导成员】

党组书记、院长：贺　博

党组副书记、主持日常工作的副院长：李坤鹏

党组成员、副院长：王俊奇

王建民

解炳华

党组成员、政治部主任：冯玉萍（女）

党组成员、审判委员会专职委员：江红斌

侯　鹏

科级干部：张安仓　李高岭　段全年

牛国平　谢亚军　段成钢

张利民　李晋英（女）

王义和　乔清民　史京宇

柳宏讯　王秉相　张志松

葛丽琼（女）　赵　英（女）

附：获奖情况

2022年12月，临汾市尧都区人民法院被命名为“临汾市第三批社会主义核心价值观建设示范点”。

2022年11月，临汾市尧都区人民法院河西法庭被最高人民法院授予“服务基层社会治理 枫桥式人民法庭”典型法庭。

2022年12月，冯玉萍被临汾市中院授予个人三等功。

2022年12月，曹红印被临汾市中院授予个人三等功。

2022年12月，杨松被临汾市中院授予个人三等功。

2022年12月，王义和被临汾市中院授予个人三等功。

2022年12月，李晋英被临汾市中院授予个人三等功。

2022年12月，张华被临汾市中院授予个人三等功。

2022年12月，魏昕被临汾市中院授予个人三等功。

2022年10月，魏昕被山西省高院评为“一站式”建设先进个人。

2022年10月，张娟办理的张列建材厂诉临汾市规划和自然资源局矿产资源许可一案，入选2021年度全省行政审判十大案例。

2022年1月，贾婧被山西省高院评为张中

生案件审理表现突出个人。

2022年9月，张敏慧撰写《新时代法学专业高质量发展的思考》论文，被山西警察学院评为二等奖。

2022年12月，程泽明被临汾市青年者协会评为青年志愿先锋。

2022年12月，刘少波被山西省高院评为山西法院政治工作先进个人。

2022年9月，赵岚撰写《新时代法学专业高质量发展的思考》论文，被山西警察学院评为二等奖。

司法行政

【概况】 2022年，尧都区司法局坚持以政治建设为引领，在乡镇综合执法体制改革、营造社会发展环境等方面，发挥司法行政职能，为全区经济社会稳步发展提供法治保障。

【政治建设】 2022年，尧都区司法局围绕党的政治建设，加强政治理论学习。健全政治理论学习制度，将学习习近平新时代中国特色社会主义思想、习近平总书记考察调研山西重要讲话重要指示精神纳入党组（党委）及各支部学习的重要内容，列入全体干警和法律服务工作者培训的必修课。巩固拓展党史学习教育和政法队伍教育整顿成果，执行《新时代政法干警十个严禁》，建立健全各项规章制度，做到标本兼治，长效管理。全面从严治警，打造忠诚干净担当的司法行政铁军队伍。

【党的建设】 2022年，尧都区司法局落实全面从严治党主体责任。强化领导班子建设和主体责任意识，落实“一岗双责”，强化履职担当，抓好抓实中心组理论学习、“三会一课”、“主题党日+”、民主生活会（组织生活会）、“定、查、评”等党建活动。遵守民主集中制，遵循议事规则和决策程序，贯彻落实“三重一大”决策制度。强化纪律意识和规矩意识，执行中央“八项规定”，落实好两个《条例》内容和党风廉政建设主体责任；召开党风廉政建设和反腐败工作会议，层层签订党风廉政建设目标责任书，严肃党内政治生活，强化执纪监督，推进全面从严治党向纵深发展。

【清廉尧都建设】 2022年，尧都区司法局推进清廉尧都建设工作。制定《尧都区司法局关于全面建设清廉法治尧都的行动方案》，成立工作专班，召开领导班子会议，将清廉法治尧都建设工作列入局工作管理目标，与行政工作共同部署，狠抓落实。在局机关走廊悬挂十二块清廉宣传挂图，打造机关清廉文化墙，营造司法行政机关清廉文化氛围，在各个假期前召开会议，要求全体人员节日期间遵守廉洁纪律。

【司法行政队伍建设】 2022年，尧都区司法局强化司法行政队伍建设。下发《纪律作风整顿的通知和全体工作人员平时考核工作实施方案》，加强日常性、制度性教育和全局人员的纪律作风管理。制定详细的考核细则，全体人员每月填报考核表，将考核结果纳入档案。在目标考核上下功夫，将全系统每个基层单位和股室纳入年度目标责任考核范围。

【“向人民群众交好账”实践活动开展】 2022年，尧都区司法局制定《尧都区司法局关于开展“向人民群众交好账”实践活动的实施方案》。于6月29日召开动员部署大会，该局局长马俊武主持会议，作动员讲话，对活动进行安排部署，提出明确要求。通过走访各基层党支部、法律援助中心、公证处及各司法所所在乡镇街道，同24个基层司法所所长逐个“面对面”座谈的方式，向群众、党员干部发放调查问卷100余份；征求听取群众意见、了解民生需求，对照工作职责，梳理出群众“需求清单”。根据群众“需求清单”，制定“服务清单”共7条。

【乡镇综合执法体制改革】 2022年，尧都区司法局按照区委抓党建促基层治理能力提升专项行动部署，该局牵头成立乡镇综合执法队伍建设专班，推进改革工作落实到位。组织召开行政执法调研座谈会，就加强行政执法主体和队伍建设、规范行政执法活动等方面内容进行交流研讨，就亟需解决的问题与上级部门反映沟通。结合工作实际制定相关实施方案和16项工作制度。安排法律专家对执法人员进行培训，组织全区266名执法人员参加执法考试，210人获取执法证件，清理不符合执法资格人员66名。对乡镇街道综合行政执法事项清单进行动态调整，梳理行政执法事项清单37项。

【依法治区开展】 2022年，尧都区司法局对全区86家单位包括各乡镇（街道）、区直各单位、各部门进行法治建设工作目标责任考核。8月19日，召开区委全面依法治区委员会第四次会议，对全面依法治区工作作出部署。向全区各单位下发关于学习《习近平法治思想学习纲要》的通知，组织全区各单位学习并贯彻《习近平法治思想学习纲要》内容及精神。针对省委依法治省和市委依法治市督察组反馈意见，下发整改方案，督促各单位进行整改。

【公共法律服务】 2022年，尧都区司法局实施免费法律咨询便民工程和特殊群体法律援助，法律援助中心每日安排律师或基层法律服务工作者值班，已解答法律咨询8531件，任务完成率110.79%。开展法律援助工作，共受理各类法律援助案件368件。对全区11家律师事务所、96名执业律师、2名法律援助律师、4名公职律师进行年度考核。对全区3家基层法律服务所，16名基层法律工作者进行年度注册检查考核。在“互联网+监管”系统录入监管行为，2022年监管行为报送数840件，监管行为覆盖度88.89%。

【普法依法治理】 2022年，尧都区司法局以宪法宣传为核心，以落实“谁执法谁普法”责任制为抓手，扎实推进法治宣传工作。开展中国特色社会主义法律体系宣传教育，共开展宪法、民法典、法律援助法、密码法、国家安全、网络安全、电信诈骗等宣传活动300余次，悬挂各式宣传横幅标语100余条，共发放宣传资料8万余份。2月23日，组织召开全区法治宣传工作会议。组织各乡镇、街道办事处“法律明白人”“学法用法示范户”参加学法用法大讲堂。申报第二批省级民主法治示范村（社区），为民主法治示范村（社区）制作版面125块。

【社区矫正与安置帮教】 2022年，尧都区司法局社区矫正中心在矫对象599名，其中缓刑

584名，暂予监外执行13名，假释2名。根据山西省司法厅安排，组织司法所对本辖区内的所有社区矫正对象和社区矫正工作人员更新升级使用平台和手机APP，为社区矫正提供信息化保障。对社区矫正对象和重点安置帮教对象进行走访摸排，严格请假外出审批程序。按照智慧矫正中心建设标准，重新划分3区18室，社区矫正中心规范化建设水平显著提高。

【预防和化解社会风险能力提升】 2022年，尧都区司法局制定印发《关于开展“调解护稳定，喜迎二十大”专项行动实施方案》，强化“调解七进”，开展矛盾纠纷的排查调处工作，调处各类矛盾纠纷697起，为党的二十大召开营造社会环境。组织广大基层人民调解员参加线上培训27期。车站、尧庙、贾得、汾河司法所组织本辖区人民调解员开展线下培训。推进“枫桥式”司法所创建工作，9月中旬在刘村镇司法所试点召开现场观摩暨推进会，创建工作走在全市前列。对2021年下半年的调解案卷进行评审，发放调解补助21500元。

【政府法制】 2022年，尧都区司法局发挥职能作用，开展政府法制建设。向各乡镇街道、区直各单位下发关于做好法律顾问工作的通知，督促各单位按照要求聘请法律顾问。参与政府规范性文件、重大项目及重大事项合法性审查。依托政府法律顾问，对政府签订重大项目合同以及制定规范性文件，进行合法性审查。共审查政府规范性文件1份，征求意见答复10份。加强行政应诉、行政复议工作，共计受理行政复议案件23件，办结22件。协办行政应诉案件157件，民事应诉案件4件，办理经过复议后应诉案件3件。

【领导成员】

党组书记、局长：马俊武

党组副书记、党委书记：温卫红

党组成员、副局长：景志坚　葛志华

党组成员：靳宗寿

一级主任科员：鲍树红（女，11月任）

郑亚红（11月任）

二级主任科员：乔振芳（女）

史菊香（女）

王晓君（女）

副主任科员：解端阳

乡科级副职干部：郜红平　段明明

二级主任科员：郭庆礼（5月免）

华尧公证处主任：梁久强

华尧公证处副主任：刘小亮

社区矫正中心主任：李　星

附：获奖情况

2022年10月，尧都区司法局被省人社厅、省司法厅评为山西省法治政府建设先进集体。

2022年12月，韩勇被省委政法委表彰为全省政法系统学习宣传贯彻党的二十大精神网络知识答题活动中被评为优秀个人。

（解端阳）

民主党派及工商联

民革临汾市尧都区委

【概况】 2022年，民革尧都区委现下辖3个支部，文律支部、经建支部、老年支部，共有党员51人，专职人员1名。2022年，担任临汾市政协委员1人，担任民革临汾市委副主委1人、民革临汾市委委员2人，担任尧都区人大代表1人，尧都区政协常委2人、尧都区政协委员11人。

【参政议政】 2022年，民革尧都区委围绕中共尧都区委、区政府的中心工作，发挥人才优势，将履行职能、参政议政作为工作的核心，通过多种形式，推进工作的开展，共撰写调研报告2份、提案25份、社情民意41份，取得了丰硕的成果。一年来，区民革党员建言范围涉及经济、文化、旅游、城建、三农、卫生、环保、交通、乡村振兴等诸多方面，得到相关部门采纳，受到社会各界好评。张亚芳主委代表民革尧都区委作题为《加强我区农产品物流体系建设，促进智慧尧都发展》的大会议政发言，党员张永良撰写的《解决视残障人群困难，推动无障碍环境建设》入选议政发言材料汇编，焦亚辉撰写的《关于违规三轮车、四轮新能源电动车管理办法的建议》、郝雷明撰写的《建议分期赎买三七收费站部分权益》、逄志俊撰写的《提升乡镇政府综合执法能力的几点建议》、王刚撰写的《国家部分地区重启供销社引发广大群众关注》、卢超撰写的《关于涉及林区施工注重防火的建议》、焦国栋撰写的《政府不应再批复收回土地、避免成为行政诉讼的被告》、乔俊丽撰写的《关于适量布置作业的建议》、乔怡撰写的《关于加强全民健身场所设施建设管理的建议》等社情民意均被列为重点建议被相关部门采纳，为尧都经济建设贡献力量。

【自身建设】 2022年，民革尧都区委强化思想建设，夯实政治基础。2022年，区委会始终把思想政治建设摆在首位，以习近平新时代中国特色社会主义思想为指导，学习中共二十大精神。9月，民革区委会组织全区民革党员在刘村镇红色基地——秦家大院，开展“观红色故居、庆国庆、喜迎二十大”主题活动，参观刘村镇秦家大院八路军学兵队驻地、《游击队歌》诞生地旧址。通过主题活动，全体党员接受革命传统教育，加深对中国共产党伟大革命历程的认识，坚定“不忘初心、牢记使命”的政治信念。10月，民革区委会组织党员观看中共二十大开幕会，聆听习近平总书记所作的报告，通过学习，民革尧都区委全面贯彻习近平新时代中国特色社会主义思想，深刻领悟“两个确立”的决定性意义，增强“四个意识”、坚定“四个自信”、做到“两个维护”，为全面建设社会主义现代化国家、全面推进中华民族伟大复兴而团结奋斗。组织建设稳步发展，按照程序发展党员。2022年，区委会按照程序考察发展1名新党员，全区党员按照党章要求，交纳党费。搞好思想政治阵地建设，搭建学习交流平台。区委会通过微信学习平台宣传好民革的各项精神和工作，为党员征订《团结报》，报送《民革简讯》反映工作动态，利用《团结报》、《团结》杂志、民革中央网站、民革微信公众号等舆论宣传阵地，做好党员的教育引导和思想工作。

【社会服务】 2022年，民革尧都区委凝心聚力同心抗疫。疫情当前，尧都区全域实施静态管理期间，在民革临汾市委、区委倡议下，全区民革党员贯彻落实党中央决策部署和区委、区政府工作要求，投身抗疫斗争。民革尧都区委领导班子和党员深入社区，与社区对接，认领工作任务，协助做好社区疫情防控工作。民革党员每天按时到达核酸检测现场，维持现场秩序，宣传疫情防控政策，为小区居民买药、买菜、购物提供信息，帮助他们解决实际困难，为筑牢群防群控防线贡献力量。民革党员乔怡在社区做志愿服务，为新百汇社区、邦泰·百汇府邸物业、天龙救援队捐赠方便面十余箱。开展法治宣传服务活动。2022年7月，民革区委副主委逽志俊律师及其法律服务团队赴临汾市第四中学与学校负责人共同起草并审查《临汾四中校服采购管理办法》，为依法治校提供帮助。9—10月，配合该校完成教职工家属居住危房的搬迁工作。11月再次为该校学生普及宣传《青少年保护法》《中小学教育惩戒规则》等法律法规。民革党员通过参加活动，在各自的工作岗位上树行业形象、以实际行动为建设家乡出实招、办实事。民革党员焦亚辉、逽志俊、焦国栋、宋红星、李欣、郭冬冬开展法律宣传、法律援助活动，为群众提供咨询服务，为台资企业提供法律服务方面做出贡献。原老领导郭鸿禧、郑九云起模范带头作用建言献策；贾新征利用自身特长，培训辅导农村文艺宣传队，下基层义务表演；程洁莉、郭敏华、杜明、郝雷明、卢超、樊子闰、乔怡分别在教育、水利、电力、建设、旅游一线，为全区民生工作做贡献；王刚、王斌斌、南方雍、刘斌、郑丽红、郭海宾、狄旭焱、蒋诚、梁素杰、贾莉莉、李凯文、樊云龙守法经营、照章纳税，为该区经济发展做贡献。

【祖统工作】 2022年，民革尧都区委通过“两岸情”诗社做好祖统工作。区委会贯彻习近平总书记关于对台工作的重要论述和中共中央对台决策部署，捍卫一个中国原则和“九二共识”，反对“台独”分裂，推进祖国统一工作。诗社成立以来，收集原创诗词楹联作品3000多篇。2022年12月民革区委征集原创春联作品，与襄汾支部联合举办“两岸一家亲，迎新送春联”活动，将原创作品写成春联寄往台湾，“以情促融”促进两岸文化交流，做好祖统工作。

【领导成员】

主　委：张亚芳（女）

副主委：焦亚辉（女）　郝雷明

逽志俊（女）　卢　超

土　刚

附：获奖情况

2022年，民革尧都区委获民革临汾市委会“年度思想建设工作先进集体”奖。

张亚芳获“民革临汾市委会反映社情民意先进个人”、尧都区“优秀政协委员”荣誉称号。

逯志俊获尧都区“优秀政协委员”荣誉称号。

张永良获“民革临汾市委优秀党员”、尧都区“优秀政协委员”等荣誉称号。

李欣获“民革临汾市委优秀党员”称号。

樊子闰获“民革临汾市委优秀党员”称号。

（张亚芳）

民盟临汾市尧都区委

【概况】 2022年，民盟临汾市尧都区委下辖8个支部，盟员170人，负责联系民盟尧都区各支部，围绕党委和政府中心工作开展活动，履行政治协商、参政议政、民主监督职能。盟员中担任副处级以上职务2人，科级以上职务6人，共有17人担任市、区人大代表和政协委员。

【思想建设】 2022年，民盟临汾市尧都区委思想引领工作。按照盟市委和区委统战部的统一安排，民盟尧都区委开展“矢志不渝跟党走，携手奋进新时代”政治交接主题教育活动，引导全区盟员增强“四个意识”、坚定“四个自信”、做到“两个维护”，做中国共产党的好参谋、好帮手、好战友。通过动员各支部及盟员参与临汾民盟成立20周年图片展、“清廉尧都”统战系统书画展等活动，夯实多党合作的共同思想政治基础。民盟尧都区委东关学校支部发挥自身优势，指导学校“喜迎二十大，争做好少年”经典诵读活动，小学部六年级的诗歌诵读《颂伟人 铭党恩》和八年级学生情境剧《五四精神代代传》两个节目作为本次活动的优秀作品参加全国经典诵读大赛。

11月18日，民盟尧都区委召开学习贯彻中共二十大精神专题会议，集中学习中共二十大精神宣讲通稿以及省委、市委和区委全会精神宣讲通稿，按照盟市委关于学习贯彻中共二十大精神的通知文件要求，安排部署尧都区民盟的贯彻落实工作。与会盟员结合自身工作就学习二十大精神的心得体会进行交流讨论。

2002年，盟区委通过电视台、报纸杂志、微信公众平台等渠道，宣传盟内各项重大活动、优秀人物、先进事迹、参政议政成果。2022年共编发《尧都民盟简讯》9期，电视台、微信公众平台等媒体宣传播报工作动态近10条。在李开明及盟内相关人员协助下，《尧都民盟志》初稿基本完成。

【组织建设】 2022年，民盟临汾市尧都区委根据上级的部署，有计划、有步骤地做好盟员选拔、吸收工作，把政治素质好、代表性强、社会影响大的中青年优秀人才吸收入盟。本年度，共吸收新盟员2名，均为中学教师，中级职称，本科以上学历。

【参政议政】 2022年，民盟临汾市尧都区委两会期间建言献策。区两会期间，13位盟员骨干共向大会提交集体提案2篇，个人提案20余篇。盟区委副主委朱丽丽作题为《将我区尧文化名片打造得更加响亮》的大会议政发言，盟员陈耀峰撰写的《加强调解队伍建设，创建和谐尧都》入选议政发言材料汇编。本年度盟员撰写社情民意信息及各类建议40余条。盟员王云锋撰写的《关于对村级资产现状、突出问题的对策建议》被全国政协采用，狄希良《关于暑期为学生发放旅游优惠券，带动本地旅游业快速复苏的建议》被盟省委采用，16篇社情民意信息被市政协采用。

开展视察调研活动。民盟尧都区委组织盟员到位于尧都区县底镇南乔村的海云寺和位于涝洰河景区的福胜寺，就佛教中国化课题开展专题调研，形成由朱忆湘执笔的调研报告《从大肚弥勒佛看佛教中国化的特点》，报送省委统战部。就区重点工程、汾河流域生态环境等内容进行视察调研，盟员褚红俊在区政协十一届五次常委会议上作《改进“河长制”工作加快推进专业巡河、智慧巡河的建议》的议政发言。

【社会服务活动】 2022年，民盟临汾市尧都区委送教进基层活动。5月25日，民盟尧都区委直属支部在县底中学开展“超越自我圆梦高考”励志讲座。民盟尧都区委按照盟省委、盟市委“六个一”活动要求，将尧都区铁路东康庄社区确定为定点服务社区，由盟员靳朝辉担任主讲老师，同时联系相关专家学者，定期开展传统文化讲座，推动文化社区品牌建设，提升社区居民精神文化生活，促进文化尧都大发展大繁荣，全年共举办中国画公益讲座近50场。5月30日，民盟尧都区委联合民盟临汾市委妇女专委会，在大阳镇中心幼儿园组织开展“促进乡村振兴，助力乡村教育”社会服务活动，活动赠送价值8000余元的图书绘本和爱眼礼包。1月11日，解放路学校支部联合学校部分家长志愿者，开展面向家长群体的电信网络反诈宣传活动，八中支部开展为百姓书写春联的公益活动等。

【领导成员】

主　委：郭迎昕

副主委：褚红俊（专职）

　　　　王云锋　樊　著

　　　　朱丽丽　靳朝辉

秘书长：褚红俊（兼）

附：获奖情况

2022年3月，郭登峰获临汾市青少年科技创新大赛“先进工作者”称号。

2022年9月，靳朝辉绘画作品在“黄河风情”全国书画作品展中被评为入展作品。

2022年9月，邰玲获临汾市“三优”活动中“优秀教师”称号。

2022年11月，靳朝辉为“全省政协系统喜迎二十大，翰墨寄深情诗书画精品展”创作的作品被山西省政协书画院展出并收藏。

2022年12月，朱忆湘撰写的《从大肚弥勒看中国化宗教的特点》研究课题结题报告被省委统战部采用。

（褚红俊）

民进临汾市尧都区委员会

【概况】 2022年，中国民主促进会临汾市尧都区委员会（以下简称民进尧都区委会）共有会员169人。成员界别主要分布是，教育界占79%，文化艺术界4%，医卫界8%，律师企业界4%，其他界别5%。会员平均年龄48岁，大学以上文化程度占92%，会员中有市人大常委1人，区人大代表2人，其中常委1人；区政协委员17人，其中常委4人；担任尧都区科协主席1人。会员分属8个支部，即二中支部、四中支部、五中支部、实验中学支部、解放路小学支部、教育支部、综合支部、医卫支部。

【参政议政】 2022年，民进尧都区委会在尧都区政协十一届二次会议上，民进界别的人大代表、政协委员向大会提交个人提案31件，立案19件，其中重点提案3件，《关于农村取暖设备售后服务的建议》《关于加快推动魏村镇全域旅游的建议》《关于整治临钢小学校园周边交通秩序的建议——落实"李市长11月19日交通秩序整治专题汇报交办事项清单"》。29篇社情民意被省市区各级部门采用，其中二中支部委员常胜撰写的《关于高中阶段计划性开展职业体验的建议》被临汾政协《社情民意》第26期采用，并获市政府副市长乔飞鸿批示。先后共有13人获市区两级"优秀政协委员"称号，区委会被评为"参政议政先进集体"。

【社会服务】 2022年，民进尧都区委会在疫情期间，号召全体会员参加抗疫防疫工作。医卫支部会员连续一个月在单位值守，32位会员加入所在小区志愿者服务队伍，主委郭静带领9名会员到临汾西站参加来临人员查验两码工作，会员巩磊、王强为水塔街社区工作人员和医护工作者送去爱心餐。会员李国梅、薛堡坪捐赠了抗疫物资，据不完全统计，民进会员共捐款、物达2万余元。2022年民进尧都区委会先后组织会员参加了临汾市志愿者交通服务活动，开展"美育进校园""漪汾小学捐资助学""公益讲座""学生心理健康讲座""传统文化进校园"等活动9次。

【自身建设】 2022年6月23日，民进尧都区委会召开七届三次主委扩大会；6月14日民进临汾开明画院在民进尧都区综合支部举办画院新址揭牌仪式暨主题书画笔会活动；8月11日，民进尧都区委会召开七届四次主委扩大会。综合支部、四中支部、二中支部被民进山西省委会评为五星级支部，会员刘波入选第三届临汾市委联系的高级专家，17名会员受到省市区三级表彰。2022年发展3名入会积极分子加入中国民主促进会。

【领导成员】

主　委：郭　静（女）

副主委：邢　健（女）　郭丽丽（女）

　　　　巩　磊　李锐敏

秘书长：邢　健（兼）

附：获奖情况

民进尧都区委员会获民进临汾市委会2022年度工作量化考核先进地方组织。

（邢　健）

九三学社临汾市尧都区委员会

【概况】 2022年，九三学社临汾市尧都区委会下辖5个支社，分别是防疫支社、医卫一支社、医卫二支社、区直一支社、区直二支社，共有社员58人。其中，担任九三学社社市委副主委1人；九三学社市委委员3人；临汾市政协常委1人；尧都区人大常务委员会委员1人，尧都区人大代表1人；尧都区政协常委2人，尧都区政协委员12人。

【参政议政】 2022年，九三学社临汾市尧都区委会发挥人才优势，将履行职能、参政议政作为工作的核心，共撰写提交议政发言1份、提案10份、社情民意22份。其中，省政协采用2篇，分别是杨鹏娟撰写的《关于优化财政直达资金工作的建议》和《关于明确机关、企事业单位人员死亡抚恤金标准的建议》；九三学社山西省委采用5篇，分别是史壮明撰写的《关于零散烈士纪念设施管理的几点建议》、刘建英撰写的《关于规范政府专项债券发行使用的建议》和《建议〈邮政法〉中增加快递面单管理规定》，周勇撰写的《建议民事诉讼送达方式与公安系统关联》，杜家宜撰写的《中小学服务性收费和代收费亟待监管》；市政协采用15篇，分别是邓跃文撰写的《加强我市儿科医联体建设的建议》和《医校联合保障学生健康建议》，刘建英撰写的《农村计生奖扶不宜一刀切》《建议优化公租房审批流程》和《扩大“长期护理保险”补助范围》，史壮明撰写的《关于零散烈士纪念设施管理的几点建议》《在疫情防控静默期尽快开发使用电子通行证》和《关于规范发展新型易货交易的几点建议》，王强撰写的《疫情防控政策宣传滞后给群众带来不便亟待解决》和《完善监督评价机制让湖南湘雅刘翔峰事件不再出现》，郤秀洋撰写的《规范职业陪诊行为势在必行》和《为慢性病患者购药设立“定点药店”的建议》，杨丽撰写的《为基层卫生院（中心）配备救护车的建议》和《疫情防控下医疗资源急需再分配》，杜家宜撰写的《中小学服务性收费和代收费亟待监管》等。在2022年度社情民意信息工作通报中，九三学社尧都区委会在14家参评单位中名列前茅。

【社会服务】 2022年，完成年初制定的“我为群众办实事”3件，在五一东路小学开展“送法律 进校园”未成年人保护法律宣传讲座、为新兴社区居民开展“公共卫生人人参与 健康生活家家受益”健康讲堂、去魏村送医下乡。加强自身建设。2022年，九三学社临汾市尧都区委会培养发展入社积极分子3名。

【领导成员】

主　委：邓跃文

副主委：王　强　郭　胜

冯振发　史壮明

刘建英（女）

秘书长：刘建英（女）（兼）

附：获奖情况

2022年8月，被九三学社临汾市委授予思想政治建设先进集体。

2022年8月，褚春虎、郭胜、王强、史壮明、刘建英、郤秀洋、杨鹏娟、潘迎辉、周勇、郭丽娜、王金叶、王浩雄、邓丽娜、侯海英、杨丽等15名社员被九三学社临汾市委员会授予“优秀社员”荣誉称号；魏泽豪、任德、贾丽丽等3名社员被九三学社临汾市委员会授予“优秀社务工作者”称号。

2022年12月，临汾市律师协会授予周勇“2018—2022优秀律师”荣誉称号。

2022年5月，临汾市卫健委授予王金叶“平阳好护士”荣誉称号。

（史壮明　刘建英）

工商业联合会

【概况】 2022年，临汾市尧都区工商业联合会共有工作人员6名，党组书记1人（兼职），主席1人（兼职），常务副主席1人（兼职），专职副主席1人，办公室主任1人，复员军人4名；兼职副主席、副会长46人，秘书长1人，执委87人；所属行业、异地商会和乡镇（街道）商会共30个。临汾市尧都区工商业联合会(简称区工商联)是具有统战性、经济性、民间性有机统一基本特征的人民团体和商会组织，是中国人民政治协商会议的重要组成部分。

【参政议政】 2022年，临汾市尧都区工商联界别的人大代表、政协委员就民生、土地、环保、招商引资、融资、社会管理、乡村振兴等6大类的10余个方面的问题，向所在界别的专门委员会提出60余条提案、建议和意见。

【开展调研和调查】 2022年，临汾市尧都区工商联根据全国工商联工作安排和山西省工商联的安排，对会员企业进行一系列调研。开展2021年度民营企业社会责任调研，开展关于征集企校合作项目需求信息的调查，关于做好“链主”企业以商招商摸底工作的调研。开展2022年第一、二次民营企业运行状况调查工作，民营企业用工情况调研，开展《全国工商联关于推动民营企业加快数字化转型发展的意见》的调研。开展2021年度民营企业劳动关系状况监测问卷的调研，关于民营企业与智库和咨询机构合作情况的调研。开展民营企业数字经济发展情况的调研，2022年第一、二次民营经济人士思想状况调查，2022年第一、二、三、四次民营企业运行状况调查工作，2022年万家企业评营商环境调研，3家会员企业上报《2021年度中国民营企业社会责任优秀案例申报表》，2家会员企业上报“同心奋进新征程、建功新时代良好氛围”“讲述、非凡十年”主题宣传作品，向省联上报“百企话清廉、喜迎二十大”征文一篇。

以全国工商联“万企兴万村”行动为工作主题，在全区动员民营企业和商（协）会组织，开展“万企兴万村”尧都行动。先后实地调研走访5个乡镇24个村子，并召开了座谈会，与企业进行沟通，在双方互利共赢的基础上，以“五个结合”为抓手，最终确定24个企业对接20个村子。

【实施社会公益活动】 2022年，临汾市尧都区工商联牵头举行“助学助教·筑梦未来”困难家庭学生救助暨爱心助学大会，工商联30余家企业捐款共计111.8万元。

【发挥联会作用】 2022年，临汾市尧都区工商联反映民企诉求，帮助解决实际困难，区工商联建立民营经济统战工作协调机制，抓惠企政策落实，深化政法机关护航民企行动，与区人民检察院等部门协商建立“涉案企业合规第三方监督评估机制”，与区人民法院召开联企服务专项活动座谈会，开展“送法进企业”活动。设立服务民企“直通车”制度，利用工商联机关微信公众号公布服务民企热线，加强与民营企业和民营经济人士的联系，收集反映民营经济人士的思想动态和企业诉求。

组织全区民营企业100余人次参加全国、省、市组织的各类线上线下培训10余次；开展“同心奋进新征程、建功新时代良好氛围”“讲述·非凡十年”“百企话清廉、喜迎二十大”主题宣传。

推荐3名民营企业人士为市政协委员，推荐15人为市工商联代表，推荐席乐、张智凯2名企业家获得五四青年奖章，弘泰城建集团获得五四青年奖状，赵萍梅、祁晶获得“优秀志愿者”荣誉称号。华尧重工、山西正合天科技有限公司、兴荣物流公司三家企业获得山西省首批晋商服务卡。

【清廉民企建设】 2022年，临汾市尧都区工商联成立清廉民企建设领导小组，制定《关于推进清廉民企建设的实施方案》以及清廉民企示范点创建评价标准。经与非公党委协商，初步选取党建工作优先的山西映连红集团有限公司和桂莆木业有限公司两个清廉民企示范点，作为申报省清廉民企示范点，组织会员企业互相参观学习，打造良好政商关系，组织部分民营企业家前往侯马、襄汾民企建设示范点进行参观学习。

【服务企业】 2022年，临汾市尧都区工商联围绕“向人民群众交好账”活动，召开两次主席会议，帮助企业纾困解忧。先后三次与供电部门、6家企业召开区工商联助企纾困工作座谈会，研究东城电力设施配套问题；与检察院联合，帮助大福集团解决虚假诉讼问题导致的资金冻结；与中国银行、人民银行沟通协调，帮助山西健翔设备有限公司处理企业信用问题等。

【自身建设】 2022年，临汾市尧都区工商联以第七届执委会换届为契机，优化配强领导班子和执常委队伍。共选举产生主席1名，常务副主席1名，专职副主席1名，兼职副主席副会长46名、秘书长1名、执常委87名，队伍整体文化程度高，政治觉悟强，社会影响力大，行业代表性广。

【领导成员】

主　　席：贾雪梅（女）

党组书记：张康平

常务副主席：杨王军

专职副主席：贾爱玲（女）

副主席兼秘书长：补瑞森

（郭　萍）

群众团体

临汾市尧都区总工会

【政治理论学习】 2022年，尧都区总工会开展党史学习教育和“党的创新理论”宣讲活动，用习近平新时代中国特色社会主义思想武装工会干部和职工群众头脑；引申习近平新时代中国特色社会主义思想的学习教育。落实“第一议题”制度，健全长效化、常态化学习制度，贯彻落实习近平总书记重要指示批示工作机制和定期“回头看”制度，分层分类抓好工会干部和职工群众的学习，做到学深悟透、融会贯通，增强“四个意识”、坚定“四个自信”、做到“两个维护”，在思想上政治上行动上同以习近平同志为核心的党中央保持一致。

【职工文化生活】 2022年，尧都区总工会以“喜迎二十大·奋进新征程”为主题。开展职工群众书法、美术、摄影大赛，150幅书法、美术作品和50幅摄影作品参展。开展职工演讲比赛，获全省职工演讲比赛铜奖。开展党史和党的创新理论宣讲活动，把理论、党史、文化送进基层，组织职工演讲、劳模宣讲等活动，增进职工群众亲党爱党护党之情，丰富职工的文化生活，提高职工理论水平，鼓舞斗志，凝聚人心。

【工匠精神弘扬】 2022年，尧都区总工会叫响劳模品牌，开展“五一”表彰活动，共评选出省级奖章2人；评选出3家创新工作室和传统手艺（工艺）大师创新工作室；申报平阳工匠乔菁等10名选手，平阳工匠（团队）1个四通煤业安全监察科；做大竞赛平台，上报10个职工“五小”创新项目成果参加展出。

【基层组织建设强化】 2022年，尧都区总工会以税务代征工会筹备金企业数为基础，共建立工会组织30家，其中独立工会25家，联合工会5家，共吸纳工会会员3575人，其中新就业形态会员1422人；深化货车司机等“八大群体”入会工作，重点对快递员、送餐员、物业及保洁人员、月嫂、房产中介员等相关群体进行入会指导。成立中通速递服务有限公司工会、沈阳黑曼巴物流服务有限公司临汾分公司工会（“饿了么”工会）、山西平阳花家政服务有限公司工会、临汾市康居物业服务有限公司联合工会、临汾今正元医院联合工会、尧都区飕云道路运输行业联合工会等多家新就业形态的工会组织；加强横向联系，借助交通、市场、工商等相关职能部门力量，开展建会入会工作。通过开展法律援助、劳动保护、技能培训、“四送”、户外劳动者爱心驿站等具有工会特色的服务项目，为新就业形态劳动者提供工作生活便利，吸引新就业形态劳动者入会；

组织做好工会组织和智慧工会信息采集，推进网上工会建设，推进工会组织和工会会员规范化、信息化管理，促进形成工会大数据资源，智慧工会建立工会组织320家，会员约27000人。

【安全宣传保职工】 2022年，尧都区总工会关于维权工作开展法律宣传活动3次，发放宣传资料500余份；聘请法律顾问处理职工欠薪和解除劳动合同2起，咨询工伤赔付、拖欠工资等问题10人次，提升工会法律援助维权服务能力；安排10名专职集体协商指导员，共计24家企业签订专项集体合同，覆盖职工2000余人。以“安康杯”竞赛为抓手，发放安全知识问卷5000余份，开展群众性安全生产活动。创建3家三星级井口群众安全工作站。参与尧都区整治矿山企业瞒报安全生产事故行为4起。开展“六一”儿童节关爱活动，开展“妈咪小屋”建设工作，建成生龙国际和红星美凯龙2家“妈咪小屋”，解决女职工特定生理期面临的困难和问题。

【职工关爱工作】 2022年，尧都区总工会开展“两节送温暖”活动，发放帮扶救助资金和生活物资共计3.6万元。开展困难职工解困脱困工作，帮助2户困难职工家庭摆脱贫困。开展夏送清凉活动，为华德冶铸公司、中通快递、“饿了么”外卖、事务中心司机班等单位送去消暑物品，共计7万余元。开展大病医疗互助活动，参加人数共18918人、缴纳互助金681048元，共239人申请大病医疗补助，发放补助金43.7382万元。参与疫情防控工作，下沉社区党支部，宣传疫情防控知识点，发放口罩。开展“户外劳动者爱心驿站”的建设，建成10家，其中有7家获得省政府命名“2022年民生实事项目——户外劳动者爱心驿站”并挂牌。开展“庆丰收·迎盛会”慰问农民工活动，筹措资金2.37万元，走访慰问农民工79人。

【自身建设】 2022年，尧都区总工会党员领导干部履行“一岗双责”，落实中央八项规定及其实施细则精神，把党建活力转化为工建活力、发展活力。全年共审计基层工会56家，出具审计报告56份，发现问题135条，提出整改建议56条，为尧都工运事业高质量发展发挥保驾护航作用。各基层工会组织自觉接受纪检监察组的监督，加强沟通协调和工作衔接，支持纪检组织开展好监督执纪问责各项工作，为工会纪检干部开展工作做好服务保障，推动党组主体责任和纪检监督责任贯通协同、形成合力。

【领导成员】

主　席：秦奇杰

副主席：乔江涛（女）

　　　　张　静（女）

党支部书记：赵建泽

主任科员：张晓龙

三级调研员：蔡海平（3月免）

乡科级副职：杨志学

（郝伟博）

共青团临汾市尧都区委

【开展主题团（队）活动】 2022年，共青团尧都区委坚持每月一主题，围绕中央、省、市、区党团队主要精神和重要全局性工作“定题”，先后部署开展“凝心聚力启新程·踔厉奋发向未来”“青春喜迎二十大·建团百年绽芳华”“健康人生、绿色无毒”“学习二十大·永远跟党走·奋进新征程”等12个系列主题活动，通过多元的学习内容与形式，增强青少年的政治认同、国家认同、文化认同。

【党的二十大精神学习】 2022年，共青团尧都区委示范引领带头学。团区委班子制订学习计划，开展学习，固定每周五上午集中学习研讨，一级做给一级看，一级带着一级学，层层传导、层层递进、层层落实。分层分类引导学。全区各基层团组织和少先队组织以团支部、少先队中队为基本单元，依托“三会两制一课”制度机制、“青年大学习”主题团课、“红领巾爱学习”主题队课等平台载体，开展党的二十大精神专题学习。组织各乡镇街道团委书记开展“学习二十大·永远跟党走·奋进新征程”座谈会，学习宣传贯彻党的二十大精神，领悟“两个确立”的决定性意义。

【意识形态工作】 2022年，共青团尧都区委班子成员落实“一岗双责”责任，按照分工管理责任，加强对主题团课、微信公众号平台、微信工作群、微信朋友圈等阵地内容的管理，做到把好政治关、导向关，不给错误思想和言论提供传播渠道，做到监管不失位、引导不失语、阵地不失守。

【表彰先进】 2022年，共青团尧都区委“五四”期间，为激励团组织和团员青年、团干部在思想引领、服务大局、志愿服务、从严治团等工作中比学赶超，重点选树一批在基层一线贡献青春力量的“尧都青年五四奖章”“两红两优”“优秀青年志愿者”等团内典型集体和个人，为青年树立青春榜样。

【志愿服务】 2022年，共青团尧都区委开展送政策、送服务、送服务助企纾困“夜沙龙”活动，围绕纾解难题、促进发展、聚焦短板，帮助企业解决实际困难，精准满足企业服务需求，开展了电商行业类、农业发展类和文旅创业类活动3场，带动青年人加入创新创业队伍。在高考期间，组织辖区街道团委和“青年之家”在全区各个考场考点开展爱心服务，搭建爱心帐篷，准备矿泉水，提供铅笔、橡皮等文具用品，守护考试环境，助力考试出行，做考场服务的志愿者。发出青年志愿者招募令，招募300余名个人志愿者和40个志愿团体参加疫情防控志愿服务活动。

【基层团组织建设】 2022年，共青团尧都区委用好“智慧团建”系统为载体的“转、接、评、治、展”于一体的操作体系，聚焦基础团务管理，基本信息管理、组织生活管理等让基层团支部建设更加务实，让工作有落实、有体现、有跟进。实现升学衔接率达到99.8%，学社衔接率达到97%以上。全区乡镇农村、街道社区、机关、学校建团率达到100%，社会领域团组织591个，以具备条件的已建党组织的“两新”组织、规模以上非公企业和园区为重点，宣传引导，实现应建尽建。

【规范团员发展】 2022年，共青团尧都区委严格按照发展团员“十步法”程序，本年共发展团员910名。开展发展团员自查、违规发展团员核查整改工作，按照“5项基本档案”标准，规范团员档案，实现团员管理制度规范化、系统化。

【推进少先队工作】 2022年，共青团尧都区委推进各中小学校开展“红领巾奖章”争章活动，完成三星章和四星章的争章和颁发活动。召开全区少先队辅导员业务培训会，邀请区总辅导员雷艳娟为大家作《规范标志礼仪，加强仪式教育》专题培训，加强大队辅导员队伍建设，提升大队辅导员业务理论和工作技能，为开展少先队活动提供保障。

【“育才行动”实施】 2022年，共青团尧都区委联合区委组织部、区委人才办开展第五届“尧都学子，智汇家乡”暑期大学生社会实践活动，打造“返家乡”尧都品牌，让大学生全面了解家乡发展，为家乡建设建言献策，为尧都经济社会发展出力。

【“关爱行动”实施】 2022年，共青团尧都区委关注留守儿童、困境儿童等特殊群体，为困难儿童办实事、做好事、解难事，联系省希望会为金殿镇龙祠中心小学校捐赠图书700余本，用热心培育学生，帮助他们解决困难。

【领导成员】

书　记：王　真（11月任）

　　　　景　伟（9月免）

副书记：郑俊莉（女）

四级主任科员：杨　琪（女，1月任）

（郑俊莉）

临汾市尧都区妇女联合会

【概况】 2022年，尧都区妇女联合会宣传学习贯彻党的二十大精神和习近平总书记关于妇女和妇女工作、家庭家教家风建设一系列重要指示精神，突出思想政治引领，服从服务中心发展大局，深化家庭家教家风建设，创新推进巾帼建功系列活动，维护妇女儿童合法权益，防范化解妇女领域政治风险，各项工作取得进展。

【思想政治引领】 2022年，尧都区妇女联合会聚焦“强国复兴有我”主题，分阶段、有重点开展“巾帼心向党 喜迎二十大”群众性主题宣传教育、“巾帼心向党 奋斗新征程”等主题活动20余场次，讲透道理讲好故事，凝心聚力喜迎二十大；开展“我奋斗·家国美”故事汇活动3场，讲美好生活，讲奋斗故事，以实干共创幸福生活；“两微一端”刊发100余期，讲先进事迹、讲代表风采、讲动人事例，激励妇女学习先进，争做最美；学习宣传贯彻二十大精神，开展“三晋巾帼大宣讲”活动，通过妇联干部深入讲，妇联执委广泛讲，先进典型示范讲等方式，进机关、进社区、进农村、进家庭，全年宣讲30余场次，聆听宣讲近千人次。

【典型引领】 2022年，尧都区妇女联合会注重发掘选树各领域各行业优秀妇女，召开“庆三八”工作会议，对在妇联系统和家庭教育工作中出现的先进个人、先进集体、最美执委等进行通报表扬；线上线下同步讲好巾帼奋斗故事。表彰第四届尧文化旅游节最美巾帼志愿者、绿色环保志愿者84名，培树命名巾帼双创示范基地10个；开展“送奖到基层”活动，以身边榜样鼓励妇女。

【活动引领】 2022年，尧都区妇女联合会突出家教家风建设，在区级党群服务中心组建全区首个家教家风主题展厅，举办“家教家风”系列主题展，发布《尧都好家风》原创歌曲，启动尧都区贯彻《家庭教育促进法》暨“好家庭好家教好家风”接力宣讲活动，进行“红色家风代代传”巡展，“最美家庭说清廉”图片展。14个乡镇街道及区直单位的党员干部通过主题党日、党风廉政专题会议等进行学习，受教育人数达1200余人；开展“清廉尧都好家风”系列主题活动，通过开展“清廉尧都好家风　少年儿童心向党”家庭亲子阅读、主题宣讲、“家庭助廉我承诺”、“理想信念驻家”清廉家风绘本微剧场、首届“童书通杯”书香润家庭等活动30余场次，线上线下引导家庭立家规、传家训、正家风，做修身齐家的模范、勤俭清廉的典范。

【网上引领】 2022年，尧都区妇女联合会推动“两微一直播+”工作格局，以“尧都区妇女联合会”“尧都女性”微信公众号为先导，发挥新媒体阵地矩阵作用，发布官方的各种权威信息，开展的各种活动，做到网上网下联动宣传教育、联动组织引导、联动开展活动、联动提供服务，构建覆盖全面、灵活高效的妇联服务体系。

【志愿服务常态化开展】 2022年，尧都区妇女联合会建设全区巾帼志愿服务示范基地，组建志愿服务队22个，开展“文明交通　平安出行”、“四进”活动、“全民戴口罩”志愿劝导等活动百余次；完成2022第四届尧文化旅游节志愿服务工作，联合团区委招募各乡镇、街道、临汾现代文理学院，尧都农商行等单位200余名志愿者，在路演、摄影展等活动中提供宣传引导、秩序维护、卫生保障等服务。

【家庭文明创建】 2022年，尧都区妇女联合会常态化推动寻找“最美家庭”活动，上报2户家庭为省文明家庭；做好“绿色家庭”评选推荐工作，枕头乡联合学校张春云家庭获得2022年省级“绿色家庭”，开展弘扬清廉家风“四个一”主题宣传教育活动，掀起弘扬清廉家风高潮，向省妇联推荐“三晋最美家庭”1户，向市妇联推荐“清廉家庭”5户，全区评选出首批清廉家风最美家庭38户。

【“呦呦驿站”建设】 2022年，尧都区妇女联合会贯彻落实《中华人民共和国家庭教育促进法》，以亲子阅读为抓手，构建“阵地多样化、团队专业化、指导科学化、项目精准化、服务特色化”的家庭教育指导服务体系，推动村（社区）“呦呦驿站”建设，在35个社区、4个农村完成，打造集书籍漂流、父母学堂、公共家庭空间等家庭综合服务为一体的家庭服务平台，结合寒暑假、端午节、劳动节等时间节点开展亲子阅读活动50余次，“呦呦驿站”项目纳入山西省家庭教育五年规划，作为成功案例在全省推广实施。

【“三好儿童”项目实施】 2022年，尧都区妇女联合会先后推荐全区10幅作品参加中国儿童中心举办的“家有好祖辈”评选，解放东路小学六（2）班茹玺豪同学作品荣获三等奖；区第二幼儿园中一班张蓝匀妈妈、冯亦慈爸爸在“家校社共育好儿童”之“家长讲故事 人人上讲台”活动中，获得“家有好妈妈”“家有好爸爸”的育儿经验的证书；组织345位教师参加生态环境部宣传教育中心举办的“‘环境友好 儿童友好’少年儿童生态文明教育计划2022年骨干教师培训班”线上培训，取得电子结业证书。深化“把爱带回家”活动，寒暑假组织30名志愿者开展指导服务30余次。

【全省首家“儿童快乐家园”项目落地】 2022年，尧都区妇女联合会争取中国少年儿童基金会“儿童快乐家园”项目落地贾得乡贾住村，8月17日举办揭牌仪式，该项目为留守儿童、困境儿童提供托管陪护、游戏娱乐、家庭教育指导等综合服务；以“儿童快乐家园”为阵地，开展亲子课堂、亲子阅读、亲子游戏等活动，加强家庭教育科学知识的宣传普及，优化儿童成长的家庭及社会环境。

【未成年人保护家庭教育指导中心成立】 2022年，尧都区妇女联合会与尧都区检察院、尧都区公安局、尧都区司法局联合建设家庭教育指导中心3个，建立联动机制，共同推进保护妇女儿童合法权益，共同做好未成年人家庭教育指导服务，帮助父母“依法带娃”，共同为未成年人成长构建文明和谐的家庭环境。

【妇女创业就业平台拓展】 2022年，尧都区妇女联合会开展以“春风送温暖，就业送真情”为主题的春风行动。联合尧都区人社局于2月14—16日在尧都区就业和社会保障服务中心举办春风行动网络直播招聘会，在微信公众号、妇联工作群等进行宣传，累计进入直播间的人数达2.1万人，初步达成就业意向的妇女280人；开展2022年山西省民营企业招聘月活动。围绕“就在民企，职向未来”活动主题，协调人社部门，收集岗位信息，通过妇联微信公众号等方式发布2022年民营企业招聘月岗位信息，扩大妇女群众知晓率，为妇女群众提供就业服务。

【尧都区家政服务协会成立】 2022年，尧都区妇女联合会于3月31日，成立尧都区家政服务协会，现有17家企业及33名优秀职工代表加入尧都区家政服务协会，加强对该区家政服务行业的组织领导，促进该区家政服务事业的健康发展。

【职业培训需求摸底调查】 2022年，尧都区妇女联合会组织基层妇联对具有劳动能力和就业意愿的妇女从种植、养殖、加工、家政、育儿、整理收纳等方面进行职业培训需求摸底调查，了解尧都区妇女培训需求现状，服务妇女群众。

【助企纾困暨妇女创业创新调研】 2022年6月28日，尧都区妇女联合会干部职工前往尧都古镇灯笼、葫芦展厅，观昀柳编艺术生活馆进行实地走访调研，召开助企纾困暨妇女创业创新座谈交流会，了解当前尧都“妇字号”企业、个体工商户、非遗工坊等发展情况，摸清创业女性需求，针对性做好服务工作，助力企业健康发展。帮助红福泰合作社、灯笼葫芦制作公司、柳编艺术馆等3个“妇字号”企业解决道路疏通、减免税收、原料种植与加工基地建设等问题。

【引进公司助推发展】 2022年，尧都区妇女联合会多方协调沟通引进悠贝山西分公司落地尧都——颉语成长有限公司，承接省妇联与54个基地亲子阅读活动。解决22人就业，全年完成产值约300万元。

【“乡村振兴巾帼行动”深化】 2022年，尧都区妇女联合会积极搭建妇女创业就业平台，拓宽妇女就业创业渠道，带动更多妇女就业致富。先后开展各类家庭服务技能培训10余期300余人，协调推动柳编产业项目落地，举办柳编、蒲编示范培训3期200余人，与临汾开放大学达成长期编织人才培养计划，推动实现农村妇女“家门口”就业；举办“家庭家教家风”建设暨女大学生创新创业能力提升培训。90余名女大学生参加培训，提升女大学生在新业态领域就业创新的针对性和实效性。

【妇女权益维护】 2022年，尧都区妇女联合会在“三八”维权周、“4·15”全民国家安全教育日、“5·15”国际家庭日、维权宣传月，组织全体妇联干部认真学习国家安全法、反间谍法、国家情报法、家庭教育促进法，观看专题警示教育片。发挥“家风家教宣传站”的作用，引导家庭传承中华民族家庭美德，树立良好家风家教，培育和践行社会主义核心价值观，坚持每周三及重要节日在婚姻登记中心开展婚孕新风、文明礼仪、家教家风等宣传，提升妇女群众法治素养。全年宣传24次，累计发放宣传折页5000余份，宣传手册8000余份。

【维权服务】 2022年，尧都区妇女联合会开展妇女儿童权益保障专项行动，对重点人群和困难家庭风险隐患进行排查，全年共摸排重点家庭3938户，摸排涉及妇女儿童5483人，其中智力障碍妇女271人，精神疾病妇女233人，其他困境妇女1766人，困境儿童227人，未发现婚姻家庭方面的问题；常态化开展婚姻家庭矛盾纠纷排查和化解工作，每月23日集中梳理《婚姻家庭矛盾化解排查表》《信访表》，做到婚姻家庭矛盾纠纷“早排查、早发现、早预警、早调解”。全年接待妇女群众来电来访（含“12338”维权热线）53件。其中，家暴18件，占33.96%；婚姻矛盾纠纷22起，占41.51%；其他13起，占24.53%。

【暖心关爱活动】 2022年，尧都区妇女联合会继续开展“紫气东来 幸福启航”公益活动，为魏村镇1名患病妇女申请救助金2000元。开展省妇联“晋姐暖心 与你同行”关爱帮扶困境妇女活动，为4名困境妇女申请临时救助，为30户困难家庭争取到3万元的“三晋抗洪灾后重建”困难家庭帮扶款；开展“关爱她·幸福启航”公益项目，带动社会更加关注女性健康。继续开展农村妇女“两癌”筛查和低收入妇女“两癌”救助项目，为1名农村贫困患病妇女争取到1万元的“两癌”救助金；开展“关爱特殊教育儿童”“把爱带回家”寒暑假关爱服务等各类活动30余场次，发放各项救助金10.4万元。争取省妇基会妇女健康检测设备4套312万元落地区妇幼服务中心。

【“四新”组织建设】 2022年，尧都区妇女联合会顺应新领域新业态新阶层新群体的发展态势，采取按照“宜建则建、先易后难、重点突破、逐个建立”的原则，继续推进“四新”领域妇女组织建设，全年指导建立妇联3个，妇女手工艺品制作妇委会1个，心理咨询师妇委会1个，其他新阶层妇委会2个。牵头成立全区家政协会，吸收50余家家庭服务团队，把“四新”领域群体妇女团结在一起。

【阵地建设】 2022年，尧都区妇女联合会创新创造全区“党建带妇建”局面，依托党群服务中心促进妇女之家提质扩容，组织开展“三八”维权周宣传、党的二十大精神主题宣讲、妇女创业就业培训等各类活动，让妇联发挥引领联系服务妇女的作用。

【队伍建设】 2022年，尧都区妇女联合会完善区妇联执委队伍，吸纳法院、幼教、手工等领域优秀女性代表进领导班子。全面实施“基层妇联领头雁培训计划”，先后开展示范培训5期300余人次；开设巾帼大学习专栏发布50余期，有效增强履职服务能力，提升工作水平。

【领导成员】

主　席：刘晓云（女）

副主席：李　华（女）

　　　　吴海燕（女）

附：获奖情况

2022年12月16日，家庭教育工作品牌“呦呦驿站”项目作为典型案例，纳入山西省家庭教育五年规划，社区家庭教育服务模式在全省推广。

（屈　玮）

临汾市尧都区科学技术协会

【政治理论学习】 2022年，临汾市尧都区科协党组通过各种方式和途径，落实“学党史、悟思想、办实事、开新局”的部署要求，安排制定《尧都区科协党史学习教育实施方案》和学习计划，为党员征订学习资料，确保党史学习教育有序进行，组织党员到侯马市垤上村彭真故居纪念馆红色教育基地回顾党的历史，重温入党誓词；创新用好“学习强国”学习平台APP、“山西干部在线”、“三晋先锋”等线上学习教育平台，把党史学习教育搬到线上；开展“我为群众办实事”察民情访民意调研。参观解放路学校校园e站科技室、创客教室、科普宣传栏等活动场所，听取了解学校在推进科普教育工作中的困难和问题；组织党员参与疫情防控工作，共4名科级干部到隔离酒店值班，1人抽调到尧都区疫情防控指挥中心24小时轮流值守，党员干部到居住小区参与社区疫情防控志愿服务工作。

【科普服务“三农”】 2022年，尧都区科协联系多名专家，在段店乡果中果种植基地开展农技科普活动，解决技术难题，为农民增产增收提供技术支持；利用网络科学知识答题的形式，组织全区机关干部、各校学生、城镇居民参与2022年山西省公众科学素质网络知识竞赛，取得全市第二名。

【科普系列活动】 2022年，尧都区科协开展全国科普日系列活动，举办“进学校、进乡村、进社区”科普宣传活动，受到学校师生、乡村干部群众和街道社区群众的欢迎；在第六个“全国科技工作者日”来临之际，召开科技工作者代表座谈会，为科技工作者办实事、解难题、鼓干劲；组织多名专家深入段店乡、金殿镇、一平垣等乡镇对乡村两级干部400余人开展心理科普讲座；利用全国防灾减灾日和防灾减灾宣传周，在尧都区汾河办事处开展主题为“大力普及防灾减灾知识，提高社会抵御灾害能力”的宣传活动，增强防灾减灾意识，提升防灾减灾知识水平；利用全国助残日和儿童节，走进儿童康复中心，为小朋友们送去科普读物和慰问品；联合临汾市护理协会和爱尔眼科医院走进鸿都龙庭敬老院开展“科普逢九九，敬老献大爱”的科普服务活动，为老年朋友送上慰问品、健康科普图书和义务诊疗服务；邀请临汾市糖尿病防治学会在南街街道办事处太茅社区进行义诊活动，为社区居民把脉问诊、提供健康咨询、开展糖尿病预防宣教。

【科普青少年活动】 2022年，尧都区科协召开第十四届尧都区青少年科技创新大赛表彰会，共评选出区级学生科技创新成果147件、科学小论文80篇、科技辅导员创新成果13项、科学影像1项、实践活动10项，科学幻想绘画239幅。评选优秀组织单位19个，优秀科技辅导员20人，优秀科技辅导教师50人，推送361项作品参加第37届临汾市青少年科技创新大赛，共获奖169项，获得市级优秀组织单位3个、先进工作者8人、优秀科技辅导教师36人。

【领导成员】

党组书记：贾志琦

主　　席：李锐敏

副 主 席：邓　鑫

二级主任科员：李继红　张国保

（邓　鑫）

临汾市尧都区文学艺术界联合会

【政治理论学习】 2022年，尧都区文联学习宣传贯彻党的二十大精神，坚持网上学习和学习交流体会相结合，坚持“学习强国”学习平台APP和“三晋先锋”学习平台相结合，重点宣传“向人民群众交好账”实践活动开展情况和工作成果，召开文联党组全年意识形态工作形势分析会议4次，听取各协会工作汇报2次，做好意识形态研判工作，掌握各个协会思想动态，制定“向人民群众交好账”实施方案，成立领导小组，开展专题研究，推动“向人民群众交好账”实践活动取得成效。

【“文艺下乡”活动】 2022年，尧都区文联组织以“齐心抗疫·艺起行动”为主题的书法、诗歌、散文、摄影等文艺工作者，创作抗疫作品，反映艺术家们的情怀担当。开展送春联下基层活动，在春节前夕，组织书法家到工商银行、贾得乡西下庄村、大阳镇上村等一线开展现场书写春联活动。6月开展文化进基层工作，组织书法家到南街办事处开展“书法到社区”活动，现场书写书法作品，赠送辖区企事业单位和居民。

【乡村振兴】 2022年，尧都区文联与枕头乡米居村建立帮扶关系，全村帮扶对象16户32人。全年与帮扶村召开2次例会，入户进行走访。重点关注脱贫户、监测户、边缘户、受灾户、突发困难户，开展入户走访。帮助困难群众打扫卫生；确保明白卡及测算卡在户中保存；确保困难群众知晓巩固拓展脱贫成果相关政策，提高群众对衔接阶段工作的认可度和满意度；解决困难群众的合理需求。

【书画摄影展】 2022年，尧都区文联承办的“喜迎二十大 奋进新征程”尧都区职工群众书画摄影优秀作品展在工会的服务中心开展，绘画作品展出59幅，其中特邀14幅、获奖10幅、入展35幅。书法展出100幅，其中特邀23幅、获奖20幅、入展59幅。摄影作品共展出50余幅，囊括尧都区名胜景区、百姓生活、秀美风光和职工风采。

【文学艺术创作和征文】 2022年，尧都区文联作协组织无花果采风活动，组织“碧丰霖”全国征文比赛，结集出版《花田心蜜》，完成《尧文化新探》，参加可幻外语学校采访活动，完成征文活动，编写《桃李芬芳》。杨遒峰完成由湖南叶洋文化传播有限公司约稿的《给孩子看的〈资治通鉴〉》学生读本，全8册，计40万字；电影剧本《一个女兵的使命》授权福建鑫乐影视文化传媒有限公司筹备拍摄，临汾市委宣传部、临汾市文联、尧都区委宣传部、尧都区文联为指导单位；审校《国宝有话说》（全4册），《科普童话》第1—8期连载童话，《少年科普报》全年连载童话。赵玉亮的《寻找魏紫薇》（短篇小说）发表于《蒲县文艺》2022年第1期；《小东西》（中篇小说）发表于《平阳文艺》2022年第2期。

【书协工作】 2022年，尧都区文联书法家协会，组织“清廉尧都书法展”线上展和“同舟共济、艺起抗疫，百名书法家抗疫书法作品线上展”。杨冯虎作品入展山西省文联主办的“书写山西，以艺战疫——山西省抗疫线上书法作品展”。左晓明作品在2022年“中国书法·年展”全国篆书、隶书、篆刻作品展参展。

【美协工作】 2022年，尧都区文联美协创作书画作品，参加“2022年清廉尧都宣传周”活动，参加市文联“奋进新征程，喜迎二十大”文化进乡村，走进襄汾“红色小延安”盘道村；协会主席霍国刚，副主席尉志颖作品参加山西省文联、省委宣传部主办的山西省第三届艺术节“山西优秀美术书法篆刻作品展览”。协会副主席王海红、尉志颖，副秘书长张晖作品参加省文联、省文旅厅、省画院主办的“坚定文化自信，焕发三晋文化时代光彩”山西省优秀美术作品展览；协会霍国刚、许小朴、王海红、尉志颖、张晖参加市委宣传部、市文联主办的汾河景区采风活动；山西省委、省人民政府主办的大河论坛·黄河风情全国书画展览，霍国刚、许小朴、王海红、尉志颖、陈新华、靳朝辉、张晖、房华龙、马琳梅、马青玲参展。

【摄影活动】 2022年，尧都区文联摄影协会先后组织部分影友到尧都区重点工程采访拍摄，举办尧都盛景摄影展。部分影友自发前往广西、甘肃、内蒙古、云南等地进行摄影采访。张旦获

“黄河风情”全国摄影二等奖，“绿色沁源”全国二等奖、全省残疾人摄影比赛一等奖、好新闻一等奖等。齐水勇2020年获得中国文联青年文艺创作扶持计划支持，是山西省入选该计划的唯一青年艺术家。陈临虎的作品《临汾市残联肢协举办“残疾人趣味运动会”及全国“肢残人日”系列活动》获“山西省残疾人事业好新闻”二等奖。宋德胜参加尧都区摄影比赛获优秀，作品《尧都印象》荣获“山西·临汾尧都印象（尧乡古镇）”摄影大赛一等奖。

【音乐舞蹈艺术】 2022年，尧都区文联音协组织协会会员，学习关于“修身守正 立心铸魂——中国文联文艺工作者职业道德和行风建设工作座谈会”精神和山西省音乐家协会《扎实做好文娱领域综合治理工作》的通知，将通知精神贯穿于创作中。协会主席韩建东创作，协会副秘书长赵晋瑶演唱的歌曲《心何求》《又见花儿红》，分获全国优秀法院系统微电影“优秀主题曲”奖（出品方：甘肃省两当县人民法院）和甘肃省临夏县法院系统微电影“优秀歌曲”奖。歌曲《百年辉煌》（由区音协主席韩建东作词作曲），在临汾市电视台音乐频道展播；参与由中国文学艺术界联合会主办的关于“学党史、传精神、跟党走——中国文艺志愿者在行动”活动。

【领导成员】

主　席：徐冰雁

党支部书记：张海龙

副主席：李　景

党组成员：王银保　杨会平

（李　景）

临汾市尧都区残疾人联合会

【换届工作】 2022年，尧都区残疾人联合会（简称残联）于12月13日，在地矿大酒店召开第八次残疾人代表大会，区委副书记刘磊、副区长石新亭作重要指示，市残联领导对区残疾人工作成绩给予肯定，区卫体局、区财政局、区人社、区民政局、区教科局等单位推举代表出席本次会议，会议审议通过刘峰代表第七届主席团所作的《不负时代 踔厉奋发 促进残疾人事业全面发展和共同富裕》工作报告；产生区残联第八届主席团主席、副主席；选举并产生新一届残联执行理事会理事长、副理事长、理事，刘峰被推举为区残联第八届执行理事会理事长；推举出席临汾市残联第八次代表大会。

【康复工作】 2022年，尧都区残联关于残疾儿童抢救性康复项目任务165人，完成190人，完成率115.15%。0~6周岁儿童残疾筛查诊断任务55人，完成78人，完成率141.82%。其中0~14周岁聋儿人工耳蜗免费植入1人，0~14周岁聋儿助听器免费适配4人，0~6周岁聋儿康复训练（助听器）6人，0~14周岁聋儿人工耳蜗术后康复训练3人，0~6周岁肢体残疾儿童康复训练26人，0~6周岁智力障碍儿童康复训练116人，0~6周岁孤独症儿童康复训练20人，0~14周岁肢体残疾儿童矫治手术1人，0~14周岁肢体残疾儿童矫形器装配13人。为实际有需求的各类残疾人配发辅具共计258件。区残联依托乡贤街和路东第二社区卫生服务中心、县底和贾得卫生院四家卫生机构，对确定实际有需求的205名残疾人进行基本康复服务。区残联与各卫生机构签订服务协议书，12月底前结束服务。

【组宣工作】 2022年，尧都区残联新办理残疾证423人，注销残疾人证38个，下发并督促申办截至2022年底到期残疾人证名单1746人。为60名精神、智力等残疾病人进行托养服务，此项工作正在筹备中。安排部署2022年宣传文化进残疾人家庭“五个一”项目，尧都区的分配任务数是30户。贾得乡刘会芳、刘村镇刘彦军受到意外险理赔，累计获理赔金额共计0.426888万元。对辖区内17户残疾人家庭进行入户调查，填写未解除返贫风险残疾人家庭调查表。资助269户残疾人家庭子女完成大学学业。

【就业服务工作】 2022年，尧都区残联帮助该区城乡2022年新增就业残疾人238人，其中按比例就业51人、集中就业5人、个体就业（含创业）41人、公益性岗位就业4人、辅助性就业3人、农村种养加35人、灵活就业99人。2022年，尧都区残疾人高校毕业生共计16人，经调查，已就业3人，未就业13人，其中5人为暂不就业，拟升学或参加公考。该区有39家企业在按比例联网认任网报系统申报残疾人就业信息，完成审核工作的有39家，共计安置残疾人99人。对4450名未就业的残疾人进行了未就业状况调查，经调查，有2289名残疾人具备生活自理能力，635名残疾人有就业意愿。该区共有213名残疾人参加职业技能培训，其中残疾人就业服务机构培训残疾人176人，人社及其他部门培训残疾人37人。

【维权科工作】 2022年，尧都区残联对40户有需求的困难残疾人家庭进行无障碍改造，进入施工阶段，工程未完，不能验收。依托区司法局司法援助残疾人3人，来人来访全年登记共接待171人次，受理并办理市长热线6件；审核向市残联推荐5名残疾人参加汽车驾驶培训。为74户一户多残、孤残、以老养残、病残等困难残疾家庭给予一次临时救助，每户500元，共计3.7万元。

【领导成员】

党组书记、理事长：刘　峰

党组成员、副理事长：张晓玲（女）

党组成员：张　莉（女）

二级主任科员：唐飞翔（女）

工会主席：辛　军

（唐飞翔）

临汾市尧都区慈善总会

【概况】 2022年，尧都区慈善总会开展“向群众交好账”实践活动，围绕基本宗旨，推进制度化、规范化建设，下大气力发展冠名基金，拓宽募捐渠道，提升公众慈善意识，社会捐赠额度大幅提升。本年度新增慈善基金3只，慈善项目4个，全年募集资金431万元，其中线上捐赠151万元，较上年度增加154%。慰问和救助1384人次。

【“送温暖 献爱心”社会捐助活动】 2022年，尧都区慈善总会动员全区各行政、事业单位和社会团体开展社会募捐，41个单位1500余人参与捐赠，筹集爱心捐款33.91万元。全年救助困难群众629户，发放救助金 33.91 万元。

【“助学助教·筑梦未来”教育捐助】 2022年，尧都区慈善总会组织全区各行政、事业单位及60家企业，5000余人参与捐款，募集资金293.93万元。资助困难学生193名，发放资助金96.5万元；奖励优秀教师 562名，发放奖金73万元。捐赠10万元以上的单位有山西煤炭运销集团金辛达煤业有限公司工会委员会、弘泰城建集团有限公司、临汾市乐天房地产开发有限责任公司、临汾海姿供气供热有限公司、山西大福房地产开发有限公司、山西鹏博房地产开发有限公司、临汾市恒安房地产开发有限公司、临汾同盛实验中学、山西金尧宏岳物流有限公司、临汾市和家谊房地产开发有限公司、临汾平阳房地产开发有限公司、临汾恒丰兆业房地产开发有限公司、山西兴丰源房地产开发有限公司。

【慈善基金】 2022年，尧都区慈善总会制定《冠名基金管理办法》，本年度5支冠名基金新增资金26.68万元，较上年度增加242%，主要用于学校发展。小微基金全年募集20万元，主要用于乡村振兴。

【慈善项目】 2022年，尧都区慈善总会全年发布应急救援、疫情防控、困难家庭救助、未成年人保护等公益项目5个，募集资金20.79万元。

【领导成员】

会　长：刘红锁

副会长：苏峰峰

　　　　张云岗

　　　　张麦生

秘书长：郝慧锋

副秘书长：李　军

　　　　　张小明

监事会主席：贾永志

监事会监事：刘福有　崔　皓　闫建军

常务理事：王　欣　刘　峰　刘志东

　　　　　刘晓云　闫建军　张冠宇

　　　　　郭保宝　曹林峰　崔　伟

　　　　　崔军育

（刁琳懿）

财政　税务

财　政

【概况】 2022年，临汾市尧都区财政局（简称区财政局）以区委、区政府“高质量发展先行区、高品质生活样板区、高标准治理示范区，改革开放新高地、营商环境最优地、要素资源集聚地”建设为统领，抓市委、市政府“建设黄河流域绿色崛起转型样板城市、打造晋陕豫黄河金三角区域中心城市”建设、“坚持一个引领，统筹三大板块，聚焦五大重点，实现五个新跨越”战略等机遇，统筹疫情防控和经济社会发展，执行尧都区第十一届人民代表大会第二次会议批准的预算，完成全年各项目标任务，全区预算执行情况良好。2022年一般预算收入完成253297万元，占年初预算248200万元的102.05%，超收5097万元，同比增长11.75%。一般预算支出完成472593万元，占年初预算477285万元的99.02%，同比增加52652万元，增长12.54%。（以下重点方面的财政投入统计，部分项目存在归类口径交叉。）

【财政改革和预算绩效管理】 2022年，临汾市尧都区财政局按照《临汾市政府性融资担保机构市县一体化运营改革实施方案》要求，由尧都区财政投资评审金融服务中心和尧都区区企源融资担保有限公司共同完成本次改革的六个阶段任务。区财政局代表区政府入股临汾市融担公司，签订《临汾市融资担保有限公司股东协议》和《一致行动人授权委托书》，划转出资资金2000万元，本次改革的六个阶段任务已全部完成。本次改革着力改善融资担保机构业务聚焦不够、银担合作不畅、风险分担补偿机制有待健全等现状，聚焦支小支农主业，稳步提高小微企业和“三农”融资担保在保余额占比，坚持政府性融资担保保本微利运营，有效激发市场主体活力，助力市场主体减负纾困、恢复发展。

推动预算绩效深度融合，制定《尧都区财政支出事前绩效评估管理暂行办法》《尧都区分行业分领域绩效指标和标准体系》，建成“全方位、全过程、全覆盖”的预算绩效管理体系。

完成全区2022年入库项目预算绩效目标申报的审核工作，与部门预算同步批复同步公开，审核覆盖率为100%。进行2022年部门整体支出绩效目标申报线上培训，组织开展2022年预算绩效管理业务线上培训，各预算单位项目负责人及财务人员、区财政局业务股室负责人及相关人员共计400余人参加培训。

完成2022年部门整体支出绩效目标申报审核工作，共上报81个部门整体支出绩效目标。完成2021年项目绩效自评工作，共计下达自评任务2244个，3月底前全部完成线上自评，与2021年决算同步公开。完成财政重点绩效评价购买服务项目框架协议采购及项目评价工作。按照《政府采购法》《政府采购框架协议采购方式管理暂行办法》等规定，完成2022年财政重点绩效评价购买服务框架协议采购工作，择优选取专业能力突出、资质优良的20家第三方机构参与绩效评价工作。此次评价共选取35个贯彻落实党中央、国务院重大方针政策和决策部署，覆盖面广、影响力大、社会关注度高、资金量大、实施期长的项目、重点项目和4个部门整体，涉及金额23.24亿元，共提出151条绩效问题和157条整改建议及改进措施，总结出71条经验做法，涵盖资金管理、项目管理、绩效管理等多个方面。针对项目存在的问题，采取有效措施，限期整改落实，将评价结果作为编制下年预算、政策调整和改进管理的重要依据，发挥绩效评价结果的作用。

【经济复苏方面】 落实中央、省、市各类减税降费政策措施，开展增值税留抵退税工作，2022年财政联合税务部门共计办理退税1791户，累计退税4716万元。推动阶段性减免房屋租金落实方面，根据相关政策，尧都区应减免市场主体84户，资金197.04万元，2022年已减免30户，资金88.07万元，剩余54户以下一年度减免的方式予以抵扣。

加大政府采购支持中小企业力度方面，按照中央、省关于稳经济一揽子政策措施的要求，落实支持中小企业政府采购政策。调整对小微企业的价格评审优惠幅度。对符合规定的小微企业货物服务采购项目给予小微企业的价格扣除优惠提高至15%~20%（工程项目为3%~5%），用扣除后的价格参加评审。提高政府采购工程面向中小企业预留份额。400万元以下的工程采购项目适宜由中小企业提供的，专门面向中小企业采购。超过400万元的工程采购项目适宜由中小企业提供的，在坚持公开公正、公平竞争原则和统一质量标准的前提下，面向中小企业的预留份额提高至40%以上。

【区域发展方面】 2022年，临汾市尧都区财政局财政投入20324.03万元。其中重点支持涝洰河生态建设润州园政企合作（PPP）项目8755万元，华州路楼宇外立面及人行道周边改造工程3105.45万元涝洰河生态景区龙湾园、福胜园及北环路绿化养护及园区物业管理项目1046.72万元，高新区华汉云极信创产业中心租赁服务1198.8万元，尧都高新区百度标注项目运营数据标注交易平台建设1200万元。

【交通运输方面】 2022年，临汾市尧都区财政局财政投入38939.28万元。其中，支持尧贤路南延道路工程7458.74万元，规划四街（景观大道—迎宾大道）道路工程2654.32万元，解放东街高架跨二中路、迎春街立交及解放东街拓宽改造工程项目2639.51万元，秦蜀路南延拓宽改造工程项目1686.61万元，尧都区中大街道路工程项目3034.51万元，枣林路南段拓宽改造道路工程5000万元，归还区城投涝洰河景观、路网等工程款1亿元。

【医疗卫生方面】 2022年，临汾市尧都区财政局财政投入35565.7万元。发展卫生健康医疗服务相关项目，重点是对基层医疗卫生机构及村卫生室药品零差价补贴、乡村医生退养参保、公共卫生服务任务推进等相关政策的深入落实；保障公立医院各项投入，优化医疗资源。疾病预防控制、卫生监督检测、中医药建设、妇幼保健计划生育服务事业等项目资金按进度落实。

完善社会医疗保障制度。按规定时间落实城乡居民医疗保险区级财政补助标准，保障全区城乡居民参保及看病问题。按规定标准负担财政供养人员的城镇职工基本医保和公务员医疗补助。投入建档立卡贫困人口参保资助、补充医疗、长期护理补助104万元，落实医疗扶贫帮扶制度，增强人民群众的获得感。

【发展教育方面】 2022年，临汾市尧都区财政局促进教育事业高质量发展。2022年该区一般公共预算全年教育支出共计89943万元，贯彻落实一般公共预算教育支出逐年只增不减和一般公共预算教育支出生均公用经费只增不减。其中，保障城乡义务教育补助经费5764.63万元、学前教育公用经费213.22万元、高中公用经费853.16万元、中小学冬季取暖缺额补助1411万元、保安及宿管人员工资677.17万元、中小学代教工资1550.12万元、中小学班主任津贴887.18万元，落实幼儿、义务教育、高中、中职阶段家庭困难学生资助补助1182.5万元、中小学课后服务费1502.74万元、义务教育均衡验收及薄弱环节改造项目2513.22万元、规范民办义务教育发展购买学位经费924万元、滨西小学建设项目1200万元。努力提高教育质量，推动教育事业发展。

【完善社会保障体系方面】 2022年，临汾市尧都区财政局社会保障和就业支出共计84873.23万元。完善城乡社会救助体系建设。困难群众救助资金投入7008.98万元，上调农村低保保障标准至每人每月500元。统筹机关养老保险和城乡居民基本养老保险。社保基金年初预算收入78882万元，各项社保基金实际收入84153万元，占年初收入进度的106.68%；基金支出年初预算67645万元，实际支出67718万元，占年初支出进度的100.11%。

【社会治安方面】 2022年，临汾市尧都区财政局用于公安、司法部门的支出为27175.26万元。落实该区政法经费保障体制。安排公用经费及办案业务费2302万元；下达上级政法转移支付专项资金1145万元；安排项目资金3447万元，对维护全区稳定、构建和谐社会发挥作用，为党的二十大的胜利召开创造政法社会环境。

人民警察法定节假日外加班补助和执勤岗位津贴全额列入预算，按时拨付。拨付项目资金909万元，保障该区人民警察相关工作开展实施。继续开展扫黑除恶专项斗争工作。2022年继续做好扫黑除恶专项斗争常态化工作，将扫黑除恶专项斗争工作纳入年度目标任务，形成长效机制。安排“扫黑除恶专项工作经费”项目资金90万元。禁毒工作经费保障。将禁毒工作纳入本部门总体规划和工作安排，按照国家有关政策和文件规定，安排资金264万元，为该区禁毒工作提供保障。

【城乡环境保护方面】 2022年，临汾市尧都区财政局财政投入7757.92万元。支持提升人居环境。沿汾建制镇生活污水治理项目1085.39万元，提高水资源集约节约利用水平。清洁取暖PPP项目4232.6万元，空气质量精细化改善专家咨询服务项目826万元，治理空气污染，提升空气质量。城乡环卫一体化服务项目775万元，完善城市的环卫水平，改善农村的环境面貌。

【乡村振兴】 2022年，临汾市尧都区财政局关于该区共安排各级衔接资金3478.24万元，其中省级资金1728万元、市级资金400万元、区级资金1350.24万元。后追加乡村振兴示范村的区级配套资金1800万元，全部拨付到位。2021年衔接资金区级投入1332.75万元，2022年衔接资金列入年初预算1350.24万元，后续追加乡村振兴示范村的区级配套资金1800万元，完成投入总量保持总体稳定、只增不减的要求。

【文旅事业方面】 2022年，临汾市尧都区财政局支持文化事业需求、促进文旅融合发展，健全公共文化服务财政保障机制，提高文化惠民的覆盖面和实效性。举办“第四届尧都文化旅游节”，拨付专项资金710.49万元，尧帝祭祀区配套建设工程PPP项目服务费4313.45万元，国家全域旅游示范区创建相关经费175.48万元，文物保护支出66.77万元，旅游宣传经费100万元，公共文化服务体系建设资金309万元。

【领导成员】

党组书记、局长：韩小龙（8月免）
武建斌（8月任）

党委书记：王东山

副局长：谢群生　赵小晰（女）

党组成员：武建斌　王东山　谢群生
赵小晰（女）　崔　伟
扈俊平（女）

班子成员：武建斌　王东山　谢群生
赵小晰（女）　崔　伟
扈俊平（女）　王都管
张晓梅（女）　王海燕（女）

事业科级干部：扈俊平（女）　左卫国
贾文平　遆建民　吴振强
祁晓会（女）
李瑞丽（女）
冯威威　徐丽丽（女）
杨　宇（女）
李梅梅（女）
岳　雷　翟　健

（张增辉）

税　务

【党建引领】 2022年，尧都区税务局通过制定“3+3+3”工作举措，开展党委专题学、邀请市委讲师团指导讲解、举办“线上党员进党校”活动、开展分层次培训等多种形式，将学习成果转化为推动工作的强大动力。党的政治建设加强。税务干部树牢“税务机关首先是政治机关”的意识，把“两个维护”体现到税收工作具体实践中。坚持把学习贯彻落实习近平新时代中国特色社会主义思想作为“第一议题、第一主题、第一任务、第一要事”，将意识形态工作纳入党委理论中心组学习重要内容，全年共召开17次党委理论学习，“第一议题”学习24次，专题研讨5次，在对标对表中找方向、明思路、定措施，以实际行动践行“两个维护”。“纵合横通强党建”机制深化。贯彻落实《税务系统基层党组织工作规范》，开展“三会一课”、“一支部一特色　一支部一品牌”、主题党日等活动，加强模范机关建设和党支部规范化建设。创建“党建引航 红星闪耀”党建品牌，打造“五星战队”，为落实组合式税费支持政策、留抵退税、疫情防控、驻村帮扶等工作提供保障，在全区党建品牌创建工作中走在前列。构建全面从严治党新格局。聚焦深化税收征管改革、提升纳税人满意度等工作开展重点监督检查，紧盯重要时间节点，开展提醒和日常监督检查，干部职工纪律意识、规矩意识、责任意识加强；落实纪检组列席局长办公会议制度，对“三重一大”决策部署实行全程监督；严肃执纪问责，全年接受并处置问题线索14件，给予党纪政纪处分1人次，开展监督谈话1次、全局警示教育大会4次，有效促进了工作纪律作风的改善。

【税费收入】 2022年，尧都区税务局累计组织各项收入132.54亿元。其中，税收收入累计完成78.4亿元，非税收入完成30.01亿元，社保费收入完成24.13亿元。完成市局安排预算任务，为支持地方经济发展提供财力保障，获得区委、区政府表扬性批示9次。落准落稳退税减税，累计办理留抵退税5.88亿元，共计为8户企业办理了2021年度困难性减免，共计减免城镇土地使用税147.78万元，减免房产税551.13万元。坚持“税费皆重”，稳步推进社保非税征管和服务工作，社保费征缴同比增长8.6%，非税收入同比增长11.14倍，超额完成预算安排的社会保险费和非税收入任务。分行业进行缓缴数据分析，完成税务总局缓缴社保费数据分析工作。强化风险应对。组织开展税收优惠政策落实风险应对、机动车涉税风险专项应对、增值税发票风险快速应对等，共完成应对上级下发各类风险任务1307户次，实现查补入库税款1053.63万元。

【税收征管改革推进】 2022年，尧都区税务局夯实征管基础，完善数据质量源头治理、系统治理、持续治理的长效工作机制，对3大类65项指标逐项进行监控与修改，按期完成对近3万户纳税人的延续定期定额工作；推进电子税务局纳税服务渠道，推广“晋税通”掌上办理服务、新办纳税人套餐服务，全年单位纳税人电子税务局注册率99.88%，网上申报率99.06%以上，为纳税人申报办税提供便捷；加强法治建设，推进“三项制度”，减少执法随意性。加强税务执法监督，完成督查审计下发的2536条疑点数据的核实整改，认定执法过错并追究相关责任人员2人次；税种管理趋于完善，两税汇算清缴工作完成，企业所得税汇算清缴共汇算企业1.9万户，应纳所得税额14.29亿元，比上年增加6.9亿元；个人所得税汇算清缴共汇算8.93万自然人，补税539.60万元，退税2088.67万元；土地增值税完成15个项目清算。加强环保税、水资源税、房产税征收管理工作，提升纳税服务和征管质效。

【优化营商环境】 2022年，尧都区税务局深化“放管服”改革，连续第9年落实“便民办税春风行动”，细化完善112条便民服务举措。推进“全程网上办”，推广“简事快办”等窗口服务措施，推广应用征纳互动平台，覆盖2万余户纳税人，解决诉求1143条，精准推送减税降费优惠政策48条，远程办理涉税业务392户次。优化税费服务，以提升纳税人满意度为发力点，以落实组合式税费支持政策回访为切入点，开展多种形式的税费政策宣传。配套制作统一宣传资料，搭建线上诉求采集渠道，进行《增值税留抵退税政策及征管解读》《新办纳税人相关涉税业务办理及操作辅导》等4期在线直播。

【队伍建设】 2022年，尧都区税务局队伍建设常抓不懈。把激励干部担当作为贯穿干部队伍建设始终，打造忠诚、干净、担当的税务铁军。分层次分类型开展教育培训，提升干部业务能力和综合素质，全年共组织开展干部培训9期，组织业务考试6期；做好职务与职级并行工作，在机关范围内对1名副股级干部，5名正股级干部进行交流轮岗，将1名基层税务所副股级干部调整至机关工作，打开干部成长渠道，树立良好用人导向。为干部职工办实事、解难题，努力协调财政、医保等部门，将全局干部职工纳入公务员医疗补助系统，提高保障水平；创建全省精神文明单位标兵、“全省学雷锋示范点”、“全市社会主义核心价值观示范点”，在精神文明创建中，李辉获“全国最美家庭”国家级荣誉；助力乡村振兴，在对口帮扶点枕头乡岭上村开展美化、绿化和亮化“三化”工程，在土门镇坡头村4个居民组对660余户村民开展帮扶。行政管理。以“绩效管理+数字人事”为抓手，在中央、省、市、区主流媒体，省、市局内网刊物上刊登70余篇新闻报道，常态化发出尧都税务声音。以省局科研基地建设为突破口，青年科研工作实现跃升，一批高质量科研成果被省、市局采用，李英认、闫丽娟在“强基提智”征文活动中，分别获一、二等奖。规范财务管理和政府采购，严控机关运行成本。全面加强网络运维安全，信息保障支撑更加给力。做好机关后勤服务工作。

【领导成员】

党委书记、局长，一级主办：张学义

党委副书记、副局长，四级高级主办：王永红

二级主办：曹巨冰（2022年5月退出领导职务）

党委委员、副局长、三级主办：王小刚

党委委员、副局长、一级主办：燕　艳（女）

党委委员、副局长、三级主办：闫利军

党委委员、副局长：李鸿昌

党委委员、纪检组组长：吴俊林

第三税务分局局长、三级主办：王海霞（女）

第四税务分局局长、三级主办：陈文生

尧庙税务分局局长：李　辉

刘村税务分局局长：晋　杰

土门税务分局局长、二级主办：教志鹏

屯里税务分局局长、三级主办：贾建军

辛寺街税务分局副局长：薛　峰（段店税务分局负责人）

解放路税务分局局长、二级主办：吕万宾

南街税务分局局长、一级主办：王临军

水塔街税务分局局长：刘向东

（张耀宇）

金 融

尧都农商银行

【概况】 2022年，山西尧都农村商业银行股份有限公司（以下简称尧都农商银行）注册资本33亿元，蝉联全国商业银行信用评级AA级榜单，荣获全国“AAA级信用企业”的最高等级荣誉称号；多年荣获“山西省100强企业”“山西省服务业100强企业”称号。尧都农商银行融入服务发展新格局，统筹抓好服务实体、疫情防控和稳健经营，着力加速业务转型，推进各项部署决策施工落地。前身为尧都区信用联社，于2010年12月21日挂牌开业，是省内首家改制的农村商业银行，也是支持“三农”、中小微企业和地方经济的金融主力军银行。

【机构布局】 2022年，尧都农商银行自上而下开展全员营销，进市场、走社区、访客户、聚合力，以真抓实干的决心做好业务经营，从抢抓首季“开门红”到奋战收官“满堂红”，主要经营指标得到有效夯实。截至本年末，存款余额达608.42亿元，较年初净增27.93亿元；全年新增贷款79.6亿元，其中纯新增62.2亿元，存量新增17.4亿元，业务指标稳中有进，发展势能持续巩固。

【服务网络开放多元】 2022年，尧都农商银行下辖89个营业网点，其中尧都区81家支行、晋中1家分行、太原3家支行、汾西1家支行1家分理处、侯马1家支行1家分理处；在省内外发起设立22家村镇银行；投资入股黑河农商银行、浮山农商银行、永和农商银行、翼城农商行、太原城区农商行、临县农村信用合作联社，形成“立足尧都，服务全市，辐射全省”的多元化金融发展格局。

【普惠金融】 2022年，尧都农商银行坚守支农支小支实战略定位，担当“乡村振兴主办行”的责任，强化金融惠民的使命担当，服务人民群众，支持地方经济发展，改进“三农”、民营和小微企业金融服务，破解实体经济融资难、融资贵、融资慢等问题，提供更高质量、更高效率的金融服务。截至2022年末，该单位涉农及小微企业贷款余额348.76亿元，较年初净增39.88亿元；“延期还本付息”政策惠及212户企业62.05亿元贷款；“无还本续贷”通道直达119位客户26.12亿元贷款。

【业务创新】 2022年，尧都农商银行开展网格化营销，打造晋享e付“两公里”覆盖圈，本年度累计交易5677万笔83.8亿元，日均交易达到15.6万笔2295万元，引流存款8.6亿元；网贷平台新增贷款授信户1.3万户13.26亿元，用信率92%，户数较同期增长70%，金额较同期增长74%；在全省法人机构首家上线人民币跨境支付系统CIPS标准收发器，国际结算量同比增长达44.74%。

【助力经济】 2022年，尧都农商银行服务“稳经济”大盘，以普适的贷款条件、实惠的贷款成本、便捷的贷款速度，提升服务质效，支持复工复产，助力“六稳六保”。新投放重点领域、重点企业、重点项目贷款11.57亿元；为符合再贷款条件的贷款主体发放支农支小再贷款，全年累计使用发放再贷款12.66亿元；全年上缴税款5.71亿元。尧都农商银行将持续推进转型发展和提质增效，提升风险防控能力、经营管理能力和金融服务能力，围绕辖内资源禀赋和产业特色，以重点项目、支柱农业发展为切入点，加大信贷支持力度，促进产业帮扶转型升级，推动地方经济。

【领导成员】

党委委员、书记（兼任市级党委成员）、董事长：安仰志（3月任）

党委委员、副书记、行长：孙文清

党委委员、纪委书记：郃　平

党委委员、监事长：雷小辉（8月任）

党委委员、副行长：宋鹏飞（9月任）

樊杰虎

刘慧芳（女）

尹文斌

杨　青（9月免）

党委委员、总审计师：王爱民

（段盼盼）

中国农业银行临汾尧都支行

【概况】 2022年，中国农业银行临汾尧都支行坚持稳中求进的工作总基调，聚焦总行“一个主题、两大定位、三大战略”和省分行新一届党委提出的“五种思维”，紧盯市分行党委提出的“四行目标”“四二进位”，支行党委“大行变强行”的中长期目标，强化“三个坚持”、落实“四个结合”，各项业务稳步增长，经营业绩持续提升。

【基本情况】 2022年，中国农业银行股份有限公司临汾尧都支行，在职员工218名，支行机关内设机构4个部门，综合管理部、财会运营部、公司业务部、个人金融部，下辖8个网点，包括1个支行营业室、6个二级支行、1个分理处，是尧都区经济建设和服务“三农”的一支主力军。尧都支行党委班子成员5人，下设11个党支部，共有126名中共党员。其中在职党员75名，退休党员51名。按职称结构划分，中级职称31人，助理级81人。属国有大型股份制企业，是临汾市农行业务量最大、人员最多、网点最广的一级支行。

【主体业务情况】 2022年，中国农业银行股份有限公司临汾尧都支行各项存款余额53.36亿元，较年初净增5.77亿元，完成全年任务5.73亿元的101%。其中，个人存款时点余额43.89亿元，较年初净增4.59亿元，完成全年任务4.43亿元的104%，个人存款日均余额41.09亿元，较年初净增3.51亿元，完成全年任务

4.09亿元的86%；对公存款余额9.47亿元，较年初净增1.19亿元，完成全年任务1.25亿元的95%，对公存款日均余额9.75亿元，较年初净增0.98亿元，完成全年任务1.02亿元的96%。各项贷款余额为23.27亿元，较年初净增3.88亿元，完成全年任务3.85亿元的101%。其中，个人贷款余额20.42亿元，较年初净增3.3亿元，完成全年任务3.4亿元的97%；法人贷款余额2.86亿元，较年初净增0.58亿元，完成全年任务4500万元的128%。贷存比达到43.61%，较年初提升2.91个百分点。

【服务乡村振兴质效提升】 2022年，中国农业银行股份有限公司临汾尧都支行坚守服务乡村振兴领军银行战略定位。2022年末，涉农贷款余额6.33亿元，较年初净增5654万元，完成全年任务5000万元的113%；惠农e贷余额2.48亿元，较年初净增1.05亿元，完成全年任务3800万元的276%，累计覆盖14个乡镇213个行政村3233户农户，完成“亿元增量”目标。

【服务实体经济能力提升】 2022年，中国农业银行股份有限公司临汾尧都支行坚守服务实体经济主力银行战略定位，主动全量对接A、B、M级纳税小微企业。2022年末，普惠小微法人贷款余额2.38亿元，较年初净增1592万元，完成全年任务6000万元的27%，累计支持607户小微企业。大口径普惠贷款余额3.51亿元，较年初净增3381万元，完成全年任务6800万元的50%。个人经营贷款余额8996万元，较年初净增5957万元，完成全年任务3200万元的186%。

【支持民生消费力度提升】 2022年，中国农业银行股份有限公司临汾尧都支行将个人住房贷款和信用卡分期作为保民生、促消费的拳头产品，合作楼盘22个。2022年末，个人住房贷款余额14.43亿元，较年初净增1.52亿元，完成全年任务2.35亿元的65%。网点信用卡分期年交易额1.42亿元，完成全年任务1.13亿元的125%；信用卡分期余额1.57亿元，较年初净增3115万元，完成全年任务3342万元的93%；信用卡专项分期余额1.09亿元，较年初净增2378万元，完成全年任务3458万元的69%。

【数字经营能力提升】 2022年，中国农业银行股份有限公司临汾尧都支行全面贯彻数字经营战略，掌银客户规模17.54万户，较年初净增1.65万户；12月掌银月活跃客户数6.9万户，较上年同期增加2774户，完成全年12033户任务的23%；互联网场景高频客户数8355户，较上年增加2822户，完成全年1177户任务的240%。

【资产质量提升】 2022年，中国农业银行股份有限公司临汾尧都支行紧盯不良贷款重点处置项目，累计处置自营不良贷款1555万元，完成全年任务1350万元的115%，账面不良率1.18%，较年初下降0.02个百分点。其中普惠小微法人贷款不良率1.55%，较年初增加0.16个百分点；惠农e贷不良率0.83%，较年初下降0.2个百分点；信用卡不良率1.19%，较年初增加0.25个百分点。

【客户规模提升】 2022年，中国农业银行股份有限公司临汾尧都支行按照“低效客户流量获客、贵宾客户分户到人、头部客户高层维护”的原则，开展分户包户。2022年末，个人有效客户25.88万户，年增量7694户；个人贵宾客户1.3万户，年增量1537户；私人银行签约客户83户，年增量17户，月日均达标客户70户，年增量6户；存量对公客户数1486户，年增量24户。代发工资对公客户数82户，年增量19户，代发工资个人客户数13850户，年增量7756户，代发工资金额4.2亿元，年增量1.19亿元。新增收单商户905户，完成全年350户任务的259%，收单折效商户净增312户，完成全年64户任务的488%。与乡镇和街道对接，推进退役军人优待证发放工作。

【服务乡村振兴】 2022年，中国农业银行股份有限公司临汾尧都支行以乡村振兴、为重点，坚持把“惠农e贷”作为服务“三农”的“一号工程”。按照“围绕特色村、面上全覆盖、点上重点推”的思路，针对特色种植、养殖产业，挖掘出效益好、信用高的经营农户，惠农e贷全年累计为农户发放个人贷款7466笔4.75亿元，为支持地方经济发展、乡村振兴和服务“六保”“六稳”出力。纾解小微企业困难。2022年，该行贯彻国家、上级行党委的决策部署，确保党中央部署的“六稳”“六保”总体目标实现，为小微企业纾困解难。“纳税e贷”“抵押e贷”工作的强力推进，为小微企业发放法人贷款525笔2.38亿元，支持受疫情影响的小微企业，促进该行普惠金融业务发展，推动对公业务增长，提高该行经营效益。

【客户建设工作】 2022年，中国农业银行股份有限公司临汾尧都支行落实市分行年初提出的“五个注重”，紧扣“八动打法”，以营销稳定存款为主，从存量挖潜和增量拓展两个方面提升各项存款竞争力和市场份额。存量挖潜方面，开展个人客户包户包效和对公客户分层管户，落实支行个人贵宾客户建设和对公客户建设考核办法，把客户建设做真、做实、做出成效。以传统佳节为契机，开展个人和对公客户回访活动，加大存量客户维护，争取更多行外资金归行。增量拓展方面，以代发工资、社保卡、军人优待证和聚合商户为主，拓展实实在在能留住存款的客户，加强对公牵头、零售跟进的公私联动和渠道引流、结算先行的商户拓展。敏锐发掘市场机遇，加大对公客户上下游、重点项目、重点对公客户（医院、学校、财政、社保、村集体及社区）、行外优质客户、拆迁户、城中村/社区和城郊村集体账户的营销力度，确保客户规模和各项存款稳定增长。

【重点项目】 2022年，中国农业银行股份有限公司临汾尧都支行确保个人住房、个人经营、惠农e贷、信用卡分期等稳步增长，同时，全年工作重点是普惠法人和重点项目法人贷款的投放。普惠法人方面，主动全量对接A、B、M级纳税企业，将对接情况做好台账登记；发展抵押e贷，抢占有限的优质房源抵押，提升市场竞争力；发挥增信贷、链捷贷作用，对接存量核心企业，补齐该行单项产品短板；落实监管要求，加大“首贷户”支持力度，对市分行下发的“首贷户”全量对接，提升综合绩效考核短板指标。做好总行纾困政策落地工作，对因疫情暂时遇困的普惠小微企业，做到应贷尽贷、应延尽延、应减尽减。重点项目法人贷款方面，落实市分行“22422”法人贷款案头投放计划和“双百”协议，加快与山西华翔、晋南农批、汾禾源中央厨房三个法人贷款项目对接进度，确保投放，在法人贷款方面取得实质性突破。继续营销贴现业务，把线上贴现业务作为常态化业务发展，提升重点客户服务质效和网点服务能力。

【强化劣变管控】 2022年，中国农业银行股份有限公司临汾尧都支行在各项贷款快速增长的同时，信贷风险管理和不良贷款处置成为继存贷款主体业务后又一项重中之重。全行树立“贷款不仅要增得快，更要管得好”的经营理念，重点推进劣变管控和不良处置。劣变管控方面，关键是逾期管控。管住逾期，就管住劣变。惠农e贷、普惠法人贷款、个人经营/消费贷款做到到期提醒全覆盖，存量较大的惠农e贷和普惠法人贷款，要求提前十天还款，对暂时出现还款困难的充分利用展期政策，能展尽展。加大对信用卡M1到M3关注类的清收力度，既是尽职免责的要求，更是避免信用卡劣变下迁的必办工作。加大个人住房贷款逾期60天到90天的清收力度，合理利用劣变考核算法，避免循环劣变。不良处置方面，关键是快速处置。杜绝发生不良后不收、不诉、不核、不证券化的“四不管”现象。重点法人贷款和惠农e贷核销处置，确保重点领域不良压降；剩余7户委托资产推动诉讼立案和“零受偿”认定，确保年底前实现清零；信用卡不良核销和证券化同步推进，确保全年不良处置任务完成；加强贷后履职尤其是形成不良后的履职，推动履职评议工作加快进行，确保完成信用风险履职自评估任务；按照不良贷款实际管理机构，加强表内和核销后不良的现金清收，降低处置损失率，提升利润贡献度；加快不良贷款应诉尽诉，强化执行，利用法律手段维护资产安全，年末确保实现不良贷款余额和不良率双下降。

【强化集中外拓】 2022年，中国农业银行股份有限公司临汾尧都支行本年市分行掌银按照月活跃客户进行考核，以月活跃场景准备为工作重点，最简单的场景是薪资管家。各网点对照代发工资50户以上的客户名单，逐户开展营销，不限于代发工资客户，只要真实有50户以上员工的对公客户均可营销。

【强化案防合规】 2022年，中国农业银行股份有限公司临汾尧都支行树立“风控决定走多远、走多快”的理念，强化风险管控，守好安全底线，为全行业务发展提供坚强保障。深化合规管理，强化案防风控。继续抓好“合规教育年”活动“后半篇文章”，深化学习教育成果，筑牢合规经营思想防线。强化员工行为管控，开展外部走访和内部家访，做到提醒提示、防微杜渐，做到关心关怀、困难帮扶，保持员工行为管理的高压态势。借助智慧案防平台，加强机构合规风险、员工交易风险、员工异常行为监测，提升科技案防能力。开展监管处罚问题根源性治理，强化监管处罚事项全流程管理，杜绝监管处罚。加强反洗钱及制裁风险管理能力建设，落实尽职调查新规，严防洗钱风险和制裁风险事件。开展涉企违规收费自查自纠，围绕“六个领域、三张清单”进行地毯式排查，坚决遏制违规乱收费和不当收费，助力企业减负纾困、恢复发展。开展“安全生产大检查大整治大提升”活动，加大消防设施、建筑物安全等隐患排查，做好后续整改，堵塞安全漏洞。强化科技网络和IT生产运行安全，做实做细应急安排，确保不发生重大责任事件。强化消费者权益保护，做好常态化疫情防控下的便民金融服务，加强客户投诉管理，压降监管投诉数量，提升消保工作水平。党的二十大召开期间，建立健全第一时间处置应对、第一时间报告的重大突发事件快速应对机制，突出重点问题，开展专项治理。全行以“四个专项治理”为抓手，夯实全行经营管理基础。在信访维稳专项治理方面，掌握重点群体和个体人员动向，化堵为疏、疏堵结合，及时就地解决合理合法诉求，确保不发生聚集上访、不发生极端行为、不发生因信访问题引发的负面炒作。在电信诈骗专项治理方面，加快存量账户特别是“一人多卡”、长期不动户排查防控，落实审慎开户、大额转账的二次提醒和反诈劝阻等措施，压降涉诈账户数量。在征信异议专项治理方面，树立“客户利益无小事”的理念，依法合规处理客户征信异议，保障客户合法权益，避免引发客户征信投诉和不当舆情。在屡查屡犯专项治理方面，从体制机制入手，狠抓问题背后的根源性、症结性治理，常态化跟踪检查督导，推动建立屡查屡犯治理长效机制，提升全行经营管理质效。

【领导成员】

行　长：杨元成（1月任）

副行长：韩彦杰（12月免）

贾洪平（12月任）

崔丙琨（女，1月任）

高剑虹（女，12月免）

章　鹏（1月任）

张　刚（12月任）

附：获奖情况

中国农业银行股份有限公司临汾尧都支行获得2022年“春天行动”综合营销竞赛活动全市农行第一名。

综合绩效考核连续三个季度全市农行第一名。

上半年对公重点客户主办行考核全省农行第一名。

（李晓文）

经济管理

发展和改革

【主要经济指标完成情况】 2022年，尧都区发展和改革局统计全区生产总值完成442亿元，同比增长2.2%，创历史新高；固定资产投资完成126亿元，同比增长4.5%；以上两项指标绝对值保持全市第一。规模以上工业增加值完成135亿元，同比增长9.8%；社会消费品零售总额完成287亿元，同比下降1.5%；一般公共预算收入完成25.3亿元，同比增长11.8%；城镇居民人均可支配收入完成43758元，同比增长4.8%；农村居民人均可支配收入完成19984元，同比增长5.6%。

【重点项目建设情况】 2022年，尧都区发展和改革局122个重点项目全年累计完成投资100亿元。组建手续办理专班。对项目手续办理实行一对一、保姆式服务、周六日错峰服务等举措，人性化服务项目手续办理，通过努力，在全市项目手续办理月活动中，该区57个新建项目，涉及四项主要手续共228项，累计办结手续192项（办结率84.2%）位居全市前列，为新建项目开工奠定坚实基础。梳理工作清单，强化项目开工。罗列开工前期工作清单，倒排项目进度表，加快项目开工进度。截至12月全区新建项目开工率达92.9%以上，续建项目复工率达100%，完成市级任务目标。落实工作机制，强化项目保障。按照“签约项目抓落地、在建项目抓进度、建成项目抓投产”的工作要求和“一个项目、一位领导、一套班子、一抓到底”的工作机制，执行区级领导包联项目包协调、包资金、包质量、包进度、包安全、包环保、包廉洁、包稳定“八包”工作责任制，确保全过程服务推进重点项目。推动规划四街、枣林路南延竣工通车。

【资金争取情况】 2022年，尧都区发展和改革局围绕国省资金支持领域，储备和争取项目资金。共储备中央预算内投资项目27个，总投资83.84亿元，拟申请48亿元。中央预算内资金项目共下达4个，下达资金1029万元。省级专项资金1个，下达资金580万元；专项债券项目共储备9个，总投资31.7389亿元，拟申请7.67亿元。专项债券项目共下达1个，下达债券资金4100万元；政策性开发性金融工具项目共储备9个（合并前20个），总投资415715万元，拟申请资金39962万元；中长期贷款申报项目共4个，总投资35.93亿元，拟申请8亿元，上级反馈3个；设备购置与更新改造贴息贷款共储备备选项目共12个，总投资40.01亿元，拟申请10.14亿元；2022年前期工作投资补助申报共3个项目，总投资19473.01万元，拟申请517.41万元。

【“十四五”24个专规划编制情况】 2022年，尧都区发展和改革局规划编制工作，该区共编制《尧都区“十四五”转型综改试验重大改革规划》《尧都区“十四五”新基建、新业态发展规划》等24个专项规划，由该局综合牵头，各相关部门具体负责，自2021年5月上旬启动相关工作后，共历经四次意见征求过程，于2022年8月5日通过区政府33次常务会议审议。于2022年8月15日通过区委常委会审议，完成规划编制工作。24个专项规划共涉及项目592个，投资总额约3070亿元，为“十四五”期间规划完成提供项目支撑。

【维护价格稳定情况】 2022年，尧都区发展和改革局强化价格和收费管理。1—12月完成57所民办幼儿园的收费备案工作，对两个公共停车场收费标准进行重新核定，办理“煤改电”用户备案650户。抓好价格认证工作。完成价格认证案件139件，涉案金额2587.659403万元。其中，刑事案件131件，违纪案件4件，行政案件4件。完成价格临时补贴。累计发放临时价格补贴71226人次，共计165.38万元。

【社会信用体系建设情况】 2022年，尧都区发展和改革局建立信用体系制度，社会信用体系建设逐步完善。印发《2022年尧都区社会信用体系建设工作要点》，形成政府推动、全社会参与的社会信用体系建设新格局。落实“双公示”工作。2022年，全区在“信用临汾”网站公示的信息条数共45910条；依托市“信易贷”平台入驻企业60家，金融机构13个，金融产品数为16个，排名全市首位。

【区级储备粮的监管和轮换】 2022年，尧都区发展和改革局制定出台该区《区级储备粮管理办法》《粮食应急预案》《区级储备粮轮换管理办法》《区级储备粮出入库管理操作规范》《区级储备粮轮换入库验收办法》，发挥区级储备粮在实施宏观调控中的作用，有效监测和平抑全区粮食市场异常波动。加强储备粮轮换、质量和资金管理，组织春秋两季安全大检查，排查消除安全隐患，确保区级储备小麦账账相符、账实相符、储存安全。完成区级储备小麦272.9771万公斤的轮换任务，确保轮入的储备粮数量充足、质量良好、储存安全。

【粮食购销】 2022年，尧都区粮食总产量为20.93万吨，同比增加0.9万吨。其中，夏粮10.99吨，增长3.5%；秋粮9.94万吨，增长5.5%。从粮食流通总体情况来看，该区全年玉米供需较为宽松，小麦供需平衡。2022年度全区收购粮食113854.1吨，比上年增加58727.5吨。从收购主体看，国有粮食企业收购2730吨，比上年增加2730吨；非国有粮食企业收购111124.1吨，比上年增加55997.5吨，占收购总量的97.6%。从品种看，收购小麦29296.5吨，比上年减少2493.9吨；收购玉米48970.5吨，比上年增加35636.4吨；收购高粱22752.1吨，比上年增加20752.1吨；豆类收购12835吨，比上年增加7779吨。省外购进17106.5吨，比上年增加3840.5吨。2022年度全区销售粮食111603.3吨，比上年增加54779.1吨。从销售主体看，国有粮食企业销售2730吨，比上年增加2730吨；非国有粮食企业销售108873.3吨，比上年增加52049.1吨，占销售总量的97.55%。从品种看，销售小麦29256.7吨，比上年减少

4683.9吨；销售玉米48947.1吨，比上年增加35939.3吨；销售高粱21181.5吨，比上年度增加17412.5吨；豆类销售12191吨，比上年度增加7363吨。2022年12月末，商品粮食库存8213.6吨。其中，小麦2592.3吨，玉米2808.7吨，高粱1579.6吨，比期初库存增加2250.9吨。区级储备粮库存5000吨。

【领导成员】

党组书记 局长：曹泽锋（8月免）

梁奎明（8月任）

党组副书记 党委书记：胡继洪

党组成员 副局长：冯登平　郭永军

党组成员：李政华　王　勇

党委委员：杨廷河

区项目推进中心主任：李勇涛

（张海霞）

工程事务

【概况】 2022年，临汾市尧都区工程事务中心在职工作人员17人。根据尧区办字〔2020〕10号尧都区人民政府办公室关于印发临汾市尧都区工程事务中心职能配置、内设机构和人员编制规定的通知，中心设综合办公室、工程建设股和补偿安置股3个内设机构。主要职责是贯彻落实区委、区政府的决策部署；负责实施尧都区公共基础设施项目，编制项目建议书、工程预算和决算报告，依法受托进行房屋及地上附着物补偿，履行项目建设程序；负责实施尧都区棚户区改造项目，编制改造计划和实施方案，签订改造补偿协议，建设安置房，组织回迁安置，指导和服务企业参与棚户区改造；负责实施尧都区城中村改造项目，编制改造计划，评审改造方案，协调指导城中村改造工作；负责实施尧都区老旧小区改造项目，编制改造计划，协调指导老旧小区改造工作；完成区委、区政府交办的其他工作任务。

【项目建设】 2022年，尧都区工程事务中心共承担14个重点工程项目，其中续建复工项目9个，即汾东棚户区改造项目、翟庄棚户区改造项目、西王棚户区改造项目、东城第一小学（花都小学）项目、东城体育馆项目、文化艺术中心PPP项目、枣林路（五一东街—南外环街）道路工程、采煤沉陷区治理搬迁小区市政管网配套工程、新东城棚户区改造回购房紫藤苑住宅小区（一期）项目。待建项目5个：采煤沉陷区搬迁小区配套小学和幼儿园项目、阳光小区公租房幼儿园建设项目、城东规划支一路地下管线改造工程、西赵回购安置房项目、医院路道路工程。

【汾东棚户区改造项目】 2022年，临汾市尧都区工程事务中心负责该项目位于二中路两侧，用地总面积113亩，建筑总面积29万平方米，项目总投资9.43亿元。项目分4个安置房小区。

2号安置房小区。该项目位于二中路与众望街交叉口东北角，用地面积16.57亩，建筑总面积4.2万平方米。至年末，已完成室内外装修及地上部分安装。

3号安置房小区。该项目用地面积18.95亩，建筑总面积5.7万平方米。该项目已交付使用。

4号安置房小区。该项目位于二中路第二十休所内，用地面积31.99亩，建筑面积6.81万平方米。本年，已完成2号楼和3号楼主体工程。

5号安置房小区。该项目位于华康路南原临汾市化轻公司，用地面积46.07亩，建筑面积12.32万平方米。本年，已完成1号楼和2号楼室外装修及地上部分安装。

【翟庄棚户区改造项目】 项目位于规划尧贤路与段店街交叉口，占地总面积89.57亩，建筑总面积20.25万平方米，建设住宅楼12栋、1388套。总投资8.27亿元。项目分3个安置房小区。

1号安置房小区。该项目位于规划尧贤路与段店街交叉口西北角，占地面积24.26亩，建筑总面积5.93万平方米，建设住宅楼3栋、408套。本年，3栋住宅楼主体已封顶，已完成室外绿化工程、二次结构砌筑和外墙装饰工程。

2号安置房小区。该项目位于规划尧贤路与段店街交叉口东北角，占地面积41.66亩，建筑总面积9.76万平方米，建设住宅楼5栋、620套。本年，5栋住宅楼主体已封顶，已完成室外绿化工程、二次结构砌筑和外墙装饰工程。

3号安置房小区。该项目位于规划尧贤路与东关街交叉口西北角，东至规划尧贤路，南至规划东关街，西至钢花小区，北至恒安小区。用地面积15767平方米，建筑面积45683.27平方米。建设住宅楼4栋、360套。2022年，3栋住宅楼主体已封顶，完成1号和2号住宅楼二次结构砌筑。

【西王棚户区改造项目】 项目位于段店乡西王村，华康路南侧，东至体育路，南至规划众望街，西至规划路，北至翡翠公馆。项目新建1个安置房小区，占地面积58.2亩，总建筑面积11.5万平方米，建设4栋住宅楼，756套，总投资约5.16亿元。2022年，已办结1号和2号住宅楼的全部建设手续并已基本完工；已办结3号和4号安置房小区的工程规划许可证。

【东城第一小学（花都小学）项目】 2022年，临汾市尧都区工程事务中心负责该项目位于枣林北街以西、解放东路以北、四季花都住宅小区以东、华康路以南。该项目沿规划众望街分南北两个校区，南北校区以地下通道相连接，周边交通便利。项目总用地面积68.17亩，总建筑面积2.2万平方米，总投资0.98亿元。2022年，已完成北校区2号教学楼、设备用房及室外工程及已完成南校区教学楼及综合楼二次结构。

【东城体育馆项目】 项目位于区政府大院西侧，解放东路南侧。占地总面积45.64亩，建筑总面积1.17万平方米。项目总投资1.65亿元。拟建1座可容纳3047席观众的体育馆，配建换热站、空调制冷机房、变配电室、水泵房、公厕及室外公用配套工程等。2022年，项目主体已封顶，已完成室外附属用房、砌筑工程、室内消防管道安装工程和室内暖气管道安装工程。

【文化艺术中心PPP项目】 2022年，临汾市尧都区工程事务中心负责该项目。项目位于华康路与枣林街交叉口东北角，占地总面积83.95亩，建筑总面积5.6万平方米。项目总投资4.305亿元。建设一栋地上四层框架综合性文化场馆。本年，项目主体工程全部封顶。

【枣林路（五一东街—南外环街）道路工程】 项目道路北起五一东街，南至南外环街，全长646米，红线宽40米，道路断面：双向4车道，依次设5米人行道、4.5米非机动车道、3米机非隔离绿化带、7.5米机动车道，占地面积40.05亩。建设内容包括：道路工程、给水工程、排水工程、综合管廊、照明工程、绿化工程、交通标志、标线工程等附属工程。项目总投资约5783.07万元，其中征拆资金1213.09万元、建设资金约4569.98万元。2022年，项目已完工。

【采煤沉陷区治理搬迁小区市政管网配套工程】 2022年，临汾市尧都区工程事务中心负责河西4个乡镇（一平垣、土门、枕头、魏村）采煤沉陷区治理搬迁小区配套项目，包括2条现状道路的地下管线敷设及老桃临线部分路段单侧地下管线敷设。

采煤沉陷区治理搬迁小区至电缆厂段地下管线敷设，现状道路西起采煤沉陷区治理还迁小区，东至电缆厂，全长429.5米，红线宽6米（6米行车道）。拟在现状道路下敷设市政管线，并对原路面进行修复。需临时征地6.82亩。

老桃临线电缆厂至粮库段单侧地下管线敷设，老桃临线电缆厂至粮库段单侧地下管线敷设，全长435米，拟在现状道路东侧敷设市政管线，需临时征地10.77亩。

粮库至滨河西路北延地下管线敷设，现状道路西起粮库，东至滨河西路北延，全长177米，红线宽7米。拟在现状道路下敷设市政管线，并对原路面进行修复。不需要征地。

建设内容包括红线范围内的道路工程、给排水工程、强电工程、弱电工程、燃气工程、热力工程等。项目投资约2265.47万元。2022年，已完成雨、污水工程。

【新东城棚户区改造回购房紫藤苑住宅小区（一期）项目】 项目位于临汾市解放东路北，东至临汾市电业局变电二工区家属院，南至解放东路，西至山西师范大学现代文理学院，北至山西师范大学现代文理学院，占地面积37.07亩，规划建设5栋高层（4栋25层，1栋18层）住宅及1栋2层配套楼。总建筑面积11.8万平方米，728套。总投资约4.3亿元。本年，已完成主楼基础工程、基坑支护、土方开挖外运、主楼CFG桩。

【待建项目】 2022年，临汾市尧都区工程事务中心待建项目5个，采煤沉陷区搬迁小区配套小学和幼儿园项目、阳光小区公租房幼儿园建设项目、城东规划支一路地下管线改造工程、西赵回购安置房项目、医院路道路工程。

【采煤沉陷区搬迁小区配套小学和幼儿园项目】 2022年，临汾市尧都区工程事务中心负责该项目东至老桃临线、西至规划东五街、北至梨园路、南至三淇村耕地。总投资0.67亿元。一期占地面积18984平方米，建筑总面积7479平方米，包括：地上建筑面积7159平方米；地下建筑面积320平方米。2022年，已办结划拨决定书、用地规划许可证、不动产权证、基坑支护和地基开挖阶段施工许可。

【阳光小区公租房幼儿园建设项目】 项目计划占地面积7.68亩，建筑面积1638.37平方米，设计为2轨制，6个班，每班30人，共180人。建设内容包括主体工程、室内外装饰装修、室外管网及景观绿化工程等，项目投资约1129.43万元。2022年，已办结初设批复、净空审查意见、总平调整方案、文物勘探等前期手续。

【城东规划支一路地下管线改造工程】 项目位于尧都区东城区，属汾东5号安置房小区配套工程。小区的给排水、供水、燃气、供热等市政配套管线由华康路通过规划支一路引入。现状道路全长634米，宽14~16米，改造内容包括给水、排水、供电、燃气、热力等地下管线及道路照明、路面恢复等。该项目是汾东5号安置房小区配套工程项目，为小区居民提供必要的生活保障。项目总投资2663.13万元。2022年，已完成立项批复、勘测定界报告和初设批复。

【西赵回购安置房项目】 项目位于中大街东侧西赵村，用地总面积72亩，分2个安置地块，其中：地块一32亩，东至银河路、南至西赵路、西至中大街、北至西赵街；地块二40亩，东至交通局家属院、南至怡协汽修厂、西至银河路、北至益民路。两个安置地块可建总面积16.6万平方米，其中：住宅11.1万平方米、配套商业1.27万平方米、配套社区用房800平方米、配建公租房5500平方米、地下储藏室5000平方米、地下车位888个3.1万平方米。项目总投资约8.43亿元。安置地块范围内有3栋多层小产权住宅楼需要拆迁，本年，尧庙镇和村委正在进行拆迁工作。

【医院路道路工程】 项目道路北起华康路，南至华州路，红线宽18米，全长1100米。占地面积28.26亩。道路采用单幅式，断面形式为双向4车道，其中机动车道宽6米、人行道宽3米。项目总投资约1.69亿元。2022年，已办结立项批复、初设批复、地形图测量、土地预审、选址意见书、环评、土地勘测定界报告书、节能报告书，完成九洲堡村拆迁。

【领导成员】

主　　任：敬国祥

支部书记：贾永红

副 主 任：李　亮

（王亚楠）

自然资源

【概况】 2022年，尧都区自然资源局以“优空间、护资源、促集约”为总体工作目标，坚守耕地保护红线，构建国土空间规划体系，保障自然资源要素供给，加快矿业结构转型升级，落实地质灾害防治，开展资源管护整治，推进依法行政，深化“放管服”，完成“三区三线”划定工作，完成“批而未供”清理消化目标任务，完成2022年度地灾搬迁任务，重新划定永久基本农田，搭建矿山视频监控系统。

【规划管控】 2022年，尧都区自然资源局完成“三区三线”划定工作；推进区级国土空间规划及14个乡镇和254个行政村实用性村庄规划编制工作，启动48个专项规划编制工作，为构建科学高效的国土空间规划体系奠定基础。

【用地保障】 2022年，尧都区自然资源局完成报批面积2175亩，办理土地划拨2宗，划拨面积290亩；挂牌出让7宗，出让面积358.68

亩，出让金总收入16.677亿元；清理消化“批而未供”土地1460亩，完成本年目标任务。

【耕地保护】 2022年，尧都区自然资源局重新划定耕地保护目标61.0765万亩，永久基本农田50.6173万亩，基本农田比上一轮增加3017亩；出台《尧都区鼓励和规范社会资本投资参与土地综合整治管理办法》，健全土地综合整治机制。完成大阳镇乔村等五村高标准农田建设项目报备，补充耕地指标4.62公顷，粮食产能40.8万公斤；易地购买调剂耕地指标165.65公顷，粮食产能149.3万公斤，解决浮临高速、区污水处理厂、东泰煤业、市供电公司、涝洰河等项目用地占补平衡。

【督查整治】 2022年，尧都区自然资源局完成22个疑似新增问题图斑整改工作，上报临汾市规划和自然资源局立案6起，全部结案，收缴历年罚款1689.57万元；针对下发的526个图斑（拆分后为529个），监测面积8909.1亩，实地核查套合率100%；累计出动巡查人员4150人次，巡查私开坑点12481处次、关闭口3546处次、非法采石点395处次、非法采砂点72处次。理顺市、区自然资源执法队，明确市区协调联动机制。

【灾害防范】 2022年，尧都区自然资源局印发《尧都区2022年地质灾害防治方案》，对全区176处地灾隐患点拉网式排查；完成2022年度地灾搬迁任务300户；土门镇柴里村崩塌地质灾害应急处置项目、第二污水公司排污口及管网区灾后治理项目基本完成。

【矿政管理】 2022年，尧都区自然资源局完成9座省级生产矿山2021年度矿山储量年报编制及审核和31家矿业权人勘查开采信息公示和矿产资源开发利用统计，完成率100%。为2座煤矿企业办理采矿权延续登记手续，为1座煤矿企业办理采矿权人和矿山名称变更手续；全年完成征收矿业权出让收益2.6673亿元；出台《全面监督矿业权人严格履行矿山生态修复义务的工作方案》，督促矿业权人履行矿山生态修复和土地复垦义务，完成汾渭平原历史遗留矿山生态修复验收工作。

【权籍调查】 2022年，尧都区自然资源局完成年度国土变更4010宗图斑外业调查举证及内业数据建库工作，完成率100%。完成尧都区农村宅基地和集体建设用地确权发证调查14.5万宗，完成工作总量97%。

【领导成员】

党组书记、局 长：张顺通（3月任）

党组成员、机关党委书记、副局长：王思公（3月免）

党组成员、副局长：李天荣 樊临强 王 刚

副局长：张旭爱（女） 刘益民

党组成员、机关党委副书记：茹泽斌

正科级干部、办公室负责人：薛清瑜

二级主任科员：张丽丽（女） 张永胜

二级主任科员、工会主席：贾 月（女）

四级调研员、河底自然资源所所长：傅月明

副科级干部：吴志刚 柴俊民

副科级干部、自然资源利用股负责人：王晓萍（女）

副科级干部、自然资源督查股负责人：张鹏程

二级主任科员：杨亚红

（薛清瑜）

统计管理

【第七次全国人口普查后续工作】 2022年，尧都区统计局对在第七次全国人口普查工作中成绩突出的尧都区解放路办事处等18个集体和高婧等73名个人通报表扬，编制发布《尧都区2020年人口普查资料汇编》《尧都区2020年人口普查公报》。

【第五次全国经济普查工作】 2022年，尧都区统计局根据国省市通知要求，召开专题会议研究部署，将“五经普”筹备工作列入局重点工作。组建由局主要领导任组长、其他局领导任副组长、相关股室负责人为成员的尧都区统计局第五次全国经济普查筹备领导小组。重点做好制订普查工作计划、宣传相关准备、部署投入产出调查、编制经费预算、两员选调、起草尧都区“五经普”文件通知等前期各项具体工作。

【住户调查大样本轮换工作】 2022年，尧都区统计局在新一轮5年周期住户调查大样本轮换工作启动之年，全区将有160户城乡居民被抽中成为2023年至2027年调查周期的记账户，该局联动各成员单位分工合作，核实样本村是否达100户以上，协助国家统计局临汾调查队做好16名辅助调查员的选聘和管理，配合山西调查总队临汾调查队开展各项工作，确保住户调查大样本轮换工作开展。11月，对新样本进行试记账工作，为国家了解民生民情提供数据。

【入库纳统】 2022年，尧都区统计局加强部门沟通。加强与工信、商务、发改、住建等部门的沟通，利用税务、市场监管等部门资料进行筛选甄别，向部门反馈疑似达规企业名单，对准“四上”单位库进行动态跟踪监测，对符合入统但未入统的加强指导督促，确保达规达限企业及时纳统入库。强化业务指导和审核把关。对于新纳入库企业，在审核企业申报材料的基础上，该局组织全面实地核查，查看企业财务报表和税务报表，确保企业真实存在和规模达标。2022年指导124家企业成功申报入库。

【数据质量核查】 2022年，尧都区统计局为防范和惩治统计造假、弄虚作假，发挥统计监督职能作用，确保统计数据真实准确，参照《关于进一步做好贸易统计工作的通知》《关于开展投资统计数据质量自查自纠的通知》《临汾市统计局关于进一步做好全市规上工业月报工作的通知》《临汾市统计局关于开展一套表调查单位数据 质量核查工作的通知》等文件精神，开展数据核查工作，要求各专业在每月（季）报关网后一周内对在库单位进行实地核查，每次核查不得少于2家。该局各专业共核查单位400余次。

【统计服务】 2022年，尧都区统计局根据全区经济发展形势，将全区经济运行情况报区委、区政府，形成了多种服务产品。联网直报期间，根据直报情况随时提供统计专报分析，

月、季度编印《尧都经济运行监测报告》，年度编印《统计年鉴》《区情概览》，审查发布《尧都区国民经济和社会发展统计公报》和各类普查、调查公报等。围绕区委区政府确定的各项工作目标强化监测分析，将事后统计分析变为突出预判分析，形成月度预判分析、季度重点预判分析、重大问题提前预警的预判预警分析制度。要求各专业人员密切关注经济形势和相关政策措施变化，加强对重点领域、重点行业、重点企业的统计监测预警，对变动异常的数据及时查询核实。撰写统计信息。本年共向市统计局网站、区政府网站《今日尧都》等报送统计动态信息150余篇，撰写并上报统计分析报告50余篇。

【依法治统】 2022年，尧都区统计局贯彻落实《关于更加有效发挥监督职能作用的意见》和统计造假不收手不收敛专项纠治工作文件精神，推动《监督意见》先后三次在区政府第21次常务会和政府党组会议上进行学习。结合该局实际，制定印发《统计造假不收手不收敛问题专项纠治工作实施方案》文件。利用“9·20”“12·4”时间节点，督促开展统计法治宣传工作，提高社会公众的依法统计意识。12月录制《统计知识快问快答》普法视频，通过山西省统计局及临汾统计在线等微信公众号进行展播，推动统计普法宣传融入各项统计业务工作。

【领导成员】

党组书记、局长：温萌萌（女）

党组副书记、党支部书记：王晨霞（女）

党组成员、副局长：温文平　王晓芳（女）

一级主任科员：薛文波（女）

四级主任科员：李广义　郝桂萍（女）

附：获奖情况

2022年4月26日，在第七次全国人口普查中，贾翠红、燕小丽、刘艳丽、崔雅、张红红、李勇、马文平、张雅楠、杨青海、逄丽被临汾市统计局授予“临汾市第七次全国人口普查先进个人”荣誉。

（裴慧侨）

中小企业发展促进

【助企纾困】 2022年，尧都区中小企业发展促进中心开展“下午茶”活动。组织45家企业开展5次分别以“小升规培育”“银企对接”“尧材尧用”等为主题的助企纾困“下午茶”活动，收集的关于环保、资金等方面的18个问题全部解决。组织16家企业参加“创客中国”临汾赛区的选拔活动。组织相关银行上门服务。先后为汾河制药有限公司在中行贷款1000万元，为各类“专精特新”企业争取贷款5000余万元，全年累计为各类中小微企业争取各类金融支持近亿元。落实省市级奖励政策。拨付11家2020年度首次入规的规上工业企业省级奖励资金228.25万元、9家2019年度股改企业省级奖励资金360万元、3家2020年度股改企业省级奖励资金150万元、2家2021年度省级专精特新企业省级奖励资金40万元、19家2021年和2022年1—6月小升规企业市级奖励资金190万元。全年共计发放各级奖励资金968.25万元。

【小升规】 2022年，尧都区中小企业发展促进中心入企服务宣讲政策。开展“三进四送”活动，深入企业实地调研，宣讲小升规后的优惠政策，引导企业入规。建立“小升规”培育库。收集2021年营业收入达1000万元以上且市场发展前景好的30家工业企业进入培育库，每月跟踪企业数据，增减培育库。截至12月底，在区统计局达规入统11家。

【专精特新】 2022年，尧都区中小企业发展促进中心通过宣传政策，培育帮扶，临汾市常兴玻璃有限公司等8家企业被省局认定为省级“专精特新”企业，山西汾河制药等3家企业认定为省级专精特新“小巨人”企业。两项工作在全市名列前茅。

【股份制改造】 2022年，尧都区中小企业发展促进中心通过鼓励中小微企业进行规范化股份制改造，提升企业管理水平政策的引导。2022年，申报3家企业完成股份制改造。

【双创基地】 2022年，尧都区中小企业发展促进中心培育网易·尧都双创科技园成为省级小微企业创业创新基地。加大对蓝色港湾双创基地易地搬迁工作的帮扶，指导该基地在满足条件的基础上正常运营。

【领导成员】

主　　任：韩亚凯

主任科员：郝勤生

附：获奖情况

尧都区中小企业发展促进中心被临汾市民营经济发展促进中心、共青团临汾市委授予“优秀组织奖”称号。

张璐被临汾市民营经济发展促进中心评为全市中小企业系统2022年度信息工作先进个人。

（雷红宾）

市场监督管理

【概况】 2022年，尧都区市场监管局以服务发展和强化监管为重心，优化营商环境、服务民生工程，守住食品、药品、特种设备、产品质量四大安全底线，在激发市场主体活力、维护公平竞争秩序、推进质量强区建设、加强知识产权保护、提升市场监管效能上发力，开创全区市场监管工作局面，完成各项工作任务。

【创优营商环境】 2022年，尧都区市场监督管理局创新举措，在优化营商环境上发力。推进“证照分离”改革。推广个体工商户登记“秒批”。办理个体工商户设立13999户，注销3840户，变更680户。强化事中事后监管。开展“双随机、一公开”监管工作。按照制度规定，开展“双随机”抽查，确保全年抽查市场主体比例不低于3%，抽查结果公示率100%。加强信用监管，对年报工作进行宣传、督促，年报率97.35%以上。对未年报的企业1622户，列入异常名录。

【知识产权工作】 2022年，尧都区市场监督管理局在“4·26”世界知识产权日来临之际，组织、筹备“临汾市数字经济知识产权密集型产业聚集区”的挂牌仪式；与网络平台“快乐临汾”“临汾咨询”联系，宣传相关冬奥会知识产权知识，增强广大人民群众的知识产权保护意识；持续净化行业环境，进一步加强行业自律，维护尧都区知识产权代理行业正常秩序。山西世纪新龙腾科技有限公司获批知识产权质押融资500万元，有效解决了企业融资困难。

【质量强区工作】 2022年，尧都区市场监督管理局实施质量强区战略，开展质量提升行动，加强质量管理，推进全区品牌建设；该单位配合临汾市市场监督管理局对全区获证企业开展“双随机、一公开”检查；配合国抽、省抽、市抽对产品的质量开展监督抽检工作；该单位在尧都区范围内对燃气灶具销售企业进行监督检查。在尧都区范围内开展塑料污染治理专项行动。在尧都区范围内开展农资产品质量专项监督检查行动。开展全国质量月宣传活动，以“质量月”为契机，加大宣传力度，夯实监管力度，切实提升发展质量和效益。

【标准化工作】 2022年，尧都区市场监督管理局对山西帝尧旅游文化发展有限公司市级旅游服务标准化试点项目和尧都区正元养老院国家级养老服务标准化试点项目建设情况进行帮扶指导。该单位对辖区的计量器具使用单位开展为期2个月专项检查。对辖区内检验检测机构进行“双随机”抽查。“世界标准日”期间，围绕“数字时代的标准化”这一活动主题，开展系列宣传活动。

【食品安全监管】 2022年，尧都区市场监督管理局组织开展校园周边餐饮安全检查，督促各餐饮单位认真落实食品安全主体责任。加强进口冷链食品监管，严防新冠疫情通过进口冷链食品输入的风险。凡进入该区销售的进口冷冻冷藏肉品必须经过总仓管理，做到“三专、三证、四不得”方可销售。开展食品安全“守底线、查隐患、保安全”专项行动。开展食品安全监督抽检工作。制定2022年尧都区食品安全监督抽检实施方案，做好抽检工作。

【药品安全监管】 2022年，尧都区市场监督管理局，做好“一退两抗”药品销售实名登记和监管系统运行工作。对64家零售企业采取风险管控措施。指定专人负责每天22个监测哨点的销售数量及时汇总上报，给多点触发监测预警系统提供监测数据。对在疫情防控工作中，防控不力的17家药店采取停业整改措施。对药品经营行为、中药饮片、互联网销售药品、集采中选品种等开展专项检查。

【特种设备安全监管】 2022年，尧都区市场监督管理局开展特种设备安全隐患大检查，以“全覆盖、零容忍、严执法、重实效”为总要求，强化特种设备生产、使用单位主体责任。检查特种设备生产使用单位406次，发现隐患68处，整改60处。开展特种设备超期未检专项整治行动和气瓶专项治理，规范气瓶充装行为，保证气瓶充装和使用安全。做好重要时间节点安全保障工作，主要是以机场、高铁、商场等人员密集场所为重点，确保重要时间节点特种设备安全运行。开展2022年“安全生产月”活动，营造安全宣传浓厚氛围。

【产品质量安全监管】 2022年，尧都区市场监督管理局下发《2022年全区产品质量安全监管工作要点》。对全区非道路移动机械销售企业进行紧急排查，对各销售企业营业执照及相关经营资质、在售机械产品合格证、国三排放达标证明等逐一排查并建立台账。推荐25家企业加入临汾市品牌（产品）建设目录，其中工业类企业2家、农业类20家、服务类2家、非物质文化遗产1家。

【党建工作】 2022年，尧都区市场监督管理局坚持党组书记负总责、班子成员分工负责、机关党委抓落实的工作机制，推进党的建设工作。班子成员执行领导干部双重组织生活制度，参与指导基层支部建设。开展支部与社区、企业结对共建活动，推动党建和业务的深度融合，注重在疫情防控、复工复产、惠企纾困等方面中发挥支部的战斗堡垒和党员先锋模范作用，打造具有市场监管特色的党建品牌。

【党风廉政建设】 2022年，尧都区市场监督管理局领导班子履行“一岗双责”。制定全面从严治党工作要点，层层签订党风廉政建设目标责任书，强化党风廉政建设齐抓共管的整体合力。健全权力运行监督制约机制。完善内部各项管理制度，规范资产管理、车辆管理和经费支出。落实“三重一大”集体决策制度，坚持未经集体研究的事项不施行。加强廉政教育，把党章党规党纪纳入理论学习中心组学习内容，筑牢拒腐防变的思想防线。

【意识形态】 2022年，尧都区市场监督管理局落实意识形态工作责任制。将意识形态工作纳入党建工作责任制和领导班子、领导干部目标管理。将意识形态教育纳入党员政治思想教育重要内容。利用党组中心组学习、“三会一课”、“党员主题党日”等载体，组织好对党的二十大精神、《习近平谈治国理政》第四卷、习近平总书记重要讲话精神、党章党规、意识形态工作责任制实施细则、网络意识形态工作报告制度等内容的学习贯彻工作。做好舆论引导。注重把握不同时期宣传重点，提高舆论引导水平。

【领导成员】

党组书记、局　长：韩　鹏

党组成员、副局长：段晓将　张前平

刘建勇　谢金海

连军民

党组成员：郭宝山

非公经济工委副书记：白新华

（雒雄伟）

审计监督

【概况】 2022年，尧都区审计局是区人民政府的工作部门，为正科级建制，履行区委审计委员会办公室职责。行政编制14名，设局长1名，副局长2名，股级领导职数6名；全额事业编制10名，其中副科级主任1名、一般人员9名。截至2021年底，行政人员15人，其中局长1人、副局长2人、正科级干部1人、四级调研员2人、二级主任科员1人、四级主任科员4人、一级科员3人、工勤人员1人；全额事业人员9人，其中副科级主任1人、一般人员8人。内设机构为办公室（机关党组织办公室）、法规审理股、财政金融审计股、项目投资审计股、经济责任审计股、社会保障审计股和区审计服务中心。

【财政审计】 2022年，尧都区审计局共完成区本级预算执行审计和信访局、商务局、老干部局、行政审批局等一级预算执行单位共12个单位预算执行审计，发现并查处问题共41个，提出建议共29条，查处管理不规范金额共326480万元；共完成县底镇、屯里镇、汾河办事处3个单位的财政决算审计。

【政府投资项目审计】 2022年，尧都区审计局按照《政府投资项目审计规定》，完成尧都区二中路拓宽改造工程项目、汾河吴村段生态修复PPP项目跟踪审计、尧都区废弃露天矿山生态修复项目等10个，送审金额共140800.23万元，核减金额共21653.04万元。

【经济责任审计】 2022年，尧都区审计局完成霍魏林、贺斌、任艳玲、高鹏等7名乡科级领导干部的经济责任审计。

【审计调查和专项审计】 2022年，尧都区审计局按照省厅的统一安排，围绕重点行业、重点资金，完成尧都区2018—2021年“人人持证、技能社会”专项资金审计，共查出问题5个，提出建议3条，查出管理不规范金额107.96万元；完成尧都区2021—2022年度乡村振兴补助专项资金审计，共查处问题5个，提出建议5条，查处管理不规范金额1558.7万元。配合市审计局完成2021年度“大气污染、水污染”防治专项资金审计。

根据区委、区政府安排，完成专项审计或审计调查任务。对尧都人民医院2019—2021年度财务收支情况进行审计。共查处问题14个，提出建议3条，查处管理不规范金额59802.72万元；移送处理问题1个，涉及金额132.79万元。对尧都区粮食储备中心2019—2021年度财务收支情况进行专项审计。共查处问题5个，提出建议2条，查处管理不规范金额10.34万元。对区2022年防汛救灾灾后基础设施修复建设和资金使用情况进行跟踪审计，共查处管理不规范问题3个，提出建议2条。对尧都区投资建设开发有限公司、临汾市尧都区城市管理服务有限公司、山西帝尧旅游文化发展有限公司等6家公司的国有资产管理情况进行专项审计调查。共查出问题5类11个，提出建议4条。

【领导成员】

局　长：陈建峰

副局长：贾永志（10月免）

　　　　王志琴（女）

区审计服务中心主任：张步艳（10月免）

（段广城）

应急管理

【概况】 2022年，尧都区应急管理局主要职责是负责应急管理工作，指导全区各级各部门应对安全生产类、自然灾害类等突发事件和综合防灾减灾救灾工作。负责安全生产综合监督管理和工矿商贸行业安全生产监督管理工作。组织指导协调安全生产类、自然灾害类等突发事件应急救援，承担全区应对重大灾害指挥部工作，综合研判突发事件发展态势并提出应对建议，协助区委、区政府指定的负责组织重大灾害应急处置工作。统筹消防、森林和草原火灾扑救、抗洪抢险、地震和地质灾害救援、生产安全事故救援等专业应急救援力量建设，管理区级应急救援队伍，指导全区社会应急救援力量建设。指导协调森林和草原火灾、水旱灾害、地震和地质灾害等防治工作，负责自然灾害综合监测预警工作，指导开展自然灾害综合风险评估工作。2019年3月组建，加挂区地方煤矿安全监督管理局牌子。安全生产方面。

2022年，全区共发生各类生产经营性亡人事故5起、死亡8人，与上年同比减少6起、5人，分别下降54.5%、38.4%，全区安全生产形势总体稳定。

【贯彻落实上级决策】 2022年，尧都区应急管理局召开12次安全生产工作例会研究部署安全工作。先后下发《关于做好2022年安全生产工作的通知》等系列文件，对国家、省、市有关安全生产的重要指示、批示、文件、会议部署的任务进行细化分解，对“两节两会”“五一”“十一”等重要时段的重点工作进行安排部署，确保各项重点工作推进。

【完善安全监管体系】 2022年，尧都区应急管理局坚持以安全生产“党政同责、一岗双责、齐抓共管、失职追责”为总要求，全面推动各级安全生产责任落实到位。在强化党政领导责任方面。制定出台《关于调整尧都区安全生产委员会及其办公室组成人员的通知》、制定《区长、副区长安全生产职责清单和2022年安全生产重点工作任务清单》，加强安全生产工作的组织领导，落实“促一方发展、保一方平安”的政治责任。在强化部门和属地监管责任方面。按照“三管三必须”和属地监管要求，履行监管职责，开展本辖区、本行业领域安全检查，做到安全监管责任全面覆盖、无缝对接。在强化企业主体责任方面。落实生产经营单位全员安全生产责任制，建立从主要负责人到一线从业人员的安全生产责任清单，做到安全责任、投入、培训、管理、应急救援“五到位”，提升企业本质安全水平。

【强化隐患排查治理】 2022年，尧都区应急管理局按照国务院安委会安全生产“十五条硬措施”，坚持以安全生产专项整治三年行动巩固提升年为主线，先后开展“百日攻坚”、安全生产“开小灶”、安全生产大检查大整治大提升、“反三违、除隐患、防事故”、安全生产隐患排查整治行动、安全生产冬季行动等活动，建立“一图、一清单、两台账”。区安委办统筹推进煤矿安全生产、危险化学品安全风险集中治理、城镇燃气“百日攻坚”行动、消防安全、自建房等各类安全专项整治。全区累计出动5489个检查组，检查企业15563家次、出动23737人次，排查整治各类隐患11635条，整治1条重大隐患，限期整改749家，停产整顿16家，行政处罚806.5万元，防范化解各类安全风险隐患。

【开展自然灾害综合风险普查】 2022年，尧都区应急管理局为掌握我国自然灾害风险隐患情况，提升全社会抵御自然灾害的综合防范能力，组织开展尧都区第一次全国自然灾害综合风险普查工作。该区完成本级普查工作全部内容，配合上级部门完成相关工作及普查结果应用。

【开展防灾减灾救灾】 2022年，尧都区应急管理局发放冬春救助救灾物资。结合2022年中央下达救灾资金和上年度结余救灾资金，采购面粉、大米、棉衣、棉被等救灾物资，分发至受灾群众手中。加强灾害统计工作。建立区、乡、村三级灾害信息员队伍473人，其中区级3人、乡镇（街道）47人、村（社区）423人。抓好防震减灾工作。持续抓好监测台网运维，落实震情会商制度。做好防汛抗旱、火灾防治和防灾减灾工程建设等工作。指导协调相关部门开展防汛抗旱、森林草原火灾防治等工作；统筹社会捐赠资金，报请区政府同意，下达各相关单位；强化防灾减灾工程建设，开展全区综合防灾减灾工作。

【完善应急管理体系】 2022年，尧都区应急管理局修订和完善应急预案，督促各专项指挥部完善应急预案的编制，编印区级专项应急预案汇编，完善该区应急预案体系。推进应急救援体系建设，全区基本形成以消防救援大队为主，尧都区综合应急救援大队为辅，蓝天、天龙等社会力量参与的应急救援体系。建立地震灾害防灾体系，落实“三网一员”工作制度，及时观察和报告地震宏观异常现象，在震时收集和报送地震灾情信息，确保常年跟踪、上报及时、落实有效，发挥群测群防网络作用。

【强化安全宣传教育】 2022年，尧都区应急管理局组织开展“防灾减灾周”“安全生产月”活动，采取设立宣传咨询台、摆放宣传展板、向群众发放宣传资料、现场讲解安全知识等方式，使宣传活动贴近实际、贴近群众。活动开展以来，全区共举办现场咨询60余次，发放宣传页9万余份、安全宣传册1万册、悬挂宣传标语300余条，在临汾音乐广播电台播放应急安全类广告1000余条，在《尧都新闻》前每天播放1个安全警示片。

【领导班子】

党委书记、局长：卢震鸿（8月免）
梁志勇（8月任）
党委副书记、机关党委书记：李宝庆
党委委员、副局长：郑素俊　王成华
逯虎成　张俊敏
区地方煤矿安全监督管理局副局长：刘双记
四级调研员：张福民
一级主任科员：李青云（11月任）
梁李红
区防震减灾中心主任：杨文生
区防震减灾中心二级主任科员：
张秋峰　赵　炜
刘文平（10月免）
区防震减灾中心四级主任科员：段　晋
区应急管理综合行政执法大队
副队长：李文亮　张志强　王晓东
事业副科级干部：曹建青
区防震减灾中心副主任：陈国华

（刘玉亮）

城镇集体工业联合社

【概况】 2022年，尧都区城镇集体工业联合社领导班子2人，机关9人，共11人，设综合办、党办。城联社为全额事业单位。

【党风廉政建设】 2022年，尧都区城镇集体工业联合社主任、党委书记对各科、室（基层党组织）党风廉政建设负总责，履行第一责任人的职责。树立“四个意识”，遵守党的政治纪律和政治规矩，维护党的集中统一。执行和传达学习上级有关党风廉政建设和反腐败工作部署，结合实际专题研究，协调解决工作中的困难和问题。共签订党风廉政建设目标责任书8份。2022年共召开党风廉政专题学习会议12次。

【安全生产】 2022年，尧都区城镇集体工业联合社安全生产每月有会议安排，专项检查、专人落实、整改到位。2022年6月是全国第21个“安全生产月”，主题是“遵守安全生产法，当好第一责任人”。为开展好“安全生产月”系列宣传活动，推动生产经营单位落实主体责任，对每一家相关商户做到安全生产宣传，发放安全生产倡议书，签订安全承诺书。

【信访工作】 2022年，尧都区城镇集体工业联合社全年接访职工上访10余次30多人次，做好息访、罢访工作，协商解决问题。

【工艺美术】 2022年，尧都区城镇集体工业联合社贯彻落实《山西省振兴工艺美术行业工作方案》要求，摸清全区工艺美术行业主要品种和类别，发现和打造一批工艺美术集群，发现和培养一批工艺美术能工巧匠，建立本级传统工艺振兴目录，推动工艺美术产品提质升级，使尧都区工艺美术行业整体提升台阶。对该区内所有工艺美术行业进行登记分类，与临汾市城镇集体工业联合社、市工艺美术协会、各县城联社共同组织参与临汾市级工艺美术大师、县级工艺美术大师的申报、评比工作。参与市城联社组织的工艺美术发展研讨会，对工艺美术事业发展进行研究，将工艺美术行业发展成为该区特色产业项目。

【领导成员】

主　　任：杜　军

党委书记：李文洲

附：获奖情况

2022年6月，在2022年度市级工艺美术大师评选中获临汾市城镇集体工业联合社优秀组织奖。

（李文洲）

工　业

工业经济和信息化综述

【经济指标完成】　2022年，尧都区工业和信息化局统计工业增加值，1—12月累计完成134.99亿元，累计增速9.79%。制造业增加值占工业增加值比重下降0.55%。战略性新兴产业增加值增长速度1.5%。

【入企服务】　2022年，尧都区工业和信息化局印发工业助企纾困政策汇编110余本，宣传各类惠企政策。组织干部10人，服务企业60户，截至12月底，收集各类问题41个，解决41个。

【助企纾困】　2022年，尧都区工业和信息化局先后开展制造业、建材业、煤炭业“早餐会”，汾河制药助企纾困“早餐会”和药品保供“早餐会”，收集涉及政策、土地、资金、环保等方面的30个问题。截至12月底，解决30个。

【“小升规”和“专精特新”培育】　截至2022年12月底，共入统“小升规”企业11家。临汾市常兴玻璃有限公司等8家企业被认定为省级“专精特新”企业，山西汾河制药等3家企业被认定为省级专精特新“小巨人”企业。

【企业创新】　2022年，尧都区工业和信息化局推进国家、省、市三级企业技术中心体系建设。组织华德冶铸、新源华康申报省技术创新示范企业；组织盛泰源特种材料和鑫伦环保建材申报2022年度市级企业技术中心，2家企业完成市级企业技术中心的认定；组织中润路科有限公司进行2022年度省级企业技术中心的认定。加快推动省级小微企业创业创新基地建设。培育网易·尧都双创科技园成为省级小微企业创业创新基地。加大对蓝色港湾双创基地易地搬迁工作的帮扶，指导该基地在满足条件的基础上正常运营。加强股份制改造工作，鼓励支持有条件的企业在新三板上市，组织7家企业完成股份制改造。开展智能制造试点工作。华德冶铸有限公司和康腾威机械制造有限公司成为山西省2022年省级智能制造试点企业。加快推进5G基站建设，为5G应用夯实基础。2022年市定任务为597座，年底全部完成。

【转型项目建设】　2022年，尧都区工业和信息化局确定工业转型升级项目17个，总投资60.3亿元。其中，省级重点项目2个（东方恒略环保创A项目、山西建筑产业现代化园区一期项目）；市级重点项目2个（中贝锂电池正极材料智能化生产线建设项目、盛泰源年产8万吨合金材料铸锻加工项目）。截至12月底，有6个项目投产或部分投产运营。

【国资国企改革】　2022年，尧都区工业和信息化局完成剥离国有企业办社会、国有企业退休人员社会化管理、国有企业职工家属区“三供一业”分离移交，6户区属全民所有制企业改制，6户区属公司制企业国有资产集中统一监管等工作。提交区委、区政府研究同意后印发《尧都区区属国有企业“六定”改革办法（试行）》。

【安全生产】 2022年，尧都区工业和信息化局开展安全生产大排查大整治大提升工作，深入企业对安全生产工作进行检查指导，全年下企业进行专项检查186人次，发现38个安全隐患，全部整改完毕。通过各项活动开展，落实各项安全生产工作责任，排查治理了各类隐患，防范和遏制各类事故的发生，确保行业领域企业的安全生产稳定。

【领导成员】

党组书记、局长：丁春贵

党组副书记、党委书记：郜俊峰

党组成员、副局长：尚文毅　郑延生

王全顺

党组成员、区城镇集体工业联合社主任：杜　军

主任科员：石振平

（席亚民）

高新技术产业开发

【概况】 2022年，尧都高新区工业产值65.2亿元、服务业营收16.3亿元、建筑业营收0.55亿元、商贸业营收13.3亿元。于2019年11月12日经省政府批复设立，2020年4月11日党工委、管委会挂牌运行，规划面积20平方公里，总体布局为“一区三园”，由尧都云商产业园、贾得新兴产业园和大阳高端装备制造产业园组成。其中，尧都云商产业园，规划面积7.2平方公里，重点发展大数据、云计算、电子信息、物联网为代表的信息技术创新及应用产业，打造数字经济产业集群；贾得新兴产业园，规划面积11.1平方公里，重点发展新能源、新材料、生物健康和高新技术产业，打造战略性新兴产业集群；大阳高端装备制造产业园，规划面积1.7平方公里，重点发展高端装备制造、精密制造、精密铸造、精密锻造和新型建筑材料产业，打造高端装备制造产业集群。

【经济指标】 2022年1—12月，尧都高新区省定6项发展水平考核指标，规上工业增加值完成7.13亿元，同比增速23%；工业投资完成7.35亿元，同比增速29.2%；转型项目完成投资7.35亿元，占工业投资比重100%；高新技术企业达到10家，同比增速42.9%；“四上”企业达到54家，同比增速25.6%；产出强度到292.3万元/亩。

【项目建设】 2022年，尧都高新区产业项目方面。2022年共实施产业项目9个，总投资26.1亿元。其中康腾威特种车辆零部件、盛泰源合金材料铸锻加工、纳海鸣岩棉板、中贝锂电池正极材料、东方恒略环保创A、安围新型保温材料6个项目已投产达效，山西建投一期项目部分投产，恒安轧辊精密铸造、康腾威工程机械属具2个项目已开工建设。基础设施建设方面。启动实施了“一房四厂四路一电”10个基础设施项目。其中，标准厂房、贾得供水厂2个项目已开工建设。

【招商引资】　2022年，尧都高新区坚持长板招商、产业链招商和链主企业招商思路，主动加强与环渤海、长三角、粤港澳大湾区域对接合作，参加大型招商推介活动5次，对接项目30余个，签约项目8个，总投资26.81亿元。其中，康腾威工程机械属具、恒安轧辊精密铸造2个项目开工建设，360集团网络安全、临汾赋能云数字经济平台、山西优炫凌云3个项目已经落地，招商引资工作实现突破。

【营商环境】　2022年，尧都高新区为企服务方面。成立为企服务专班，解决东方恒略、华德冶铸、临汾中贝、山西智创城入驻企业以及山西建筑产业园、恒安轧辊等项目面临的困难和问题，做好土地、资金、水、电、人才、防疫物资等要素保障，全力推动企业复工复产。兑现落实优惠政策方面。对入驻山西智创城（临汾）的企业提供免费的办公场所和各项优惠条件，为山西建筑产业现代化（临汾）园区一期、百度智能云、字节跳动、华德、康腾威等6个企业、项目兑现落实扶持奖励。结合开发区赋权，深化“放管服”改革，全方位提升服务水平，2022年新增市场主体301家。山西华德冶铸有限公司被确定为全省链核企业，被评为国家级专精特新“小巨人”。

【数字经济】　2022年，尧都高新区以山西智创城NO.11（临汾）为载体，加快发展数字经济和信创产业，出台招商引资奖励办法和考核办法，从高新技术、科技创新、总部经济、固定资产投资、办公用房、财税贡献等7个方面，为入区数字企业提供政策支持。山西智创城NO.11（临汾）入驻企业80家，其中数字经济和信创企业63家，字节跳动、百度智能云、360集团、网易、北京优炫软件等一批头部企业已落地运营，数字经济年产值达28.66亿元，在全市形成示范引领效应。

【机制体制】　2022年开展开发区专项整治，结合市委专项巡察和专项审计，围绕内部管理、招商引资、项目建设、经济运行、“承诺制+标准地+全代办”、智创城等方面，建立健全各项制度49项，高新区运行机制体制得到规范和优化。

【领导成员】

党工委书记、管委会主任：郭忠义

党工委副书记、管委会常务副主任：汤国庆

党工委委员、管委会副主任：张学东

李　俊（女，11月免）

党政工作部部长：王建华

科技创新部部长：赵成河

规划建设部部长：吉志刚

投资促进部部长：梁　梅（女）

行政审批局局长：宋宝峰

党政工作部副部长：朱智辉

科技创新部副部长：荆铭杉

规划建设部副部长：权永斌

投资促进部副部长：杜　明

行政审批局副局长：张洁珉

（*霍彦辰*）

能　源

【概况】　2022年，尧都区能源局立足煤矿、电力、长输油气管道行业安全生产，稳步推进洗选煤企业、储煤厂、站台行业标准化管理，兼顾节能降耗、散煤管控、清洁取暖、保供煤，发展新能源，优化全区能源产业结构发展。

【能源行业分布】 2022年，全区共有15座煤矿，其中，生产矿井8座，减量重组待证矿井1座，建设矿井2座，停缓建4座，总产能1470万吨。2022年，全区有入库的拟建新能源项目4个，在建新能源项目1个。全区共4座发电厂。全区共有长输油气企业3个。

【行业标准化建设】 2022年，尧都区能源局关于全区煤矿智能化采掘工作面任务共7个，完成4个。

2022年，全区正在建设的矿井为东泰鑫源煤业有限公司建设项目。该矿2021年11月开工建设，矿井一期工程全部完成，进入二期工程，2022年底完成二期工程进入三期工程。技改矿井3座，恒昇煤业回风立井项目、金辛达煤业2#煤配采项目已完成竣工验收，正办理相关备案手续。其余1个项目按计划实施中。全区符合参与标准化建设评定的27家洗选煤企业，全部按时间节点完成标准化建设自评，达到相应等级。

【新能源建设】 2022年，尧都区能源局拟建新能源项目。北控清洁能源临汾市尧都区大阳镇涝河南山200兆瓦光伏电站项目；华电福新能源发展有限公司临汾市尧都区县底镇翟村150兆瓦光伏电站+储能示范项目；上海金友金弘智能电气股份有限公司尧都区枕头乡100兆瓦农光互补光伏发电项目；上海之恒新能源临汾市尧都区150兆瓦风电项目。这个新能源项目与区政府签订合作投资协议，具备申报项目建设条件。其中，成都晶旭绿能新能源有限公司2022年11月15日与区政府签订框架协议，该公司将替代临汾市尧都区北清新能源有限公司申报指标，等新能源项目指标下达后，开工建设。在建新能源项目有太原市景能和丰风电有限公司尧都区枕头乡20兆瓦分散式风电项目。项目总投资1.36亿元。于2022年11月1日开工，2022年投资600万元完成场地平整和基础开挖工作。

【民用清洁煤、保供煤工作】 2022年，尧都区能源局依据《尧都区2022年散煤管控实施方案》，设立9个民用洁净煤供应点，保障“禁煤区”外居民洁净煤使用需求并予以政策补贴。完成7个乡镇、64个村、7037户居民的民用洁净煤入户工作，共计销售洁净煤17399.67吨，完成全区2022年民用洁净煤的保障任务。

2022年，保供任务数为22万吨煤，保供对象为山西兆光发电有限责任公司，任务分解为，皖北煤电临汾天煜公司2座矿井恒晋煤业和恒昇煤业承担18万吨，山西临汾蓝宝煤业有限公司承担4万吨。蓝宝煤业完成4万吨保供任务；天煜公司2座煤矿完成12万吨保供任务，12月底完成剩余6万吨的保供任务。

【清洁取暖】 2022年，尧都区能源局完成2021年清洁取暖验收及上报工作。全区清洁取暖完成改造992户、10.69万平方米。其中，集中供热15户、0.33万平方米；煤改气398户、4.22万平方米；煤改电579户、6.14万平方米。2022年清洁取暖改造涉及2个乡镇3个自然村计264户，另有150户零散户，共计414户。

2022年8月5日，完成设备招标工作，2022年10月30日完成414户改造。对部分乡镇的零散户进行煤改电改造工作计380户，共实际煤改电改造794户，确保“禁煤区无燃煤”，确保群众温暖过冬。

【行业安全监管】 2022年，尧都区能源局对全区1座煤矿建设项目和3座煤矿技术改造项目，开展煤矿“事中事后”监管检查22次，提出125条问题，全部整改完毕。2022年，全区共有长输油气企业3个。根据山西省“百日攻坚”专项行动工作安排，组织企业安排专家组现场检查核实，完成两处安全隐患的“销号”；根据山西省安全生产委员会油气长输管道外部隐患专项排查治理工作安排，负责督导企业对全区辖区内3处隐患完成整改，完成销号。全区共有储售煤场22个，进行行业安全检查85人次，在恶劣天气和汛期，做好预警，督促各企业做好灾害防范和安全保障工作。

【节能降耗】 2022年，尧都区能源局全区89家规模以上企业1—11月能源消费总量为218.3万吨标准煤，比上年同期181.5万吨标准煤增加36.8万吨标准煤，能耗增速增长20.3%；当月规上工业企业能源消费总量为12.5万吨标准煤，比上年同期的12.7万吨标准煤下降0.2万吨标准煤，能耗增速下降1.6%。2022年，该区煤炭消费减量替代工作目标为431.43万吨，我区涉及煤炭消费的企业共计3家，分别是大唐热电、临汾热电和东方恒略公司，1—10月规上工业煤炭消费量累计334.74万吨。

【煤炭、电力主要经济指标】 2022年，尧都区能源局统计全区煤矿企业1—12月累计生产原煤1361.4万吨，较上年同期增加12%；销售原煤597.49万吨，较上年同期降低7%，库存原煤20.31万吨。全区洗选煤企业本年1—12月入洗原煤1575.6万吨，生产洗精煤799.79万吨。其中规上企业入洗原煤1518.15万吨，生产洗精煤771.74万吨。2022年1—12月共发电62.29亿千瓦时，同期减少0.28%。

【领导成员】

局长、党组书记：李青春

党委书记：崔军育

副局长：靳占武

能源发展中心主任：王夏宁

四级调研员：董世明

四级主任科员：王　恒

（景延周）

城区电力

【中心概况】 2022年，城区供电中心主要负责辖区内10千伏及以下配电设备运检管理、电力电缆及通道运检管理、配电专业技术监督、计划检修、故障抢修及现场标准化作业管理等。内设16个班站，包括客户服务班、服务支撑班、安全与用电监察班、站房运检班、电缆运检班（3个）、带电作业班、供电服务站（8个）。员工124人。城区供电中心成立于2020年4月1日，是国网临汾供电公司的业务支撑与实施机构，担负着临汾市城区211平方公里的供电任务，年售电量18.09亿千瓦时。

【电网概况】 2022年，城区供电中心所辖10千伏开关站25座、10千伏线路共计234条，长度1298.373公里。环网柜493座，其中城区423座，郊区四所70座。管辖公用变压器1764台，容量共计954730千伏安，其中柱上变压器966台、容量共计329060千伏安，配电变压器798台、容量共计625670千伏安，共计接带25.05万户。

【队伍建设】 2022年，城区供电中心大力倡导“有为才有位”选人用人导向，目前中心“85后”大学生中，14人承担着专业重任，其中副主任1人、班组长2人、七级职员3人。深入推进青年精神素养提升，召开青年员工座谈会，举行“拜师礼”、公文写作培训等活动，培养出国网工匠1名、市工匠2名、市后备工匠4名。

【指标情况】 2022年，城区供电中心全年售电量完成18.09亿千瓦时；营业收入9.9亿元；售电均价513.76元/千千瓦时，比计划提高23.04元/千千瓦时；综合线损率2.82%，同比降低0.53个百分点，均超额完成进度计划；电费回收率100%。

【重点工程及网架建设】 2022年，城区供电中心聚焦“三供一业扫尾”“业扩配套建设”等五类项目，重点推进88项单体工程，全年敷设高压电缆28.84公里，安装环网柜32台，新增及改造变台77座，改造高低压导线47.126公里，有效缓解了城区供电压力。民生保障工作。19家小微企业、7家充电桩用户配套工程完成建设，保障投资界面政策落地，第一时间满足客户用电需求。按期完成11个小区2200余户合表打开小区、老旧小区改造接收和4家省属企业7个小区共计2369户的“三供一业”改造接收任务。网架提升效果显著。2022年高质量完成10千伏华康东线与10千伏华康西线联络工程改造任务，867东张线重过载彻底治理。高位推进完成恒安I线与临纺线联络、中广线与北广线联络、迎春线与兵站线联络等6项网架联络提升，提升城区供电可靠性。完成御景站Y920御秦南线、Y941御秦北线、王庄站562尧东线、565王平线负荷切改，初步实现4条线路短半径供电目标。开展台区改造，完成段店、屯里、刘村的17个村，城东、城南、城西13个台区改造任务，解决“最后一公里”问题，客户电力获得感提升。

【安全基础夯实】 2022年，城区供电中心坚持健全完善安全责任体系，组织36期1700余人次安全教育培训。强化安全工器具检查、更新，补充个人防护用具等12类1033件。现场管控压紧压实。做实作业承载力分析和前期现场勘查制度，成熟一项开展一项，确保现场“少而精”。制定作业现场检查三清单，确保作业人员现场规范、安全条理开展作业。梳理“明白人”清单，“三种人”由原来90人缩小为45人。强化外委队伍管控，落实人员、企业资质“双准入”，取得证件80人。建立“黑名单”机制，清退1家施工队伍。安全隐患防控有力。开展安全隐患大排查大整治，罗列资料144项，排查整改问题215项。推进消防交通安全工作，发现整改隐患32处，同尧都区消防大队建立长效协调工作机制，制定联动方案，信息共享、联合检查，提高电气火灾处置水平。

【运维检修精益】 2022年，城区供电中心坚持以“短半径、小容量、低户数、双电源”为原则，按片区开展网架“小规划”研讨，2022年完成3个片区规划，涉及28条10千伏线路，形成储备项目13项。谋划“两个库”建设，形成运维储备项目8类44项4373.95万元、工程储备项目23项9336.04万元，把控关键核心业务自主实施。运维水平稳步提升。开展工单化巡视，完成两轮次线路、台区、开关站巡视工作，梳理问题4类2113项，处理1325项。线路负荷切改5条，三类配变整治79台，低电压、重过载线路、台区整治率100%。强化电缆中间头运维管控，梳理全域电缆中间头位置并建立台账，完成5站70个电缆中间头在线监测安装，实现50%区域电缆中间头状态可见。完成毓秀小区的双电源建设，居民小区供电可靠性提升工作迈出坚实第一步。按照“4+2”标准化要求，完成5个变电站15条街道449个电缆井整治。加快“放心台区”治理，以问题库为导向，开展台区“黄、绿、红”评级，完成治理“黄转绿”台区148个、“红转绿”台区37个，以段店片区为试点，完成19村93个台区整治工作。

【不停电作业实现突破】 2022年，城区供电中心共执行作业任务496次，同比增加190次。首次实现绝缘杆作业法，成功解决地域和环境限制。开展“带负荷直线杆改耐张杆加装柱上开关”第四类项目，实现常用带电项目全覆盖。全年共完成临汾市委、市政府各类会议、学校各类考试等69项220个地点202天保电任务，出动保电人员1422人次、车辆615台次，实现“零差错、零闪动”的保电目标，确保电力可靠供应，提供优质高效的供电服务。抽精兵、强训练，组建4人教练团队，牵头带队取得6月“配网不停电作业技能竞赛”团体二等奖，个人一等奖，9月“山西省电业系统职工职业技能竞赛”带电作业技术项目团体一等奖，个人第一、第二、第五的优异成绩。

【配电信息化初步完成】 2022年，城区供电中心共补充安装38条架空线路301台故指，目前基本满足1台故指3台变压器的密布原则；安装111套电缆型故指，实现9座变电站接地直拉、研判辅助；补充安装27台FTU，实现24条架空线路主线三遥三分段、21条架空及混合线路的大分支密布；新投DTU36台，电缆线路自动化覆盖率提升至82%。建立自动化专业团队，推动自动化设备调试、消缺，出动340人次，设备消缺460台次。2022年自动化设备在线率保持在80%以上，正确动作126条次，故障研判平均用时16分钟，线路主线恢复供电平均时长35.51分钟，同比减少20.49分钟，提高故障处置效率。

【供电服务提升】 2022年，城区供电中心夯实营销隐患治理。全量核查高压合同2070户，保证供用电合同的正确性。低压合同核查2196户，整改率100%。深化推动营销稽查。排查居民小区用电613个，存在配套电力设施建设问题合表未打开小区16个，全部上报政府。摸排经营范围内7.8万户工商、1.7万户全量直供非居民用户，查实主体24户转供电用户存在违规加价行为。核查1231户水利客户，下发隐患整改建议书798户、用电检查结果通知单130户。2022年违约用电查处18万元，完成率100.02%，窃电查处45.67万元，完成率

101.48%。继续抓好业扩管理。2022年受理高压报装131户，低压报装3290件，平均装表接电时间1.49天，其中居民新装增容平均接电时间1.16天，非居民新装增容平均接电时间3.19天，无超期工单发生，全过程透明清晰，杜绝体外循环，业扩回访偏差数量同比减少70.3%。落实业扩业务“一证办理”，实现进入大厅业务立即办，表计及时装。协助尧都区政府出台《进一步规范屋顶分布式光伏项目建设管理的通知》，新增变压器28台、增容15台，引导光伏用户有序备案并网，有效减轻变压器供需矛盾。主动联系能源局、发改委，为187户存量用户办理煤改电，及时享受政策福利。全力加强快抢宣传。制定宣传方案，完成1699个台区、23万名用户快抢宣传，张贴快抢表箱贴3.6万张、小区电梯贴1.2万张，快抢条幅悬挂810条，接听快抢电话5666通，客户满意率99.96%。建立微信群1483个，快抢微信入群1203个，累计推送信息5万余条，受理用户微信群诉求3156件，获得用户好评。

【党的建设】 2022年，城区供电中心开展“学习贯彻二十大，旗帜领航新征程”活动，以“四学”模式精心组织党的二十大精神学习宣传，迅速掀起学习宣贯热潮。落实“第一议题”和“三会一课”制度，中心组及各级党组织集中学习研讨107次，围绕“七一”主题，开展临汾贺家庄乡苏寨村红色基地教育等系列活动。推动岗区队建设，优化设立应急保电、营销服务、安全纠察、志愿服务四个小分队，建立“一支部一责任区”“一小组一示范岗”红色网格。深化开展“六个一”亮旗举措，打造4个“党建+”项目，推动党建工作与生产经营相融并进。弘扬主旋律，在市级以上媒体发稿37篇。从严治党纵深推进。配合做好巡视巡察整改“回头看”和基础工作“举一反三”，自查整改问题3项，经营管理更加规范。开展员工经商办企和用电情况自查自纠，排查全员326人，“靠企吃企”问题得到有效遏制。坚持以案示警、以史说廉、以规促廉，全面开展工程项目领域合规排查整治，召开专题警示教育大会，开展“党员说规”“廉政青年说”小课堂122次，强化“小微腐败、体外循环”等关键领域执纪监督。

【领导成员】

主任兼党总支副书记：陈虹宇

党总支书记兼副主任：王　伟

副主任：郭玉龙　崔　波

附：获奖情况

国网临汾城区供电中心获中山西省电业系统“建功全方位推动高质量发展，争当新时代最美劳动者”主题劳动竞赛“优胜集体”称号。

服务支撑班荣获国网临汾供电公司2022年度“先进班组”称号。

郑帅荣获2022年全省电业系统职工职业技能大赛带电作业技术个人第一名、国网山西省电力公司2022年配网不停电作业技能竞赛个人第一名以及国网山西省电力公司2022年度“劳动模范”称号。

刘小元等研发的《跌落开关快速短接装置》荣获全国能源化学地质系统优秀职工技术创新成果二等奖、国网山西省电力公司2022年度职工技术创新成果奖一等奖和国网山西省电力公司2022年度科学技术进步奖三等奖。

丁晶晶荣获国网临汾供电公司2022年度

"先进工作者"称号。

沈慧玲获中共山西省电力公司委员会"优秀党务工作者"称号。

（孙　刚）

乡镇电力

【概况】 2022年，国网临汾市尧都区供电公司（以下简称"尧都公司"）承担全区10个乡镇188个行政村11.6万名客户的供电任务。2022年用工总量373人，其中全民员工127人，众辉员工171人，产业单位员工75人。隶属于国网临汾供电公司，成立于1967年。

2022年，尧都公司内设综合管理部（纪委办公室）、发展建设部、财务资产部、安全监察部（保卫部）、电力调度控制分中心、运维检修部（配网管理中心、科技互联网部、物资供应分中心）、营销部（客户服务中心）7个职能部门，调度运行班、配网抢修指挥班、变电运维班、变电检修班、输配电运检班、市场班、营业班、抄表班、计量班、用电检查班10个班组；土门、贾得、县底、一平垣、河底、吴村、枕头、金殿、魏村、大阳、乔李、贺家庄12个供电所，临汾汾能电力科技实验有限公司尧都电力分公司1个省管产业公司。

【主要指标完成情况】 2022年售电量9.93亿千瓦时，同比增长12.37%；供电可靠率99.87%，10千伏公用线路停运条次及配变平均停运时长分别下降70.24%和67.15%，降幅全市第一；故障报修214件，同比减少118件，降幅55.14%，万户报修率18.87件，国网临汾供电公司（以下简称"临汾公司"）排名第二；全年未发生投诉，客户满意率98.14%；年内两次入选同期线损"国网百强县公司"，在临汾公司年度企业负责人业绩考核中，继续保持A级。

【电网情况】 2022年，尧都公司区域内公司所辖35千伏公用变电站12座，容量299.9兆伏安，35千伏用户变电站23座，容量335.55兆伏安；35千伏公用线路25条，全长177.644公里，35千伏用户线路34条，全长192.954公里；10千伏公用线路59条，全长1346.75公里；公用配电变压器1845台，容量369.17兆伏安。

【队伍建设】 2022年，尧都公司35周岁及以下员工29人，占比22.83%；35~49周岁员工48人，占比37.8%；50周岁及以上员工50人，占比39.37%。从就业学历来看，本科以上38人，占比29.92%，在客观分析现有干部队伍年龄、学历、素质、能力等要素基础上，科学制定中层干部队伍建设规划，2022年6名青年员工晋升班股长岗位。

【电网建设】 2022年，尧都公司日常运维管理。完成12座35千伏变电站主变油样采集、试验工作；迎峰度夏期间，对12座35千伏变电站一、二次设备进行红外成像，建立红外图谱。隐患治理工作。完成12座35千伏变电站消防设施检查维护工作；开展变电站消防隐患排查整治，吴村、赤河、土门、河底4站修缮电缆沟防火墙20处、加装动控电缆防火槽盒360米。及时处置枕头站飘浮反光膜。清理南段站周边树木隐患12处。老旧设备治理工作。更换35千伏大阳站老化锈蚀10千伏刀闸8组；更换35千伏枕底线434线路电压互感器1只。新设备投运工作。完成贾得变电站10千伏农都线595、石村线583、侯村线586开关间隔验收投运工作；县底变电站10千伏刁家庄线589间隔变电站内具备投运条件。变电站综合治理工作。完成大阳站主变设备区、35千伏设备区、10千伏设备区电缆沟整修、电缆整理，防鼠墙制作、更换电缆沟盖板；站内围墙完成电子围栏安装、调试；大门除锈刷漆。完成南段站主控室、10千伏配电室内墙墙面整修、粉刷，主控室更换防盗门、房顶防渗处理；全站灯具照明整治；主变设备区、35千伏设备区、10千伏设备区拆除地面旧砖、地面整修铺砖；生活区地面硬化、更换路沿石。

【经营管理】 2022年，尧都公司线损治理工作。成立专项攻坚团队，编制《尧都公司台区降损手册》，推广“贾得表计更换‘十一步’工作法”。夯实基础治理，完成1224个台区的图形现场核定绘制及设备参数核实整改工作，实现现场设备、GIS图形、PMS台账及同期档案“四一致”，改造的601个台区线损率降至4%以下。强化过程管控，做实日监测、日分析、日处理工作，重点盯住4类异常，针对问题分级处理，举一反三，发现一类治理一批。台区可算率由21.8%提升至100%；台区经济运行由22.2%提升至70.94%；台区线损率由4.6%下降至2.8%。在公司入选“国网百强县公司”的同时，4所13次入选“国网百强所”，1所入选“国网进步百佳供电所”，5所保持省百强。物资管控工作。建立大物资管理模式，明确财资部为物资监管部门，发挥其对各类物资从计划、入库、出库各环节的监督职能。在制定流程、建立台账的基础上，每月通报物资出入库情况，从源头上堵住管理漏洞，杜绝物资虚列、体外流转、积压浪费等不合规问题。激励机制健全。制定实施《供电所目标激励分配方案》，业绩考核结果与薪酬挂钩，全年激励工资主业达到179.69万元，众辉员工达到58.5万元，“大锅饭”问题逐步打破。问题整改工作。22项巡察反馈问题落实整改措施72项，建立完善制度5项，问题整改见底清零。整改并销号审计稽查反馈的各项问题16项。产业单位合规发展。配合完成两金压降审计工作，开展账务梳理，召开经理办公会议3次，完成37项账务处理，共计320.24万元。

【安全生产】 2022年，尧都公司安全工作方面。安全基础管理工作，制定领导班子、基层班组安全责任清单和任务清单，明确履责要求和履责记录，逐级拧紧责任链条，实现安全生产全员履责；完成班组安全标准化建设。现场安全管控工作。明确高低压抢修职责界面，落实现场24小时汇报制，执行“专人+清单”管理要求，确保小型及临时抢修现场可控在控。建立运行安全督察通报机制，定期通报作业现场违章及处罚落实情况，督察现场12个，发现违章15处。安全教育培训。强化全员安全培训，采取每周一考、专题安全日活动等形式，针对性学习反违章案例、典型事故案例及两票常见问题，定期抽查，排名激励；将案例学习延伸到施工队人员，聚焦风控现场典型违章，督察人员现场考问，确保培训取得实效。

供电安全方面，变电站防汛工作，完成35千伏乔李变电站站区、站周排水设施、房顶落水管疏通维护、防渗漏治理；雨后及时对

35千伏枕头变电站护坡进行检查、巡视，防范地质灾害发生。输电线路隐患治理。网架方面，实施完成空港—大阳线倒接至乔北站工程，实现大阳、县底站合环功能，解决停电倒负荷问题，释放了空港站容量。阳底线拆除、迁移杆塔4基，实现临浮高速线路跨越。完成35千伏神刘线、乔吴线、泊小线、刘吴线、土赤线、乔李支线、河底线、枕底线、尧得线1536棵树木砍伐、削顶。处理刘小线、乔吴线用户自建房对线距离不足问题。消防隐患治理。林区线路火灾隐患动态“清零”，通过落实管理、技术、创新三项措施，低压线路绝缘化52公里，治理152个“放心台区”，安装断线瞬切开关7台。完成公司办公大楼电缆竖井、机房机柜、电缆沟防火封堵工作。整理搬迁办公楼内专业库房，规范易燃物品存放。抢修安全管理工作。明确高低压抢修职责界面，按照“真分包、真队伍”的要求，杆上作业分包，低压下户线及以后自主实施。供电所按照人手两套的标准配足安全、施工器具；对登杆工器具严格出入库管理，杜绝个人持有。落实现场24小时汇报制，建立现场监督群，执行“专人+清单”管理要求。

【电力运行】　2022年，尧都公司电网调度运行方面。电网运行风险管理提升，执行新设备启动流程。完成1座35千伏变电站、2条35千伏间隔及线路、8条10千伏线路、1座10千伏环网柜启动投运工作。优化停电计划和工作时序，严格执行风险预警告知，编制专项预案。故障应急处置能力提升。一是编制修订各类应急预案，完成2022年迎峰度夏、防汛抗旱、铁路特殊运输任务等22项保电工作。二是完成备用调度启动应急演练。继电保护定值管理。完成继电保护定值四方核查，整理核对保护定值单台账，完成12座35千伏变电站OMS系统保护定值流转。完成50条10千伏线路使用《配网继电保护整定管理及仿真系统》软件计算分支分段定值所需线路参数的收集工作，做好分支分段定值计算准备工作。自动化系统管理。推进智能调度控制系统D5000系统上线应用，完成配电自动化系统53条分支分段线路数据治理工作，梳理分析配电自动化系统及各类终端设备存在的问题121条。

【电力市场】　2022年，尧都公司电力营销方面。营销基础管理工作，完善各类用户基础档案核查，累计排查1310户高压用户、1.2万户低压非居民客户供用电合同，核查清理低压客户档案4350户，补充完善用户档案2500户。持续开展零度户清理工作，消除高压零度户26户，低压零度户223户，累计销户进度93.37%。全面开展营销普查工作，完成高压普查1001户，低压非居民普查6391户，居民普查1536户，光伏普查2340户，核查发现、整改档案问题2200处；稳步提升电价执行、电量采集水平，强化违约窃电处理。处理手工录入、表计时段、煤改电电价、市场化需量清零及光伏补贴等问题1249处，处理失压、失流、断相、电流超容211户，全年共计退电费535笔，合计金额208万元，补电费517笔，合计金额145万元。窃电完成11.17万元，违约用电完成66.09万元。有效保障客户合法利益，挽回公司经济损失。营销安全管理工作。依托可视化管控平台，逐步实现营销作业现场安全可视化管控，解决营销小型分散作业现场安全管控难题。累计监控作业现场387处，发现处置各类违章行为8起，作业现场违章率从3%降低至1.8%。代理购电工作。做好信息公开，通过营业厅、微信群、朋友圈等渠道全面发布相关政策文件，高压工商业用户逐户上门告知，累计走访高压用户1300户，宣传覆盖率达100%；核对高耗能企业档案85户，同步做好电费风险防控工作。“获得电力”营商环境优化。落实提升“获得电力”9项举措，压减现有用电报装环节，共受理接电160（100）千瓦及以下小微企业80户，实现零投资。强力整治业扩压单、吃拿卡要。全年未发生业扩类投诉，发生业扩类意见工单9件，同比（22件）压降59.1%；全面推广用电报装全流程线上办理。“网上国网”推广率由年初62.53%提升至74.23%，线上办电率100%，实现“业务线上申请、信息线上流转、进度线上查询、服务线上评价”，提升用户办电体验。推行小微企业“抢修接电模式”，以客户感知为中心，提升服务品质。开展综合能源设备待采购业务，综合能源营收完成40万元；推动新能源汽车产业，累计接入充电基础设施566台，增量为222台；保障居民清洁取暖、温暖过冬，累计接带煤改电用户1.5万户。

【农网工作】　2022年，尧都公司农电管理方面。尧都公司供电所负责辖区内营销业务（客户电费收取，低压客户业扩报装受理及咨询）、10千伏线路及低压线路的运行、检修及维护工作、市场开拓、客户服务、合同管理、企业宣传等业务。农村配电网运维检修标准化水平提升。2022年临汾公司举办星级员工暨“临辉工匠”评选竞赛活动，五星级员工1人，四星级员工4人，三星级员工15人；个人奖三相四线电能表装表接电项目入选5人，用电业务报装资料纠错项目入选1人。业务培训工作。5月24日至6月2日尧都众辉4人参加国网山西供电服务人员（农网配电营业工）能力素质提升暨技能等级评价（第1期）培训合格，并取得技师资格证。6月20—30日尧都众辉10人参加国网山西供电服务人员（农网配电营业工）能力素质提升暨技能等级评价（第1期）培训合格，并取得技师资格证。供电所办公环境整治工作。对贾得、金殿、一平垣、河底、枕头、县底、贺家庄7个供电所进行维修整治，取得金殿电工组、魏村供电所危房拆建项目的相关手续，10月底完成两处危房的地面建筑拆除工作。

农网建设与改造方面。2022年配网工程现场全年未出现人身事故，本年度主要完成清理常规工程9项，其中林区工程4项，在建工程共16项。全年共完成组立电杆3458基，组立变台151个（小微企业42个），架设高压导线135公里，架设低压导线156公里，完成下户电缆18公里。

【园区供电】　2022年，尧都公司供电区域内现有工业园区两个（贾得工业园区和大阳高新区）。贾得工业园区周边有1座35千伏（贾得）变电站（主变2台，总容量40000千伏安），1条10千伏公用线路（591西亢线）接带园区内专变5台（总容量2080千伏安），主要负荷为园区指挥部、山西建筑建投公司及路灯用电。大阳高新区周边有1座35千伏（大阳）变电站（主变2台，总容量26000千伏安），区内有一条10千伏公用线路（574王雅线），华德线、志铁线2条专线，2条10千伏公用线路（580中贝Ⅰ线、

57615中贝Ⅱ线）主要接带区内中贝公司。

【科技与信息化】　2022年，尧都公司网络安全内控水平提升。完成12座35千伏变电站新泰达通信电源改造工程，更换全部新泰达4810充电模块，每站满足冗余4个充电模块要求。强化网络安全边界防护，优化信息内网网络架构，落实设备补丁修复、终端安全防护软件升级。全年共治理计算机北信源2.0、亚信软件、erp系统故障106台。网络安全工作。配合省公司、临汾公司开展实战攻防和跨区域联合演练及地县一体化网络突发故障应急演练。强化网络安全队伍人员技能，加强人员培训，“4·29”首都网络安全日期间，组织各部门人员宣贯学习网络安全知识，发放印有网络安全知识的鼠标垫、书签100余份，防范网络安全事件。新型电力系统网络安全防护工作。细化公司网络业务分区部署与分域接入，每周安排专人对信息机房、网络机房定期开展网络设备、机房基础设施巡视，完善网络安全台账资料，开展落实网络安全性评价工作，发现并处理通信机房空调故障2处。做好公司机房环控、消防、安全防护措施，完成公司办公大楼电缆竖井、机房机柜、电缆沟防火封堵工作，强化关键信息基础设施安全防护。

【企业内质外形建设】　2022年，尧都公司优质服务方面。尧都公司党委开展“党建+”服务用电双满意亮旗项目，充分发挥党组织战斗堡垒和党员先锋模范作用，建成一支“以党员为核心、以队员为预备”的坚强队伍。春节保电专项排查行动。对客户配电室、线路、变压器等电力设施设备进行专项排查。科学优化客户保供电预案，对接客户，检查重要客户保电各项措施落实情况，加强抢修力量，抽调精兵强将组建抢修队伍，抢修电话24小时畅通，落实抢修值班和后备抢修梯队，做到应急抢修快速高效、组织有序、保障有力。防山火专项检查工作。与政府相关部门对接，开展逐杆塔、逐台区特巡工作，明确林区防山火整治工作方案及防火清障标准，确定易燃物彻底清除、其他松柏类树木清出安全距离的工作标准。重点加强林区客户非法转供电排查，坚决杜绝发生林区客户非法转供电事件，杜绝发生林区客户侧线路非法穿越林区用电情况。助力小微企业发展。4月28日，大阳站新建10千伏综合线576、中贝Ⅰ线576线路投运，为临汾市中贝新材料有限公司提供电力供应。5月13日，35千伏鑫源变电站投运，双电源供电方式为鑫源煤业提供电力供应。

【社会责任履行】　2022年，尧都公司成立保电工作小组，制定专项保电方案，开展电网设备运维、检修，协调应急电源车的调配工作，做好相关保供电设备特殊巡视、缺陷处理及抢修工作。完成党的二十大、2022年集中开复工大会、七一群众文化活动节、农民丰收节、尧都旅游文化节等17项重要保电任务。乡村振兴工作。完成煤改电“清洁取暖”改造任务；低保“五保户”电费退补43.4万元，惠及百姓9248户；加快分布式光伏并网，涉及发电客户4249户，发电容量10.55万千瓦，结算光伏电费及补贴5023.3万元。疫情防控工作。面对多链条、大规模的疫情冲击，公司落实上级防疫措施，确保全口径员工平稳过渡，保持正常的办公秩序。公司对接属地政府，完成540余处核酸检测点保供电、特巡等保障工作；完成尧都区备建隔离点临时性电力接入任务，受到区政府肯定。

品牌建设方面，尧都公司上报的社会责任根植项目——“‘伏’助你我他推动林区火灾隐患治理方式创新”获省公司优秀奖；参与拍摄的助力小微企业发展新闻视频首登央视二套财经节目，实现公司一类新闻零突破。2022年，公司累计发稿72篇，其中二类媒体2篇、三类媒体2篇、四类媒体2篇。

【领导成员】

经理兼党委副书记：杜　瑞

党委书记兼副经理：续小刚

副经理兼党委委员：杨　军

贾丽峰

徐　峰（2月免）

靳　涛（2月任）

附：获奖情况

国网临汾市尧都区供电公司2022年12月获国网山西省电力公司2022年度先进集体。

国网临汾市尧都区供电公司《“伏”助你我他——社会责任根植推动林区火灾隐患治理方式创新》2022年12月获国网山西省电力公司2022年度优秀社会责任根植项目。

国网临汾市尧都区供电公司调控运行班2022年12月获山西省电力行业2022年质量信得过班组。

国网临汾市尧都区供电公司贾得供电所2022年12月获国网山西省电力公司2022年度工人先锋号称号。

国网临汾市尧都区供电公司一平垣乡供电所2022年12月获国网临汾供电公司2022年度先进班组。

赵关欣舞蹈作品《奋斗者·正青春》2022年12月获国网工会“喜迎二十大永远跟党走”职工文学艺术作品创作活动舞蹈作品三等奖。

郭亚光2022年12月获国网山西省电力公司2021年度优秀岗区党员示范岗。

曹冬冬2022年12月获国网山西省电力公司2021年度优秀岗区党员责任区、临汾市“金牌工人”。

张涛2022年12月获国网山西省电力公司2021年度共青团工作优秀共青团干部、配网不停电作业技能竞赛个人奖第三名。

杨军、张艺琼《人身安全精益管理体系》2022年12月获国网山西省电力公司2022年度优秀管理案例县公司6+3精益管理体系成果三等奖。

张文莲美术作品2022年12月获国网山西省电力公司职工书画篆刻手工作品征集活动三等奖。

李融、焦伟伟、韩增强、王浩然、郭莹、张涛、张艺琼《缩短110千伏线路故障查找时间》2022年12月获山西省电力行业2022年优秀QC小组三等成果。

靳凯华、田成瑶、郝舒悦、赵关欣、张宾宾、吕欣欣、乔丹《降低35千伏吴村站主变综合功率损耗率》2022年12月获山西省电力行业2022年优秀QC小组三等成果。

王浩然2022年12月获国网临汾供电公司2022年度先进工作者。

李融2022年12月获国网临汾供电公司2022年度巾帼建功标兵、第七届最美党员称号。

（曹清钰）

农　业

农业农村

【概况】　2022年，尧都区农业农村局按照省、市农业农村工作会议安排部署，贯彻区委“1235”工作举措，提升巩固五大基地建设，实施乡村振兴四项工程，完成各项目标任务，农业农村工作呈现良好发展态势。

【重点指标完成情况】　2022年，尧都区农业农村局全年粮食种植面积69.65万亩，产量20.93万吨，比上年增长0.9万吨。全区生猪存栏13.2万头，牛存栏0.8万头，羊存栏10.1万只，家禽存栏136万羽。肉、蛋、奶总产量分别为1.53万吨、1.7万吨、0.52万吨。

【农村人居环境】　2022年，尧都区农业农村局涉及14个乡镇133个村的全年27174户农村改厕任务；建成涉及13个乡镇及汾河办事处113个村的113个公共浴室，投入试运行；创建区级美丽宜居示范村15个。

【农经工作】　2022年，尧都区农业农村局完成394个农村集体经济组织2021年度农村集体资产年度清查工作，共清查核实集体资产27.7亿元，负债8.8亿元，所有者权益18.9亿元；推进农村集体资产股权抵（质）押贷款试点工作，完成3个试点的贷款需求调查。开展农村集体资产“清化收”工作，全区共清理合同9466份，规范合同9403份，清收合同欠款2090.38万元，清收债权5446.05万元，化解债务6990.31万元，新增资源483.56亩。

【农业法治建设】　2022年，尧都区农业农村局加强农业投入品监管力度，对种子、农药、肥料、兽药、饲料、农机具进行全面检查，从源头上整理规范整顿和规范市场秩序；开展植物、动物检疫及农产品质量安全监测，确保该区农、畜产品质量安全。开展农业法律法规、农产品质量安全和农业行业扫黑除恶斗争宣传，提高农民群众的农产品质量安全意识、农资打假防范意识和扫黑除恶意识。

【农业安全生产】　2022年，尧都区农业农村局落实安全生产责任，开展农业领域安全生产大检查和隐患集中排查治理工作，全区农业领域未发生重特大安全生产事故。

【农业生态环境】　2022年，尧都区农业农村局推广绿色防控技术，实施化肥农药减量增效，减少农业面源污染，实施畜禽粪污治理新建和提档升级改造项目，涉及的5家企业全部完成。

【强农惠农】　2022年，尧都区农业农村局发放名单实际种粮农民一次性补贴2070.237859万元；耕地地力保护补贴发放93998人3832.288718万元；完成农机购置补贴资金525.05万元，受益农户459户，补贴机具675台；2022年五家保险公司承保小麦11.77万亩，保费235.4万元；玉米16.51万亩，保费416.126万元；小麦和玉米累计赔付500余万元。育肥猪158626头，保费634.5万元；能繁母猪3138头，保费28.2万元；奶牛154头，保费8.62万元。理赔育肥猪13579头，累计赔付金额590.7万元；能繁母猪353头，累计赔付金额53万元；奶牛12头，累计赔付金额9.6万元。

【农业种质资源】 2022年，尧都区农业农村局开展尧都区第一次食用菌种质资源普查与收集工作，共征集该区野生珍稀食用菌种质资源样本23份，对应的影像资料23份，为摸清该区食用菌种质资源种类、数量、区域分布、特征特性、经济价值与利用前景等资源家底状况，推动食用菌种质资源有序开发利用，打好种业翻身仗提供种质支撑。

【高素质农民培训】 2022年，尧都区农业农村局组织5家培训机构承担培训任务，开设12个班，完成高素质农民培训任务729人。

【农产品质量安全】 2022年，尧都区农业农村局举办农产品质量安全及农资监管培训会，2022年共举办培训班10余期，500多人次。开展食品安全周宣传活动，发放宣传资料500余份，接受咨询人数100余人次，农产品质量安全方面，全年完成定量检测165批次，检测合格率为100%。渔业养殖检查出动监管人员130人次，现场共检查渔业养殖企业52家次。每月对畜牧屠宰企业开展1次专项监督检查。

【“临汾优选”品牌创建】 2022年，尧都区农业农村局共创建临汾优选品牌7个，其中临汾优选优品6个、临汾优选特品1个。优品包括“卧源”牌桃王九九、“碧丰霖”牌无花果、“鸿富康”牌葡萄、“智晶”牌核桃、核桃油，“晋尧稻禾”牌稻谷、大米，“毅峰慧科”牌核桃；特品为“智晶”牌核桃油。申报认证绿色食品企业9家，产品9个；申报“圳品”企业1家，产品1个；申报全国名特优级农产品企业2家，产品2个。

【农业重点项目】 2022年，尧都区农业农村局完成高标准农田建设项目完成1.04万亩，全市排名第二。实施2021年度农业生产托管1.18万亩任务，4个服务组织完成辐射5个乡镇10个行政村1.18万亩农业生产托管所有作业环节任务。

【脱贫攻坚和乡村振兴有效衔接】 2022年，尧都区农业农村局开展防返贫监测帮扶常态化排查和集中排查，2022年新识别监测对象11户33人。截至2022年底，监测对象196户510人，其中已消除风险151户420人，未消除风险45户90人。2022年共安排各级衔接推进乡村振兴补助资金3478.24万元，实施巩固拓展脱贫攻坚成果和乡村振兴项目43个，完工项目39个，完工率90.7%，衔接资金支出率95.09%。2022年开展国考反馈问题“奋战三十天清仓大会战”专项排查整改，共排查出118条，全部完成整改任务。开展“三保障”常态化问题排查整改，确保医疗、教育、住房、饮水安全。脱贫户2022年人均纯收入由12370元增长至14038元，增长1668元，增幅13.5%。2022年，发放208户1253万元小额信贷，超额完成年度任务，足额贴息32.935万元。落实“雨露计划”，共资助学生188人，每人补助3000元，投资衔接资金56.4万元，已全部拨付到户。2022年，全区脱贫劳动力及监测对象劳动力已外出务工总人数3285人，其中省外务工633人，完成省级下达任务目标。2022年度完成乡村振兴致富带头人培训任务23人，定期对接脱贫劳动力和监测对象劳动力务工就业信息，通过公益岗安置脱贫劳动力31人。尧都区帮扶车间共3个，共吸纳脱贫劳动力28人务工就业。开展稳岗补助申报工作，审核通过符合条件劳动力263人，每人补助1200元，共拨付补助资金31.56万元。

【领导成员】

党组书记、局长：席新红
党组副书记、党委书记：亢志勇
副局长、扶贫开发中心主任：杨迎泽
副局长：解花梅（女，10月免）
　　　　董　晖
党组成员、畜牧兽医发展中心主任：袁国杰
党组成员：曹保合（9月免）
　　　　　张兰生
党委副书记：唐岩峰
农业机械发展中心负责人：张保民
工会主席：刘　玮（女）
四级调研员：刘延宁（10月免）
　　　　　　梁秉坤　苏荣敏
一级主任科员：曹保合（11月任）
二级主任科员：解花梅（女，10月任）
　　　　　　　王迎晖
三级主任科员：赵国华
四级主任科员：茹太平
扶贫开发中心副主任：祁　鹏

附：获奖情况

2022年2月，尧都区农业农村局获得2021年度全省“三队”包联服务营销战队先进集体；2022年8月，省委农村工作领导小组办公室对大阳镇岳壁村的“旱地小麦一优四改探墒沟播绿色栽培技术”在抗灾夺取夏粮丰收做出的突出贡献给予通报表扬。

2022年11月，尧都区农业农村局获得2021年度全市农业种质资源普查先进集体。

（高博宏）

农村事务和生态保护

【概况】 2022年，尧都区农村事务和生态保护中心主要工作职责是负责全区农田建设工作，落实农村基本经营制度农村土地承包改革和管理的相关政策，指导农村集体产权制度改革工作，开展农民专业合作社及家庭农场法律法规及政策指导和服务等。建设高标准农田是稳定提升粮食产能，促进农民持续增收，筑牢维护国家粮食安全“压舱石”的重要举措。一年来，尧都区农村事务和生态保护中心贯彻中央、省、市、区决策部署，坚持以建设群众满意工程为出发点及落脚点，合理工程布局，织密田间道路、输水管道、水源保障“三张网”，改善生产条件，把普通粮田变为高标准良田，为保障国家粮食安全和实现乡村振兴夯实基础。

【项目建设】　2022年，尧都区农村事务和生态保护中心高标准农田建设项目。实施了2022年度尧都区县底镇高标准农田建设项目，涉及该区县底镇的贺家庄、苏寨村2个行政村，建设任务1万亩。项目总投资1500万元，其中中央财政资金1000万元、省财政配套资金400万元、市财政配套资金30万元、区财政配套资金70万元。主要建设内容为：新建泵站1座，新建管理房1间；更新现有水井配套设备2套，维修蓄水池1座。新建田间管道8656米，阀门井43座，安装给水栓152个，新建雨水井94座；整修硬化（C20混凝土）田间道路面积44151平方米，共21条总长14717米，道路宽均为3米；土地平整工程（小块并大块）58.46亩；土壤改良工程9265.03亩，其中，增施有机肥面积9265.03亩，土地深耕面积4023.01亩，设立耕地质量监测20个点位；完成0.85万亩建设任务，超额完成既定目标。

【农村财务及农村集体资产管理】　2022年，尧都区农村事务和生态保护中心完成全区394个农村集体经济组织2021年度农村集体资产年度清查工作，共清查核实集体资产27.7亿元，负债8.8亿元，所有者权益18.9亿元；全面开展农村集体资产“清化收”专项工作，采取区主抓、乡主导、村主体和公、检、法、司包联督导机制，共同发力，凝聚攻坚合力，推进“清化收”专项工作取得实质性成效，全区共清理合同9466份，规范合同9403份，清收合同欠款2090.38万元，清收债权5446.05万元，化解债务6990.31万元，新增资源483.56亩；巩固农村集体产权制度改革成果，理顺农村集体经济组织账户设置，建立健全农村集体资产管理制度，加强农村集体经济组织财务公开工作。

【农民专业合作社及家庭农场培育指导】　截至2022年底，尧都区已注册农民专业合作社738家，其中种植业415家，畜牧业216家，农机服务61家，参与农户15000余户。共培育四级示范社60个，其中，国家级示范社4个，省级示范社19个，市级示范社8个，县级示范社29个。规范细化全国家庭农场名录系统，对家庭农场实行动态管理，根据上级文件开展示范家庭农场的培育创建工作，尧都区纳入名录系统管理的各类家庭农场508个，办理工商登记的家庭农场有66个，三级示范农场共14个，其中省级示范农场5个、市级示范农场2个、县级示范7个。

【农业生产托管】　2022年，尧都区农村事务和生态保护中心尧都区自2019年开展农业生产托管试点服务项目以来共计完成5.695万亩项目任务，服务小农户12982户，辐射10个乡镇42个村，培育服务主体12个，农业生产托管作业从种到收都实现流程化、标准化、规范化、做到全程机械化作业，取得经济效益和社会效益。

【农村土地承包合同管理】　2022年，尧都区农村事务和生态保护中心认真贯彻落实《农村土地承包法》和《农村土地承包经营纠纷调解仲裁法》，建立健全农村土地承包合同管理常态化工作机制。

【党史学习教育】　2022年，尧都区农村事务和生态保护中心围绕“学史明理、学史增信、学史崇德、学史力行”，通过组织开展学习研讨、丰富活动载体、学习“七一”讲话、开展

"我为群众办实事"实践活动，形成党史学习教育与重点工作同频共振、相互促进的格局。

【领导成员】

主　　任：董　晖

书　　记：李军义（1月任）

副 主 任：李军义

主任科员：马春管　李晓华（1月任）

林　业

【概况】　2022年，尧都区林业局行政编制6名，设局长1名，副局长2名，股级领导职数3名。区林业局贯彻落实党中央、省委、市委、区委关于林业工作的方针政策和决策部署，机关内设办公室、营林绿化股、森林和草原资源管理股。所属事业单位有尧都区公安局森林派出所、尧都区林业发展中心、尧都区国有林场，共3家事业单位。单位共有工作人员59名。是尧都区人民政府的工作部门，为正科级。

【动植物资源】　2022年，尧都区林业局全区林地42579.83公顷，草地12552.62公顷。从全区土地利用及其森林资源分布情况来看，林地资源地域性差异明显、森林资源呈垂直性分布。境内以天然次生林为主，集中分布在西部山区后山高山区，以白皮松、辽东栎为主，兼有油松、刺槐、侧柏等人工林，主要灌木有黄刺玫、枸子木、虎榛子、黄栌、胡枝子、连翘、山桃、山杏、狐狸刺、酸枣等，草类以白草、羊胡子草、苔草、蒿类为主。东部丘陵区以杨树、国槐、刺槐、经济树种为主，中部平川地区以杨树、泡桐为主。

野生动植物资源丰富。植物资源以天然次生林、牧草、药材为主，有白皮松和辽东栎林区，党参、黄芪、连翘等都是药用价值很高的野生植物。全区有中药材400多种，其中以连翘较多。动物资源有褐马鸡、野猪、野兔、野鸡、狍等120余种，其中世界珍禽褐马鸡是国家一级保护动物。

【绿化工作】　2022年，尧都区林业局全区的林业建设工作按照省、市林业工作会议精神，开展国土绿化。完成市级专项考核区政府三项任务分别是国土绿化、重大林业有害生物防治及森林火灾发生控制率工作。因新型冠状病毒原因，2022年区级未集中开展春季义务植树活动，全年全区完成义务植树78万株。承担中央投资补植补造荒山人工造林1000亩，封山育林2000亩。对新、旧一轮退耕还林资金持续兑现。对国家级公益林生态效益补偿资金持续兑现。

【预防工作】　2022年，全区未发生森林火灾。森林有害生物发生均控制在"四率"指标之内。成灾率控制在3.5‰以下；无公害防治率达85%以上；测报准确率达到90%以上；林木种苗产地检疫率达到100%以上。

【领导成员】

局　　长：郝钢锁

总支书记：杨　林

副 局 长：郝青云　李　晨

党组成员：邓毅龙　李宝仓

工会主席：燕国武

（陈　鑫）

水　利

【概况】　2022年，尧都区水利局聚焦“三区三地”战略目标，争取项目投资16365万元，建设运行10项水利工程、2项惠民工程。全年灌区总浇灌面积20.05万亩（包括汾西灌区），灌溉用水量2500余万立方米。全区年用水总量严格控制在19033万立方米目标任务量以内，完成水土流失治理面积3.78万亩。

【河长制工作落实】　2022年，尧都区水利局坚持“河长+河长助理+河警长+巡河员”管理模式，定期开展巡河。年开展常态化河道巡查4000余次，排查整治“四乱”问题29处，处理“四乱”舆情15件。开展妨碍河道行洪突出问题大排查大整治行动，共排查整治阻水建筑物、阻水片林、高秆作物等问题24处。

【水土保持综合治理】　2022年，尧都区水利局开展人为水土流失监督。核查认定部级、省级12个图斑存在未批先建违法违规行为，下发整改通知书责令限期整改。投资500万元实施尧山生态清洁小流域治理项目，涉及土门镇、一平垣乡2个乡镇4个村，综合治理面积14.68平方公里。

【农村供水规模化推进】　2022年，尧都区水利局开展常态化供水管理，保障全区10个乡镇、23万余人集中供水。编制完成农村供水保障规划，将农村供水工程纳入省级金融支持水利基础设施项目库。投资200余万元实施供水工程维修养护，对51处农村饮水工程的水源、水泵、蓄水池、输配水管道、村级供水管道等进行维修养护，提升全区14个乡镇1个办事处59058人供水保障水平。投资1265万元推进神刘灌区续建配套与节水改造工程，实施渠道防渗、铺设管道、配套建筑物、安装计量设施等内容。

【水旱灾害防御】　2022年，尧都区水利局投资180万元于汛前完成尧都区仙洞沟涧河河道水毁修复、岔口河河道水毁修复、涝河水库水毁修复及洰河水库水毁修复工程。修订完善全区防汛抗旱抢险应急预案，全面升级预警平台，在金殿镇桑湾村开展山洪灾害综合演练，加强物资储备管理，开展水库、河道不间断巡查，汛期积极应对2次强降雨过程，启动2次Ⅳ级防汛应急响应，全区未发生灾情，平安度汛。

【防洪能力提升】　2022年，尧都区水利局投资1.391亿元，分四项工程实施汾河流域防洪能力提升工程。其中汾河尧都区（下靳段）段河道治理工程总治理长度3.213公里，包括新建左岸堤防、左岸堤防加高培厚、新建抢险道路等。汾河干流尧都区（城区段）段防洪能力提升工程总治理长度15.11公里，包括堤防加高培厚、增设防浪墙、穿堤泵站改造、穿堤管涵改造等。汾河尧都（乡村段）段综合治理工程总治理长度11.82公里，包括堤防加固、抢险道路改造、滩面整治、穿堤建筑物改造、滩面绿化等。尧都区岔口河入汾口段综合治理工程总治理长度2.586公里，包括河道清淤疏浚、新建堤防、新建护岸、景观绿化、堤后抢险道路改造等。

【大中型水库移民后期扶持】 2022年，尧都区水利局完成大中型水库移民后期扶持人口核定，发放移民后扶补助10315人，发放资金310.9万元。投资310万元实施大中型水库移民后期扶持项目，完成乔李镇北麻防渗渠道工程、大阳镇大阳村饮水安全工程、县底镇东里村文化广场及街道亮化工程、土门镇古镇道路硬化及排水渠项目、大阳镇老母村文化墙项目、底镇河里庄村（梁村组）排水渠道维修工程。

【领导成员】

党组书记、局长：左文忠

党组副书记、党委书记：赵臻峰

副局长：王纠德（9月免）　闫　鹏

党组成员：王文军　倪红举（12月免）

主任科员：左　立

副主任科员：尚粉红（女）

河长制服务中心主任：张　伟

水资源服务中心主任：杨美妮（女）

水工程移民服务中心主任：刘春英（女）

水利工程服务中心主任：段清泉

水利工程服务中心副主任：刘美婷（女）

水利工程服务中心党支部书记：左武杰（3月任）

涝河水库服务站站长：王张军

汩河水库服务站站长：李胜利

神刘灌区服务站站长：张长福

（陈　惠）

畜牧业

【概况】 2022年，临汾市尧都区畜牧兽医发展中心，内设综合股、计划财务股、畜牧股、动物检疫股、动物疫病防治股、饲料奶业股、渔业与畜禽产品安全股7个股室，具有行政管理与服务职能。主管单位临汾市农业农村局，单位是副科级，公益一类，核定财政拨款事业编制33名，副科级领导职数1名。

【畜牧业生产】 2022年，临汾市尧都区畜牧兽医发展中心把发展畜牧业，保障肉、蛋、奶供给作为目标，推进现代畜牧业进程。肉、蛋、奶总产量分别达到1.53万吨、1.7万吨、0.52万吨。

【动物、动物产品检疫】 2022年，临汾市尧都区畜牧兽医发展中心全年共检疫商品猪26477头、兔62350只、猫29只、犬31只、禽类1173140羽、牛75头。检疫动物产品猪产品920.7万公斤、鸡产品199.7万公斤。2022年彦畅春生猪屠宰场屠宰检疫生猪88172头，非洲猪瘟检测88172头，无害化处理2头，“瘦肉精”检测4463头份。腾发食品有限公司屠宰鸡180110只，无害化处理320只。

【重大动物疫病防控】 2022年，临汾市尧都区畜牧兽医发展中心动物疫病防控。散养户采用兽医社会化服务服、规模户采用程序化免疫给予“先打后补”政策支持，对易感畜禽进行了全覆盖免疫接种，并对全区春、秋季两季集中强制免疫的养殖场户进行抗体监测，规模场免疫率达到100%，散养户免疫率达到95%以上。配合省市专项调查采样和监测。两次配合省疫控中心对彦畅春屠宰场进行流行病学调查和采样，共采集全血60份、环境50份、肉20份、肝脏15份、淋巴30份、脾20份、环境50份。在国家疫病云平台监测上报平台仔猪副伤寒、传染性胃炎、李氏杆菌、仔猪红痢、关节炎、鸡支气管炎、鸡白痢等疫病25次。

【渔业高质量绿色发展】 2022年，临汾市尧都区畜牧兽医发展中心对该辖区内的所有渔业养殖企业进行检查，共出动监管人员130人次，现场检查企业60家次，分发水产养殖用药明白纸12份，让养殖户在水产养殖过程中严禁使用禁用药品及其他化合物、遵守休药期规定。配合农业农村部及省农业农村厅对金殿镇茂金甲鱼专业合作社和金殿镇高辉养殖专业合作社进行水产品采样，为合格。依托金殿镇茂金甲鱼养殖专业合作社骨干基地，推广生态健康养殖模式。

【畜产品质量安全】 2022年，临汾市尧都区畜牧兽医发展中心为确保畜产品质量安全，加强奶站监管。会同临汾市奶业科工作人员在该区“三农”奶站抽取生鲜乳样品2份，要求奶站，严禁使用国家禁用的饲料、饲料添加剂、兽药及其他危害物质，遵守兽药用药休药期的规定，确保奶畜健康。加强饲料监管。会同由省、市组成的专家检查组，对该区的4个饲料、饲料添加剂生产企业和3个养殖场饲料全面检查，现场抽取饲料样品14份，经检验所检指标全部合格。加强屠宰监管，强化3个屠宰企业质量安全主体责任意识，督促企业完善全国畜禽屠宰行业管理系统信息报送，规范肉品品质检验人员持证上岗，3个屠宰场7人持证，定点屠宰场（点）检疫工作全部由官方兽医实施，确保人民群众吃上“放心肉”。

【强农惠农政策落实】 2022年，临汾市尧都区畜牧兽医发展中心五家保险公司承保育肥猪158626头，保费634.5万元；能繁母猪投保3138头，投保金额28.24万元；奶牛投保154头，投保金额8.62万元。理赔育肥猪13579头，累计赔付金额590.7万元；能繁母猪理赔353头，累计赔付金额53.0万元；奶牛理赔12头，累计赔付金额9.6万元。完成“粮改饲”项目。由尧都区10个乡镇20个行政村21家企业实施2022年全株玉米收贮任务，全区共完成种植全株玉米0.58万亩，全株青贮玉米1.4643万吨，每吨补助40元。落实“先打后补”政策补助临汾市九里香养殖股份有限公司资金25200元。完成兽用抗菌药减量化试点场地建设1个，使青年鸡成活率增加2.6%，产蛋率提高0.5%，资金已拨付。

【畜禽粪污资源化利用】 2022年，临汾市尧都区畜牧兽医发展中心全年完成5个规模养殖场新建和提质改造畜禽粪污治理实施建设任务。

【畜禽无害化处理厂建设】 2022年，临汾市尧都区畜牧兽医发展中心为加快推进该区病死畜禽无害化处理体系建设，2022年《尧都区病死畜禽集中无害化处理工作实施办法》《尧都区病死畜禽集中无害化处理工作职责》通过区政府常务会议。

【诊疗、兽药经营点检查】 2022年，临汾市尧都区畜牧兽医发展中心全年对动物诊疗机构21家，兽药经营店8家进行行业监管。10月对全区21家动物诊疗机构发放动物狂犬病免疫定点单位的牌子和免疫证，动物诊疗机构签订动物诊疗行业自律承诺书。

【运输车辆备案】 2022年，临汾市尧都区畜牧兽医发展中心为生猪运输车辆备案36辆，其中从事县外动物运输车辆29辆、县内运输动物车辆7辆。

【畜牧业科技教育】 2022年，临汾市尧都区畜牧兽医发展中心开展蛋鸡生产、鸡蛋质量安全培训会，采取“三举措”确保鸡蛋质量安全。向食用动物养殖者发放畜牧产品质量安全手册100册，动物防疫法、布病宣传挂图，让食用动物养殖者明确相关法律、法规责任及5类农业部禁止在食用动物身上使用的药物，从源头上确保食品安全，保护人民群众身体健康。组织3家高素质水产养殖带头人赴曲沃县进行水产养殖技术交流学习；联合省农业农村厅包联尧都区水产养殖专家团队对该区水产养殖企业开展技术服务3次。加强技能操作。防疫员主要练习羊、鸡静脉采血，鸡心脏采血，鸡体解剖与采样，猪瘟疫苗免疫注射，猪前腔静脉采血；检疫员主要练习对生猪实施检疫的“快、准”。

【社会捐助】 2022年，临汾市尧都区畜牧兽医发展中心开展“送温暖、献爱心”社会捐助活动2次，共捐款9300元。

【领导成员】

主　　任：袁国杰

总支书记：常建芳（女）

主任科员：郃　杨

附：获奖情况

2022年，尧都区畜牧兽医发展中心畜牧业生产统计监测工作受到山西省农业农村厅畜牧兽医局表扬。

2022年，尧都区畜牧兽医发展中心畜牧业生产统计监测工作者王小玲受到农业农村部畜牧兽医局表扬。

2022年8月，王芳丽获第三届山西省动物防疫、动物检疫职业技能竞赛二等奖，受到山西省农业农村厅、山西省人力资源和社会保障厅、山西省总工会表扬。

2022年8月，郭慧获第三届山西省动物防疫、动物检疫职业技能竞赛三等奖，受到山西省农业农村厅、山西省人力资源和社会保障厅、山西省总工会表扬。

（王芳丽）

农业机械发展

【概况】 2022年，尧都区农业机械发展中心内设办公室、人事财务股、社会化服务股、安全教育股、技术推广股、装备股、特色产品机械化股等机构。现有干部职工32人，班子成员6人。其中，负责人、党支部书记、副主任、副主任科员、党支部副书记、工会主席各1人，参公6人，全额事业20人，自收自支4人，是尧都区农业农村局下属事业单位。

2022年，全区新增大中型拖拉机、联合收割机219台，保有量达到3111台，农机总动力达到23.32万千瓦。全年完成玉米全程机械化作业面积23万亩，小麦全程机械化作业面积31万亩。主要农作物耕种收和关键生产环节的综合机械化率达到了90.32%。农机为全区农业增产、农民增收做出了突出贡献。

【农业机械购置补贴】 农机购置补贴是国家的一项强农惠农政策。尧都区在购置补贴工作中，按照“自主购机、定额补贴、县级结算、直补到卡”的补贴方式运作。全年共补贴资金525.05万元，补贴各类机具675台（件），受益农户459户，带动社会资金1800多万元。使全区农机装备结构优化，农机装备水平提高。

【春耕备耕】 2022年，尧都区农业机械发展中心在做好疫情防控的同时，开展春耕备耕农业生产。农机中心组织技术人员调研合作社玉米和小麦价格情况，规范农机维修网点数目21处，检修农机具1500余台（件）。完成机耕6.9万亩，机播6.9万亩，其中玉米机播6.77万亩，高粱机播0.13万亩。

【夏收工作】 为确保全区小麦快打快收，颗粒归仓，尧都区成立了“三夏”农机作业突发事件应急处理领导组，统筹协调全区夏收工作。农机中心首先设立14个“三夏跨区服务站”、5个农机维修网点及2个流动服务网点，建立小麦机收绿色通道，开通小麦机收保障热线电话；利用微信、短信等形式向农机手发布小麦机收进展信息、机收减损意义、加油优惠活动等助收信息；收获时组织本地联合收割机390台，外地联合收割机200台，开展机收及跨区作业，完成小麦收获面积38万亩，其中机收37.07万亩，机收率达到97.6%。6月10日，农业农村部农机化司司长冀名峰、山西省农机中心主任冯京民等领导到尧庙农机跨区作业接待站检查指导。

【农机项目建设】 尧都区保护性耕作试验示范区始建于1992年6月，经过连续30年的探索研究、试验示范，形成完整的保护性耕作技术体系，为我国北方地区大面积推广应用保护性耕作技术提供科学理论数据。年初中心与城隍村试验田农户续签土地流转合同，继续与中国农科院合作，坚持常年测定土壤含水率、土壤地温、秸秆腐化率、碳排放量等试验数据，做好保护性耕作在土壤变化和保护环境方面的机理研究。2021—2022年，无人植保机飞防示范项目，农机中心精选九荣农机专业合作社作为示范点，引进植保无人机，开展试验示范、技术培训，2022年6月底完成项目验收。通过无人植保机飞防对比实验发现，无人植保机飞防技术在保水、保肥、省力、节药、高质高效方面效果明显，可在全区平川、部分丘陵地区大规模推广应用。小麦播种机械化技术试验示范项目。根据小麦播种机械化技术试验示范项目的相关要求，农机中心遴选三家农机合作社组成联合体作为项目实施主体，引进2个厂家5种型号11台小麦播种机开展技术试验对比。通过召开小麦播种机械化技术培训现场观摩会、技术培训会、实地试验示范、机具试验考核，得到新型播种机播种量、覆盖率、播种效率、播深和种肥间距等数据，初步展现了新机具的优越性。深松整地作业项目。2022年尧都区承担深松整地项目任务面积为4.5万亩，其中补助项目

3万亩。农机中心通过开展农机深松整地作业技术培训会、技术人员现场指导、发放宣传资料等多种形式确保深松整地作业的顺利进行。全年共完成深松作业面积4.746万亩。

【农机安全生产】 按照省市农机部门及区农业农村局的安排部署，尧都区农机部门落实“党政同责、一岗双责”等安全生产制度。2022年5—10月，共检验拖拉机、联合收割机565台，驾驶员安全教育500余人次，全年办理拖拉机、联合收割机上户259台，考核办证83人，排查事故隐患10起，下达整改通知书10份，悬挂横幅12条，出动宣传车10余台次，散发宣传材料8000余份。全年没有发生重特大农机事故。

【信息宣传】 2022年，尧都区农业机械发展中心全年共完成信息报送41条，其中山西省农机中心信息网站刊登31条、临汾市农机中心信息网站刊登40条。信息报道面涉及党建、项目建设、农机安全、“三夏”农业生产作业、农机装备补贴等方面。农机信息的报送，扩大了农机部门的影响力，提高了农机部门的知名度。

【领导成员】

负　责　人：张保民
党支部书记：王文锋
副　主　任：王云锋
主任科员：王德林
副主任科员：曹铁龙

（张海杰）

城建环保

住房保障和城乡建设

【概况】 2022年，尧都区住房和城乡建设局（简称尧都区住建局）打造以“六抓六创”为载体的尧都住建党建航母，做好疫情防控和经济社会发展工作。全年完成固定资产投资共12.4978亿元，增速23%。尧都区建筑业产值总量为109.27亿元，同比增长3.8%，总量排名位居全市第一；房地产销售面积为92.46万平方米。党建和精神文明建设、法治建设、信访工作、城市建设、城镇住房、村镇建设、质量安全考核、城市品质提升、房地产建筑市场、历史文化保护传承、上级补助资金绩效评价、绿色建筑专项行动、消防审查验收等，各项工作在全区全市名列前茅，基本完成目标责任制和专项考核任务目标。完成市、区两级重点任务5件，完成市政基础设施投资6亿元。开展12次主题党日活动、4次科级干部党史研讨，组织爱心捐款近7000元。上报各类工作简报20余篇。

【党建与精神文明建设】 2022年，尧都区住房和城乡建设局落实党建工作目标任务，全面落实人才工作会议精神；落实中央八项规定，坚持推进“三不”体制机制建设，狠抓党风廉政建设，解决好群众“急难愁盼”问题；定期讲党课、开办“道德讲堂”，年度有计划，活动有资料，组织参观刘村红色革命基地，传承红色精神，重温入党誓词，弘扬社会主义核心价值观。开展党的十九届六中全会和山西省第十二次代表大会专题研讨、学习宣讲习近平总书记在山西省考察调研看望慰问基层干部群众重要批示精神、党风廉政建设和反腐败工作、学习贯彻习近平总书记考察调研山西重要指示精神、全面建设清廉尧都清廉机关专班行动、《习近平谈治国理政》（第四卷）专题研讨、学习贯彻党的二十大精神等活动，组织班子成员及股室负责人撰写研讨材料和心得体会数十篇。先后邀请尧都区委宣讲团副团长、市委党校客座教授闫永业，区委党校老师贺素婵老师、贺艳丽，区纪委主任王万民，山西近道律师事务所律师陈文海进行专题授课辅导。

【法治建设】 2022年，尧都区住房和城乡建设局党政主要负责人履行法治建设第一责任人职责，成立相关领导小组，开展“12·4”国家宪法日和“宪法宣传周”等专项活动。全年共出庭应诉案件19件，受理网上信访案件44件，均已办结，办结率100%。建立健全领导干部学法用法制度，召开《习近平法治思想学习纲要》学习部署会，新宪法宣传学习部署会议；邀请山西近道律师事务所陈文海律师，进行“八五普法进机关”民法典普法宣讲活动，发挥法治的引领和规范作用，提升社会治理效能，推进依法治国实践。

【安全生产】 2022年，尧都区住房和城乡建设局推进三年专项整治行动和安全生产大检查大整治大提升行动，落实安全生产“两个行动”自查整改。安全生产专项整治三年行动，2022年重点工作任务286条396项，住建涉及的39条49项全部完成。其中，学习习近平总书记关于安全生产重要论述专题涉及6条9项，落实企业安全生产主体责任专题涉及19条19项，城市建设安全专项整治涉及13条20项，消防专题涉及1条1项业已全部完成。全年累计开展安全生产巡查167次，扬尘整治检查353次。尧都区住建局主要负责155平方公里外燃气市场的监管，涉及11个乡镇4.7394万户居民；涉及燃气企业17家26个场站。2022年燃气检查379次，出动检查组2个1108人次，检查企业20家，下发隐患整改通知单377份，发现安全隐患1264条，相关责任企业已整改。启动实施管道燃气居民用户户内设施“三项强制措施”升级改造项目，155平方公里外累计完成改造3.5605万户；庭院管网改造任务80公里，完成87.772公里，完成109.72%；累计完成清收和置换26519个钢瓶，清收18831个、置换7688个。

按照《关于扎实开展经营性自建房安全专项整治百日行动“回头看”巩固提升工作的通知》要求，全区全局开展自建房安全专项整治百日行动“回头看”巩固提升工作。尧都区自建房已累计完成排查录入183041栋，其中存在隐患房屋162栋，鉴定公司对161栋进行安全等级鉴定。其中C级房屋48栋、D级房屋12栋，其余为A、B级房屋；采取工程措施的13栋，采取管理措施的149栋。

【信访工作】 2022年，按照“谁主管谁负责，牵头负总责，协办为必办”原则，做好住建领域积案化解工作，专题研究、对症施策，逐案梳理，统筹协调、化解矛盾。坚持分工明确、责任到人、包案化解，约谈信访人，形成会议纪要，签发并送达《受理告知书》《信访事项处理意见书》《信访事项答复意见书》和《送达回证》；制定实施《尧都区住建局“党的二十大”安保维稳工作方案》《尧都区住建局二十大期间值班表》和《尧都区防范化解房地产企业重大风险处置方案》，建立健全《尧都区住建局矛盾纠纷预警处置机制》《尧都区住建局矛盾纠纷排查调处制度》，详列《尧都区党的二十大维稳安保突出风险问题化解台账》和《尧都区社会矛盾风险隐患大排查大起底大化解工作台账》，上报相关材料，查找问题、想方设法化解、落实防范措施；注重从维护群众合法利益的高度出发，落实省、市、区工作部署，加大排查整治力度，预防和妥善化解房地产领域重大风险。全年共受理山西省信访系统信访事项44件，信访重复事项10件，全部化解；回复临汾市“12345”政务便民热线1069件。

【住房保障】 2022年，尧都区住房和城乡建设局按照山西省人民政府办公厅·晋政办发〔2021〕55号、临汾市加强和改进住宅物业管理工作领导小组办公室·临房办〔2021〕1号、临汾市尧都区人民政府办公室·尧区政办发〔2021〕95号《关于印发尧都区加强和改进住宅物业管理工作三年行动计划实施方案的通知》等文件精神，加强和改进物业管理服务工作；推动实现物业管理监督权、服务质量评价权、资金使用审核权下沉，物业管理与基层党建、社区治理相融合，化解物业管理矛盾；促进物业服务高品质、多样化发展，推进全区物业服务水平提升，满足人民群众不断增长的美好居住生活需要。成立尧都区加强和改进住宅物业管理工作领导小组，办公室设在区住建局；制定《尧都区加强和改进住宅物业管理工作三年行动实施方案》，构建党组织领导、多元共建、协商共治、科技支撑、成果共享的物业管理服务新格局。2022年，城镇保障性安居工程完成基本建设（续建工程）1040套，超额完成目标任务。其中，棚户区改造（续建工程）基本建成800套。2022年城镇保障性安居工程投资目标3亿元，实际投资4.45亿元，超额完成目标任务。续建项目攻坚行动共涉及25个项目，共11066套。其中，完成整改4个项目1083套。

【征收拆迁】 2022年，尧都区住房和城乡建设局作为区委、区政府的重要职能部门，对市委、市政府，区委、区政府确定的城建重点工程，进行房屋建筑的征收补偿、公租房管理和还迁小区不动产登记“清零”。工作中，坚持“公开、公正、公平”原则，根据国家、省、市、区有关房屋征收的法律法规中要求，进行房屋征收。征收前，通过张贴、网络及信访回复等方式，公开征收公告、范围、征收补偿方案等；征收中，执行“一把尺子拉到底、一个政策执行到底”原则，确保房屋征收和谐进行。2022年，先后对东王路、东关街、双拥社区棚改、规划三街南段、河汾一路西段、关帝庙文旅片区、五一路新增地块等项目进行拆迁征收补偿；涉及征收拆迁1855户，签订协议1756户，拆除房屋1501户。通过对接惠民小区物业，督促两个物业公司办理公租房的押金及2021年、2022年租金的移交；惠民小区一、二期房屋确权，在临汾市不动产登记中心完成首次登记，办理不动产权证；对惠民小区公租房卫生间漏水情况进行摸底。开展东城区2号、4号还迁小区房屋产权办理不动产登记“清零”工作。

【建筑管理】 2022年，尧都区住房和城乡建设局以工程质量安全为核心，以规范建筑市场秩序为主线，开展工程建设领域突出问题专项治理；加强建筑市场动态监管力度，严格市场准入清出管理，打击各种违法违规行为，查处质量安全事故；加强对建筑业市场领域的各单位进行有组织的培训，强化企业自律、加强企业自我约束、自我管理，以全面提高建筑行业的整体素质、净化建筑市场的内外环境。

根据临汾市《2022年度根治欠薪夏季专项行动实施方案》、尧都区《关于开展集中整治拖欠农民工工资问题专项行动的通知》要求，对全区在建项目开展欠薪问题摸排整治，建立《山西省建筑工程从业人员实名制管理系统》《山西省建筑工程施工转包违法分包等违法行为查处工作台账》及《查处情况月度汇总表》《2022年度尧都区住建领域保障农民工工资支付“双随机、一公开”联合执法检查工作台账》，制定《尧都区住房和城乡建设局建筑市场网格化监管工作实施方案》《临汾市建筑市场网格化监管体系信息表》《在建项目检查表》和《山西省建筑业企业资质撤回(拟撤回)名单表》，规范《住建局印章使用审批单》，公开《尧都区建设工程材料价格信息》。接临汾市住建局、区治欠办预警通知或转办函后，联合人社部门立即下发执法检查通知；调查解决功臣御苑南区工程欠薪案、五一路还迁小区项目欠薪案、上东世纪欠项目薪案、西佳和阳光城项目欠薪案等4起拖欠农民工工资案件；涉及人员356人，涉及金额953.49万元，规范工程建设项目劳动用工管理，保障该区住建领域农民工的合法权益。建立健全《尧都区住建局根治拖欠农民工工资案件台账》，对住建领域督办函及转办函进行解决回复。

2022年，依法拆除建筑面积2万余平方米。完成关帝庙片区、金殿镇政府农村违法乱占耕地建房、龙祠中华鲟养殖基地、临浮路消防队西侧两处建筑的拆除工作以及东关原京联医院依法征迁；对吴村镇王曲村、刘村镇陶家庄村、三桥村、堡子村等多处非法占用耕地建房的抢建户进行强制拆除。做到存量违建逐步拆除、新增违建坚决遏制，新违建露头就打、旧违建有计划拆除。

【市政服务】 2022年，尧都区住房和城乡建设局在市政设施维修维护方面，坚持对辖区内市政道路设施的日常巡查。建立问题井盖整治台账，做到“一井一编号”“一井一档案”，推进窨井整治，确保辖区内人民群众安全出行。共修复修缮井盖、井箅400余套，盖板30余套，修复塌陷、损坏路面420余平方米、更换路沿石80余米；更换路灯配件500余件、更换箱变配件5套、更换路灯电线200余米；对尧都公园路灯设施进行粉刷维修，修复公园喷泉设施；对辖区内燃气、供热、弱电等相关单位开挖恢复不彻底路面及破损井盖、井箅进行督促修复。完成枣林街中、南段，临纺街、临钢片区的市政道路设施交接工作；完成东城片区雨污分流改造工程的立项。

在市政设施防汛方面，检查排查排水管网7万余米，清理检查井、收水口4200余座，清理淤泥550余立方米，清理整改低洼易涝点2处；对窨井盖加装了防坠网，共加装防坠网1300余个。组织督促各管线单位推进窨井盖整治工作，市政排水管网整治基本完成；完成市政排水设施的检查清淤工作；组织市政防汛队伍进行道路排水应急演练，确保安全度汛。

【市政供热】 2022年，尧都区住房和城乡建设局督促供热企业做好供暖前的准备工作，供热工程加快进度；供热期按时供热、安全供热、达标供热；做好供暖后的室温调查，确保按时保质保量供热。供热期结束后，开展“冬病夏治”工作，制订检修计划，根据检修计划对供热设施设备进行全面的维护检修；梳理供热效果差的区域，制订改造计划实施改造。完成172座换热站清扫维修、更换损坏设备，发现隐患并整改；完成两座热源厂及172个换热站到期灭火器的充装，两座热源厂防雷检测；完成两座热源厂6台燃气锅炉的内部检测，获取内检报告和登记使用合格证。制定供热应急演练预案，对工作人员进行安全培训。

【市政燃气】 2022年，尧都区住房和城乡建设局启动实施管道燃气居民用户户内设施“三项强制措施”升级改造项目，即管道燃气居民用户户内必须安装灶前自闭阀门、灶具连接用不锈钢波纹管和使用带自动熄火保护的灶具。改造总户数4.67万户；累计改造户数3.09万户，完成总进度的66.16%。庭院管网改造任务

80公里，完成87.772公里，完成任务的109.72%。将安全生产专项行动检查与日常检查相结合，坚持每月对辖区管道燃气企业、汽车加气站、液化石油气企业进行一次全覆盖安全检查；对检查中发现的问题建立管理台账，对可以当场整改的隐患要求企业立即整改，对当场整改有困难的要求企业限期进行整改。组织督导乡镇、办事处对辖区内各类液化石油气用户进行排查，清收非法液化气瓶。

【市政环卫】 2022年，尧都区住房和城乡建设局实现环卫作业常态化、城乡一体化。现有第三方卫生服务公司，湿扫车、洒水车、养护车、垃圾收运车等各类机械保洁车辆40余辆，保洁人员110余人。结合所辖道路的实际情况，对所辖道路采用机械化清扫加人工双班保洁的清扫模式；即湿扫车湿扫机动车道，保洁人员人工清扫人行道及无法机扫的路段。根据《尧都区2022年扬尘污染整治工作方案》《尧都区2022年夏季臭氧污染管控工作方案》要求，加大城市道路湿扫频次，每日对城市道路进行两次湿扫工作，保持路面湿润不起尘；要求第三方卫生服务公司提升清扫保洁的精细化作业水平，确保道路清扫保洁认真到位。

尧都区住建局管理的五座公厕即临纺公厕、吉祥花园公厕、东辰广场公厕、西王公厕、文理学院对面公厕，每座公厕都配备2名保洁人员。2022年，新开三座公厕——临纺公厕、吉祥花园公厕、东辰广场公厕，以解决部分市民如厕难的问题。在公厕中添置、配备换气扇、洗手液、医药箱、针线包、方便凳等便民设施。在强化公厕日常保洁的基础上，提升便民服务水平。公厕内醒目位置张贴“文明如厕”“环保小贴士”等宣传画报及温馨提示，倡导文明如厕、爱护公厕的行为。完善考核机制，深化公厕文明规范服务，推行公厕保洁服务日志制度；记录公厕保洁频率、保洁时间、保洁人员、设施设备等信息，确保公厕保洁流程规范化，推进文明公厕创建的长效化。

【园林绿化】 2022年，尧都区住房和城乡建设局加强对城市道路和公园绿化苗木的日常巡查力度，督促绿化养护服务单位加强养护管理措施；对各城市道路、公园人为缺失和自然死亡缺失的苗木种类、位置、数量、规格等内容进行摸底登记，对苗木的修剪、浇水、施肥、病虫害防治、卫生清理、死伤缺失苗木补种等工作内容逐项检查，要求各养护服务单位对每日的养护内容和完成量进行日报，确保养护工作人员到岗和工作完成效率，各城市道路和公园绿化的养护工作效果提升。参照园林绿化养护管理标准，遵照养护规范，制订切合实际情况的绿化养护计划，要求各养护服务单位按照计划开展养护工作，园林股开展巡查和监督，确保辖区内的绿化养护项目苗木成活率达到规定标准，绿化带内干净整洁。

根据政府安排，开展道路绿化带及公园绿化卫生整治和大清洗，加强对东城范围内的7条主要城市道路（华州路、华康路、尧贤街、枣林北街、临浮街、解放东路、108国道·华康路至南外环）绿化带，以及2个城市公园（尧都公园、东辰公园）的绿化苗木定期冲洗和垃圾、杂物清理。累计出动水车1560车次、人员3080人次，冲洗绿化面积约802万平方米；出动清扫人员6020人次，清扫绿化带内垃圾、干枝枯叶共计约1920三轮车，清扫面积约606万平方米；出动绿化修剪人工1820人次，修剪绿化面积约396万平方米；补种绿篱11900平方米，麦冬8600平方米，确保公园及道路绿化带干净整洁，苗木生长良好，成活率达标。配合区直各部门在尧都公园开展各类公益宣传活动8次；配合靓城提质指挥部、尧都区智慧停车系统开展施工作业，对挖掘占用的绿化带恢复进行监督；配合财政部门完成各绿化养护服务项目的绩效申报和绩效评价，确保各项目预算申报完成。

【人防通信】 2022年，尧都区住房和城乡建设局围绕“战时防空、平时服务、应急支援”的职能使命，强化责任担当，着眼为人民办实事，解决实际问题，狠抓工作落实；在早期人防工程维护管理、平战结合利用、宣传教育等方面，完成工作目标任务。根据季节变化，加强检查巡察，确保承担维护管理的9项人防公共工程的正常使用；对主干道和单位早期人防工程进行60余次安全检查。每月针对平战结合的人防工程进行1次消防检查；完成年初租赁户消防安全责任书的签订，年中对人防工程租赁户的消防安全培训，年末结合“双随机、一公开”工作对商铺的随机抽查，做到工程安全早预防、早准备、早防护，确保人民群众生命财产安全万无一失。按照尧区财〔2008〕65号和〔2018〕90号文件精神，合理开发利用现有人防工程；累计完成招租程序19户（本年2户），合同租金总计150.52万元。

在前期组织工作人员对人防警报器进行检查、调试的基础上，完成“9·18”全省统一防空警报试鸣；在学校、工地、银行、各社会团体、各企事业单位配合下，利用电子屏在人员密集的场所放映山西省人防建设巡礼70周年华诞影视和人民防空基本知识公益短片，开展人防宣传活动。

【重点项目建设】 2022年，尧都区住房和城乡建设局职能监管并组织实施十八个政府投资重点项目，即华州路靓城提质和景观游园建设工程、解放东路高架桥附属工程、东王路道路工程、规划四街道路工程、五一路还迁安置房项目、尧贤街绿化工程、城乡环卫一体化工程、智慧停车系统建设工程、东关街道路工程、台地十路道路工程、台地南环路道路工程、台地七街道路工程、台地八街道路工程、东关立交桥工程、环城南路立交桥工程、53个老旧小区改造工程、西关还迁安置房项目和华州路排水管网雨污分流改造工程等项目工程，预算总投资约32亿元。其中，3个项目全部办结相关手续。

【质量安全考核】 2022年，尧都区住房和城乡建设局制定并完善《隐患排查及治理制度》《重大危险源管理方案》《安全生产事故综合应急预案》《建筑施工安全生产检查发现问题隐患整改清单》和《建筑施工扬尘整治检查发现问题隐患整改清单》；从被查项目、存在问题、整改措施、整改进展情况，到整改完成时限、责任单位、责任人、检查日期；从指标、方法措施、技术手段，到责任部门、实施单位、完成时间等详列；查缺补漏，限期整改，注重实效，检查发现问题隐患，并责令整改。对监管企业至少开展一次勘察设计质量检查。针对区大气办通报乡镇街道现场检查发现的60次环境问题，调查处理，建立问题清单，提出整改要求，落实整改效果。向区大气办进行整改回复；按照工作职责和程序，相关问题都整改或移交完毕。

【物业行业管理】 2022年，尧都区住房和城乡建设局坚持结合“基层治理能力提升年”，把专项行动摆在突出位置，严密党的组织体系，深入各个乡镇街道督促指导；突出基层党建服务“国之大者”，着眼重点任务、问题导向，制定相应措施，完善工作体系，健全长效机制。成立以曹泽锋为党委书记的物业行业党委会。通过物业行业党委着力提升社区物业管理能力，实现全区735个小区物业管理覆盖。其中，消除“三无”小区156个，小区业委会（物管会）覆盖率达100%。通过开展自建房专项整治彻底消除安全隐患，通过创建省级文明城市推进城市更新、靓城提质、重点项目，把城乡建设、乡村振兴与巩固拓展脱贫攻坚成果衔接起来；深入“星级化”管理，促进党建引领小区治理，加强精神文明建设，深化“零上访、零事故、零案件”单位创建。

【城市品质提升】 2022年，尧都区住房和城乡建设局华州路靓城提质项目是2021年尧都区政府启动实施的十大为民实事之一。该项目沿华州路西起解放路立交桥，东至108国道，沿线全长3.85公里。按照工程建设类别，分两项工程实施。一是楼宇外立面及人行道周边靓城提质改造工程，即华州路靓城提质精品示范街，西起解放路立交桥，东至108国道，投资9998.86万元，2021年9月开工建设；对华州路沿街建筑进行外立面修补加固、外墙保温、喷涂真石漆和清洗等整治工作，整治改造约12.5万平方米；沿街1.1万平方米的旧店招牌拆除及重新制作，人行道改造及修补、停车场、台阶、慢跑道铺装7.85万平方米；规整机动车停车位960个，非机动车停车位660个；进行绿带提质，增加建筑及景观亮化、道路指示牌、城市家具等设施。二是景观（游园）建设项目，沿华州路两侧绿线内进行9个绿地游园的提质改造，改造面积43302平方米，投资3952.36万元，于2021年11月开工；建设内容为绿化种植、硬质铺装、停车场建设、景观小品和设施改造。路北有尧历园、尧井园、尧弈园、尧和园、尧耕园、尧赫园；路南有尧德园、尧泽园、尧风园。该项目总投资1.4亿元，已完工。

【老旧小区改造】 老旧小区改造是城市更新的主要内容。按照中央、省、市、区各级政府的工作安排，计划利用五年时间基本完成老旧小区改造。根据《临汾市城镇老旧小区改造攻坚行动方案（2021—2025年）》确定的全市改造计划，2022年尧都区老旧小区改造53个小区，涉及8个街道办事处11个项目，改造总建筑面积80.54万平方米，235栋楼7858户居民。项目总投资约4.23亿元，拟申请中央补贴3.73亿元，落实中央财政和省级财政资金3427.36万元，不足部分由小区业主自筹解决。

小区改造以街道办事处为实施主体，按照EPC模式通过公开招标确定设计和施工单位；工程监理服务单位由住建局统一招标确定，承担所有改造项目的工程质量、安全、技术、验收等服务工作。改造资金由住建局组织各办事处上报至发改部门，争取中央补助资金。2022年，11个项目53个小区完成项目立项的手续办理；分成16个标段完成招标。截至9月30日，16个标段办理施工许可证；截至11月30日，11个项目全部开工，项目开工率100%。对小区楼梯间内墙、外墙改造及地下管网更新，完成投资4696万元。

【海绵城市建设】 海绵城市建设是落实生态文明建设的重要举措，是实现修复城市水生态、改善水环境、提高城市水安全的重要途径，有利于推动城市高质量发展。2022年，尧都区贯彻落实市区两级政府《关于推进海绵城市建设的实施意见》要求，开展海绵城市建设，为促进城市水资源有效利用，增强城市防涝能力，保护和改善城市水生态环境，增强城市韧性发挥作用，形成一批可复制可推广的海绵城市建设项目。

以项目建设为抓手，打造畅通尧都；以公园绿地为依托，打造魅力尧都；以小区改造为载体，打造创新尧都。截至目前，东关街道路清表完成8336立方米；东王路道路完成路基换填180米，雨水管道840米，污水管道780米，电力管道920米，供水管道320米；规划四街建设项目，已竣工通车；华州路排水管网雨污分流改造，完成可行性研究报告的批复、填报环评登记表、施工招投标程序。韩村截污管网项目，可行性研究报告已审批，移交给城投公司；尧贤街南段道路两侧绿化工程，起点为华州路，终点为南外环路，全长3160米，占地面积约13.56万平方米，立项批复、用地预审和选址意见已完成。

居住小区改造水平是海绵城市建设的需求和载体，可改善其配套基础设施和绿化景观，提高居民生活品质。润州园、栖霞园、紫藤公园，华州路“一带九园”工程相继建成开园，形成集观赏、游玩、休闲、健身于一体的生态和谐人居环境。

【市容整顿规范】 2022年，尧都区住房和城乡建设局聚焦尧都区重点区域、乱点区域，推进市容市貌综合整治工作。坚持“主干道严禁、次干道严控、小街巷疏导”原则，通过“错时段+网格化”及突击查处等方式，全天候不间断巡查、无缝隙监管；采取专人定点巡查与执法车辆流动巡查相结合的模式，步巡、车巡相结合，变被动查处为主动规范管理，强化综合治理长效管控，遏制店外经营、占道经营等违规行为。相继对东城“五纵六横”11条严管街主次干道及各店面的店外经营、占道经营、流动摊贩、违规户外广告等违法行为，对华康路便民市场、五一东路便民市场、临钢二区便民市场等多个乱停乱放、占道经营比较严重的区域进行集中整治行动；配合交管部门对城市道路沿线的交通秩序进行整治，落实道路两侧各商户“门前三包”，引导帮助市民将车辆停放到指定位置，通过精管、严治等手段保障非机动车停车秩序强制进入正轨。共计清理占道经营4500处、店外经营620处，清理有碍观瞻的广告牌匾224处；尧都区便民服务点由市城市管理局设立。经过反复抓、抓反复、治反弹，严管整治、严格规范，整治行动取得初步成效，城区内市容市貌和环境卫生有了改观。

【消防审查验收】 2022年，尧都区住房和城乡建设局坚持“预防为主、防消结合”的方针，树立正确的“消防安全生产无小事”的管理理念，把消防安全工作作为各项工作的重中之重来抓。定期与不定期组织消防安全检查，对检查发现的问题，现场责成相关单位立即整改；未能马上整改的，要求其根据实际情况制定整改措施，指定整改责任人及整改日期，跟踪检验整改的落实情况。成立消防安全排查整治工作领导小组，强化消防安全、审查验收等工作的组织、协调与指导，确保任务措施落到实处；加强消防安全教育，开展消防宣传，适时进行消防培训和消防演练。明确制定消防安全生产控制指标，强化目标管理，落实责任制和责任追究制，做到级级有人抓，层层抓落实。建立健全《工程竣工验收消防备案台账》，整理、登记、备案《案件移交单》和《案件移交材料清单》；接收举报线索受理单、请示报告阅办卡、行政处罚决定书、督办函、说明函和情况说明，做好核实情况函等相关回复或处理工作。

【尧都区智慧停车】 2022年，尧都区住房和城乡建设局尧都区智慧停车系统建设管理项目，主要设置为“三横五纵”（三横：华州路、解放路、华康路；五纵：二中路、尧贤街、临纺街、枣林街、108国道），包含47个停车场及3468个道路车位的智慧停车系统购置及安装，5936个车位划线（含公共停车场2760个停车位、3468个道路停车位）；29个非机动车充电设施等。估算总投资额为6300.53万元，其中建设工程费为5492.43万元。

尧都区智慧停车特许经营项目，路内停车泊位标线喷涂完毕，路段编号按照国家行业标准设计完毕，高位视频停车检测设备安装调试完毕，满足运营条件。完成特许经营项目备案，价格审批手续等待召开价格推进会；路内项目使用市级平台，完成路内停车场景基本功能测试，高位视频设备对接正常。路外封闭车场使用省级平台，华州二、三号停车场可稳定运行。路内场景已具备导航、缴费等基本功能；封闭车场场景已具备线上支付、无感支付、车位预约、电子优惠券、固定用户缴费等功能。路内外封闭车场用户使用晋快停小程序。尧都区合作运营具备条件的五个停车场、华州路路段停车场已同步试运营。

【房产建筑市场调查】 2022年，尧都区住房和城乡建设局开展房屋建筑和市政设施承载体调查，积极与区应急局对接沟通，协调各乡镇(街道)开展房屋建筑风险普查工作，按照规定时间节点完成调查任务。调查期间投入工作人员200余人，完成风险普查478856个图斑；在478856条质检数据中发现的问题，经第三方机构再次核查确认，已修改；外业调查结束后，组织第三方公司对16个乡镇、2个街道办事处及城区普查结果进行人工核查抽检，对市级抽检发现的631个问题全部进行修改和补充；多次进行系统质检并对发现的问题进行整改，线上质检通过率达到100%。

【房屋安全排查整治】 2022年，尧都区住房和城乡建设局为推进尧都区城乡自建房和其他房屋安全专项整治工作，保障人民群众生命财产安全和社会大局稳定，尧都区住建局制定《尧都区自建房及其他房屋安全专项整治实施方案》，按照方案要求，部署开展自建房安全隐患全面排查整治。尧都区成立专项整治工作指挥部，由区委常委、副区长王洪锁担任副总指挥，涉及9个街道办事处和14个乡镇；指挥部下设1个办公室和6个工作组，办公室设在区住建局；各乡镇人民政府和街道办事处设立分指挥部，具体负责落实房屋隐患排查和整治工作。建立健全“一把手”负责制度、举报制度、督查制度、例会制度、多方合作制度；五个方式定整治，多项服务促整治，五个制度保整治，集中人力、物力高效率推进和完成排查整治。自建房归集平台系统中，应排查房屋408141栋；通过全面摸排，已排查房屋322399栋，完成率78.98%。已排查自建房272893栋；其中，经营性自建房10750栋，其他自建房262143栋。经营性自建房已鉴定4046栋，鉴定率37.64%；初判存在隐患的357栋，已鉴定。尧都区10756栋经营性自建房·回头看系统录入已完成，完成率100%。已对357栋存在隐患的房屋完成鉴定，其中采取管理措施的289栋、采取工程措施的68栋、初判无隐患采取管理措施的59栋、采取工程措施的9栋。系统中改扩建房屋551栋，已出具鉴定结果并上传551栋，完成率100%；3层以上房屋1047栋，已出具鉴定结果并上传1047栋，完成率100%；钢结构房屋601栋，除已拆除为空地的5栋无法鉴定外，其余596栋全部完成鉴定。全区农房核验未关联的自建房共2120栋，已完成904栋。

【城镇燃气安全管理】 2022年，尧都区住房和城乡建设局将城镇燃气安全生产专项行动检查与日常检查相结合，坚持每月对辖区管道燃气企业、汽车加气站、液化石油气企业进行一次全覆盖安全检查；对检查中发现的问题建立台账管理，对可以当场整改的隐患要求企业立即整改，对当场整改有困难的，要求企业限期进行整改。2022年全年共计外出检查燃气210次，出动检查组2个，出动人员648人次，检查企业17家，下发隐患整改通知单236份，发现安全隐患929条，相关责任企业已整改929条，完成整改100%。开展实践活动，强化燃气安全监管，开展燃气安全隐患排查整治工作，预防安全事故的发生；辖区燃气企业运行安全平稳，未发生安全生产伤亡事故。2022年，有14人取得从业人员合格证，220余名燃气企业从业人员完成继续教育培训。加强燃气安全管理，发挥专家“技术保安”的作用，聘请4名燃气行业专家参与尧都区燃气安全生产检查工作；每名专家负责4家燃气企业的安全生产检查工作，达到一月一次全覆盖检查。通过“四查一到位”建立健全常态化安全隐患排查整治机制，即企业自查、部门检查、专家协查、上级督查；通过精准整治、分级管控、动态预警，确保安全隐患排查整治到位见效。

制定《尧都区城镇燃气检查工作制度》《尧都区燃气行业安全检查操作手册》《尧都区燃气行业安全检查操作流程图》，监制《城镇燃气安全知识问答宣传单》《燃气安全宣传手册》；建立城镇燃气四个清单，即《城镇燃气制度清单》《城镇燃气安全隐患整改清单》《城镇燃气监管清单》《城镇燃气重大隐患挂牌督办清单》。通过建章立制，厘清并落实监管责任，着力建立、完善长效监管工作机制，消除各类燃气安全风险隐患。对监管的燃气企业实行挂图作战，绘制《尧都区燃气行业安全生产隐患风险防控作战图》；按照“三管三必须”原则，明确监管对象，燃气风险点分布以及全年各时段重点防范安全隐患，按时间节点完成各专项整治工作任务。聚焦非法液化石油气钢瓶突出问题，扭住非法经营窝点、餐饮用气单位等重点环节，采取“部门联动，属地清收”的方式，组织乡镇、办事处对辖区内各类液化石油气用户进行排查和清收，基本实现全区非法钢瓶清收工作全覆盖。

【建设项目质量监督】 2022年，尧都区住房和城乡建设局在尧都区辖区范围内房屋市政建设项目质量监督实现全覆盖，督查37个在建项目的质量安全；文化艺术中心建设项目被省、市、区列为“标准化建设示范工地”。其中，房建工程22个、老旧小区改造5个、市政管网工程3个、公共建筑7个，总建筑面积410万平方米，造价投资95亿元。上报监督登记新开工项目28个；其中，市政工程3个，公共建筑5个，住宅建筑7个，老旧小区及其他改造13个。下发整改通知11份，发现问题48处，现场发现立即整改的质量安全隐患40处，限期整改8处；对发现问题跟踪复查，全部完成整改任务。2022年，在建项目97项，新开工建设工程28项，“两书”签订100%；完工项目25项，“一牌一档”执行100%；工程项目质量检查项目47个，对施工、监理单位开具整改通知单103份，其中5个项目停工整改；处理回复工程质量其他投诉案件89件。9月，开展2022年“质量月”观摩活动。组织在建项目主要管理人员培训，参训单位27家，人员47人。监督管理主要人员参加省厅工程质量管理培训。

【建设项目机动巡查】 2022年，尧都区住房和城乡建设局累计出动工作人员4200人次，检查项目286家，发现环保问题562处，完成整改562处，完成整改100%。文书下达共计84份，环保责令改正通知书下达22份、环保停工整改通知书下达26份、施工现场检查环保问题告知书41份、警示通知书3份、施工现场检查问题告知书2份；尧都区建筑施工工地环保达标验收（办理渣土清运手续）11处。向临汾市城市管理局移交案件29份，环保移交16份、未批先建移交7份、拖欠农民工工资1份、山西省住建厅建筑节能“双随机”检查4份、未依法消防验收1份。

【村镇建设】 2022年，尧都区住房和城乡建设局围绕做好农村自建低层房屋、农村危房改造、农房抗震改造和农房节能改造等工作目标，执行山西省农村自建低层房屋“四办法一标准”及国家的安全生产方针政策、法令法规、标准制度等相关要求，对辖区内所有农村建筑工匠进行培训，提高农村建筑工匠施工水平，保障农村建房质量和安全，为农村建设提供人才支撑；巩固党史学习教育及“我为群众办实事”实践活动成果，促进村镇建设水平整体提升，保障人民群众生命财产安全，推进乡村振兴，建设美丽乡村。

【农房抗震】 2022年，尧都区住房和城乡建设局作为区直责任单位，坚持把农房抗震改造工作作为改善农村住房安全条件的重要惠民工程、民心工程来抓，按照任务、时间和方案推进农房抗震改造。作为全省抗震改造工作试点区，上级下达尧都区抗震房建设任务2813户已全部完工；拨付补助资金3938.2万元（每户补助标准1.4万元）。上级抗震房建设任务下达以来，尧都区及住建局由分管副区长牵头，成立工作专班，层层分解任务，加压推进落实。制定《尧都区农房抗震改造试点工作实施方案》，明确工作目标，细化工作措施；紧盯任务落实，逐乡镇分解改造任务，逐家逐户确定改造方案，做到一户一档一方案；全方位、多角度宣传，推动农房抗震改造政策进村入户，调动群众申请积极性；紧盯质量管理，强化督查检查，对施工质量进行抽查，对不按图施工或施工不规范存在质量安全隐患的下达通知，提出整改要求。严格鉴定认定，强化资金保障，通过招投标聘请山西省建筑科学研究院有限公司，按照“一户一图”出具加固改造方案，完工验收并出具认定报告；自筹资金252.6074万元，保障农房抗震改造工作。

【城乡环卫一体化】 提高全区城乡环境卫生管理水平，有序推进环卫作业社会化、集约化、规范化，尧都区实施城乡环卫一体化项目。作业范围即东城区域、高新区及13个乡镇街办171个行政村的综合环卫作业服务。作业内容，包括东城区及高新区主次干道、人行道的清扫保洁，小广告清理，护栏、灯杆、雨水口清洗，树坑及绿化带保洁，生活垃圾、餐厨垃圾收集清运，公厕的运营管理；13个乡镇街办的171个行政村县道、乡道和村庄主干路的清扫保洁，生活垃圾、餐厨垃圾收集清运，6个垃圾中转站的运营管理。尧都区东城24条市政道路、5座公厕、贾得高新区4条市政道路、大阳高新区4条市政道路已由服务公司接收，基本实现常态化环卫作业。13个乡镇街办范围内的168个行政村由服务公司接收，基本实现常态化环卫作业，接收完成率为98%。

【垃圾治理“四个四”】 2022年，尧都区住房和城乡建设局四项整治促推进，四个办法抓考核，四项作业保质量，四个完善见成效。其中，“四个办法”即“一查、二看、三走访、四评比”，一查阅资料、二看清扫现场、三走访群众、四打分评比；“四个完善”即一是完善环卫服务队伍，二是完善收集配套服务，三是完善垃圾收运体系，四是完善作业品质。

【农村生活垃圾治理】 2022年，尧都区住房和城乡建设局推进环境卫生，改变农村环境面貌；采取“村收集、乡（镇）转运、区处置”的运行模式治理生活垃圾，统一为乡镇配置压缩箱、轮胎式装载机和垃圾转运车等设备设施，形成生活垃圾从收集、清运到处置三个环节的一站式服务体系。尧都区建设生活垃圾中转站6座，完善和优化农村生活垃圾收运处置体系，覆盖自然村比例98%以上。13个乡镇、街办的167个行政村生活垃圾纳入焚烧处置、垃圾收运作业排班，做到垃圾日产日清。突出分类减量先行“四分法”，持续推进农村生活垃圾分类；先后在贾得乡北席村、大阳镇陈埝村、吴村镇吴南村三个行政村展开生活垃圾分类示范村试点工作，为垃圾分类资源化利用做前期准备。开展餐厨垃圾收集试点工作，由一体化公司具体对乡镇集市中心的餐饮门店、企事业单位、学校、卫生院、养老院等餐厨垃圾实行直运式收运服务，清运至指定的垃圾处理厂处理。2022年，全区共设置生活垃圾分类桶8300个，向焚烧场运送约32300吨生活垃圾。城乡环卫一体化的实施降低尧都区PM_{10}的指标，提升全区环卫环保作业水平，改善居民生活环境。

【历史文化保护传承】 2022年，尧都区住房和城乡建设局加强城乡建设中历史文化保护传承，加大文物和文化遗产保护力度。坚持保护第一，坚持合理利用，搞好尧都区历史建筑普查，重点做好临汾市人民政府公布的尧庙华夏第一都牌楼、三源文化纪念碑、临汾影剧院、临汾铁路体育馆、临汾火车站、临汾城市规划展览馆、临汾古城墙、柴村·鼓楼、千家姓纪念壁、华门、华表等21处历史建筑的登记、排查和保护工作。

【绿色建筑专项行动】 2022年，尧都区住房和城乡建设局根据《临汾市绿色建筑专项行动方案》和《临汾市绿色建筑创建行动方案》，推动该区城镇新建建筑按照绿色建筑标准进行设计，至少达到基本级；全区绿色建筑集中示范区控制性详细规划编制完成；得到临汾市人民政府批复，将按照示范区内一星级以及以上绿色建筑不低于30%推进。按照年度工作计划，加大节能监管力度、全社会节能宣传力度，保证建筑节能工作开展。依据《民用建筑节能条例》和《山西省民用建筑节能条例》，在各新建建筑节能工程施工前，下发《尧都区建筑节能监管告知书》，强化事中事后监管责任。坚持每月对所监管的工程项目巡检一次，针对检查中发现的问题，现场下达《节能监管限期整改通知书》，要求建设、施工和监理单位落实整改，按期回复整改结果；每月上报建筑节能自查报告，完善相关材料。全年75个新开工单位工程项目，建筑面积85.27万平方米；其中，14个项目达到65%节能设计标准，61个项目达到75%节能设计标准，新开工节能标准执行率100%。在建单位工程项目建筑面积共计429.5万平方米，节能标准执行率100%，绿色建筑标准执行率100%；可再生能源利用面积200.51平方米，占比46.7%。委托资质专业团队——北建大建筑设计研究院有限公司制定《涝洰河片区控制性详细规划方案》。

【补助资金绩效评价】 2022年，尧都区住房和城乡建设局组织撰写2022年《沿汾建制镇生活污水治理项目·省级奖补资金绩效自评报告》《老旧小区改造项目绩效自评报告》和《老旧管道更新改造项目绩效自评报告》。从项目基本情况、绩效自评情况，到主要经验及做法、存在的问题和建议，再到《项目支出绩效自评表》，进行说明；立项背景及目的，预算资金来源及使用情况，项目完成情况，组织及管理执行情况，绩效目标，主要绩效完成情况及原因分析，政策建议与改进措施，分门别类做到。2022年，沿汾建制镇生活污水治理项目共计下达奖补资金170707000元；截至年底，共使用资金14884360.07元，上级到位资金执行率为87.19%。老旧小区改造项目共计下达资金37023600元；截至年底，共使用资金37023600元，上级到位资金执行率为100%；11个项目全部开工建设，开工率为100%。燃气老旧管道更新改造项目共计下达资金29106740元；其中，用于庭院管网改造资金2822.69万元，立管改造资金87.984万元。截至2022年12月31日，该改造项目共计使用资金8731877元，上级到位资金执行率为30%。

【领导成员】

局　长：张文喜★（8月免）

★ 2023年12月涉嫌严重违纪违法，接受纪律审查和监察调查

曹泽锋（8月任）

党委书记：温马强

副局长：张俊峰　郭金伟

席明明

主任科员：张　丽（女）

二级调研员：郭龙学

四级调研员：孙华丽（女）

乡科级正职：李　壮

二级主任科员：赵剑林

樊高威

孟冠军

副主任科员：闫宏刚

四级主任科员：靳海燕（女）

机动中心主任：郜　鹄

工会主席：张　萱（女）

市政公用服务中心主任：许　韬

附：获奖情况

2022年1月，临汾市尧都区住房和城乡建设局被山西省防汛抗旱指挥部、山西省人力资源和社会保障厅、山西省应急管理厅联合授予“山西省防汛抢险救灾先进集体”荣誉称号。

2022年2月，段旭伟撰写的《永远跟党走奋进新征程》，在山西省总工会组织的“中国梦·劳动美——永远跟党走奋进新征程”主题征文活动中，荣获一般体裁类·优秀奖。

（辛元峰）

生态环境保护

【概况】 2022年，临汾市生态环境局尧都分局有干部职工215名。其中，在职151名，退休51名。主要职责是受临汾市生态环境局委托对尧都区生态环境保护工作实施统一监督管理。2022年，内设机构包括办公室、督改办公室、党委办公室、科技财务股、人事劳资股、环评和排污许可管理股、法制股、大气环境股、水生态环境股、固体废物防治股、土壤生态环境股、辐射管理股、自然生态股（综合股）、信息中心（应急股）、环境监察大队（下设24个中队）、环境监测站、环境监控中心。

2022年，践行习近平总书记“绿水青山就是金山银山”理念，执行《中华人民共和国环境保护法》《中华人民共和国大气污染防治法》《中华人民共和国水污染防治法》等环境保护法律法规，按照“治山、治水、治气、治城一体化推进”工作思路，坚持生态先行，以“三区三地”为指引，明确职责、强化监管、落实责任，贯彻执行环保法律法规，推进“大气、水、土”三大污染攻坚战，完成各项任务。

【指标任务完成情况】 2022年，临汾市生态环境局尧都分局空气质量指标。2022年，临汾市区年综合指数为4.94，在山西省11地市排名第9，在168个城市中排名倒数第11。2022年，汾河干流尧都区下靳桥断面和涝洰河高河店断面水质达四类水标准。

【统筹调度工作】 2022年，临汾市生态环境局尧都分局发挥环委办、大气办、水防办协调作用，牵头修订尧都区《生态环境保护清单》，结合突出环境问题，动态掌握问题清单，及时跟进，发现问题，报告问题，通报问题，督办问题，解决问题，为领导决策提供第一手资料，确保各项措施落实落细落地。2022年，通过3办，起草各类文件55份，下发通知180份，督办各类问题1375个。

【大气污染防治】 2022年，临汾市生态环境局尧都分局督促3家水泥企业完成超低排放改造；辖区企业1家创A、1家创B和9家创引领性企业；完成74家企业挥发性有机物治理工作；落实11个行业78家工业企业错峰生产管控；将365家涉及大气污染物排放企业纳入《重污染天气应急减排清单》；检查建筑工地630余个（次），检查问题379个；发现散煤问题341起，收缴散煤58.43吨，清理炉具389台，露天焚烧303起；增加5个绿色示范卡点，劝返重型柴油车5331辆。

【水污染防治】 2022年，临汾市生态环境局尧都分局加强污水处理厂管理；对29个排污口规范化管理；对新发现入河排污口动态清零，消除污染源头；加强“四乱”问题监管，加大巡河力度，整治“四乱”、沿河放牧等问题；持续开展重点河流清淤疏浚工作；加强沿河取水监管，严禁农灌退水入河；科学调度水资源，保障重点河流生态基流。

【土壤污染防治】 2022年，临汾市生态环境局尧都分局完成土门镇土门村、魏村镇魏村、县底镇县底村3个村庄的污水治理任务；完成乔李镇南羊村、王村和吴村镇吴南村的国家级农村黑臭水体治理任务；对5家关闭企业疑似污染地块进行动态管理；完成4个未落实土壤污染状况调查及报告评审制度问题地块整改；开展工业固体废物排查整治工作。

【环保宣传】 2022年，临汾市生态环境局尧都分局围绕习近平生态文明理念，在全区范围内开展生态环境保护知识“进机关、进学校、进企业、进农村、进社区、进家庭、进商场、进医院、进宾馆、进景区”十进活动，共制作宣传条幅100条，发放宣传资料和手册30万份；开展“6·5”环境日宣传活动；开展秸秆禁烧宣传活动，出动宣传车18辆；提高群众的法律观念和环保意识。

【环境执法】 2022年，临汾市生态环境局尧都分局加大执法力度，开展“散乱污”专项排查、利剑斩污行动、清废行动、违法排污集中整治、砖瓦行业专项执法检查、环境风险隐患专项整治、涉挥发性有机物重点行业检查、排污许可证落实情况专项检查、秸秆禁烧等系列专项整治行动。2022年，共出动2万余人次执法人员，立案36起，查封扣押2起，处罚592万元。

【科学治污】 2022年，临汾市生态环境局尧都分局投资1000余万元，聘请中环天合专家团队，加大科技治污建设力度，加强预测预警能力，加密大气网格化监测，建设空气质量移动走航监测；推进大气污染自动化监控设施建设，在重污染天气下协商企业减排，在原有的企业限值基础上再次压低，节约大量现场人工排查的精力。依托专家，市区空气质量指标较2021年有改善。

【领导成员】

党组书记、局长：李　杰

副局长：马仁兵（11月任）

党组成员：李云真

（王仁鹏）

商贸　旅游

商　务

【基本情况】　2022年，尧都区商务局内设办公室、内外经贸股和市场管理股，为区人民政府工作部门，正科级。2021年6月机构改革时将促进外来投资服务中心归为商务局下属单位，局机关党组成员5人，班子成员3人，全局实有在编人数共23人。2019年3月，尧都区政府机构改革组建尧都区商务局。

【经济指标】　2022年，尧都区商务局统计全区社会消费品零售总额累计完成286.9亿元，增速-1.5%；其中限上零售额累计完成118.7亿元，增速2.7%。

【招商引资】　2022年，尧都区商务局对接项目，点对点精准招商，以尧都高新区为依托，以产业发展方向为指导，上下联动，精准发力。区主要领导带队外出考察招商，会见企业，洽谈推进招商引资项目，与上级招商部门沟通招商引资工作。1—12月，累计完成招商引资签约项目17个，签约金额114.93亿元；开工项目14个，开工率82.35%；新开工项目计划投资额66.13亿元；固定资产投资项目到位资金20.4亿元；非固定资产投资项目到位资金2.4亿元。

【推动消费稳定增长】　2022年，尧都区商务局分两批对符合发放条件的全省登记在册的特困人员救助供养对象和全国防返贫监测信息系统内未消除风险的监测对象发放“爱心消费券”，第一批971人，第二批935人，两批共发放资金237.35万元。2022年5月30日至12月31日，组织全区限上批零住餐企业和限下样本企业参加“悦享临汾回家有礼”26轮数字消费券发放活动；与市商务局共同举办2022年“悦享临汾·回家有礼”惠民购车消费券发放启动仪式。依托“数字消费券”和汽车消费补贴两种方式，开展消费促进活动，激发消费活力，扩大服务业对经济增长的支撑和拉动作用。

【安全工作】　2022年，尧都区商务局根据省、市、区安全生产专项整治“三年行动”工作要求，结合开展安全生产领域风险隐患大排查大整治“百日攻坚”集中行动，该局制定工作方案，召开安排部署会议，与25家大型商场、市场签订安全生产和消防工作责任书；抽调专门力量开展安全生产大检查，共检查商贸企业安全生产和消防工作46次。

【入企服务】　2022年，尧都区商务局根据《尧都区2022年度入企服务实施方案》，该局成立工作专班牵头对全区限上批零住餐企业开展入企服务工作，深入经营场所全面了解企业经营状况，针对性地宣讲政策，重点宣讲国家及该省减税降费、人才政策、优化营商环境等政策，与企业负责人就存在问题研究对策和办法，确保入企服务工作落到实处。为需要融资、贷款的山西康典元餐饮管理有限公司等8家餐饮企业、临汾绿岳汽车销售服务有限公司等12家零售企业提交申请。端午期间，该局走访慰问中石化、中石油、汽车4S店等重点限上企业51家，走访慰问限下样本企业19家。2022年2月，完成对尧都区2020年底新入统的115家批零住餐企业奖励资金的发放工作，共发放金额575万元。

【成品油监测】 2022年，尧都区商务局联合税务、公安、消防、应急、生态环境、市场监管等部门连续三次对全区66个加油站进行了突出问题和非法违法加油行为专项整治，对存在问题的加油站进行整治整改，共罚款9.55万元、查补税款298.27万元，完善税控系统连接6家。2022年底新入统加油站零售企业7家，预计可增加限上零售额约7000万元。

【党的建设】 2022年，尧都区商务局推进党建和中心工作相融合，实行班子成员包联基层支部工作“一岗双责”，压实党建责任；规范开展“三会一课”、专题组织生活会等活动；坚持每月召开党建工作例会，研究解决基层党建存在问题；全年深入基层检查党建工作11次。坚持意识形态责任制常态化，建立完善意识形态责任清单，制定意识形态工作实施方案，全年坚持每周一专题学习。组织机关全体党员及各基层党支部书记到大阳镇官雀村红色教育基地，实地开展“喜迎二十大·奋进新征程”主题教育活动，接受红色传统教育，追忆革命历史，锤炼党性初心。组织全局党员干部在疫情防控期间，强化责任担当，驻守值守各大商场超市，坚持保供生活必需品市场，保障群众生活所需。

组织商务系统各级党组织和党员干部，通过广播、电视、网络、手机等线上线下多种方式，收听收看建党101周年及党的二十大盛况。组织走访慰问退休老干部及基层支部困难党员7人次，为他们送去慰问金。巩固和加强基层党支部战斗堡垒作用，选优配强基层党支部班子，完成5个支部的换届选举工作任务。落实党风廉政建设责任制，与各党组成员签订《党风廉政建设责任书》，组织召开全面从严治党和反腐败专题会议和党风廉政警示教育。

【领导成员】

局　　长：辛海峰
党委书记：潘华栋
副 局 长：王向阳
党组成员：冯　杰　姚　斌

（李　丽）

供销工作

【概况】 2022年，尧都区供销合作社以服务“三农”工作为宗旨，落实上级深化供销合作社综合改革精神。

【重点项目】 2022年，尧都区供销合作社推进战略合作，壮大经营实力，提升综合服务。落实上级开放办社精神，与大丰超市、小丰超市、邮政集团临汾分公司签订战略合作协议。

提升新型农业社会化服务水平。在服务“三农”中，通过农资直供、科学施肥、土地服务、农机作业、农民培训等方面，为农民排忧解难。扩大综合服务能力。建设规范综合服务社5个，解决农民“最后一公里”问题。

【领导成员】

理事会主任：任全利（1月任）

理事会副主任：马英明（1月任）

（郭黎明）

石油营销

【概况】 2022年，中国石化临汾石油分公司面对油价高位震荡、疫情多点频发、环保压力剧增等多重因素考验，贯彻集团公司、销售公司、省公司决策部署，落实省公司“六个着力”发展思路、“六个突出”工作要求，紧扣“牢记嘱托、再立新功、再创佳绩，喜迎二十大”主题行动这条主线，聚焦中心任务，各项工作稳步推进，经营效益势头良好。全年安全环保平稳运行，未发生重大舆情和稳定事件。

【经营量效提升】 2022年，中国石化临汾石油分公司零售上在大幅减少营销投入、保持高价格到位率的情况下，优化营销措施，强化精准营销，追求差价总额最大化。汽油依托油非互促、“7折券”营销、品牌汽油推广、政府消费券、第三方资源引入等推动扩销创效。柴油以桶装终端客户为重点，开展“一户一策”，做好农机、工矿、基建等小额配送客户开发，通过与农机局合作、限时降、石化钱包群组、柴油豆群组、油非互促等营销方式，带动柴油销售3000余吨，小额配送及支农惠农群组客户超5000人。直分销上，以“拓展客户，做大汽油，扩展总量”经营策略为指导，抓顺势营销，利用疫情管控入晋资源受阻契机，发挥资源优势扩销增效。配合政府开展“打非治违”。

客户服务优化。聚焦油非互促、油非融合，完成20座“7折券”样板门店打造，发挥客户进站桥梁作用。打造综合服务“生态圈”，与金融、通信等行业深化交叉营销，线上线下双渠道引入政府消费资源。网络发展推进。以构建“油气氢电服”综合能源服务格局为目标，结合临汾地区网络现状及政府“十四五”规划，理清发展思路，科学指导发展，增强网络发展能力，提高成品油市场控制力。

【基础管理夯实】 2022年，中国石化临汾石油分公司加强进销存运各环节油品数质量监管，杜绝库站违规违纪违法行为。定期开展易捷商品进货查验、索证索票自查工作，依法合规处置临过期商品，保障食品安全。强化安全环保基础管理，强化HSE体系建设，落实重大危险源专项检查整改，扎实推进绿色企业创建和固废、危废源头减量化工作，从严承包商、直接作业环节管控，持续推动隐患项目治理，全面提升安全环保管理水平。

【党建工作】 2022年，中国石化临汾石油分公司坚持将学习领会习近平新时代中国特色社会主义思想作为“第一议题”“第一课程”，通过中心组学习、党支部学习、讲党课等，促进各级党组织和全体党员干部提高政治站位、提升理论素养；组织学习党的二十大精神系列活动，采取“三会一课”、主题党日、基层宣讲、读书健步走活动等多种形式，引导党员干部学好学透党的二十大报告精髓，坚定理想信念，把学习成果转化为工作动力；强化基层组织建设，组织基层党支部开展专题组织生活会、党员发展等工作，成立汾滨加油站党支部，建强基层战斗堡垒；推进“我为群众办实事”，完成5项重点项目清单任务；加强工团建设，开展文体活动，关爱员工生活，为员工办理大病医疗互助保险，组织员工参加省公司摄影、书画、短视频等各项主题活动；深化精神文明创建，组织开展无偿献血、“捐衣献爱”“文明交通”志愿服务、高铁防疫志愿服务等活动，连续17年被省文明办授予“省级文明单位”荣誉称号。

【服务地方经济】 2022年，中国石化临汾石油分公司送油到地头。夏收期间，为服务当地农机用户，履行石化责任，临汾公司早动手，早准备，与当地农机部门取得联系，摸清农机作业时间、收割面积、农机数量、各类农机的用油需求量等，备好夏收所需吨柴油，合理配置资源，安排运力，确保油品供应。根据各县区小麦种植面积、加油站分布状况，按照就近、方便的原则，确定夏收定点加油站，宣传石化钱包优惠政策，让利惠民。通过开辟夏收农机用油绿色通道、24小时优先加油、设置服务台，提供车辆停放、免费休息、简餐、洗澡、洗车等便民服务，为农机用户助力夏收。根据当地农机户需求，该公司成立夏收服务小分队，悬挂“中国石化支援夏收服务车”标识的专用油罐车，直达田间地头，为农户送油送水，保障油品供应。

【企地共建】 2022年9月1日，中国石化临汾石油分公司与三元社区、市图书馆联合举办“喜迎二十大书香润石化——流动图书车服务”活动，为党的二十大召开营造社会文化氛围。机关、尧都区公司员工共计40余人参加活动。流动图书车以中型客车为载体，采用无线上网等方式与市图书馆连接，实现图书的通借通还，现场办理借阅书刊以及查询等服务。流动图书车的服务，解决员工工作忙、路途远、借书难等问题，方便公司员工与社区居民阅读，发挥图书馆的文化阵地作用。市图书馆挑选党史类、红色教育、少儿类等图书供借阅，实现公共文化资源共享。

【企地融合】 2022年，中国石化临汾石油分公司为整顿和规范临汾成品油市场秩序，落实安全生产主体责任，遏制安全生产事故发生，本年以来，临汾公司配合各级政府“打非治违”工作，进言献策，履行社会责任，助力当地成品油市场整顿初显成效。3月21日，尧都区公司接到应急局通知，在县底镇发现查封一处销售汽油黑窝点，该公司赶往现场，协助政府执法部门开展认定和查处工作，提供技术支持和安全指导，控制黑窝点，封存一个地埋罐，扣留一部移动加油车，共罚没汽油5吨多。该公司协助相关部门，制定挖罐、回填方案，对油罐进行填沙作业，确保油品处置安全，履行社会职责。

【领导成员】

经　理：孙富强（10月免）　王　飞（10月任）

副经理：张　旻（10月免）樊　瑄（10月任）

李　晨（10月任）

纪委书记：杨书太（10月任）

安全总监：武海江

综合办公室主任：张文勇

党群办公室（党委办公室）主任：柳彩丽（女，6月免）

乔　静（女，6月任）

经营部主任：谭清华　齐　延

零售和非油业务部主任：王康杰　史飞龙

财务资产部主任：周洪斌　陈　博（11月任）

发展基建部主任：苏虎龙（8月免）

郑耀东（8月任）

人力资源部（党委组织部）主任：郝良玉

安全环保质量部主任：赵　勇（11月任）

审计监察部（纪委办公室）主任：周丽娜（女）

东芦油库主任：苏虎龙（11月任）　王　军

（田　欣）

烟草专卖

【概况】　2022年，尧都区烟草专卖局（营销部）下设4个股室（党建股、综合办、专卖股、客服股、内管股），担负尧都区15个乡镇，8个街道办事处以及3970户卷烟零售客户，近95万名城乡人口的卷烟供应和专卖管理服务工作。组建于1983年，位于尧都区华洲路131号。

【党建工作】　2022年，尧都区烟草专卖局（营销部）在党的二十大会议召开之际，号召党员同志，观看开幕式、闭幕式，聆听报告内容、新闻报道等；坚持每日推送“党的二十大精神天天学”，并撰写学习笔记；制订学习计划，通过集中学习、党小组会议、主题党日活动、微信推送等形式，各支委率先领学，带动党员跟着学；开展专题交流研讨会，党员谈认识、谈感悟，畅所欲言、各抒己见、取长补短。11月底，开展“学习党的二十大　永远跟党走　奋进新征程”主题演讲比赛，执行“三会一课”、主题党日、谈心谈话制度，全年共开展党员大会3次，支部委员会11次，党课3次，主题党日活动11次，党员集中学习21次，转作风专题教育组织生活会1次。定期组织开展党务知识测试，促使党员掌握党建知识常识，提高自己的理论水平和素质修养。

【卷烟销售】　2022年，尧都区烟草专卖局（营销部）培育重点品牌，关注品牌销售情况，纳入对标考核，提升品牌市场表现。培育超一类卷烟，利用节日效应，鼓励客户订购上柜，实现高端卷烟落地销售。精准信息采集。通过开展市场调研，针对重点品牌卷烟价格、社会库存、总库存等销售指标数据进行精准采集，每周、月度按时报送市场信息数据，掌握辖区卷烟市场表现，做到科学采集、精准上报，实现卷烟销售市场平稳有序。开展诚信互助小组建设。按照《诚信互助管理办法》，对现有小组进行整合优化，规范小组成员数量，活力指数显著提升。采取优胜劣汰原则，择优选取小组长，带动小组共同提升。结合能力指数、活力指数标准，开展季度小组评价，与对标考核相结合，实行客户经理进位奖励机制，推动小组建设工作提质升级。

【专卖打假】　2022年，尧都区烟草专卖局（营销部）抓好市场规范，聚力专卖管理。多措并举开展卷烟市场清理整顿。联合公安、市场监管等执法部门，开展“打大户、打双流”

“尧风系列”“片区联合”专项行动，突出重点区域、重点对象、重点环节管控，保持市场管控力。开展真烟异常流动专项打击。按照市局市场监管“外防流入、内防流出”工作要求，紧盯真烟异常流动源头和流通渠道，围绕零售户“一户一码”管理，完善七类监管档案，坚持精准靶向监管，重点打击非法收购、囤积倒卖卷烟违法行为。通过实施处罚真烟激光打码工作，防止处罚真烟再次非法流通。打击物流寄递和物运输领域涉烟违法犯罪活动。根据市烟草、市公安、市市场监管、市邮政管理、临汾海关联合下发的《关于全市开展清理整顿卷烟市场打击涉烟违法犯罪专项行动实施方案的通知》要求，加大与相关职能部门协调力度，以打击收购倒卖真烟为抓手，立足物流寄递、货运站等运输渠道，重点打击非法收购倒卖真烟涉案网络。

【综合管理】 2022年，尧都区烟草专卖局（营销部）按照“全覆盖、零容忍、严要求、重实效”的总要求，开展安全隐患排查工作，确保发现问题立即整改，安全问题事无巨细排查落实。改善精益管理。出台资产管理制度，指定兼职资产管理员负责。响应节能减排工作，通过建立个人用纸电子台账、“油我掌控，省者为王”节油竞赛等措施，调动全员厉行勤俭节约的积极性。精细化办公用品管理，建立台账、分类整理、科学存放、清点库存、日常监管，提升日常办公用品管理效率。开展各项技能竞赛活动及安全消防培训，提高消防能力。落实为民服务需求。组织开展“浓情端午、粽叶飘香”包粽子体验活动和全员健身“健步走”活动，丰富员工文化生活。响应区委、区政府号召，开展“助学助教·筑梦未来”捐款活动。

【领导成员】

局长（经理）：郭文生

副局长：刘　庆　赵　宁

副经理：张文庆

（刘兰芳）

文物旅游

【概况】 2022年，尧都区文化和旅游局按照该区“三区三地”建设和全方位高质量发展工作目标要求，务实创新，文化和旅游工作成效显著，文旅融合向纵深发展，在党的建设、文化惠民、文物保护、文旅融合、脱贫攻坚、安全生产等方面稳步推进，各项工作完成。

【文化惠民】 2022年，尧都区文化和旅游局开展“三个一批”群众文化惠民工程，组织乡土文化能人、艺人、带头人文化活动和乡村文艺小分队演出1747场，送戏下乡68场，文艺巡演8场；为全区10个乡镇、18个村文化分馆配送二胡、笛子乐器、谱架、锣鼓器材等9类720件，为16个乡镇图书馆分馆配送文化、政治、生活、科技、少儿等图书1万余册；发挥公共文化数字平台作用，开展二胡、合唱、竹笛、柔力球、葫芦丝等线上免费教学课程98节，受益群众2.3万余人次；疫情防控期间，创作《静静滴》，为创建省级文明城市创作快板《尧都文明大家创》《文明尧都向前冲》《文明尧都欢迎您》等优秀作品；组织区级队伍参加省市举办的模特大赛、农民歌手大赛、锣鼓大赛，在省级群众文化比赛中，锣鼓大赛获省级二等奖、合唱比赛荣获一等奖成绩。

【非遗传承】 2022年，尧都区文化和旅游局挖掘非遗代表项目，扶持平水雕版印刷和魏村花鼓技艺的发展和传承；积极推动非遗传承培训，全年组织平阳面塑、平水绣、平水雕版印刷技艺进临汾武警支队、临钢小学、临汾九中免费培训14次；完成土疙瘩布鞋、平阳窑、平阳面雕塑、平水绣、小儿推拿5个项目的非物质文化遗产技艺影像资料拍摄整理工作；由山西舞者鼓乐文化有限公司推送的晋南威风锣鼓（表演者12人）参加CCTV-17《乡村大舞台》农民丰收节特别节目《丰收集结号》录制；向市外事办推荐非遗平水雕版印刷《围棋之源》、土疙瘩千层底布鞋，作为临汾非遗产品赴美国犹他州15个社区进行巡展，展示临汾深厚的历史文化底蕴。

【文旅融合】 2022年，尧都区文化和旅游局在“寻根尧祖·德耀中华”为主题的尧都文化旅游节上举办尧文化研讨交流会、文明探源陶寺行、2022年山西·尧都招商引资推介会、帝尧德孝文化研学教育活动、尧文化与黄河文明摄影展、尧都旅游路演体验宣传等活动；根据《旅游景区质量等级的划分与评定》国家标准（GB/T 1775—2003）相关标准和要求等，结合尧帝陵景区实际，启动尧帝陵景区国家AAAA级旅游景区创建工作，通过评审组资料复核、现场观摩等一系列工作，通过AAAA级景区创建工作；完成魏村镇大寿山世尊院古建筑修复、景区绿化及提水配电、公共卫生基础设施设备、旅游公路拓宽铺油等工程；苏寨红色旅游建设项目2022年完成项目规划、初步基础建设，提升接待能力，部分景点（遗址）修缮，村容整治、研学课程开发、实景演出剧场建设、线上宣传平台建设等总体项目的25%；世尊山智慧康养文化产业园完成4000亩荒山绿化，矿山综合修复、古文化遗址修复等一期工程建设。

【文物保护】 2022年，尧都区文化和旅游局启动实施省重点保护单位尧庙安防建设工程，拨付首期资金50万元；邀请省建科院专家对大中楼三层立柱进行勘查；争取省级筹集资金100万元完成刘村三官庙主体修缮工作；争取省级文物救灾资金19万元，完成东羊后土庙元代戏台修缮工作；组织开展了全区低级别文物资源调查工作，对全区566处低级别文物保护单位和石刻进行调查，完成野外资料拍摄收集，资料上传，形成全区低级别文物资源库。

【领导成员】

党组书记、局长：杨永胜

党组副书记、党委书记：杨永军

党组成员、副局长：刘　伟

党组成员、文物旅游服务中心主任：文　强（6月任）

党组成员、文物旅游服务中心支部书记：李翠英（女）

文物旅游服务中心副主任：张　婧

主任科员：陈启明　刘　磊

田宝芳（9月免）

附：获奖情况

2022年4月，尧都区图书馆获“文化山西书香三晋”阅读大赛优秀组织奖。

2022年12月，尧都区图书馆获山西省全民阅读优秀单位。

（席　娜）

尧帝旅游景区建设发展

【概况】 2022年，尧帝旅游景区建设发展中心学习贯彻习近平新时代中国特色社会主义思想和习近平总书记系列重要讲话、重要指示精神；学习贯彻落实党的二十大会议精神以及省、市、区相关会议精神，围绕2022年旅游工作目标，严把疫情防控、筑牢安全防线、拓展产品业态、宣传推介、提升服务水平、推动提质增效、实现景区安全生产零事故。

【文旅宣传推介】 2022年，尧帝旅游景区建设发展中心开展宣传营销活动。开展“尧文化”进校园5次；申报“省级中小学研学实践教育示范基地”；丰富线上宣传方式，设计、制作景区精品短视频在抖音平台推广，总播放量达400万次以上。组织文化展演活动。利用春节、清明、端午等节假日，在尧庙景区、华门景区、尧帝陵景区举办“福虎迎春·共拜帝尧”祭祖活动、民俗表演活动、“壬寅清明八管村祭尧大典”活动和非遗展演、威风锣鼓表演等文化体验活动。

【大型文旅活动举办】 2022年9月27日，尧帝旅游景区建设发展中心在尧帝陵景区国祖殿广场，举办第四届尧都民间祭拜尧帝大典，组织道德模范、尧都好人、新阶层、姓氏宗亲、文旅企业、赞助企业、基层群众、传统八管村八个方队代表500余人参加祭拜活动；组织中国国民党副主席连胜文、中华统一促进党总裁张安乐、台北市商会、山西同乡会、台湾屏东分会、西班牙妇女联谊总会、加拿大华人同乡联合会、美国洛杉矶美中文化协会、国际宋瓷协会、英国中华艺术中心、老挝陕西商会、阿联酋山西商会、俄罗斯华侨拍摄18条祭拜祈福视频在活动现场播放，提升尧文化旅游品牌知名度和影响力。

开展帝尧德孝文化研学教育活动。9月24日，在尧庙景区举行帝尧德孝文化研学教育活动。山西省研学旅行协会及70多所中小学负责人、文旅研学企业代表和150余名学生参加活动。通过现场观摩研学课程、发布研学产品、签署合作协议等11项议程，推动“帝尧研学”工作的系统化和品牌化；编制小初高3套研学课程，设计系列研学课程路线3条，省内初高中德孝文化研学产品1套；完成帝尧研学Ⅵ系统设计，“帝尧研学”徽标征集等；凤凰网、搜狐网、新华网、黄河新闻网等30余家媒体对此次活动进行报道，扩大帝尧德孝研学品牌影响力。

开展尧都旅游路演体验宣传活动。9月16—25日，在万达广场、生龙广场和时光颂商业广场举办17场尧都旅游路演体验宣传活动。活动内容有非遗展演、景区推介、歌舞表演、国学讲堂、锣鼓表演、盲盒魔术等，形式多样，内容丰富，参与人数达15万人次。活动实施全媒体平台直播、微信抖音宣传、H5投放、微博话题、原创媒体报道等传播，其中微信腾讯广告曝光量达到300万人次、抖音播放量150万人次，直播互动视频播放量累计225万人次、微博总阅读量222万人次，推广帝尧文化和旅游景区，达到“尧都文旅品牌热”宣传效果。

【景区提质推动】 2022年9月27日，尧帝旅游景区建设发展中心创建尧帝陵AAAA景区成功。对照国家《旅游景区等级的划分和评定》细则要求，针对旅游交通、游览、旅游安全、卫生、邮电服务、旅游购物、综合管理、资源和环境保护、景观质量九大部分，逐一给予提升解决方案，按时完成创建任务并达到评分标准，由山西省文化和旅游厅按程序组织评定并完成公示。2022年12月27日，确定尧帝陵景区为国家AAAA级旅游景区。

景区标准化创建工作成效显著。成立标准化工作组，理顺标准体系框架，完善标准组织机构，制定并下发服务保障和服务提供企业标准30余项，实现企业和旅游景区标准化管理、精细化服务、科学化发展，形成具有鲜明特色的旅游服务标准化体系。11月16日，尧帝陵景区旅游服务市级标准化试点项目通过中期（第一年度）工作考核，获得优秀项目评级。

【安全工作落实】 2022年9月27日，尧帝旅游景区建设发展中心筑牢疫情防控屏障。全年共传达落实疫情防控文件300余件；4月、10月、11月三度关停景区，组织开展疫情防控宣传、景区消毒消杀等工作；坚持做好常态化疫情防控和门票预约等防控措施，保护人民生命和身体健康。助力社区疫情防控。静默期间，党员干部、在职员工第一时间下沉社区支援疫情防控工作，共参与社区疫情防控志愿服务90余次，7名科级干部在隔离酒店值班三月有余。提升安全管理水平。开展景区消防、防汛等安全检查20余次；开展各项安全应急演练、安全培训20余次；协调尧庙景区安装4路监控并接入省文旅厅监控平台；在“三年”行动中完成整治任务34条。

【领导成员】

主　任：王金保

副主任：张晓华（女）　李　燕（女）

党支部书记、办公室主任：孔妞妞（女）

市场科科长：田学铭

招商科科长：李　军

党总支书记、招商科副科长：包　刚

办公室副主任：张倩玉（女）

项目科副科长：许海红

副科级干部：南秀巧（女）

（孔妞妞）

交 通

交通运输

【概况】 2022年，临汾市尧都区交通运输局全系统有干部职工275人，其中机关10人、下属单位265人，干部94人、工人181人，副科级以上干部12人，离退休236人，全额财政28人，自收自支247人。区交通运输局机关内设办公室、规划投资和建设管理股、综合运输和安全监督股、铁路安全监督管理股、机关党组织办公室。下属事业单位有尧都区交通道路运输事业发展中心、尧都区交通综合事业服务中心和尧都区公路事业发展中心。区交通运输局党委下属1个党总支和6个党支部，共有党员289名，其中在职党员171名，离退休党员118名。是尧都区人民政府的职能组成部门，主要负责尧都区公路网络规划，县乡公路建设养护、运输市场管理、交通执法、治超、水运等工作。

【公路建设】 2022年，临汾市尧都区交通运输局推动"四好农村路"高质量发展。完成6个项目10.23公里建设任务，完成总投资907万元；完成14项37.45公里项目前期手续，完成天寿山旅游公路估算和项目可研编制，项目总投资为6472万元。

【公路管理】 2022年，临汾市尧都区交通运输局建立健全该区农村公路区、乡、村三级路长制，完善组织体系，形成路联管、路全管、路共管、路常管的农村公路发展格局；推进农村公路危桥改造、安全生命防护工程和道路安全隐患整治，加强全区公路养护管理、日常巡护频次，延长公路使用寿命，实现农村公路沿线绿化、美化、净化，打造"畅、安、舒、美"的出行环境。

11月，根据临政通告〔2022〕4号《关于对柴油货车和散装物料运输车过境"大气污染防治绿色运输示范区"实施优化通行措施的通告》文件精神，及区政府安排部署，交通、交警、环保3家单位联合联动，由交通牵头，交警、环保2家单位配合，引导过境车辆就近绕行高速通行，开展柴油货车和散装物料运输车大气污染治理工作。

【公路养护】 2022年，临汾市尧都区交通运输局加强农村公路日常养护管理。该局主要负责全区347公里的县乡公路日常养护管理。养护实行"三定一承包"的管理模式，即定人员、定标准、定费用、包路段。全年累计清扫道路8440余公里，清理"五堆"320余立方米，边沟疏通5300米，修整路肩2360立方米，清洗标志标牌520余块，修补坑槽3500余平方米。

2022年12月，完成县道屯里—西头线（X526）、县道店上—西张堡线（X529）和乡道乔李—东王线（Y011）、南练李—康庄线

（Y049）路面坑槽修补、完善安保设施；完成屯西线李家庄村路段、南山凹段及坡头村石子坡组至郑家庄村段三处公路危险路段排查治理，共投入资金18.9万元。

农村公路灾后恢复重建。2022年，灾后恢复重建总里程51.3公里，涉及县乡村道49条，总投资8893.7万元。2021年底，项目立项、预算评审全部完成。鉴于区级财力情况，按照轻重缓急原则，2022年先行实施尧陵旅游路、小苏至西亢等9条道路，总投资1630万元，工程于7月15日开工建设，9月30日前完工，剩余40个项目按照资金到位情况逐步实施。

危桥改造项目。四、五类危桥改造共10座，结合专业设计部门意见，从安全、使用寿命等方面综合考虑，决定对东麻册桥、高堆七一渠桥2座桥梁进行加固补强，已完成；其余8座全部拆除重建，施工图设计已完成，工程初步造价1018万元。

【运输管理】 2022年，严格运输企业安全主体责任的落实。开展“两客一危”重点企业的警示宣传教育，督促危险货物运输企业严格落实“五不承运”要求；依法按要求对公示的货运源头企业和维修企业进行巡查监管；加强农村客运保障，提升农村客运基本公共服务水平；加强做好重污染天气预警状态下柴油货车污染治理、车辆扬尘治理及维修企业挥发性有机物防治工作。

【党建工作】 2022年，临汾市尧都区交通运输局围绕交通运输中心工作，践行宗旨要求，强化意识形态工作，执行“三重一大”事项事前报告制度，建立“五大”清单制度，规范工作行为，推进全面从严治党和党风廉政建设工作，开展“清廉尧都”和“向人民群众交好账”实践活动、“星级化”管理评定、“七一”走访慰问等工作，推动党建各项任务落地落实。

【安全生产】 贯彻落实省、市、区安全生产会议精神和讲话精神，在各自领域开展全方位深层次的安全隐患大排查大整治大提升，提升专项整治三年行动。执行领导干部24小时带班值班和信息报告制度，确保发生突发事件或影响力大的舆情事件，科学应对、妥善处置，做好抢险救援和保通保畅工作。

【平安创建】 2022年，临汾市尧都区交通运输局贯彻落实反有组织犯罪法，深入建设工地、运输企业开展交通运输领域常态化扫黑除恶斗争工作。排查各类矛盾风险隐患，维护交通行业稳定。开展宪法及民法典宣传教育活动，组织开展“4·15”全民国家安全教育日普法宣传活动，6月以“美好生活·民法典相伴”为主题，组织干部职工学习宣传宪法、民法典。“互联网+监管”填报监管行为数据，录入监管行为394条。与市场监督管理部门对接，进行“双随机、一公开”抽查。

【领导成员】

党组书记、局长：史红涛

党组副书记、党委书记：温小勇

党组副书记、区道路运输事业发展中心主任：段 军

党组成员、副局长：李 毅 孙清清

党组成员：辛文平 刘兆强

四级主任科员：祁琴艳（女）

（李朝亮）

公路管理

【概况】 2022年，山西省临汾公路管理段在职干部职工113人，离休1人，退休106人。承担尧都区境内国省干线的养护任务，总里程150.069公里。分别为国道108线、国道309线、国道520线计103.551公里，省道224线、省道230线、省道232线计46.518公里。一级路计99.246公里，二级路计50.823公里。其中，国道108线（京昆线）养护里程为K880.055~K906.596计26.541公里；国道309线（青兰线）养护里程为K1006.226~K1050.243计44.017公里，国道108线与国道309线重复路段为国道108线K880.055~K883.408段3.353公里；国道520线（临延线）养护里程为K0~K36.346计36.346公里。（国道520线是原来的省道329线）；省道224线（桃临线）养护里程为K144.242~K159.314计15.072公里；省道232线（临夏线）养护里程为K0~K10.398计10.398公里；省道230线（临么线）养护里程为K0~K21.718计21.718公里。管养桥梁为28座。其中，大桥11座，中桥7座，小桥10座。涵洞246道。其中，国道108线4座桥，涵洞17道；国道309线11座桥，涵洞68道；国道520线9座桥，涵洞82道；省道224线2座桥，涵洞40道，省道232线1座桥，涵洞6道；省道230线1座桥，涵洞23道。

【公路养护】 2022年，临汾公路管理段探索新形势下公路养护管理的新途径，在根上改、制上破、治上立，打赢向高质量发展的攻坚战。2022年养护路段优良路率81.81%，公路技术状况指数（MQI值）85.25，达到分局计划值。2022年累计共清理排水沟61262米，疏通涵洞58道，清理垃圾杂物4073.15立方米，清扫路面130281100平方米，清洗路面125327700千平方米，清洗护栏4436公里，清洗警示标志牌4200块、清洗轮廓标5440根、清洗隔离墙63471米、清洗防撞桶420个，清洗防眩网21160米，清洗警示柱2100根，清洗道口标注3700根，清理淤泥569平方米，清理塌方86.5余立方米，整修中央隔离带1696平方米，整修碎砾台100米，维修边沟116160平方米，做拦水带13385米。洒水32597公里，修剪紫穗槐3356株，修剪爬山虎4030平方米，修剪环杨球150株，修剪女贞球163株，修剪行道树3095棵，平台打草268207平方米。对国道520线进行专项修护工作，包括砖砌边沟16101.4立方米，做混凝土护栏16200立方米，砖砌24厘米围墙18032平方米，修复长城墙4200米，处置空洞、回填土方1440立方米，浇筑C25混凝土5700立方米，维修挡墙砂浆灌封1590米。全年清扫、洒水共投入机械车1791台班，降温池注水500余吨，降尘洒水17321吨。刷油9634.17平方米、灌缝355101.4米、处置路面沉陷6053.7平方米、处治坑槽9073.88平方米、沉陷2410平方米，8月对桃临线K144+242~K149+334进行罩面，罩面工程量为38250平方米。沿线设施维护工作本年度累计：维修百米桩3个，补栽标志牌2块，更换道口标注42根，更换防撞桶15个，新增防撞桶4个，新增反光锥6个，贴反光膜46个。通过以上措施提高路面行车舒适性，延长公路使用寿命。

对桥涵进行定期检查和经常性检查，发现问题及时处理。2022年度，清理桥梁伸缩缝220道，修复伸缩缝6936米，清理桥梁泄水孔161个，粉刷桥梁护栏及防撞墙13750平方米，处理核桃凹大桥锥坡缺陷，修复屯里立交桥桥头1处。对不能及时处理问题逐级上报，确保桥梁安全运营，在汛期来临前，对沿线40余道涵洞进行疏通维护确保涵洞正常使用。

【扬尘治理】 2022年，临汾公路管理段开展公路二次扬尘治理，治理二次扬尘工作任务重、标准高，所辖干线公路过村镇路段多，城乡接合部、脏乱差现象严重，加大机械与人员投入力度及清扫频率，做到人员到位、机械到位、责任到位，做到无缝隙、无空档。对所辖路线的情况进行全面调查，对存在的问题逐线路、逐项进行统一汇总，列出问题清单上报。

【公路工程】 2022年，临汾公路管理段受临汾公路分局委托，监管临汾境内普通国省道灾后恢复重建工程。主要以路面沉陷、边坡坍塌为主，国道309线K1035+500~K1050+243，全长14.743公里。共处治灾害点23处。国道520线K21+100~K33+125，全长12.025公里。共处治灾害点10处。

【路产保护工作】 2022年，临汾公路管理段路产保护人员坚持每日上路巡查，对发现损坏公路与公路附属设施的行为，上报临汾市交通运输综合执法队、做到及时取证、及时追缴。2022年，共处理损坏公路附属设施案件13起，收缴损坏公路路产赔补偿费208868元。更换、新增二波护栏板188块、立柱73根、双端头5个、冷喷标线2115平方米。

【安全生产及应急管理工作】 2022年，临汾公路管理段落实安全责任，推动安全发展。坚持“安全第一，预防为主，综合治理”的方针，做到年初有目标、有计划，年中有措施、有落实，年末有检查、有总结。建立横向到边、纵向到底的安全责任制，层层签订安全责任书，明确各级安全管理职责。强化安全生产宣传、教育，提高安全意识，通过设点宣传、标语、专栏、警示教育片、通过开展线上学习、网络知识向基层管理人员、从业人员和群众进行交通安全知识宣传教育，组织开展安全防汛应急演练活动，提升管理队伍的业务水平和全民的安全意识。全年共召开安全例会和安全工作会议11次，在路政大队、各道班、机械队及人员密集场所悬挂安全生产宣传标语3条，机械养护车辆粘贴安全标语共6条、发放宣传资料800余份；对全段消防设施、电路、道班用房、食堂、养护机具的隐患进行排查治理。学习安全生产十五条措施，集中观看《生命重于泰山》电视专题片，通过“直面风险、树牢理念、强化责任、健全体系、狠抓落实”五个方面，强化“人民至上、生命至上”的发展理念安全，观看警示教育片2次，组织防汛应急演练1次。组织干部职工50余人参加2022年山西省应急管理厅推出安全生产知识有奖竞赛活动，普及安全知识教育，提高安全生产意识。针对当前道路安全的严峻性、紧迫性，联合一平垣超限检测站在国道520线K17+100处设立安全宣传服务台，开展安全宣传活动。由段领导班子成员、各股室负责人及相关人员对过往司乘朋友发放安全提示语、道路交通安全法、公路安全保护条例等宣传资料，讲解宣传内容。

开展道路安全隐患大检查，确保道路安全畅通。以消除安全隐患为宗旨，建立长效机制，强化安全教育，执行操作规程，把隐患排查治理工作与安全专项整治、日常安全监管、安全应急管理相结合，构建安全生产长效管理机制。对排查出的隐患做到边查边改，对较大隐患一时难以整改的，在隐患处设立安全警示、提示标志标牌，加强跟踪督查，明确落实具体责任人，确保安全生产排查整治不留死角、不留盲区、不走过场，防范和坚决遏制安全事故的发生。建立安全隐患工作排查台账明确整改责任，发现1起处理1起，对不能立即消除的安全隐患建立台账，明确整改时限，排查安全隐患20起，整改完毕。国道520-K30+500处地质灾害路段，进行注浆处治整改完成，国道108-K883+408处拉酒水饮料货车发生侧翻事故货物破损后，导致路面结冰存在行车安全隐患，养护人员对该路段进行除冰清理，消除安全隐患；分别对国道520-K12+500、国道520-K19+900、国道520-K25+100处避险车道制动坡床集料压实，对该处避险车道集料进行翻松、补充；国道309-K1049+000处山体崩塌，对该处已除危排险进行清理，设置警示标志，对该地质灾害路段观察通行；分别对国道520-K12+000、12+700、29+100处振荡标线磨损严重、陈旧，对振荡标线进行重新施画；国道309-K1039+800处边坡局部坍塌、落石较为频繁，已全部卸载，进行挂网处置，道路正常通行：S230-K21+500处边坡沉陷、路基掏空，对该处进行土方回填，绿化植被；国道520-K20+500处路面错台、开裂，对该处路面进行铣刨，重新铺筑路面；国道520-一平垣大桥伸缩缝损坏严重，对该处进行修复、铺筑；国道520-东涧北大桥防撞墙损坏沉降，进行修复提升；国道520-K27+900处中央隔离带损坏，重新更换；国道309线屯里立交桥混凝土防撞护栏损坏，重新修筑混凝土防撞护栏；国道520-K25+900处喷浆开裂、脱落，清除脱落的开裂喷浆，处理安全隐患，确保隐患排查治理工作实现闭环管理；国道309-K1038+900处路面塌陷，对该路段进行注浆处置，重新铺筑油层，整改完成；国道108-K906+500处路面严重车辙，对该处进行铣刨，整改完成；国道520-K12+300处避险车道警示牌缺失，对该处立即加装警示牌；为减少道路交通安全隐患，该段与尧都区交警队相互配合，对国道520线、国道108线的中央分隔带、平交道口进行排查统计，其中针对国道520线、国道108线平交路口逆行车辆较多，易发生事故路口封堵2处；对标志标牌的完善开展摸排调查，对损坏缺失的更换补充。

在应急管理方面，制定详细的工作制度狠抓落实。调整应急工作领导组，更新应急预案，整理应急库房，补充应急物资，更新应急管理台账。坚持值班制度，坚持24小时保证有人值班，未发生离岗、脱岗现象。值班人员处置妥当，未发生误事现象。

【工会工作】 2022年5月13日，临汾公路管理段召开第十届六次职工代表大会，段工会对职代会提案进行征集和整理，把涉及职工工资、福利、工伤、大病互助、养老保险、医疗保险、文体活动、职工培训，道班建设等职工建议关心的热点问题进行汇总。职代会上，段长杨洪昌作解答，签约集体合同和工作目标责任。端午节为职工发放白糖、茶叶和毛巾。中秋节给职工发放米、面、油。深入基层，和职工交谈，帮助他们解决生产、生活中的实际问题。每年为在册职工办理大病互助保险，购买养老保险，规范完善全段职工的医疗保险。给离退休职工进行体检，解决后顾之忧，把职工的好事办好。

扶贫帮困关心职工的生活。开展职工“送温暖”活动。对生病住院和生活处于困难的职工，工会伸出援助。对职工生病的，工会人员上门探望，送去慰问品。2022年初，走访看望离休、退休及70周岁以上的老职工、特别困难职工和一线的道班职工，为他们送慰问品和慰问金。倾听他们对段各项工作的意见和建议。端午节为全体职工发放白糖、红枣、糯米。夏季给一线作业职工送去白糖、茶叶和毛巾。中秋节给职工发放苹果、月饼、面粉、食用油和大米。为在编职工办理公务员医疗保险，规范完善全段职工的医疗保险。2022年，给离退休职工和在职职工进行体检。

2022年12月14日，山西省临汾公路管理段开展“送温暖、献爱心——向人民群众交好账”社会实践捐助活动，向临汾市尧都区慈善总会捐款7350元，用于帮扶救助困难群众。

【基础工作】 2022年，临汾公路段规范文件格式，开展公文基本格式培训，遵守行文规则。执行国家保密制度，未发生丢失文件和失密、泄密事件。严格公章使用管理，做到专人管理、严格登记。加强宣传工作，全年编发简报60篇。做好档案资料的收集、整理、保管和鉴定，全面强化档案室硬件建设、软件管理、制度落实等工作。做好综合协调、服务窗口、文明创建、廉政建设、人事劳资、应急值班等工作，确保上级单位政令快速传递、落到实处。

加强人事劳动纪律管理，执行日常考勤制度及领导带头签到和请销假制度，对离退休人员实行定期联系制，杜绝“吃空饷”现象。落实职工工资上报审批发放工作，执行病、事假工资制度。加强职工培训和在职教育力度，按要求完成“交通在线平台”学习。按照省委、省政府和厅党委及分局的部署，稳妥推进公路系统改革，按时，准确完成各类改革信息报表的上报。完成员工的调岗、离职等人事审批工作，做到人事档案、人事管理严格规范、清晰明确，保证人员档案信息真实、完整、准确。

落实信访工作领导责任制，制定信访应急预案，执行《信访工作条例》，解决群众反映的问题，维护公路系统和谐安定的发展局面。

【领导成员】

段　长：杨洪昌

书　记：李世英

副段长：王福全　安迎俊

（李玉良）

教科体卫

教育与科技

【党建工作】 2022年，尧都区教科局坚持和加强党对教育工作的全面领导，开展“清廉机关”“清廉教育”“清廉学校”建设工作，推动“清廉思想、清廉制度、清廉纪律、清廉文化、清廉服务”，以全面从严治党的实际成效凝聚正能量。选聘19名党员干部指导民办学校党建工作，评定星级基层党组织51个，评选市、区“优秀共产党员”13人、区级“先进基层党组织”6个，基层党建工作得到提升，党组织的向心力、凝聚力、战斗力得到加强。

【新建学校】 2022年，尧都区教科局新建学校工作。3轨制滨西小学、10轨制东城第一小学建成招生，新增585个优质小学学位；增设6轨制临汾二中初中部，成立2轨制五一路学校二校区，新增可提供食宿封闭管理初中学位400个。

【学前教育】 2022年，尧都区教科局认定普惠性民办幼儿园102所，推荐评定省级示范园2所，市级一类幼儿园12所，区级一类幼儿园90所。

【捐资助学】 2022年，尧都区教科局开展“助学助教·筑梦未来”爱心助学活动，筹措爱心款265.9万元，资助182名考生上大学。

【师资队伍】 2022年，尧都区教科局有序整合147名农村初中教师充实到城市中小学校。开展“五名”创建活动，共评选出100名“名师”、6所“名校”、10名“名校长”、100节“名课堂”、20个“名教研组”；开展教研培训，先后组织各类专题培训、集中研讨9000余人次，促进教师专业成长。

【校园安全】 2022年，尧都区教科局把校园安全摆在重要位置。做好疫情防控工作，防范疫情输入。完善应急处置机制，完善涉疫风险处置应急预案，推进核酸检测工作。做好安全排查工作。压责任、建制度、抓管理，全面加强隐患排查，常态化开展应急演练，师生安全防护意识增强。开展专项整治工作。高压预防校园欺凌，营造和谐校园环境，创建“平安校园”20所，保障教育生态和谐向上。

【“双减”政策】 2022年，尧都区教科局全面落实“双减”政策，加强校外常态化监管和专项执法，严防义务教育学科类培训隐形变异和回潮反弹；校内全面提高作业管理水平、提高课后服务水平，全区所有公办中小学全部实施课后延时服务。

【民办教育】 2022年，尧都区教科局规范民办义务教育发展，保留原轨制或缩轨11所、停招2所；秋季开学，区政府投入9000余万元，购买学位12145个，该区民办义务教育在校生占比降至6.04%，确保义务教育阶段公办学校主体地位。

【教育质量】 2022年，尧都区教科局对全区小学六年级语文、数学两个学科进行学业抽测，为教育决策提供数据支撑，引导各校调整教学策略；全区中考、高考成绩稳步提升，高考二本及以上达线率较上年上升15个百分点。

【集团办学】 2022年，尧都区教科局组建解放路学校、五一路学校等6个教育集团，覆盖18所中小学校，9000余名学生共享优质教育资源。

【科技工作】 2022年，尧都区教科局结合“四送一服”“三包三抓”专项行动，深入企业送思想、送政策、送项目、送要素。促进各类要素精准对接，集中帮助企业解决科技创新等要素制约问题。

【领导成员】

区委教育工委书记、区教科局党组书记、局长：孙新峰

教科局党组成员、区政府教育督导室主任：王国荣

区委教育工委专职副书记、教科局党组成员：田明生

教科局党组成员、副局长：刘六保

二级主任科员：邓　娟

教科局党组成员、教育工会主席：王　欣

教科局党组成员、正科级干部：宋卫平

副科级干部：姚秀新

（郑东升）

气象观测

【概况】 2022年，尧都区气象局有11名职工，担负地面气象观测、农业气象观测、气象服务及气象社会化管理等工作。负责本区域气象法律法规的执行、防灾减灾、业务管理、科普宣传等工作。2022年，围绕省市下达的目标任务和区委“三区三地”战略目标，强党建、优服务、提能力、保安全、做宣传、抓重点，以习近平新时代中国特色社会主义思想为指导，学习贯彻党的二十大精神，对标“监测精密、预报精准、服务精细”，统筹做好各项工作，发挥气象防灾减灾第一道防线作用，各项工作推进。

【气象现代化建设】 2022年，尧都区气象局完善气象基础观测设施建设。完成临汾国家基本气象站观测场外围保护层标准化改造，对老旧数据传输线路进行更换，保证各项气象数据传输的准确性和及时性；完成剩余16个区域自动气象局站的通信模块2G传输信号升级为4G改造工作。推动气象观测数据固稳传输体系落成。升级改造国家气象观测站气象信息传输网，新建20兆宽带网，内网由原来的10兆升级为50兆，增加网络防火墙，加强气象数据传输的及时性、稳定性和安全性。

【气象防灾减灾】 2022年，尧都区气象局推

进基层气象防灾减灾能力提升。本年气象灾害应急预案体系延伸至所有乡镇，气象信息服务站达到乡镇全覆盖，完成各相关单位预警信息接收人员更新工作，将“尧都全科网格”997名网格员纳入气象信息员队伍，推动省市县一体化预警信息立体式发布的体系建立，覆盖决策用户、信息员、驻村干部等应急责任人1735人，提升农村气象灾害风险预警服务能力。发挥气象防灾减灾第一道防线作用。全年共发布气象灾害预警信号190次，预警发布覆盖人口达20余万人次，启动气象灾害应急响应6次，开启电话“叫应服务”机制3次，联合自然资源局发布地质灾害气象风险等级预警24次，报送《重要气象信息》23期。

【人工影响天气工作】 2022年，尧都区气象局运用好先进的人工影响天气标准化作业系统，开展生态气象服务，年初完成对人影作业火箭架进行了年检，完成人工影响天气作业人员保险全覆盖工作，与尧都区政府沟通，由尧都区人民政府办公室印发《尧都区人民政府办公室关于尧都区推进人工影响天气作业工作高质量发展实施方案的通知》；在市人影办指挥下联合开展人工增雨作业12次，发射增雨弹74枚，点燃焰条38条，作业效果明显。保障全年“全方位、全时段、全覆盖”的增雨作业要求，实现“保丰、增绿、减灾”实效。

【气象社会管理职能】 2022年，尧都区气象局履行关于气象防雷安全监管职责。本年该局监管的易燃易爆危化重点防雷安全企业共有84家，其中加油站47家、煤矿10座、加气站9家、液化气站9家、企业8家、油库1家。将防雷监管职责纳入安委办目标任务考核，区防雷安全重点监管单位进行全覆盖检查，建立台账，实施动态管理。组织防雷执法队对全区防雷安全重点监管单位进行全覆盖检查，共下发问题整改通知书47份，后期全部整改完成，形成闭环管理。将随机抽查、专项检查、行政执法和发现的问题等相关信息录入全国防雷减灾综合管理服务平台和“互联网+监管”平台。贯彻落实国务院转变政府职能和“放管服”改革要精神，推进企业投资项目承诺制改革。组织完成监管事项目录清单与检查实施清单的录入、管理、审核工作。

【气象服务情况】 2022年，尧都区气象局围绕重大节日、关键节点及汛期开展气象服务。全年共制作《重要气象信息》23期，《疫情防控气象服务专报》365期，《森林火险气象服务专报》365期，《尧都区环境气象公报》365期，《杨柳飞絮专题预报》34期，《春运气象服务专报》第40期，《节假日重要气象服务专题预报》11期，确保开展各项气象服务工作扎实有效。围绕群众需求积极开展气象服务。围绕尧都区县底镇侯村农业实验示范基地的马铃薯和鲜食玉米种植项目，成立创新服务团队。团队进行持续跟踪观测，针对重大天气过程，提供农事建议。挖掘和发挥气象数据的应用价值，以精准、专业的气象服务为马铃薯和鲜食玉米在尧都区的推广种植助力，提供气象服务保障，提高尧都区农产品的市场竞争力，服务当地经济建设。围绕尧都区果中果农业示范园区樱桃冻害等当地特色农业，开展直通式精细化气象服务。制定全生育期精细化气象服务方案，为种植户提出防范灾害性天气、病虫害防治、温室调控等农事建议，为生产管理提供科学支撑。全年累计提醒果中果农业种植园区采取防冻措施等各类气象服务信息20期。

【气象科普与宣传】 2022年，尧都区气象局以“3·23”世界气象日、“4·15”全民国家安全教育日、“5·12”防灾减灾宣传周、科技活动周等为契机，在临汾市气象科普基地、农业示范园区、平阳广场、御景水城社区、学校开展气象防灾减灾安全知识宣传和咨询，实现气象防灾减灾宣传进社区进乡镇，以挂图和板报的形式向群众普及气象科学知识，在农村发放气象科普读本、宣传资料3000余份，现场解答50余次，提高群众防范气象自然灾害的能力。

【领导成员】

局　长：窦志平

副局长：周正霄

附：获奖情况

2022年1月，李乐乐被山西省气象局授予个人记功。

（周正霄）

卫生健康和体育

【概况】 2022年，尧都区卫生健康和体育局共内设机构9个，核定行政编制14名，其中局长1名，副局长3名，股级领导职数9名。2019年2月13日，根据《尧都区机构改革实施方案》关于调整优化区级党政机构设置和职能配置之规定，经区委、区政府批准组建设立。

【民生项目有序推进】 2022年，尧都区卫生健康和体育局为全区9100名城乡妇女开展免费产前筛查与诊断服务。完成8744例，完成率96.09%；为全区35~64岁农村妇女免费“两癌”检查，宫颈癌共筛查6000人，完成100%。乳腺癌筛查2200人，完成率100.35%；为全区准备结婚男女双方进行婚前医学检查（婚检）完成3563对，完成率78.35%。免费孕前优生年度任务数1860对，完成1473对，完成率79.19%。投资580余万元为尧都区人民医院建设独立发热门诊楼；加紧完成尧都区中医院住院楼改造前期工程项目，提升该区医疗服务能力水平。

【健康扶贫成果显著】 2022年，尧都区卫生健康和体育局全年组织区人民医院、眼科医院、中医院等5个单位，组建内科、外科、儿科等6个专业20余名医疗专家持续在全区有贫困人口的乡镇开展义诊活动，共接诊500余人，发放宣传资料1万余份；为建档立卡贫困白内障患者实施免费救治。继续开展大病专项救治工作，1—11月，定点医院共救治建档立卡贫困住院患者523人，补助67123.74元，兜底792150.27元，民政救助294321.47元，合计1153595.48元。开展贫困户慢性病签约服务管理工作，对该区建档立卡贫困人口实现家庭医生签约服务应签尽签，加强贫困人口健康管理工作，防止因病返贫。

【公卫服务稳步提升】 2022年，尧都区卫生健康和体育局为全区建立居民电子健康档案909937份，建档率94.8%；家庭医生签约

730954人，签约率73.6%；管理高血压患者86843人，高血压患者规范管理服务率77.13%；管理2型糖尿病患者27616人，2型糖尿病患者规范管理服务率79.53%；管理肺结核患者151人，肺结核患者管理率100%；社区在册居家严重精神障碍患者健康管理人数4309人，健康管理率94.65%。

【卫健执法高效有序】 2022年，尧都区卫生健康和体育局完成对全区学校等公共场所、生活饮用水单位、医疗机构、体育场所等行业的卫生监督工作。做好疫情防控工作前提下，依法执业，对个体诊所进行不间断巡查，保障医疗服务市场秩序良好；2022年办理公共场所卫生许可证19家，监督员对该19家单位进行许可后的监督；深入企业矿山、化工行业开展职业病危害专项治理工作。使用人单位在全面实施工程治理的基础上，粉尘、化学毒物、噪声、放射性危害岗位合格率达到95%以上；职业病危害项目申报率100%；职业病危害重点岗位劳动者个人防护用品配备率100%；企业负责人、职业卫生管理人员、劳动者培训率100%；职业病危害定期检测率100%；劳动者职业健康检查率100%。完成高考、尧文化旅游节等大型活动医疗保障任务，共出动医护人员200余人次，救护车29车次。

【全民健身有序开展】 2022年，尧都区卫生健康和体育局全年举办“喜迎二十大永远跟党走”“喜迎二十大奋进新征程”“我要上省运”临汾市羽毛球选拔赛、“广利达杯”象棋少儿定级赛、纪念毛泽东同志“发展体育运动增强人民体质”题词70周年等尧都区全民健身展演活动25场；投入54.2万元，为全区28个行政村配备健身器材280件，补齐乡镇、部分街道体育场地器材短板项目；发挥体育场馆功能，践行体育惠民政策，全年区体育馆共免费接待体育健身人次数达12万余人次。

【人口监测持续加强】 2022年，尧都区卫生健康和体育局本年度期初930084人，期末933015人，共出生3878人，其中男孩1952人，女孩1926人。身份证号码准确率为99.85%（达标率≥99.5%），个案重复录入率为0.011%(达标率≤0.15%)，数据审核差错率0.0445%（达标率≤0.2%），人口监测通工作各项指标均已达标。

【生育优惠政策全面落实】 2022年，尧都区卫生健康和体育局落实各项计划生育奖励优惠政策，从奖励扶助政策目标人群资格确认、信息录入、档案管理、数据汇总、资金需求测算和监督管理等工作方面建立全流程监管工作机制。对所有奖励扶助对象资格进行认真核查并公示，计划生育家庭奖扶对象率达到100%。2022年为全区奖励扶助对象26226人，发放各类奖扶资金1940.572万元。

【关爱老年人活动开展】 2022年，尧都区卫生健康和体育局开展人口老龄化国情教育活动和老年教育主题活动，对全区65周岁以上常住人口健康管理率100%以上，开展老年健康教育和预防保健，为老年人提供生活方式和健康状况评估、开展体检及健康指导等。为全区23名百岁老人发放生活补贴5万余元。推进基层医疗机构与养老机构签约工作。完成各基层医疗机构与辖区内17所养老院和26家日间照料中心签约工作，签约率100%，确保辖区内养老机构基本能够以不同形式为入住老年人提供医疗卫生服务。

【领导成员】

党组书记、局长：梁俊艳（女，8月任）

武建斌（政协副主席兼，8月免）

党组副书记、党委书记：崔存林

副局长：苏红耀　李太普

王　伟

党组成员：温九庆

主任科员：崔麦锁　景飞燕（女）

副主任科员：宋改生　张文平

王永生　何佩慧（女）

附：获奖情况

2022年度疫情防控工作突出贡献奖。

2022年度宣传教育工作先进单位。

2022年度卫生健康目标责任完成优秀县（市、区）。

2022年度中医药服务工作先进单位。

2022年，尧都区卫生健康和体育局荣获临汾市卫生健康委员会。

2022年度疾病预防控制工作先进县（市、区）五项奖项。

（董黎杰）

疾病预防控制

【概况】　2022年，临汾市尧都区疾病预防控制中心（简称区疾控中心）属县级二等，公益一类事业单位，正科级，全额财政事业单位。业务范围包括计划免疫、传染病防控、性病艾滋病防治、慢性病防治、卫生检验及监测工作等。内设9个科室：免疫规划科、传染病防控科、慢性病防控科、性病艾滋病防控科、检验科、地方病科、结核病科、宣教科、办公室。负责对辖区内基层医疗机构的业务指导、人员培训和业务考核，指导辖区内医疗卫生机构传染病防治工作。

尧都区编制委员会核定编制数50人，在编职工47人，其中专技人员41人，卫生专技人员36人，卫生专业技术岗位人员占在职人员的76.6%，占专业技术人员的87.8%；35周岁以下7人，36~45周岁8人，46~55周岁28人，56~60周岁4人；大学本科学历24人、专科20人、中专及以下3人；高级职称12人，中级职称13人，初级职称16人（卫生专技高级11人，中级11人，初级13人）；男职工8人，女职工39人；退休27人。

【行政管理】　2022年，临汾市尧都区疾病预防控制中心实行主任负责、党支部监督，综合目标管理责任制，单位行政管理有序开展。制订中心全年工作计划1份，业务科室工作计划9份；单位半年和全年工作总结各1份，科室半年和全年工作总结各9份。明确单位领导班子职责与分工、各项工作领导机构、科室工作职责，业务科室签订年度综合目标管理责任书、综合治理目标责任书。补充和完善单位考勤制度、车辆管理制度和绩效工资考核制度。坚持执行上班下班考勤机签到（退）、科室签到的考勤制度。开展政治理论和业务学习，结合本系统和本单位的学习要求，政治学习和业务学习有组织、有培训、有记录、有笔记。中心的各项工作任务完成。

【综合治理】 2022年，临汾市尧都区疾病预防控制中心落实综合治理和安全生产相应的工作要求和任务。成立综合治理、安全维稳工作领导机构，制定工作方案。对工作的执行情况进行定期和不定期检查，开展维稳、信访和安全工作排查，发现安全隐患整改。与科室签订安全生产工作责任书，定期开会、检查，督促。重点是单位大安全（门、窗、水、电、消防、交通、楼院保卫等）和操作规范安全易燃易爆物品和有毒有害物品的管理等。制定消防安全工作方案，与科室签订消防安全责任书，将消防安全的巡视排查纳入应急值班工作内容，对单位消防设施（消防储备水源、管道、消火栓、灭火器、警示标识等）进行检修与更新。共召开4次安全工作会议，建立健全6种安全制度，进行12次安全隐患大排查，召开1次消防安全知识全员培训，全年单位综合治理和安全生产未发生任何差错事故。

【政务公开】 2022年，临汾市尧都区疾病预防控制中心制定单位政务公开制度和方案对岗位设置、调资增资、扣发工资、绩效工资考核与发放、人事安排和调动、晋升和评聘职称、年度考核结果、募捐、违纪违规行为和其他重大活动等予以公布公示。

【绩效考核】 2022年，临汾市尧都区疾病预防控制中心成立单位绩效考核领导组，制定和下发绩效考核工作实施方案，从“德、能、勤、绩、廉”等五个方面对每个职工进行考核，作为发放绩效工资的依据。按照区人社局的相关要求，开展专业技术人员年度考核，以无记名投票方式划定最终的考核评定等级。

【医疗废物管理】 2022年，临汾市尧都区疾病预防控制中心集中医疗处置单位签订医疗废物处理责任书，中心和科室严格医疗废物的登记，办公室每月上报医疗废物的数据。

【其他传染病防控】 2022年，临汾市尧都区疾病预防控制中心预警信息24小时内核实排查149条，及时核实排查率100%。传染病报告卡24小时内及时审核5667张，及时审核率100%。其他重点传染病个案调查18例，聚集性疫情调查处理4起，及时调查处理率100%。

【老年人、慢性病患者管理】 2022年，临汾市尧都区疾病预防控制中心全年老年人健康管理72325人，健康管理率72.4%。高血压患者健康管理92108人，健康管理率48.1%，规范管理72006人，规范管理率78.2%，血压控制人数76210人，血压控制率82.7%。糖尿病患者健康管理30537人，健康管理率41.4%，规范管理23161人，规范管理率75.8%，血糖控制人数23696人，血糖控制率77.6%。

【死因监测工作】 2022年，临汾市尧都区疾病预防控制中心全年共报告死亡病例5185例，其中县级以上医疗单位报告1307例、乡镇卫生院报告2771例、社区卫生服务中心报告1107例。其中本地病例4647例，外地病例538例。辖区死亡报告率540.56/10万。报告及时性100%，身份证号填写完整率99.7%，多死因链填写完整率67.8%，审核率100%，死因诊断不明比例0.07%。

按生前住址统计，全区共有死亡病例报告4801例，其中本辖区医疗单位报告4647例，外地单位报告154例。死因顺位前五位为脑血管病、心脏病、恶性肿瘤、呼吸系统疾病、损伤中毒。分别占总死亡的28.3%、25.6%、25.2%、6.1%、4%，五者合计占总死亡病例的89.3%。分性别统计，其中男性2768例、女性2033例，男女比为1.36：1。

【登革热媒介伊蚊监测工作】 2022年，临汾市尧都区疾病预防控制中心于6—9月开展4次监测，共调查482户，各种积水容器1178个，其中阳性容器48个，布雷指数在3.23~14.52，总布雷指数为9.96。

【肿瘤登记工作】 2022年，临汾市尧都区疾病预防控制中心全年肿瘤登记750例，其中新发病例576例，肿瘤随访1314例，死亡病例78例；电话指导88次。

【免疫规划工作】 辖区各接种单位常规免疫接种报告，完整性100%，及时性100%。常规免疫报告接种率分别为，卡介苗99.47%、脊灰第3剂次95.32%、加强脊髓灰质炎疫苗93.79%、百白破疫苗第3剂次95.24%、加强百白破疫苗92.73%、白破疫苗90.16%、含麻类疫苗第1剂92.01%、含麻类疫苗第2剂91.98%、A群流脑疫苗1剂93.45%、2剂94.3%，A+C群流脑1剂91.35%、2剂93.38%，乙脑1剂91.76%、2剂次92.23%、甲肝疫苗91.12%、乙肝疫苗第1剂次99.68%、乙肝疫苗第2剂次96.14%、乙肝疫苗第3剂次94.67%、乙肝疫苗首针及时接种率99.7%。

疫苗针对性疾病监测和疫情处置。AFP监测疫情系统按现住址报告本区病例10例，报告发病率6.12/10万，报告后48小时调查率100%，14天双份便采集率90%，合格便采集率60%，便标本7日送达率66.67%。

麻疹风疹病例监测。疫情系统按现住址报告该区麻疹/风疹监测病例19例，排除麻疹/风疹病例19例，当年年化报告发病率2/10万，报告后48小时完整调查率100%；流调后48小时录入个案率100%；监测病例血标本采集19例，血标本采集率100%，标本3日及时送达率100%。

基层单位指导。4月、7月、12月对基层33家常规疫苗接种单位免疫规划工作开展季度业务工作指导、规范化门诊建设指导。对新冠疫苗接种单位新冠疫苗接种工作进行三轮工作指导。

冷链系统运行。冷链设备正常运转，按技术规范要求进行管理和操作，对辖区41家接种单位的冷链设备进行实时温湿度监测，保证疫苗保存温度的稳定性。全年进行疫苗冷链运转11次。冷链运转操作规范、全程温度实时监控，温度记录完整、规范。共下发乙肝疫苗31508支，卡介苗3745支（5人份/支），灭活脊灰11933支，二价脊髓灰质4062支(每支10人份)，百白破26986支，乙脑14230支，A流脑5045支（5人份/支），甲肝7988支，麻腮风14320支，A+C20250支，白破3590支，狂苗39110支，水痘7330支，Hib疫苗8110支，肺炎疫苗2530支，轮状病毒疫苗5260支，手足口疫苗12050支，五联4840支，13价肺炎8856支，双价宫颈癌疫苗17363支，流感24890支。

疑似预防接种异常反应报告与处置。辖区

接种单位上报疑似预防接种异常反应AEFI病例109例，接种单位覆盖率91.67%，其中一般反应107例，异常反应2例，根据《疑似预防接种异常反应处置规范》要求，及时报告率100%；AEFI分类率100%。应调查2例，48小时及时调查率100%，无疫苗质量事故和差错引起的AEFI病例发生。2例异常反应为接种新冠疫苗引起，107例一般反应中常规疫苗33例、新冠疫苗74例。

新冠肺炎疫苗接种工作。累计配送疫苗2267370剂，累计接种2206673剂次。其中，18岁以上人群第一剂672167剂次，第二剂662254剂次，第三剂次55006次，两剂次加强231190剂次，序贯加强243606剂次。3~17周岁人群第一剂174062剂次，3~17周岁人群第二剂166857剂次。

【布鲁氏菌病防治】 2022年，临汾市尧都区疾病预防控制中心全年疫情网共报告新发布病48例，其中33例患病，15例无症状感染者无须治疗，处理率100%，对养殖户进行现场指导，予以疫情处理意见，疫情处置率100%。

病例管理及服药督导。建立病例档案33例，病历管理卡33份、安排服药督导33例，布病急性期患者服药督导248人次，还有2例不到时间；目标任务为患者服药督导320人次，没完成指标任务。原因：本年度发病人数不足40人。

布病高危人群筛查。RBPT检测207人，阳性6人，阳性率2.9%；SAT检测6人，阳性6人，阳性率100%；确诊病人3例，隐性感染3人；目标任务为布病高危人群筛查200人。

布病防治知识问卷调查。对61名高危人群做布病防治知识知晓率问卷调查，知晓率培训前73.4%，培训后83.4%，提高了10个百分点；目标任务为问卷调查60人。

布病防护行为干预问卷调查。向高危人群发放干预包335个，对61名高危人群做了布病防护行为知晓率问卷调查，知晓率干预前77.9%，干预后88%，提高10.1个百分点。目标任务为干预包发放300个，行为干预问卷调查60人。

【碘缺乏病监测】 2022年，临汾市尧都区疾病预防控制中心规划指标完成情况。尿碘。人群碘营养水平为，全区监测310份（儿童209份、孕妇101份）。达到规划指标尿碘300份（儿童200份、孕妇100份）。

盐碘。全区监测310份（儿童209份、孕妇101份），非盐碘13份（儿童9份、孕妇4份），不合格盐碘14份（大于33毫克/公斤5份，其中儿童3份、孕妇2份；小于18毫克/公斤9份，其中儿童5份、孕妇4份），合格盐碘283份，合格盐碘覆盖率91.29%，碘盐中位数26.2毫克/公斤。达到规划指标：碘盐300份（儿童200份、孕妇100份）。

甲状腺容积。全区共检查儿童甲状腺容积203名，无查出甲状腺肿大儿童，甲状腺肿大率为0。

碘缺乏病评价。达到碘缺乏病消除状态。该区Ⅱ度及以上甲状腺肿大病人3例，建档3例，7月随访、体检3例，均录入系统。达到规划指标：病例建档、随访、体检并录入系统。

【饮水型氟中毒病防治】 2022年，共计监测170个村，已改水村170个，降氟改水村100%，达到规划指标，以村为单位监测全覆盖。

共监测76个改水工程。小型改水工程72个，占监测工程的94.73%；大型改水工程4个，占监测工程的5.26%；正常运转工程76个，占监测工程的100%；达到规划指标，以村为单位监测全覆盖。水氟含量合格工程72个，占监测工程的94.73%，覆盖人口221897人；水氟含量超标的工程4个（贾得集中供水工程、刘村镇北卧供水工程、刘村镇窝沟供水工程、县底镇贾墙供水工程），占监测工程的5.26%，覆盖人口12599人。达到规划指标，以村为单位监测全覆盖。

162个村降氟改水工程正常运转且水氟含量符合国家标准；共检查8~12岁儿童8281人，监测率98%；检出氟斑牙患病人数312例，氟斑牙检出率为3.77%，氟斑牙指数为0.025。

8个村改水工程水氟超标的村检查8~12岁儿童642人，检测率95%，检出氟斑牙患者43例，氟斑牙检出率为6.7%，氟斑牙指数为0.096。达到规划指标≥检测率90%。自评结果，在170个病区改水村中8个村水氟含量超标，水氟含量合格率为95.3%，达到控制。

【消除疟疾后的监测】 2022年，临汾市尧都区疾病预防控制中心全年做好输入性疟疾病例的监测，及时规范处置疫情，全年无检测到疟疾病例。全年不明原因发热病人疟原虫血涂片检测累计543张，达到规划指标493张。

【结核病防治】 2022年，临汾市尧都区疾病预防控制中心全年共发现活动性肺结核169例，其中病原学阳性113例（初阳104例、复阳9例）、病原学检查阴性46例、无病原学结果3例、结核性胸膜炎7例。

报告肺结核患者和疑似肺结核患者的总体到位率为，非结防机构网络报告肺结核患者291例，重报70例，转诊到位140例，追踪到位64例，结防机构网报14例，总到位人数218例，总体到位率98.64%，达到国家指标95%。病原学阳性患者113例，密切接触者894人，筛查率为100%。共登记活动性肺结核患者169例，其中病原学阳性患者112例，病原学阳性率66.3%。共报告新病原学阳性患者95例，开展痰培养86例，其中痰培养阴性3例，新菌阳耐药筛查率90.5%，达到国家指标90%。报告耐多药高危人群可疑病例8例，开展了痰培养8例，其中痰培养阴性0例，耐多药高危人群耐药筛查率100%，达到规划指标95%。上年同期肺结核登记患者233例，治愈130例，完成疗程92例，非结核死亡1例，转入耐多药8例，结核病患者成功治疗率95.3%，达到国家规划指标90%。经定点医疗机构确诊并通知基层医疗卫生机构管理的肺结核患者人数169例，已管理的肺结核患者人数为168例，肺结核患者管理率为99.4%。达到规划指标90%。重点人群筛查工作开展情况为老年人84888人，进行结核病筛查44075人，筛查率51.9%；糖尿病29970人，进行结核病筛查人数25372人，筛查率84.6%。

【严重精神障碍患者管理】 2022年，临汾市尧都区疾病预防控制中心关于山西省严重精神障碍信息管理系统网络报告5284例，登记在册4587例，非在管198例，死亡697例，失访57例，在管患者4332例，报告患病率4.74‰，管理率94.65%，规范管理率94.3%，面访率93.84%，服药率84.95%，规律服药率71.03%，精神分裂症服药率85.19%，体检率为51.91%。

严重精神障碍疑似患者筛查工作。全区患者病例筛查230例、确诊患者为173例。该区对2~5级有危险行为的患者进行应急处置5人次。对危险性评级为2~5级的患者，中心沟通并协调联系专科医生提供对社区医生的随访技术指导。

年度确定易肇事肇祸患者有奖监护人员共计48名。各管理机构报回59名的人员信息中，中心逐一核实，对不符合有奖监护条件的人员进行筛除，最后对于确诊的人员进行申请上报。

【职业病监测】 根据2022年临汾市重点职业病监测工作方案，中心开展尘肺病例个案信息的随访和回顾性调查，调查病例包括职业病监测系统自动导入的2022年随访到存活的151人和7个未导入系统的尘肺病人，合计158人，完成随访调查和录入工作。

根据《2022年工作场所职业病危害因素监测工作方案》，对抽检的35家重点企业进行了工作场所职业病危害因素监测，并全部完成在工作场所职业病危害因素系统录入工作。对临汾市大唐热电厂的重点人群完成了100人职业健康素养调查任务。

【学生常见病监测】 2022年，临汾市尧都区疾病预防控制中心学生近视、肥胖、脊柱弯曲异常等学生常见病和健康影响因素监测及干预工作由卫体局委托临汾市尧都区眼科医院负责，受新冠疫情影响，此项工作尚未开始启动。

【食品安全风险监测】 2022年，临汾市尧都区疾病预防控制中心全年共审核上报食源性疾病病例783例，其中审核主动监测病例251例，审核标本251例，审核特定病原体哨点医院每月腹泻病例汇总数据24条，并上报市疾控。审核及时率100%，准确率98%。调查核实实验室确诊病例17例，调查核实率100%。处理预警21条；开展辖区内病例对照研究8组。

按时完成季度报表。食源性报表28份，监测信息报表12份（包括食源性疾病采集报表、特定病原体食源性疾病监测报表、可疑聚集性病例报表）。暴发事件定期报表4份、疑似食源性异常病例异常健康事件报表4份。

对辖区医疗机构按时完成季度考核并形成汇总小结，报市疾控和卫体局，汇总小结共8份（包括食源性疾病报告季度汇总、季度小结）。督促、指导辖区医疗机构完成工作任务指标，提高报告质量：每季度开展一次现场指导，达到全年总覆盖，督导覆盖率100%。对报告准确率差的医疗机构进行电话、微信视频、面对面指导100余次。

调查处置疑似食源性疾病事件。共调查疑似事件11起，疑似病例29人。11起事件辖区内7起（网报3起，排除2起，终止调查2起），跨区域协查4起。处置及时率100%，网报及时率、准确率100%。采集食品标本6份，检测结果为金黄色葡萄球菌、沙门氏菌、志贺氏菌未检出；采集粪便标本3份、肛拭子标本1份，检测结果为诺如病毒阴性。

食品安全风险监测采样。常规化学污染物监测采集样品11类39份，致病菌监测采集样品5类20份。地方特色食品致病菌监测采集样品6类22份，化学污染物监测采集样品4类16份。其余采集样品检测结果均合格。

协助区卫体局制定2022年食品安全风险监测方案和特色食品安全风险监测实施方案。开展食品安全知识宣传2次，开展食品安全风险监测培训1次。

完成2022年度生活饮用水水质监测任务。与临汾市欣润洁水质检测有限公司签订合同，委托完成2022年度196份水质样品和20份平行水质样本检测工作，并及时完成数据网报工作。并给卫体局和水利局以简报、报告形式反馈。完成第一、二、三、四季度管网末梢水各30份水质监测任务，并给卫体局以简报形式反馈。

完成地方病检测工作。完成盐碘、尿碘各300份样品检测。完成布病抗体检测204份。完成175份水氟样的监测工作。

实验室管理及能力提升。参加国家碘缺乏病实验室对盐碘、尿碘的考核，并获得合格证。参加中国疾病预防控制中心对水氟样的考核，并获得合格证。通过省疾控组织的新冠病毒实验室考核。完成省疾控组织的微生物实验室菌落总数项目考核。填报环保局下达的医疗机构医废处置及污水处理设施情况表，并报送环保局。按时在中国固废处置信息系统上报危险废物管理计划备案登记表和危险废物管理计划表。完成易制毒化学品平台出入库台账，向临汾市禁毒大队递交2021年度年报。根据《山西省卫生健康委办公室关于做好2021年中央补助疾控机构能力项目工作的通知》（晋卫疾控函〔2021〕21号）文件要求，结合单位实际情况，对实验室进行改造，新增排风装置，完善实验室通风系统，对实验室墙面进行翻新处理，合理设置试验区和办公区，提升实验室装备水平，满足工作要求，新增A类20种、24台设备，新增后A类仪器设备种类达标率由原先的63%上升到94%，台数达标率由原先的63%上升到92%。对备案的微生物二级生物安全实验室到期进行复审备案。

完成食源性应急采样及检测工作。完成三起食源性应急监测任务，共计采集物表20份，食品9份，环境样本3份，人员粪便8份。

【健康教育】 2022年，临汾市尧都区疾病预防控制中心关于健康教育网络建设和管理工作。制作小视频13个（其中1个被临汾市疾控中心微信公众号录用）。包括新冠肺炎疫情防控、结核病防治、碘缺乏病防治、食品安全、预防接种、疟疾防治、工作动态等内容。发布美篇宣传20篇（其中2篇被临汾市疾控中心微信公众号录用）。包括新冠肺炎疫情防控、结核病防治、癌症防治、碘缺乏病防治、预防接种、食品安全、全民营养、全民减盐、控烟、心理健康、职业病防治、疟疾防治、工作动态等内容。编辑印发工作简报34期。采集留存影像资料1000余张。

继续医学教育管理工作。组织开展市级二类项目培训8次、自管项目培训15次，共申请授予继续医学教育学分33.5分。

档案规范化管理工作。对2021年中心各科室档案进行编制案卷目录工作，其中业务工作297卷、精准扶贫3卷、党建90卷，共390卷。对档案的查阅、借阅等做好登记和清点核对，定期检查，对损坏档案及时进行复制修补，以保证档案的完整性和准确性。做好档案的防尘、防潮、防霉、防虫、防火和防盗等保护工作。

控烟工作。成立控烟领导小组，加强控烟制度的宣传与落实，每个科室安排1名兼职控烟监督员。2022年5月31日，在秦蜀路沿街街道开展“世界无烟日”宣传活动，布置电子屏1块、发放控烟折页500余张、发布美篇宣传1篇，共50名工作人员参与网络转载宣传。

全员业务知识培训。全年组织和安排全员业务知识培训25次。

【领导成员】

主　　任：张明宁

支部书记：曹全顺

附：获奖情况

2022年7月，临汾市尧都区疾病预防控制中心被山西省疾病预防控制中心授予2022年度世界防治结核病日宣传活动大赛海报类三等奖。

（李海亮）

妇幼保健服务

【概况】　2022年，临汾市尧都区妇幼保健计划生育服务中心（简称区妇幼中心）承担尧都区约50万名妇女儿童的医疗保健工作任务，主要职能是贯彻落实《中华人民共和国母婴保健法》和《中国妇女发展纲要》《中国儿童发展纲要》《人口和计划生育条例》工作目标和妇幼计生工作法规，推广和应用妇幼计生实用新技术，搞好各乡镇、街道妇幼卫计工作指导和妇幼保健从业人员技术培训，开展产科质量、孕产妇系统管理0～6岁儿童健康管理，计划生育技术事故的审评工作，负责本辖区儿童入托、入学前健康体检及托幼机构保健人员培训等。

【孕产妇健康系统管理】　2022年，区妇幼中心统计尧都区活产数6735人，孕13周前建册人数6228人，早孕建册率93.5%，产后访视人数6482人，产后访视率96.2%。全年辖区内各助产机构未发生孕产妇死亡。完成对乡镇卫生院、社区服务中心3次督导。

【母婴安全】　2022年，区妇幼中心按照《母婴安全保障工作实施方案》完成各助产机构孕产妇妊娠风险评估与管理工作，落实高危孕产妇专案管理，加强孕产妇的危重症救治工作。

【0～6岁儿童健康管理】　2022年，区妇幼中心按照《国家基本公共卫生服务规范》（2011年版）及第三版的要求，对尧都区0~6岁儿童进行健康管理。活产数6735人，新生儿访视人数6549人，新生儿访视率97.2%；0~6岁儿童数61586人，0~6岁儿童健康管理人数57146人，0~6岁健康管理率92.79%；3岁以下儿童26001人，健康管理人数23773人，3岁以下健康管理率91.43%。

【5岁以下儿童死亡情况】　2022年，区妇幼中心统计1—12月份尧都区活产数6427人，5岁以下儿童死亡数19人，5岁以下儿童死亡率2.96‰，其中1~4岁儿童死亡10人，1~4岁儿童死亡率1.56‰；新生儿死亡人数为9人，新生儿死亡率1.4‰。

【母子健康手册发放】　2022年，临汾市尧都区妇幼保健中心发放《母子健康手册》11700册，16个乡镇卫生院、10个社区卫生服务中心总发放数6723册，总使用数6723册，总使用率100%。

【国家重大妇幼卫生服务项目】 2022年，增补叶酸预防神经管缺陷项目农村任务数6800例，截至12月底完成6698例，完成率103%；城市任务数3000例，截至12月底完成3429例，完成率107%；群众知晓率达到95%以上，叶酸服用依从率达到80%以上。

农村妇女宫颈癌免费检查项目。2022年，临汾市尧都区宫颈癌免费筛查项目任务6000例，对屯里、刘村、吴村、大阳、一平垣5个乡镇的适龄妇女及各乡镇贫困户开展农村妇女宫颈癌筛查免费检查完成全年任务，筛查出高级别病变（CIN2和CIN3）22人、低级别病变（CIN1）49人、宫颈鳞癌2人、宫颈腺癌1人。

农村妇女乳腺癌免费检查项目。2022年，临汾市尧都区新增乳腺癌免费筛查项目任务2000例，对县底、段店、贾得、尧庙、枕头5个乡镇的适龄妇女及建档立卡贫困户开展农村妇女乳腺癌筛查免费检查完成全年任务。筛查出BI-RADS分类1级978人、2级816人、3级32人、4级4人，确诊3例乳腺导管浸润癌。

免费产前筛查与诊断服务项目。2022年，临汾市尧都区免费产前筛查与诊断服务项目任务9100例，截至12月底已完成9751例，完成率107.15%。筛查结果为高风险孕妇768例，占7.88%，其中21—三体高风险649例，18—三体59例，NTD高风险60例。

免费孕前优生健康检查项目。2022年，临汾市尧都区免费孕前优生健康检查项目任务1860对，接受孕前优生健康检查的男性1837人，女性1837人，共计筛查3674人，1837对，完成率98.7%。

2022年接受婚前保健的男性2942人，女性2942人，接受初次产前保健的孕妇数为15165人，孕期接受艾滋病、梅毒、乙肝检测的孕妇数为11380人，住院分娩时孕期接受艾滋病、梅毒、乙肝检测的产妇数为13344人，（其中孕早期检测11753人）仅产时接受艾滋病、梅毒、乙肝检测的产妇数为527人，住院分娩产妇数13822人。孕期检测率96.5%，孕早期检测率85%。

孕产妇死亡监测。2022年，尧都区辖区内各级医疗助产机构未发生孕产妇死亡。于2022年8月12日完成危重症孕产妇的评审工作，完成其总结报告。全年对16家乡镇卫生院及41家社区服务中心（站）、全区助产机构督导及质控。

“削峰”工程。2022年辖区内围产儿数13986人，B超筛查孕妇数62624人，死胎死产49人。出生缺陷116例，4~6个月B超人数19205人。筛查胎儿畸形数101人，28周前畸形引产数88人。于2022年7月对辖区内10家助产机构进行督导。

【综合管理】 2022年，受疫情影响，区妇幼中心母婴保健技术服务工作采取线上培训方式，于2022年6月14—17日完成报名工作共533人，于2022年6月28日完成考核，考核合格。发放533份母婴保健技术服务岗位培训合格证，全年为9家助产机构及2家医疗机构办理母婴保健技术服务许可证，共发放母婴保健合格证书11份。

托幼机构的卫生保健管理。按照《托儿所幼儿园卫生保健管理办法》及《托儿所幼儿园卫生保健工作规范》对托幼机构进行规范化的管理，中心对托幼机构的管理模式为，主要由中心负责，乡镇卫生院、社区卫生服务机构配合，对尧都区辖区内托幼机构的卫生保健工作进行业务督导和监督检查，督导检查每半年2次，将相关信息上报中心。中心定期督导托幼机构，并收集、汇总、分析辖区内托幼机构卫生保健工作相关信息，定期上报区卫体局。对51所托幼机构进行卫生评价全部合格。

新生儿疾病筛查。2022年，辖区内出生新生儿14075人，新生儿疾病筛查13864人次，筛查率为98.5%。

出生医学证明管理。共领取出生医学证明14000份，尧都区辖区内全年共办理出生医学证明14194份，废证26份，废证率为0.18%，符合国家规定。

【领导成员】

中心主任：侯湛林

（李勇勇）

社会生活

医疗保障

【概况】 2022年，尧都区医疗保障局做好扩面工作，全年尧都区城镇职工基本医疗参保人数52551人，其中在职36522人、退休16029人；生育参保人数36205人，其中女性人员16367人。2022年度共完成城乡居民医疗保险征缴554775人，其中普通人员541397人，民政资助人员7130人（含低保、贫困监测人员），残联资助3655人，其他自助2593人（含特困、优抚）。共完成目标任务的99.87%。

【医保基金安全工作】 2022年，尧都区医疗保障局执行收支两条线，实行封闭式管理，完善基金财务内控制度和财务人员岗位责任制度，严格医保基金的初审、审核、复核、拨付程序，建立责任人和责任科室确认、分管领导审核、主要领导复核的签字确认工作机制，层层把关审核，环环监督制约，形成基金审核拨付的无缝对接。强化两定医药机构管理，严格落实基金定额管理和协议管理，通过智能审核、病历查验等多种措施，加大对定点医药机构的督查力度。严格执行单病种付费、分级诊疗、异地居住、跨省异地就医备案结算工作，不断提升医保信息化建设水平。

【基金运行管理】 2022年，尧都区医疗保障局加强基本医疗保险基金收支预算管理，严控医疗费用不合理增长，确保基本医疗保险制度和基金可持续运行。科学编制收支预算，严格收支预算执行，做好基本医疗保险基金预决算方案、预算调整和预算执行情况的编制和报送管理工作。职工、居民医保数据上传率均达100%，促进基金财务数据质量进一步提升。

【全国统一医保信息平台建成】 2022年，尧都区医疗保障局随着全国统一的医保信息平台建成，网上暂停参保、异地就医备案等“互联网+医保服务”取得新突破，群众医保服务体验与获得感提升。

【疫苗接种费用支付情况】 2022年，尧都区医疗保障局及时支付疫苗接种费用每剂次8元，支付金额1173.32万元。

【跨省异地就医直接结算】 2022年，尧都区医疗保障局门诊跨省异地就医直接结算工作取得进展。医疗机构能够直接报销包括门诊费用在内的医疗费用。

【DRG支付方式改革推进】 2022年，尧都区医疗保障局按疾病诊断相关分组（DRG）付费。2020年、2021年DRG付费实行模拟付费，2022年落实实际付费，试点医院为尧都区人民医院。

【五种慢性病跨省直报】 2022年，尧都区医疗保障局启动高血压、糖尿病、恶性肿瘤门诊放化疗、尿毒症透析、器官移植术后抗排异治疗5种门诊慢特病相关治疗费用跨省直接结算工作，门诊费用跨省直接结算覆盖范围扩大。为方便参保人跨省异地就医直接结算5种门诊慢特病相关治疗费用，“国家医保服务平台”APP新增跨省门诊慢特病告知书等查询功能。参保人可下载“国家医保服务平台APP”，点击“异地备案”栏目，通过“异地就医更多查询”子栏目中“门慢特告知书”“门慢特资格”查询功能，了解自身具有的门诊慢特病认定资格和参保地门诊慢特病相关费用跨省直接结算政策、流程等内容。

【政务事项清单统一】 2022年，尧都区医疗保障局根据《山西省医疗保障经办政务服务事项清单（2022版）》对中心业务统一办理流程，规范服务方式，提升服务效能，增强服务意识，通过提供全面规范、公开透明、便民高效的医疗保障经办政务服务，增强人民群众的获得感、幸福感、安全感。

【两定机构考核】 2022年，尧都区医疗保障局为加强对基本医疗保险定点医疗机构和定点零售药店执行医疗保险政策的监督管理，规范定点医疗机构、定点零售药店的医疗保险服务行为，杜绝医保基金不合理支出，确保医疗保险基金安全，根据临汾市医疗保障局文件，对统筹区内医疗机构和零售药店进行2021年度年终考核。

【完善大厅服务设施】 2022年，尧都区医疗保障局完善大厅服务设施，定期更换添加轮椅、饮水机、水杯、雨伞、老花镜、急救药箱等，为办事群众提供暖心贴心服务；更新二维码，方便群众线上办理业务。

【落实公共服务“好差评”】 2022年，尧都区医疗保障局落实《国家医疗保障局关于推进医保政务服务“好差评”制度建设的指导意见》相关要求，提升政务服务标准化水平，提高综合业务能力，提升单位和群众的满意度。

【精准扶贫工作】 2022年，尧都区医疗保障局确保建档立卡人员100%参保。根据尧都区扶贫提供名单，对照名册，按要求落实贫困人口参加城乡居民医疗保险。更新人员信息。对动态调整的建档立卡贫困人口，在医保系统中对其名称和待遇等级进行再标识，确保系统中变动人员时刻有对应信息，因病住院能够及时享受医疗扶贫政策。贯彻落实贫困人口医疗扶贫政策。

【领导成员】

局　　长：张　峰
党总支书记：崔寅龙
副 局 长：王艳宁（女）
党组成员：曹志君　贾国英（女）
医保中心主任：王慧敏（9月免）
　　　　　　张金刚（代）

（赵瑞敏）

社会保险

【概况】 2022年，尧都区社会保险中心在市社保中心、区人社局支持下，以构建和谐社会为统领，以服务和改善民生为主线，以健全社会保障机制为目标，完成上级下达的各项工作任务，推进社会保障体系建设，各项工作取得进展。

【企业养老保险】 2022年，尧都区社会保险中心企业养老保险职工参保任务为49181人，实际参保人数为58261人，任务完成率118.5%，超额完成全年任务；养老金收入4.93亿元，转移收入0.29亿元，利息收入25万元，其他收入379万元，转移支出766万元，其他支出18万元。共为15190名退休人员发放养老金6.75亿元，社会化发放率100%。

【机关事业养老保险】 2022年，尧都区社会保险中心机关事业养老保险参保人数为12399人；养老保险费收入2.11亿元，财政补贴收入3.05亿元，利息收入34万元，转移收入568万元，养老保险支出5.65亿元，转移支出40万元。职业年金收入0.67亿元，转移收入248万元，利息收入7万元。退休人数为8715人，全年共发放养老金为5.55亿元。全部实行社保卡发放，社会化发放率100%。

【城乡居民养老保险】 2022年，尧都区社会保险中心关于应参加基本养老保险人数为298400人，实际参加298400人，完成全年任务100%；补充险参保人数297053人，发放补充险人数56295人，共计0.16亿元；基本养老保险共计发放人数81037人，发放金额1.7亿元，发放率92.63%；基本养老保险基金征缴1.69亿元，补充险基金征缴0.17亿元，各级财政共计补贴养老金基本险1.28亿元，补充险0.24亿元。2022年收入合计基本险2.8亿元，补充险4044万元。

【工伤保险】 2022年，尧都区社会保险中心统计参保单位1941户，参保人数为54430人。完成全年总任务数47932人的113%，已征收基金0.36亿元；定期待遇支付116人，共支付424万余元，领取工伤伤残待遇及医疗费263人，共支付0.25亿元。

【失业保险】 2022年，尧都区社会保险中心统计失业保险参保任务数为36662人，实际参保人数为37295人，任务完成率101%，圆满完成全年任务。失业保险征收0.33亿元，支出0.19亿元。其中，发放稳岗补贴319家，共计768.82万元。发放在职人员技能补贴27人，共计2.15万元。失业金发放636人，共计580.8万元；失业补助金发放236人，共计303.46万元；发放留工补助2463人，共计123.15万元；其他支出120万元。

【社保卡业务】 2022年，尧都区社会保险中心关于社保卡累计发卡任务652744张，已发卡682540张，完成全年任务的105%。电子社保卡签发任务数量为359009张，签发共计763429张，完成率213%。

【营商环境优化】 2022年，尧都区社会保险中心根据《关于特困行业阶段性实施缓缴企业社会保险费的通知》（晋人社厅发〔2022〕43号）文件要求，从2022年6月起餐饮、零售、旅游、民航、公路铁路水路运输五个特困行业及17个扩围行业的参保企业可申请缓缴社会保险费，经参保地人民政府批准后即可缓缴，期限不超过一年，缓缴期间免收滞纳金。缓缴期间，参保职工失业后，依法享受相应失业保险待遇。尧都区共计申请缓缴企业1784家，涉及缓缴职工22483人，缓缴金额为3532万元。

【稳岗补贴保障企业运行】 2022年，尧都区社会保险中心根据稳岗补贴返还政策，对辖区内不裁员、少裁员的参保企业继续实施失业保险稳岗补贴返还，大型企业返还比例提高至上年度实际缴纳失业保险费的50%，中小微企业返还比例提高至上年度实际缴纳失业保险费的90%，执行期限从2022年1月1日起至12月31日。截至2022年10月31日，尧都区失业保险发放稳岗返还共计316家单位，惠及企业职工17858人，共计返还金额768.57万元。稳岗补贴是为保障社会大局的稳定，保障广大企业职工的权益，政府为鼓励在调整优化产业结构过程中，企业采取技能培训、转岗安置、轮班工作、协商薪酬等办法稳定职工队伍，尽量不裁员、少裁员稳定就业岗位，出台企业稳岗补贴政策，对稳岗得力的企业发放稳岗补贴。

根据省人社厅文件要求，对符合发放范围的（餐饮、零售、旅游、银行、运输业）五个特困行业及扩围的十七个行业参保缴费且不欠费的企业，发放一次性留工培训补助。截至2022年10月31日，共计发放一次性留工补助114户，惠及企业职工2463人，发放金额123.15万元。

【基金管理风险意识提升】 2022年，尧都区社会保险中心召开“社会保险基金安全警示教育月”动员部署大会、“社会保险基金安全警示教育月”警示教育大会，参与学习讨论的领导干部及青年干部176人次，通过集中学习《习近平总书记关于社会保障工作的重要讲话和指示精神》、社保相关政策法规、典型案例通报等，结合此次基金风险防控警示教育工作会议，从工作、思想等方面谈认识找不足，提高工作人员的经办能力和风险防控意识。开展提醒谈话和廉政教育，中心领导定期与重要岗位人员、核心业务经办人员、年轻干部开展提醒谈话和廉政教育，及时了解思想、工作、生活等情况，引导大家培养情操，树牢风险意识。

每月会同卫计、民政、公安等部门进行死亡人员数据比对。为解决大数据不能实时同步所造成的“社保基金流失”，区社保中心通过各乡镇（街道）社保协管员每月上传的死亡人员名单，汇总形成“死亡人员零报告”，对不符合领取养老金的人员及时终止发放，减少死亡冒领，确保基金安全。落实基金内控制度，由“被动追缴”变为“主动出击”。稽核科对中心日常业务进行“前置检查”，每月对中心所有险种的核心业务进行抽查；基金科设立“基金支付预警值”，每月对待遇支付超出预警值的业务进行上报、反馈、核查，保障社保基金的安全。

以案为鉴，将集中教育与日常教育结合起来。业务科室不间断进行典型案例专题要情分析会及业务知识学习，聚焦近年来发生的典型案例进行研判，剖析原因，查找漏洞，个人逐一发言讨论。建立常态化警示长效机制。梳理查找业务流程中的风险点，优化业务流程，提升基金安全防范意识。

【社保专网下基层推行】 2022年，尧都区社会保险中心与各乡镇政府、便民服务中心沟通协商，由中心基层联络股牵头，在各乡镇建立业务专网，由乡镇工作人员负责办理城乡居民养老保险业务。中心业务专网已覆盖全区14个乡镇，部分街道，乡镇、街道居民可直接在归属地便民服务中心办理查询、补缴业务。在建立乡镇、街道业务专网的基础上，中心成立专项工作宣传队，主要负责培训各乡镇、街道社保业务经办人员及各村各街道社保协办员，现场解决经办过程中发现的问题，通过工作宣传队中心与各乡镇、街道紧密结合、上下联动，为人民群众提供社保服务。

【领导成员】

尧都区社会保险中心主任：郭文达

（狄　浩）

人力资源和社会保障

【事业单位人事管理】 2022年，尧都区人力资源和社会保障局加强事业单位人事管理。事业单位考核按照《山西省事业单位工作人员岗位绩效考核暂行办法》要求，对全区事业单位考核工作进行安排部署，全区参加考核10202人，评出优秀1492人，合格8377人，基本合格10人，不合格22人，不定等次301人。职称评审工作共审核推荐184人，其中副高12人、中级18人、初级13人，教育系统初级评审通过23人，大中专认定118人。岗位设置管理围绕规范流程，完善岗位管理制度，按照程序组织实施，完成185个事业单位1964人变更岗位层级、晋升岗位等级和岗位续聘工作，形成岗位有核准、聘用有审批、兑现待遇有依据的工作机制。专业技术人员管理。在全区开展专业技术人员网络在线学习，全区133家单位7563人完成继续教育公需科目所需课时，取得合格证书。

【人事人才档案管理】 2022年，尧都区人力资源和社会保障局规范人事人才档案管理。按操作规程接收个人人事代理1204人，在山西省人事档案信息化建设平台上共录入信息7520人。接收邮寄及转投高校毕业生档案2057份、流动人员辞职档案74份、“三支一扶”档案9份，共计2140份。

【公开招聘考试工作】 2022年，尧都区人力资源和社会保障局有序推进公开招聘考试工作。按照“公开、平等、竞争、择优”原则，组织完成尧都区2022年度招募高校毕业生到基层从事“三支一扶”面试工作，尧都区2022年招聘大学毕业生到乡镇行政村工作招聘考试笔试、面试工作，尧都区2022年公开招聘专职社区工作者考试工作。

【就业和再就业】 2022年，尧都区人力资源和社会保障局全区城镇新增就业7752人、失业人员再就业2535人，就业困难人员实现就业556人，农村劳动力转移就业人数7148人，技能人才占从业人员的比例为32.56%，超额完成全年目标任务。技能培训精准。深化“人人持证、技能社会”建设提质增效工作，通过对劳动力建档立卡，聚焦就业重点群体、特色产业、急需工种，开展技能培训10394人，新增技能人才7626人。就业平台搭建。建立就业服务平台，采取线上、线下模式开展招聘活动，全年共举办74场招聘会，共有110家企业参加招聘活动，提供就业岗位4900个，达成就业意向1470人。政策扶持作用发挥。发挥小微企业吸纳就业的主渠道作用，落实就业扶持政策，形成“制度化、专业化、社会化”的创业就业服务体系。审核认定31家青年就业见习基地，可提供见习岗位493个，吸纳就业见习220人。

【劳动关系工作】 2022年，尧都区人力资源和社会保障局劳动关系工作合力逐步形成。推行劳动关系、劳动监察、调解仲裁和工伤保险“四轮驱动”促和谐保稳定的工作格局，依法规范劳务派遣用工，加大劳动监察执法力度，建立劳动争议调解机制，对重大信访案件实行预警督查，全区劳动用工备案率和备案企业劳动合同签订率保持97%以上，劳动监察案件结案率始终保持100%。

【农民工“治欠保支”工作】 2022年，尧都区人力资源和社会保障局农民工“治欠保支”成效明显。建立解决企业拖欠工资问题联席会议制度，实施欠薪案件责任制、农民工工资保障金、农民工欠薪应急周转金、违法行为社会公布、企业守法诚信等级评价、案件移送查处措施，加大惩戒力度，提高失信违法成本。对拒不支付劳动报酬犯罪案件移送公安机关1起，向社会公布2起重大劳动保障违法案件，将1个单位纳入“黑名单”管理。全区“治欠保支”形势好转。

【工伤认定】 2022年，尧都区人力资源和社会保障局工伤认定规范有序。办理工伤认定案件216起。定期对工伤案件进行汇总分析，针对工伤事故发生率较高的用人单位发出安全预警，责成用人单位调查事故原因，制定整改措施，减少工伤事故的发生。

【领导成员】

党组书记、局长：卢震鸿

党组副书记、党委书记：王志刚

党组成员、副局长：李小末　刘　强

党组成员、区技工学校校长：张志丽

党组成员、区公共就业人才服务中心：宋　杰

党组成员、区社会保险中心：郭文达

附：获奖情况

2022年，尧都区人力资源和社会保障局被人力资源和社会保障部办公厅评为劳动保障新闻宣传先进单位。

2022年，尧都区人力资源和社会保障局社会保险中心被山西省人力资源和社会保障厅评选为先进集体单位。

（曹　伟）

民政工作

【概况】 2022年，尧都区民政局行政编制8人，实有12人，其中局长1名、党委书记1名、副局长1名、党组成员1名、二级调研员1名、一级主任科员1名、二级主任科员1名、工会主席1名、科员2名。七级职员1名，工勤人员1名。内设8个股室：办公室、党办、社会福利股、社会事务股、社会救助股、基层政权和社区治理股、社会组织管理和区划地名股、财审中心。下属3个全额财政事业单位：尧都区社会保障和福利救助中心、尧都区婚姻登记中心、尧都区殡葬服务所。1个国有企业：尧都区殡仪馆正在转企中。

【城乡低保】 2022年，尧都区民政局关于城乡低保工作。全区城市低保标准为每人每月675元，农村低保标准累计调整增加30元，由每人每月470元提高至每人每月500元。达到每人每年6000元，困难家庭的基本生活水平得到有效保障。开展城乡低保年度续保工作，全区城乡低保共计3969户6537人，累计新增88户154人，动态取消437户913人，累计发放3388.4万元；发放城乡低保家庭一次性生活补贴共计202.2万元，发放7—10月格临时补贴共计26398人次61.596万元，合计发放3652.2万元。为城乡低保户累计发放电费补贴35.6万元。推动巩固拓展脱贫攻坚兜底保障成果同乡村振兴有效衔接，有763户1480名建档立卡脱贫户通过最低生活保障进行兜底。

【特困供养】 2022年，尧都区民政局开展特困供养工作。特困供养人员包括农村特困和城市特困。特困集中供养人员护理补贴全自理护理标准由原每人每年1920元调整为2112元、半自理护理标准由原每人每年4800元调整为5280元、全护理护理标准由原每人每年9600元调整为10560元。2022年，分散供养标准提高到每人每年10530元，照料护理标准按照自理程度分档分别为每人每年1200元、2400元、3600元；集中供养标准提高到每人每年11583元，照料护理标准按照自理程度分档分别为每人每年2112元、5280元、10560元。2022年底，特困供养人员949人（其中集中供养61人，分散供养888人；城市44人，农村905人），共计发放特困供养金1196.4万元、一次性生活补贴26.7万元、发放价格补贴10.9万余元，合计1234万元。

【社会救助】 2022年，尧都区民政局对遭遇突发事件、意外伤害、重大疾病或其他特殊原因导致基本生活陷入困境的人，给予临时救助。发放临时救助1451人次，发放资金131.58万元，有效化解困难群众急难问题，兜牢民生底线。为24130人次的困难群众发放保障面粉30.165万公斤、大米6.05万公斤；2022年，根据上级要求困难残疾人生活补贴由原来每人每月66元提高5元，变为每人每月71元。重度残疾人护理补贴由原来每人每月89元提高5元，调整为每人每月94元。2022年度，发放重度残疾人65231人次，护理补贴613.1714万元；困难残疾人20287人次，发放生活补贴：144.0377万元；保障相关残疾人的基本权益。

【孤儿保障】 2022年，尧都区民政局关于孤儿保障工作。社会散居养育的孤儿和事实无人抚养儿童生活养育标准由每人每月1000元提高145元变为每人每月1145元。本年度共为33名孤儿发放生活费46.029万元、发放价格补贴3990元，合计46.428万元；2022年完成领导包联任务，对孤儿及家庭进行慰问，共计33名领导看望孤儿30余次；事实无人抚养。共为64名事实无人抚养儿童发放生活费84.6853万元、发放价格补贴7680元，合计85.4533万元。孤儿福彩圆梦助学活动，全年，共资助44人次，补贴标准为每人每季度2500元，共为孤儿发放助学补助11万元；制定《孤儿、事实无人抚养儿童养育工作专项清理整顿行动方案》，实现民间机构和个人养育孤弃儿童场所全部清零；继续领导包联孤儿制度，足额及时发放孤儿最低生活保障金。

【收养登记】 2022年，尧都区民政局学习

《山西省民政厅关于印发〈收养评估实施细则〉（试行）的通知》及《中华人民共和国民法典》等文件，认真规范工作要求。对所有收养档案进行整理，入柜并做永久性保存。根据《中国公民收养子女登记办法》规定要求，按照程序办理5名儿童的收养登记。

【未保工作】 2022年，尧都区民政局在乡镇（街道）成立未成年人保护站，明确工作站的保护原则和工作职责等内容，便于开展未成年人保护工作；整合社会资源，关爱困境未成年人。尧都区志愿者联合会于5月和7月开展主题为“关爱困境儿童助力健康成长”“益路同行”的助力山区儿童志愿服务，为孩子们送去新衣、学习用具等；联合区妇联、区慈善总会，7月中旬在临汾市启星学校举办“少年儿童心向党用心用情伴成长”2022暑期儿童关爱服务活动启动仪式，为学校捐赠200余册书籍，发放家庭教育书包，签署公益资助协议，资助品学兼优的困境儿童在义务教育期间免费入学。特邀家庭教育志愿者团队为学生们上以“万事安全为重”为主题的安全教育课，引导学生树立安全意识，做好安全自护。

【基层政权】 2022年，尧都区民政局完成村（社区）“两委”换届工作。村（社区）“两委”班子成员2047人，交叉任职665人，其中“一肩挑”326人，占比98.5%，实现“两委”班子“一升一降一肩挑”的既定目标。加强党建引领推进“村改社区”工作。第一批“村改社区”，经第30次常务会议研究，于2022年6月28日同意撤销康庄等7个行政村、神州1个社区，新成立上康等7个社区。第二批“村改社区”，经第40次常务会议研究，于2022年12月12日同意撤销屯里等2个行政村、滨港龙湾1个社区，新成立屯里1个社区并对新兴等2个社区进行边界调整。自“村改社区”后尧都区现有4乡10镇9个街道，254个行政村、74个社区。深化清廉村居建设。会同其他单位制定下发《关于深化清廉村居建设的实施方案》（尧区民发〔2022〕79号）文件，对乡镇（街道）党（工）委主体责任和具体工作任务进行落实。

【社会组织】 2022年，尧都区民政局在尧都区范围内，共登记在册社会组织439家，抽查61家。超出年初制定的对50家社会组织抽查的计划。制定《尧都区社会组织党建指导员管理办法》，完成党建指导员选派。开展打击整治非法社会组织，共取缔非法社会组织2家，排查出“僵尸”型社会组织7家，其中已注销5家。开展尧都区地名信息数据库质量建设行动，两个阶段按时完成数据填报工作。

【养老事业】 2022年，尧都区民政局在全区共有民办养老机构16家，公办养老机构1家。农村日间照料中心建设任务为170个，其中改建92个，新建78个，下拨专项资金1600万元，截至7月底，170个农村日间照料中心建成并具备运行条件，由原来的26个增长到196个。截至12月底，累计为低保家庭中的高龄老人、失能老人发放生活补贴29.485万元。城镇社区养老幸福工程，采取制定方案发动、优惠政策撬动、“六型”模式推动，多措并举完成10个社区养老幸福工程。

树立“安全第一、常备不懈、以防为主”的工作方针，2022年对采取“四不两直”的方式，对辖区已登记的养老机构安全进行检查，对辖区内17家养老机构安全检查共计55次，发现问题105个，现场整改79个，限期整改26个，开展2次消防安全演练，疫情防控监管20余次，发现问题40余个，陪同市局疫情检查小组检查8次，发现存在的问题20余次，均整改到位。全区发放养老诈骗宣传页720张，悬挂横幅78条。8月17日取缔1家非法养老机构。全年养老服务机构未发生一起安全事故。

【慈善事业】 2022年，尧都区民政局开展教育发展基金募捐，参与人数6000余人次，筹集资金293.48万元，资助193名困难家庭学生圆梦大学；开展送温暖献爱心社会捐赠，6200余人次参与线上捐款，筹集善款74.4万元，资助1500户困难群众。设立弃婴救治项目，线上参与人数462人次，筹集资金1.26万元。新增小微基金6只，筹集资金35万余元，累计筹集善款330余万元。开展“慈善十进”活动，发展社区慈善力量合作伙伴17家。

【殡葬管理】 2022年，尧都区民政局实行“惠民火化”政策，坚持“三公开一监督”阳光作业，安装除尘设备，优化殡仪服务。根据国务院《殡葬管理条例》《山西省殡葬管理办法》对辖区内门店进行检查和管理，发放宣传单，张贴通告。对经营性公墓进行摸底调查，对违法殡仪服务点不定期巡查，铲除违法殡仪服务广告。非法殡仪服务点下达停止非法活动通知书，下达处罚决定并且限期拆除，已全部拆除。

【婚姻登记】 2022年，尧都区民政局婚姻登记处坚持以“以人为本、依法行政、为民服务”为宗旨，以创建文明窗口为载体，以优质文明服务为目标，完成婚姻登记的各项工作。2022年底，共办理结婚登记5119对；补领结婚证4912对；离婚登记预约2112对，离婚登记1207对；补领离婚证177对；登记合格率100%。加大宣传，提倡婚检。配合相关部门做好免费自愿婚前医学检查，全年婚检共计2675对，婚检率达到83%。

【救助管理】 2022年，尧都区民政局实施主动救助，完善救助措施。为保障流浪乞讨人员和未成年人的基本权益，开展主动引导、劝导和流动救助活动。开展“夏季送清凉”“冬季送温暖”专项救助工作，加大街面拉网式排查力度，共计救助流浪乞讨人员累计救助生活无着流浪乞讨人员470人次，累计支出268.1万元，基本实现城市街面无流浪乞讨人员的工作目标。

【区划地名】 2022年，尧都区民政局开展尧都—古县线、尧都—洪洞线两条线边界联检工作，尧都区均为配合单位，由古县、洪洞安排具体时间，此项工作完成，维护边界地区的和谐稳定。与大阳镇、魏村镇相关工作人员、洪洞县地名股工作人员一同到大阳镇贤庄村、魏村镇车福村对尧都—洪洞1、2号线进行重新定位立碑。对未命名、名称不规范、标识牌规范设置等开展整治，相关工作人员陪同专家一行在刘村镇对河西未命名的40条街路名称进行调研，路上询问当地人道路的历史沿革、名人事件、景点标识等对道路命名起参考作用的信息，对尧都区部分未命名道路进行摸底统计，摸排出未命名道路6条，不规范道路名称1条，将尧都区有路无名或名称不规范道路汇总好递交到专家库研究。对于第二次地名普查档案建设情况，完成3200条反馈的整理。开展尧都区地名信息数据库质量建设行动，两个阶段均完成5800条数据填报工作。

【殡葬工作】 2022年1月，完成临汾市殡仪馆公益性公墓建设项目可研、初设、土地预审和选址意见书等前期手续并发布土地征收公告。2022年9月15日，将临汾市殡仪馆公益性公墓建设项目手续办理等相关资料移交给临汾市尧都区尧泽源建设工程管理有限公司。乡、村两级公益性公墓建设项目，总投资7935万元，总占地面积156.98亩。共建设8座公墓，涉及贾得乡、一平垣乡、枕头乡、土门镇、县底镇（2座）、魏村镇、大阳镇7个乡镇。2023年4月底前，办理项目开工前的服务工作。墓区围挡植树3031棵、完成投资697130元，平整场地和路面，墓区大门搭建完成，其余建设任务有序推进。

【领导成员】

局　　长：裴海峰

党委书记：张丽荣

副局长：张新联

党组成员：赵志栋

二级调研员：乔清虎

一级主任科员：张红娟

二级主任科员：闫芳萍

工会主席：赵　伟

七级职员：王宝峰

（王云鹏）

退役军人事务

【概况】 2022年，尧都区退役军人事务局工作以全面贯彻落实习近平总书记关于退役军人工作的重要论述和考察调研山西重要指示精神为指导，围绕区委、区政府“三区三地”目标建设思路和举措，承接完成各项重大纪念活动，统筹推进双拥、优抚、安置和就业创业工作，推动退役军人事务工作发展。

【双拥工作】 2022年，尧都区退役军人事务局开展“八一”、春节走访慰问和常态化联系退役军人活动，慰问武警临汾支队、区人武部等9家驻尧部队、老复员军人、“边海防”现役军人家庭、抗战老战士、企业军转干部等128人次；举办2021年度“最美退役军人”“最美双拥人物”和“最美军嫂”座谈会，为5名获取市级荣誉称号和13名获得提名奖人员颁发证书和奖品；为二等功、三等功现役军人送立功喜报；发放慰问年画、春联。

【重大纪念活动】 2022年，尧都区退役军人事务局于“5·17”临汾解放纪念日和“9·30”国家烈士纪念日，在烈士陵园分别组织向烈士敬献花篮仪式，市、区两级领导和社会各界代表参加活动。仪式简朴大方，营造全民尊崇军人、崇尚英雄的良好社会氛围。组织开展“清明节”代祭扫活动，由讲解员通过直播软件全程直播代祭扫活动全过程，在全社会倡导网上祭扫、代为祭扫。

【拥军优抚工作】 2022年，尧都区退役军人事务局为优抚对象发放抚恤生活补助共计4810万余元；发放医疗救助三批87万余元。临时救助困难退役军人35万余元；发放义务兵家庭优待金1748万余元；配合省荣军优抚医院组织烈属、伤残军人体检。为全区退役军人和其他优抚对象完成建档立卡；发放优待证。

【安置工作】 2022年，尧都区退役军人事务局为本年度符合政府安排工作条件的退役士兵提供工作岗位，采取“阳光安置”办法进行公开选岗。区委组织部、区委纪委派驻组、区人社局、区财政局等部门全程监督参与，选岗结果满意。全年共发放待安置期间生活补助67万余元；办理退役士兵自谋职业，全部进行公证并发放自谋职业一次性补助金39万余元；接收安置军队干部随军家属；接收自主就业士兵。

【就业创业工作】 2022年，尧都区退役军人事务局联合区公共就业人才服务中心、市电子商务协会举办“春风行动”“民营企业招聘月”“退役军人及随军家属”等“互联网+”就业服务和云招聘活动，累计提供岗位万余个；组织企业参加山西省“创业创新大赛”获得优秀奖；推进“集体留疆”“集体进疆”试点工作。完成退役士兵高职扩招身份认定工作。

【“临汾攻坚精神”讲解培训工作】 2022年，尧都区退役军人事务局组织全体党员干部开展为期两个月的“临汾战役”讲解培训工作，选拔优秀人员参与志愿讲解工作。录制“筑梦为马、不负韶华”纪实短片，向党的二十大献礼，被区委宣传部推荐在“学习强国”学习平台APP刊载。临汾战役纪念馆针对青少年进行暑期专题讲解培训和比赛，为红领巾讲解员颁发聘书，营造传承临汾攻坚精神、赓续红色血脉的浓厚氛围。

【乡村振兴工作】 2022年，尧都区退役军人事务局完成精准扶贫任务后，帮扶工作调整为大阳镇大阳村。先后组织全系统60余人次深入走访慰问，宣讲相关政策。组织开展“送温暖，献爱心”活动，共捐款5000余元，助力帮扶村开展乡村振兴工作。

【领导成员】

局党组书记、局长：乔进民

局党组副书记、党委书记：刘红杰

党组成员、副局长：葛志勇

雷晓飞（8月免）

唐亚林（8月任）

党组成员：崔衍胜（9月免）

（史壮明）

消防救援

【概况】 2022年，尧都区消防救援大队按照“准现役”“准军事化”要求，打造应急救援的国家队和主力军，对标“对党忠诚、纪律严明、赴汤蹈火、竭诚为民”的队伍建设标准，加强思想政治建设，提升执法监管水平，围绕全区经济建设和社会发展大局，优化消防执法营商环境，抓火灾隐患整治，保持全区火灾形势持续平稳和队伍安全稳定。

【队伍基本情况】 2022年，尧都区消防救援大队有干部8人，文职雇员28人，下辖2个消防救援站，其中干部8人，消防指战员51人。下辖2个消防站，共配备消防执勤车辆12辆。

【火灾防范情况】 2022年，尧都区消防救援大队共开展检查1435次，发现火灾隐患2441处，督促整改火灾隐患2441处，下发责令改正通知书1147份，下发行政处罚决定书65份，消防安全执法处置责令“三停”11家，罚款86.155万元。

【灭火救援情况】 2022年，消防队伍共出警1004起，出动车辆1370辆，出动人员8289人。其中，火灾警情594起，抢险救援172起，社会救助133起，公务执勤或其他17起。完成国庆、党的二十大消防安保工作，加强与单位微型消防站的联勤联动，组织消防救援站开展单位场所“六熟悉”150余次，重点熟悉辖区及单位消防水源、道路、设施、经营性质、火灾风险、灭火预案等，并现场测试单位场所火灾自动报警系统、室内消火栓系统等关键部位消防设施性能，开展实战拉动演练10余次，修订完善数字化灭火预案30余份，发生火灾事故能及时高效处置。

【完善消防监管机制】 2022年，尧都区消防救援大队在全区23个乡镇（街道办）挂牌成立消防工作所（站），实现实体化运行。推进“智慧消防”融入新型智慧城市建设，首批23家消防安全重点单位完成物联网消防远程监控系统安装工作，实现火灾高风险场所区域的动态检测风险评估智能分析和精准治理。

【消防安全专项整治】 2022年，尧都区消防救援大队以消防安全专项整治三年行动为抓手，落实“双随机、一公开”监管机制，开展打通“生命通道”、高层建筑、电动车、大排查大整治、沿街门店、“多合一”等13项消防安全专项行动。全年累计开展重点单位约谈培训会3次，签订社会单位消防安全承诺书256份，培训消防安全管理“明白人”384人次，全区消防安全环境得到净化。

【电动车消防安全隐患治理】 2022年，尧都区消防救援大队印发《尧都区电动自行车消防安全专项治理工作实施方案的通知》，召开电动自行车消防安全工作部署会和治理工作推进会议，明确属地政府、行业部门、物业服务企业三方职责任务，抓各项工作落实，全力推动电动自行车消防安全综合治理工作有序开展。全年累计安装电动车禁入电梯系统1527部，设置集中充电停车棚564个、充电插口21132处，可容纳6万余辆电动自行车，安装独立烟感报警器1519个，预防电动自行车火灾发生。

【沿街门店专项治理】 2022年，尧都区消防救援大队印发《尧都区沿街经营性场所安全风险排查治理专项行动工作实施方案》，明确6个部门职责清单，抽调38人，成立2个联合检查组，对沿街经营性场所非法违规经营、消防安全、燃气安全、建筑安全、电气安全、违规住人等6大项18小项安全隐患开展全面排查，累计排查单位8398家，发现各类隐患15246处，督促整改13961处，累计清理违规住宿人员243人，清除违规使用液化气钢瓶189个，临时查封4家，责令“三停”1家，罚款25800元，消除沿街经营性场所安全风险隐患。

【高层建筑消防安全治理】 2022年，尧都区消防救援大队印发《全区高层建筑重大火灾风险专项整治方案》，完成对高层建筑消防设施、微型消防站培训演练等消防安全工作的自查自纠；召开全区高层建筑重大火灾风险专项整治约谈培训会，对全区733栋高层住宅建筑消防安全责任人、管理人进行警示约谈，签订消防安全承诺书。制定出台《全区高层建筑消防安全评估工作方案》，成立的专家组已对全区高层建筑开展评估，发现隐患2331处，提出整改建议2441条。

【强化消防安全宣传教育】 2022年，尧都区消防救援大队紧抓“防灾减灾日”“安全生产月”“119消防宣传月”等重要时间节点，丰富途径，创新方式，投入30余万元营造人人讲消防氛围。常态化开展社会化消防宣传。推进消防宣传“五进”，不定期组织“消防宣讲团”敲门入户，累计发放宣传资料5万余份。打开消防宣传新途径。与美团、物流企业签订合作协议，通过APP、外卖骑手、快速小哥传递消防知识，形成多形式、多渠道消防宣传新模式。结合疫情防控工作实际，在13个核酸检测点定制消防知识“一米线”，得到群众关注。推广消防学习平台。联合临汾市电动自行车协会推出“学习消防知识，赢电动自行车”活动，累计注册登记10.7万人。策划亮屏行动。制作消防宣传片、警示片2部，利用“两微一抖”平台、宣传栏、电子显示屏播放消防公益广告5000余条；开展消防安全云平台主题直播8场，28.3万人线上参与；开展《破解王府“走水”之谜》剧本杀直播活动，吸引10万余名群众参与，点赞和评论数超20万次，取得良好宣传效果。

【特色工作】 2022年，尧都区消防救援大队召开现场会，坚持典型引路，总结推广经验和做法。通过在天玺国际小区、博浩源小区召开电动自行车消防安全专项整治现场观摩会，展示有形做法，推广成熟经验，推动各乡镇、街道办事处对电动自行车工作的重视。追本溯源，加强硬件建设，打造安全环境。解决群众电动自行车集中“有地停”“有电充”问题，开展全区域住宅小区、人密场所电动车棚数量大起底行动，推进电动自行车集中停放区域和充电设施建设。

【领导成员】

尧都区消防救援大队大队长：薛晓军（7月免）
吴俊生（7月任）
尧都区消防救援大队教导员：王华杰（7月免）
黄钻刚（7月任）
尧都区消防救援大队副大队长：
马培荣（7月免）
张　康（7月任）

附：获奖情况

尧都区消防救援大队特勤站荣获国字号荣誉，被国家消防救援局评为全国消防救援队伍执勤训练工作先进消防救援站。

尧都区消防救援大队荣获省级2022年度工作“先进大队”称号。

尧都区消防救援大队特勤站荣获省级2022年度工作“先进消防救援站”称号。

（贾　珍）

街道办事处

乡贤街办事处

【概况】 2022年，乡贤街办事处下辖水门、贡院、迎春、乡贤、瑶池、三和、乡东7个社区，45个网格，19个基层党组织，82个小区（片区），总面积8平方公里，2.3万户8.2万余人。乡贤街办事处综合设置五大办公室、两中心一站，即党建办公室、公共管理办公室、公共服务办公室、公共安全办公室（平安建设办公室）、综合行政执法办公室（综合行政执法队）、党群服务中心（矛盾调解中心）、综合便民服务中心、退役军人服务保障工作站。区直派出机构1个，司法所。下辖人员24名，其中班子成员8名。

【党建工作】 2022年，乡贤街办事处有7个社区党总支，贡院社区党总支、乡贤社区党总支、瑶池社区党总支、三和社区党总支、水门社区党支部、迎春社区党支部、乡东社区党支部；1个机关支部，乡贤街办事处机关党支部；3个非公党支部，鑫亚中物业公司党支部、和平医院党支部、旭升科技有限公司党支部。有党员1265名，其中机关支部党员30名，居民党员1211名，非公支部党员24名，在职报到党员652名，小区（片区）功能型党支部82个。开展党建促基层治理专项行动。完成制定“定查评”工作。强化党组织政治功能事项11件，党建服务发展实事10件，党建推进业务工作要事8件，党建服务群众难事9件。学习教育贯穿全年工作。发展党员8名，推荐和储备入党积极分子11名。三星级社区党组织，有瑶池社区党总支。一星级社区党组织，有乡贤、贡院社区党总支。开展“主题党日+”活动。主题党日活动75次，书记讲党课4次，班子集中学习9次，解决实际问题55件，召开意识形态工作专题会议3次。在疫情防控工作中，成立应急分队7支，设立党员先锋岗92处，组织2000余名党员和志愿者，开展工作。

【党风廉政】 2022年，乡贤街办事处建立《党风廉政建设主体责任清单》《党风廉政建设监督责任清单》。召开党风廉政建设专题会议9次，教育引导街道社区干部，以案为鉴，不碰红线。抓好日常监督和审查调查工作。监督检查39次。主动约谈9人次，处置问题线索9件，给予党纪政务处分2人，组织处理6人，2022年，监督监察对象共计1212人，其中监督对象1180名，监察对象122人（其中党员91人，非党员31人），廉政档案信息持续更新中，完成“三员合一”改革及人员集中培训工作。

【卫计工作】 2022年，乡贤街办事处做好计生核查、婚育证明等基础常规工作。办理独生子女证17个，办理服务证3个。宣传落实计划生育奖励扶助政策，开展计生奖扶对象年审工作，审核奖励对象492人，停办18人，新增申报奖扶12人，建立健全计生档案，保障奖扶金发放。开展推进“健康知识进万家”活动，辖区居民64813人绑定“健康知识进万家”小程序。为辖区154户计划生育家庭办理意外伤害保险，提高家庭保障。核查辖区内提供托育服务的22个机构。

【退役军人服务管理】 2022年，乡贤街办事处下设退役军人服务站，下辖7个社区退役军人服务站，各服务站均挂牌，配备工作人员。共有退役军人2052人，办理优待证1715人。享受政策补贴的优抚对象83人，开展春节、“八一”节日慰问工作，慰问辖区军转干部、优抚对象。慰问辖区1位（张士浩）获得三等功的现役军人家庭。帮助优抚对象和退役军人申请临时救助2人、医疗补助4人，帮助入伍新兵报送大学生申办一次性奖励金和义务兵家庭优待金。

【统计工作】 2022年，乡贤街办事处固定资产投资。2022年度累计上报0.5461亿元；超额完成年度5000万元的上报任务。城镇居民可支配收入调查。共10户26人，总收入110526元，人均4251元。限额以上零售/批发企业运营状况调查显示，新增的临汾市益晋商贸有限责任公司、山煤国际能源集团临汾有限公司准确、足额上报营业额288.1万元、24211.5万元。

【安全生产】 2022年，乡贤街办事处制定《乡贤街2022年安全生产工作实施方案》，签订安全生产责任书。开展辖区安全生产专项检查。检查组7个，检查人员67人次，排查各类生产经营建设单位337家，排查整改一般隐患150条，取缔黑加油点1处（张旭），联合各部门打击非法液化气气瓶窝点2处（水门东街），排查无证液化气供应点1处（临钢进厂路），张贴宣传标语条幅30条。安全生产月宣传工作。开展消防知识培训、应急演练和安全文化“五进”工作。电动车消防安全专项整治工作。安装梯控系统95套，电动自行车区域79处安装智能充电设备219台，开展应急演练9次，消防讲座16场，建立微型消防站14个、志愿者消防队8个、专业应急救援队1个。开展安全生产大检查大整治大提升行动。按照全国安全生产专项整治三年行动要求，排查各类单位门店400余家。

【民政工作】 城市低保共92户，农村低保共44户。保障性住房办理情况：核准取消5户，仍继续享受的51户。新增经济适用房家庭4户，公租房家庭99户。民政救助。对辖区12户贫困家庭进行临时救助，共发放临时救助金6000元；对辖区内46户50人（包括三无人员、孤儿、全残或60岁以上无劳动能力的人员、贫困学生）每月每人发放保障面粉25公斤、大米2.5斤。为4名事实无人抚养儿童每月发放1000元救助金。残联工作。对辖区397名残疾人开展就业状况调查，新办理残疾证21人。为183名重度残疾人每月每人发放救助金94元，为66名困难残疾人每月每人发放救助金71元。

【劳动保障】 2022年，乡贤街办事处宣传劳动保障法律法规、惠企惠民政策。发放宣传彩页1000多份，接待咨询500余人。办理企业离退休人员死亡待遇审批初审30人。协助税务分局开展城乡居民养老保险征缴工作。完成2022年就业实名制人员信息登记工作任务，新增就业人员115人。办理退休人员社会化管理服务交接确认书盖章87名。尧都区重点社区（村）劳动力基本情况统计。宣传灵活就业人员养老保险缴费和城乡居民养老保险缴费工作。办理就业困难人员认定初审工作37人。

【幼儿教育】 2022年，乡贤街办事处共有22所幼儿园，有证园15所，幼儿2100人，教职工355人，无证园8所，幼儿412人，教职工90人。开展幼儿园安全检查、督查与校外培训机构常规检查整改工作。配合上级对学科类的校外培训机构进行“民转非”工作，完成校外培训机构摸排工作，完成有证机构的年检工作及无证机构的清除关停工作。常态化疫情防控。开展辖区幼儿园的年检工作。加强学习交流，规范教师队伍建设。

【热线工单】 2022年，乡贤街办事处共接到转派工单984件，按时间节点全部按时办结。民生求助类558件，咨询类154件，投诉工单125件，其他建议等工单147件。第一是卫生防疫类工单，共256件；第二是物业问题工单，共230件；第三是供暖问题工单，共69件，占总量的7%。

【医疗卫生】 2022年，乡贤街办事处基本医疗服务。实行24小时值班制。公共卫生服务工作：健康档案，建档22575份，同步建规范电子档案22575份。慢病管理工作。健康教育，举办健康教育讲座10场，健康教育活动14场，累计参加6020余人次，印刷健康宣传资料11种，发放健康宣传资料8800余份。

【重点项目工程建设】 2022年，乡贤街办事处关于尧都区应急管理局大楼平移工程。迎春棚改工程，完成1亿元棚改资金任务。五一东路小学扩容改造项目。计划投资1.3亿元，完成小学用地调规程序。

【领导成员】

党工委书记：齐家安

党工委副书记、办事处主任：杜　芳（女）

人大工委主任：刘　宏

党工委副书记：张跃堂

纪工委书记、监督室主任：张　鹏

武装部部长：范鹏辉

办事处副主任：蒙小琳（女）　吉　慧（女）

附：获奖情况

2022年8月，张士浩获部队三等功。

（畅丽亮）

辛寺街办事处

【概况】 2022年，辛寺街办事处人口约4万人，5个社区，分别是东关社区、光明社区、宾站社区、华州社区、挂甲社区。党工委共有6个党支部，55个小区党支部，在册党员397名，国有企业退休党员340余名。办公场所科学划分为“12345”。“1”即文化长廊，“2”即大党委之家和志愿者之家，“3”即综合便民服务厅、多功能厅、党群议事厅，“4”即图书室、绘画室、棋牌室、理疗室，“5”即创客服务中心、日间照料中心、综合服务中心、文化活动中心、心理辅导中心。

【党建工作】 2022年，辛寺街办事处推动辖区物管会（业委会）全覆盖，60个小区覆盖业委会7家，物管会53家，切实弥补业主组织缺失，破解社区治理难题。建立5760户小区居民信息台账，纳入社区网格管理，实现沟通“全覆盖”。425个微网格，60个小区楼栋“微网格”为居民提供维修、矛盾调解、安全隐患排查、疫情防控等全方位服务。打造党群服务驿站，发挥社区党群服务中心辐射带动作用，为居民议事、活动搭建桥梁。制定党风廉政建设实施方案，设立“微腐败”举报，规范举报流程，开展廉政教育12次，组织党员赴安泽进行红色教育培训1次，开展警示教育10次，转变党员干部工作作风，提高拒腐防变能力。

【安全生产工作】 2022年，辛寺街办事处制定《辛寺街办事处领导班子安全生产职责清单和2022年安全生产重点工作任务清单》。明确党政班子成员领导责任、站所办行业监管责任、社区属地监管责任、生产经营单位主体责任，消除各类安全生产事故隐患。消防、自建房、电动车管理、燃气等安全排查“一周一巡、一日一汇”。出动检查人员52人，检查各类生产经营建设单位293家。完成辖区244家经营性自建房的录入和“回头看”工作，对鉴定为C、D级的非经营性自建房全部采取清人、封门、悬挂警示标志等措施。开展电动车安全隐患专项整治，共安装电梯控制系统23套，建设电动自行车停车棚68处，充电车棚65个，满足8120辆电动自行车停放充电需求。2022年，辖区未发生灾情。

【民生工作】 2022年，辛寺街办事处便民服务中心接待来信来访3200余人次。协调处理环境污染、邻里矛盾等群众生活难题406件，得到辖区群众好评。协助已搬离该辖区的临汾市福利院30人办理特困供养人员手续，提高生活标准。2022年新增低保1户，新申请公租房家庭59户，临时救助36人，医疗救助2人，新增重度残疾人护理补贴13人，困难残疾人补贴13人，办理残疾证25人，低收入家庭197人。提升独生子女伤残死亡家庭扶助特扶金标准7户10人。“八一”前慰问重点优抚对象2人，发放喜报3人，临时救助10人，配合市局救助11人。对辖区3家幼儿园、13家校外培训机构进行全面检查，下发停办通知4份，排查出存在的14个问题全部整改，辖区基础教育事业取得明显进步。

【经济工作】 2022年，辛寺街办事处统计十月城东区项目2022年计划投资1.87亿元，截至10月上报固定资产1.1686亿元。恒安如园住宅小区项目2022年计划投资1.5亿元，超额上报。设置市场主体倍增便民服务点，专职人员网上代办，快速审核，居民不出社区通过网上申请就可办理执照。移交业务以来共办理营业执照60家，注销54家，变更8家。

【辖区人居环境】 2022年，辛寺街办事处推动创建省级文明城市工作落地落细落实，在各社区、小区悬挂公益广告333块，健全完善机关、社区理论宣讲，普法教育、科普教育、市民教育管理，健身活动、文化活动等规章制度。实施木材小区、五洲小区、新园小区老旧小区改造工程，改善小区居住环境，提升群众居住舒适度。常态化开展蓝天、碧水保卫战，督查辖区190余家餐饮商户油烟净化装置清洗情况、8个施工工地“六个百分百”落实情况、70余条主干道生物质及烟花爆竹禁燃情况。

【法治建设】 2022年，辛寺街办事处建立“一支综合执法队伍”执法常态化机制，解决“看得见、管不着”的问题，为居民安全稳定保驾护航。开展法律宣传，发放人民调解法、社区矫正法、民法典、社区矫正实施办法、反诈骗等宣传材料5000余份。调解因婚姻、邻里关系引发的矛盾纠纷5起。对所属调解队伍、业务骨干进行系统培训2次。全年辖区内累计接收社区矫正人员172名，在矫人员20名。

【综合治理】 2022年，辛寺街办事处处理上级转办信访件5件，摸排化解群众中的矛盾隐患52件，督导转办件2件，自办处理件20件，摸排重点人员13人，落实“五包一”政策。信访形势整体持续向好。5个社区成立矛盾调解室，发挥社区调解、法律顾问作用，就地化解矛盾。健全社会治安防控体系，实施网格化监管，坚持群防群治，整合社区干部、片警、物业等，组建巡查队伍，凝聚各方力量，使“防电信诈骗”“扫黑除恶”“反邪教”等工作深入基层，实现全覆盖，辖区秩序稳定向好。

【领导成员】

党工委书记：高向阳

党工委副书记、办事处主任：薛　瞳

人大常委会主任：韩永平

党工委副书记：李俊英

纪工委书记：赵　丽

武装部部长：王军杰

副 主 任：刘　佳　杨临红

主任科员：韩慧荣　孙卫东

副科级干部：陈新宏

主任科员：张建琴

综合便民服务中心主任：王旭阳

退役军人服务站站长：姚志俊

（齐　清）

铁路东办事处

【概况】 2022年，尧都区铁路东办事处下辖13个社区，138个小区（片区），共53949户121636人。街道党工委下设25个党支部，其中有2个党总支，机关支部1个，社区支部13个，非公党支部9个，共有在册党员1903人，在职党员报到589人。

【党建工作】 2022年，尧都区铁路东办事处开展抓党建促基层治理能力提升专项行动。专项行动中，街道聚焦基层治理短板弱项，组建主题培训、党建引领网格治理、综合执法队伍建设、基层治理先进社区考评、人居环境整治、场所建设、居民小区党建联建7个工作专班，全程靶向攻坚治理难题。主题培训方面，依托街道党校平台，统筹兼顾抓好疫情防控和基层治理主题培训工作，围绕小区党群驿站建设、“三无”小区治理、党建引领网格深化治理、综合行政执法队伍建设等专题组织开展集中培训，确保培训学习不停步。执法体制改革方面，通过筛选、培训、考试，组建铁路东办事处综合行政执法队，常态化开展沿街经营性门店和自建经营性房屋安全隐患排查、城乡房屋安全隐患排查、安全生产隐患大排查大整治等工作。先进社区考评方面。结合社区党组织星级化管理，采取基础工作“全面评”、阶段任务“动态评”的考评机制，保障共性、凸显个性。重点抓住“民主测评、部门评价、党工委总评”三个关键环节，实行“一季度一量化打分，一年度一总体打分”党工委集中综合研判排名的管理模式。人居环境整治方面。结合文明创城工作，开展交通秩序和环境卫生综合整治行动、城市大清洁活动。结合不同时间段特点，分别进行散煤清零、禁燃禁放、扬尘治理、餐饮油烟治理等常态化工作。对上级反馈问题进行跟踪处理，共处理环境问题30处。党建引领网格治理方面。坚持党建引领网格治理，将组织架构与网格细化同步推进，建成涉及92个四级小网格、111个有效自治单元和752个五级“微网格”的“七级闭环管理体系”。将党建、疫情防控、综合治理、安全稳定、环境保护、房屋产权登记清零、市场主体倍增等工作统一纳入网格，实行一网兜底，提升效能。场所建设方面，对新钢社区、路东社区党群服务中心进行提档升级；研究敲定临钢社区办公用房解决方案。新打造小区党群驿站19个、暖新驿站27个，并已全部验收投入使用。重点提升打造三元新村、电业局、区电机厂党建联盟等特色驿站建设。小区党建联建方面，辖区88个小区（不含平房片区）实现物业覆盖小区56个，成立物管会85个，业委会3个，完成指标任务。在疫情防控静默期间，以社区党支部、小区党支部为核心发力点，将556名报到的市、区在职党员安排至小区防控各个环节，做好基层疫情防控工作。

【配合市、区重点工程】 2022年，尧都区铁路东办事处棚户区改造。九州堡棚户区改造128户，已全部完成；双拥邮电小区拆迁征收工作，48户居民协议已签完，东关街东延项目，涉及居民48户，单位1家，前期摸底情况已经完成。二中路1号还迁小区18户居民准备拆迁工作，已签完协议。辖区共有10个重点项目，分别是临汾市矿业公司棚户区改造项目、四季花都房地产项目、东盛华庭B区房地产项目、解放东路高架跨二中路迎春街立交桥工程、山西互感器生活区棚户区改造项目、亚太世纪公馆房地产项目、临汾富力尚悦居商业项目、临汾富力尚悦居住宅项目、临纺生活区棚户区二期改造项目、光宇·誉品住宅小区建设项目。

【安全生产】 2022年，尧都区铁路东办事处全年召开安全生产工作会议10次。重点监管规模以下企业、辖区各单位“九小场所”、死角边缘隐患等领域。同时注重加强区域间、职能部门间的协作，填补空档、堵塞漏洞，消除监管盲区。先后开展安全生产三年专项行动、安全生产百日攻坚、安全生产大排查大整治、电动车大整治、危房隐患排查治理等专项行动，对辖区重点行业领域进行隐患排查治理。共排查隐患232条，已落实整改232条。

【优化营商环境】 2022年，尧都区铁路东办事处将优化营商环境政策法规纳入理论中心组学习和班子会议讨论内容，先后多次召开优化营商环境促进市场主体倍增工作安排部署会议、工作推进会议，组织邀请辖区市场监管所专人举行培训会议。自2022年9月至2022年12月街道办理新增个体工商户143户、变更39户、注销269户。在承接新增个体工商户设立登记、个体工商户变更登记、个体工商户注销登记等事项的同时，做好辖区企业发展、复工复产服务保障。由分管安全、环保等副职带队，依法依规开展企业、工地复工复产验收工作。依托人社社保服务平台，为企业和待业群体提供求职登记、信息查询、就业推荐、法律咨询等服务，把疫情造成的影响降到最低。成立市场主体倍增工作领导小组，设立13个工作指导组，下沉各社区指导、协调、解决在注册工作中遇到的各类问题。实行“集中注册与分散注册”相结合和实行“两地办理”相结合。

【领导成员】

党工委书记：孙素杰

主　任：韦　光

人大工委主任：杨娜娜（女）

副书记：吴　瑶（女）

纪检书记：徐林照

组织委员：陈凯华（女）

武装部长：秦志杰

副主任：郭　江　李　华（女）

三级调研员：于　波（2月任）

二级主任科员：崔福平

四级主任科员：肖文亚（女）

柴俊俊（女）

党群服务中心主任：王雯凡（女）

便民服务中心主任：李雅娟（女）

退役军人服务站站长：张以宁

附：获奖情况

2022年5月，共青团中央授予康庄社区团支部“全国五四红旗团支部”称号。

2022年5月，共青团临汾市委授予双拥社区团支部“临汾市五四红旗团支部”称号。

2022年5月，共青团临汾市委授予双拥社区副书记杜菲“优秀兼职团干部”称号。

2022年11月，民政部授予三元社区党委书记刘卫星“全国优秀城乡社区工作者”称号。

2022年12月，司法部、民政部授予三元社区“全国民主法治示范村（社区）”称号。

2022年12月，中共临汾市委宣传部、临汾市文明办授予恒安社区“社会主义核心价值观建设示范点”称号。

（王雯凡）

车站街办事处

【市场主体倍增推进】 2022年9月，车站街办事处便民服务中心承接个体工商户注销登记等事项以来，办理个体工商户设立登记125个，变更22个，注销47个，打印营业执照96份。

【环境整治】 2022年，车站街办事处开展每日环保巡查，督促临运工地物料绿网覆盖，排查检查辖区餐饮单位安装油烟净化装置情况170余家。开展公共区域卫生清扫保洁，多次清扫小广场2处，清理小广告52处，清扫道路10条，清理乱堆乱放20处。入户宣传300余次，督促建设路、向阳路、平阳北街各门店落实“三包一”责任，联合北城环卫所开展大清洗5次。

【交通整治】 2022年，车站街办事处成立巾帼志愿服务队，开展佩戴头盔、安全出行宣传，发放宣传资料400余份，劝导电动车行人不戴安全头盔行为65人次。联合临汾市规划局清理私搭乱建35处，畅通道路交通。

【民生保障】 2022年，车站街办事处开展残疾人基本状况调查411人，受理残疾人办证、换证申请17份，为7名重度残疾人申请康复辅具；上报保障房申请43户，其中公租房39户，经济适用房4户，出具申报公租房的质证信息4户。2022年公租房年度核准4户；申报新增低保户2户3人；录入安心养老平台60周岁以上老年人3623人。房屋清零行动共涉及23个小区，房屋首转总任务3590户，全部完成。

【老旧小区改造】 2022年，车站街办事处老旧小区改造涉及小区临汾市中行安全文明小区、税务家园小区、物资再生利用公司家属院。完成投资约200万元，其中物资再生利用公司家属院外墙改造、外墙涂料、楼道窗户改造完成，其余2个小区未开工。

【安全生产】 2022年，车站街办事处压实安全责任，签订2022年安全生产工作目标责任书共计753份，开展7次专项检查。进行安全隐患排查120余次，排查隐患146条，整改130条，辖区内安装充电桩650个，66部电梯门禁系统，飞线充电、乱停乱放情况得到改善。开展安全文化宣传活动，悬挂条幅41条，发放宣传资料3000余份，电子屏飘字16条，红色标语50张，组织73人次集中学习习近平总书记关于安全生产的重要论述，组织应急演练2场，参与75人次。

【隐患房屋排查】 2022年，车站街办事处开展城乡隐患房屋安全隐患排查整治工作以来，根据区政府相关工作要求，多次与太原铁路局去函去电沟通130处C级、5处D级房屋的整治工作。车站街办事处对D级房屋采取逐户告知居民搬离、悬挂警示牌、拉警戒线等管控措施。根据尧都区城乡房屋安全隐患排查整治工作领导小组办公室9月30日通知，在山西数字房产房屋安全管理系统对存在隐患的130处C级房屋和5处D级房屋进行移送处理。完成辖区所有自建房819处房屋的排查上报工作，其中经营性自建房109处，鉴定工作全部完成。

【网格治理】 2022年，车站街办事处按照300~500户标准，细化四级网格32个，划分五级微网格309个，专属网格40个，明确四级专（兼）职网格员、五级微网格员，建立“六级闭环机制”，发挥网格员在基层治理中的作用。

【执法体制改革】 2022年，车站街办事处组建街道综合执法队，完成执法人员备案，8名执法人员考取了执法工作证，探索“党建引领、街道吹哨、部门报到”工作制度，完善“社区全面摸排—街道汇总吹哨—统筹联合执法—督促跟进落实”四步工作法。围绕疫情防控、电动自行车治理、液化气钢瓶清收、不合格灶具清零、小饭桌整治等重点工作召开综合执法联席会议4次，统筹辖区派驻站所执法力量开展联合执法工作4次。

【领导成员】

党工委书记：冯享华

办事处主任：侯海滨（9月免）

孔哲男（9月任）

人大工委主任：齐雅静（女）

副书记：侯海滨（9月免） 孔哲男（9月任）
单晓娟（女）

纪工委书记：刘 婷（女）

武装部部长：崔 炜

副主任：任海燕（女） 高文英（女）

一级主任科员：朱建民 李卫国

副科级干部：张保安

事业副科：巩国荣（女） 董 冰（女）
尹 华（女）

附：获奖情况

2022年10月，临汾市尧都区车站街道车站社区被中华人民共和国人力资源和社会保障部授予“国家级充分就业社区”称号。

2022年12月，临汾市尧都区车站街道建设社区被山西省司法厅、山西省民政厅授予“山西省民主法治示范村（社区）”称号。

（齐雅静）

汾河街道办事处

【概况】 2022年，尧都区汾河街道办事处下辖4个行政村和2个城市社区，总面积11.6平方公里，总人口1.6万人。耕地4955亩，种植农作物以小麦、玉米为主。街道地理位置优越，交通便利，有大小企业28家，是尧都区电力、热力和新型建材等产品的重要生产输出地。该单位设五办一站二中心，属行政机构编制。有工作人员52人，其中公务员12人，事业单位人员21人。下设13个党支部，共有党员343名，位于尧都区汾河西岸城乡接合部。

【党的二十大精神学习】 2022年，尧都区汾河街道办事处学习贯彻党的二十大精神，理论中心组学习5次，形成研讨材料11份，讲党课11人次，宣讲13场次；党员撰写学习心得体会200余份。

【党建工作】 2022年，尧都区汾河街道办事处以抓党建促基层治理能力提升为主线，街道、村社相继召开抓党建促基层治理能力提升专项行动部署会，对机关干部和村（社区）党组织书记进行封闭培训，成立7个专项行动指导组、8个重点项目工作专班，明确7方面乡村22项、城市16项任务的105条具体措施，张贴挂图60余幅、悬挂条幅50余条，户外电子飘屏200余条，编发美篇、简报等40余篇，查摆街道党工委问题19条，班子成员问题97条，各村（社区）党组织问题87条，村（社区）“两委”班子成员问题420条，完成整改，实现高站位布局、高质量推进。班子成员包联村（社区），延伸包联网格，每人联系10户群众，每周到村工作2天，每月入户1次。深化党支部达标创优，开展各领域基层党组织评星定级；完成栖凤社区软弱涣散基层党组织整顿；打造盘龙社区祥垣小区党群服务驿站，对新西村党群服务中心进行提档升级。依托“党员进党校”，联合区委党校举办了三期“夜校培训班”，组织线上线下培训44次；做好发展党员工作，新发展党员2名，储备入党积极分子11名；加大流动党员管理，对36名流动党员建立“一对一”联系服务机制；对155名农村党员实行积分管理；在庆祝建党101周年活动中，为“光荣在党50年”党员颁发纪念章7枚，走访慰问党员17人，发放慰问金11100元。

【乡村振兴】 2022年，尧都区汾河街道办事处巩固拓展脱贫攻坚成果，完成10户脱贫户低保兜底计划，残疾家庭中10户享受生活补贴或护理补贴；为3名学生享受“雨露计划”教育补贴；协调联系相关银行为辖区6户脱贫户办理小额信贷，为脱贫户发展产业提供资金支持。完成“清化收”工作，排查合同协议77份，整改合同56份，解除合同13份，提级办理8份。通过清理收回机动地35.56亩，建设用地50.2亩，瓦房3间，集体资金43.11万元，债权已完成事实认定书和调查报告75份，债务已完成事实认定书和调查报告214份，化解债务3笔5.217万元。实施乡村振兴项目，新西村争取区级乡村振兴项目资金30万元，自筹资金20万元，新建占地1000余平方米的艾绒加工车间，改建500余平方米的艾草手工制品工作室和艾灸养生馆，形成种植、加工、康养于一体的全产业链；争取“一事一议”项目资金50万元，启动实施新东村自来水管网改造工程，保障群众生产生活用水安全。在街道成立农村集体经济发展有限责任公司的带动下，持续发展壮大村级集体经济。2022年，4个行政村集体经济收入全部达到10万元以上，其中，突破30万元以上2个村。新西村被推荐为全区具有示范带动效应的集体经济发展“明星村”。

【安全生产】 2022年，尧都区汾河街道办事处，安全生产形势保持稳定。组织召开安全生产月例会12次，组织参与“山西省第二届安全生产知识竞赛”，累计答题1000余人次；组织开展“安全重于泰山”主题演讲活动，选送选手13名；组织开展“安全在我心中”主题征文活动和手抄报比赛，在辖区学前教育及义务教育阶段学校评选出各类奖项30余名，累计参与学生400余人；深入基层开展“安全生产宣传咨询活动”，累计发放资料2000余份，接受宣传60余人次；组织开展“消防安全宣传月”启动仪式，组织消防演练。全年共检查企业113家次，出动268人次，一般隐患共计23条，全部整改，无重大隐患。

【道路交通安全】 2022年，尧都区汾河街道办事处健全完善农村道路交通安全工作机制，印发《汾河办事处2022年道路交通安全应急预案》。登记机动车信息台账362条，三轮车信息台账251条，大型农机具信息台账13条。组织辖区14家货运源头企业签订《超限超载承诺书》，从源头控制货运企业违法上路等行为。开展农用三轮车违法载人和电动车佩戴头盔安全宣传4次。

【项目建设】 2022年，尧都区汾河街道办事处采煤沉陷区治理搬迁小区配套幼儿园、小学建设项目。配合区发改局、区工务中心开展项目征地协调工作，完成项目前期28亩国有土地附着物赔偿和拆迁清表工作，后期约31亩国有（军产）地表附着物登记、资产评估工作全面完成；采煤沉陷区治理搬迁小区配套管网项目。在规定时间内完成该项目临时占地附着物赔偿和相关协调工作，共涉及三淇村临时用地22户17.53亩，项目施工正常开展。完成固定资产投资5.8亿元，完成率达152%。

【义务教育】 2022年，尧都区汾河街道办事处为全面落实向人民群众交账，汾河联校2022年春季投入30万元改建汾河学校和晋阳学校的厕所；2022年暑期投入30万元，对汾河学校教学楼和宿舍楼窗户进行更换，并对汾河宿舍楼楼顶和晋阳学校教学楼女儿墙进行了维修。2022年9月，投入25万元给学校装备8套触控教学一体机。2022年2月，汾河学校少先队荣获共青团市委红领巾奖三星章；11月，通过区政府部门验收，获得“平安校园”称号。

【社区医疗】 2022年，尧都区汾河街道办事处新建居民健康电子档案1709份，建档率99.68%；管理高血压患者1541人，规范化管理1393例，规范化管理率90.4%；管理糖尿病患者497人，规范化管理442人，规范化管理率为88.93%；65周岁以上老年人健康管理1295人，规范化管理1236人，规范化管理率95.44%，健康管理率67.47%；落实孕产妇管理项目；管理0~6周岁儿童1655人，其中0~36个月儿童699人，为298人建立儿童保健手册，1470人定期免费体检；各年龄段人员免疫接种3233剂次，其中0~6周岁儿童共接种1220人次，新冠疫苗32424剂次；开展健康教育宣传14次，下社区开展义务咨询12次，开展健康教育讲座13期；中医药健康管理老年人1290人、0~36个月儿童699人；结核患者1人，管理率100%；重症精神障碍患者管理82人，规范化管理81人，规范化管理率96.34%；家庭医生签约17364人，其中重点人群签约4550人；发热诊室接诊2160余人。

【民政工作】 2022年，尧都区汾河街道办事处完成2022年度低保续保工作。本年共续保审核农村低保家庭23户55人，城市低保家庭1户1人，“五保户”2户2人，办理享受护理补贴重度残疾人61名，填报录入残疾系统142人，办理残疾证6人，申报公租房并审批3户，发放残疾人辅具2辆。为困难人员发放米、面等实物救助21份，发放慈善救助10人3000元，发放临时救助40人次20000元。投资60余万元改建新西村150余平方米老年日间照料中心，新建三淇村300平方米一体式公共浴室和老年日间照料中心并投入使用。

【社会保障】 2022年，尧都区汾河街道办事处养老保险。2022年城乡居民基本养老保险参保1340人，参保率93.12%，补充养老保险837人，参保率93.94%。医疗保险。2022年，尧都区汾河街道办事处医疗保险完成参保3722人，参保率99.41%。

【网格化管理】 2022年，尧都区汾河街道办事处完善网格工作化治理体系，科学划分农村、社区微网格，将辖区细化分为6大区域19个小组（区）。在社区微网格管理中，由100名楼栋长担任微网格员，有效管理和服务4835户10059人，发挥网格员基层触角作用，提升农村、社区治理精细化水平。组织网格员培训3次。

【退役军人服务】 2022年，尧都区汾河街道办事处办理发放退役军人、其他优抚对象优待证，完成率达120%。为辖区优抚对象发放各类优抚金22.01万元；为服役士兵发放家庭优待金及专科以上学历一次性奖励金；为现役士兵和退役士兵发放（换发）“光荣之家”光荣牌；落实退役返乡必访、立功受奖必访、英模典型必访、重要节日必访、遇到困难必访和重大变故必访“六必访”要求，全年为现役士兵发放“四有”士兵嘉奖和三等功奖励证书，在春节、“八一”等重要节日期间走访慰问人员21人；组织辖区退役军人志愿者开展各类志愿服务39次。

【法治建设】 2022年，尧都区汾河街道办事处推进辖区平安法治建设，扣住工作目标，强化工作措施，加大宣传力度，多元化解矛盾纠纷，提高干部法治思维和依法行政能力，为辖区提供法治保障。选优配强综合行政人员12名，已获证；参加省司法厅组织的线上大讲堂20次。调解各类矛盾纠纷15件，达成口头协议8件，形成调解案卷7卷。做好法律咨询便民工作，完成公共法律服务咨询任务95条，完成率100%。值班律师进行法治讲座2节，参与人民调解案件5件。做好普法、依法治理宣传工作，举办民法典专题法治讲座1次，组织开展法治宣传5次；社区矫正对象5名，坚持监管措施，落实汇报制度、开展教育管理等，确保不出现脱管、漏管现象；做好27名刑释解教人员安置帮教工作，实行建档管理，了解他们的思想动态及生活工作情况。

【平安建设工作】 2022年，尧都区汾河街道办事处制定印发《汾河街道2022年平安建设工作计划及实施方案》，街道、村社两级完善综治中心阵地建设；依托“枫桥式派出所”和“老何说事”“老梁说法”等资源，在“圆桌议事会”基础上搭建“有事好商量”议事平台，化解各类矛盾纠纷和信访问题226件；开展群众安全感、满意度“双提升”工作，组织开展“全民国家安全教育日”宣传活动、反邪教、防范网络诈骗、防范非法集资、反有组织犯罪法、民法典、反间谍法等宣传，本年共发放宣传资料1850余份，悬挂标语87条，电子屏滚动播放累计2000余次，微信群转发相关内容1300余次，开展专题讲座3场，组织开展《反有组织犯罪法》专题学习3次。推进扫黑除恶专项斗争，集中宣传活动总计派发宣传彩页1469份、普法小册子397份，开展集中宣传2次，开展扫黑除恶进校园活动1次，邀请律师进社区开展专题讲座1次，组织社区矫正对象集中学习扫黑除恶有关知识3次。

【消防工作】 2022年，尧都区汾河街道办事处11月8日在山西新源华康化工有限公司开展消防宣传月启动仪式，定期组织辖区28家企业开展5次消防安全知识培训，消防演练3次，参演人员达500人。在办事处及辖区各村、社区及企业配合下，辖区全年没有发生重大消防安全事故。

【环保治理】 2022年，尧都区汾河街道办事处强化《汾河街道大气污染整治攻坚问责办法》执行，坚持教育引导社会各界力量共同参与，开展“北京冬奥会期间空气质量保障行动”“汛期排水管控保河湖水质稳定专项行动”“农业灌溉污染防治行动”“烧烤餐饮油烟整治行动”等专项行动，共入户检查812户次，出动检查人员1806人次，整改散煤管控、秸秆禁烧管控类问题12个。

【环境卫生整治】 2022年，尧都区汾河街道办事处围绕“364”工作思路持续开展整治，对辖区滨河西路、309国道和临大路三条主干路实行四包责任，对接城乡一体化第三方公司开展市场化运作，10名保洁员承接辖区农村、社区主要街巷日常保洁和居民生活垃圾转运工作。重点提档329省道沿线排水渠与绿化、美化，对道路西侧300余米水渠进行清淤处理，维护已损坏沿路水渠盖板205米。邀请第三方公司对道路东侧进行合理设计，完成道路东侧190米花池建设及绿化工作，对沿线两侧32家门店卷闸门进行统一喷涂，清洗门店门头牌匾28家，规划停车位69个，提升国省道沿线环境质量。共组织人力723人次，出动各类机械、运输车辆57辆，清理残垣断壁1012立方米，清理建筑垃圾、生活垃圾6712立方米，修复断墙75平方米，修建绿化花池400平方米，制作围栏430米。

【住建工作】 2022年，尧都区汾河街道办事处排查上传自建房4271户，其中经营性自建房159户，对经营性自建房进行鉴定，C级1户，B级11户。楼房修缮加固6栋；2个社区完成燃气用户三强制改造；对辖区内的餐饮门店进行安全隐患排查，进行整治。6个小区成立物业管理委员会。

【河长制工作】 2022年，尧都区汾河街道办事处按照省市区河长制相关要求，执行河长制，践行“节水优先、空间均衡、系统治理、两手发力”的治水方针，加大境内河道整治力度，打击乱搭乱建、乱采乱挖、乱排乱放等现象，确保汾河办事处辖区内汾河河段内河道清洁、卫生。

本年党工委书记巡河12次，办事处主任巡河13次，村级河长巡河12次，召开月例会12次。

【营商环境】 2022年，尧都区汾河街道办事处市场主体经营场所登记注册营业执照693个。

【领导成员】

党工委书记：任艳玲（女）

党工委副书记、办事处主任：辛　强

人大工委主任：李蓓蓓（女）

党工委副书记：贾志民

纪工委书记：付佩侠（女）

组织委员：张　莉（女）

武装部部长：司文奇

副主任：关　蓉（女）

（刘亚君）

解放路办事处

【概况】 2022年，解放路办事处户籍人口40388人，辖区共有1615家企事业单位，其中学校（含幼儿园）13家、医院11家、商（市）场9家、营业网点11家、宗教场所1家、92个居民小区（片区）。解放路街道党工委下辖11个党支部（总支），其中1个党总支（平阳社区党总支，下辖2个党支部）、10个党支部（1个机关支部、5个社区支部、4个非公支部），72个小区（片区）功能型党支部。办事处共有各类工作人员42名，公务员在编9人，事业在编23人，设有五办一站两中心。下辖市府、平阳、绿苑、商会、区府、金龙6个社区。地处广宣街紫藤公园，辖区东起平阳北街，西至鼓楼北大街，南至鼓楼东大街，北至向阳路，总面积4.5平方公里。

【抓党建促基层治理能力提升专项行动】 2022年，解放路街道党工委通过“五个三”推动专项行动。“三项举措”实现专项行动推进有序。完善制度保障。出台《解放路街道抓党建促基层治理能力提升专项行动实施计划》，明确6个实施步骤、3项重点任务。制定重点任务台账，明确9个方面22项工作任务、39项落实措施。细化社区干部岗位职责清单和任务清单，明确社区党组织5项职责、8项任务，社区居委会5项职责、8项任务。实施专班推进。围绕党建引领网格治理、基层治理先进社区考评、主题培训、综合执法队伍建设、综治中心建设等工作，分层次、分领域组建5个工作专班，层层传导压力、环环拧紧螺丝，构建可查可考可评的项目化落实体系。找问题强整改。街道、社区两级三次对照三个清单，在征求班子成员、社区干干、机关干部、服务群众意见基础上，查摆存在的突出问题。针对查找出的121个问题，召开班子会议进行研讨，根据辖区实际制定整改措施，明确整改责任人和整改时限，定期督查整改效果，121个问题整改完成。“三下机制”保障专项行动聚焦聚力。推进“组织下延”。从优化党组织设置，组建11个党支部、6个社区功能性党委、74个小区（片区）功能型党支部，确保党员群众在哪里、党组织就建到哪里、党的工作就覆盖到哪里，初步形成“街道党工委—社区党委—小区（片区）党支部”三级组织体系，推动基层治理由“上层用力”向“底层着力”转变。推行“力量下沉”。把社区工作者、“双报到”党员、志愿者三支队伍捆绑，由街道向社区下沉，社区向小区下沉，党员干部亮身份、守卡点、强服务，带着任务办，领着群众干，形成推动基层治理合力。市、区两级机关事业单位干部深入社区、小区报到2219人；1077名志愿者开展志愿活动60余次。推动“资源下移”。通过“一问二议三定”工作法，建立基层党建共商共建项目30个，项目化解决群众关心的热点难点问题。在社区建立群众信息收集台，把辖区群众关心的问题、亟待解决的问题与群众生产生活密切相关的公共服务事项，统一汇总到党群服务中心，联合服务、捆绑解决，打通联系群众“最后一公里”。“三定办法”攻坚专项行动难点课题，坚持边实践边探索边行动，在“三无”小区治理上走新路。围绕辖区131个小区（片区），分类管理、因区施策。对25个单位隶属小区，沟通协商，由原单位对小区进行管理。例如五交化小区由公司聘请专人对小区进行安保、保洁等基本物业服务。对有物业服务的27个小区，街道设立物业管理办公室、社区设立物业管理工作委员会，通过日常资金审批、年底考核排队等方式强化物业企业监管，着力提升服务质量。对79个自管小区，通过组建小区（片区）党支部引领、推动成立业委会（物管会）自治、选出居民组长服务管理，实现所有小区物业服务全覆盖。例如新民小区是“典型小区”，环境脏乱差，通过成立业委会，实现小区旧貌换新颜。定管理制度。由社区党组织带领居民制定层级管理机制，明确小区党支部、党小组、楼栋单元长3个层级的服务管理职责。制定小区议事章程、居民公约、楼栋单元长管理、环境卫生管理、车辆管理五项管理机制。定网格责任。选派小区党支部书记、楼栋长担任网格员，压实管理服务责任制度，畅通民心、问计于民，逐步形成居民自我管理、自我服务制度机制。

“三个体系”构建专项行动长效机制。打造服务群众载体，以“向人民群众交好账”实践活动为契机，依托党群服务中心，打造“一厅四室”矛盾纠纷协调处置中心，联合公安、司法、信访等职能力量开展辖区群众接待、矛盾纠纷多元化解等工作。强化疫情防控机制。“七级闭环”措施有序落实。完善行政执法体系。加强系统谋划、整体推进，搭建综合执法架构，设置综合执法办公室，组建综合执法队，推动执法力量下沉。联合职能部门常态化进行小区安全隐患排查，对私拉乱接、飞线充电、车棚充电桩等隐患问题进行排查整治。“三级管理”打造专项行动队伍。建强“领头雁”队伍。多措并举、多点发力，提升“社区、小区两个带头人”整体素质和工作能力。依托街道党校分批次、分主题开展“12810”培训，共培训25期630人次，实现党组织书记培训全覆盖，提高履职能力。建强党务工作者队伍。坚持党务、业务两手抓，选优配强党务工作者队伍，党建办公室有工作人员4名，每个社区确定1名专职抓党建的副书记，共开展党务工作者专业党务知识和先进思想政策培训10期90人次。建强网格员队伍。优化网格治理体系，围绕精细划格精准定岗，建立28个专职网格，74个小区（片区）支部网格，306个微网格，105个专属网格，完善“六步闭环”快速反应机制。充实网格工作力量，注重吸纳退役军人、社区工作者、小区（片区）党支部书记加入网格员队伍。加强网格员素质能力培训、督导考核，确保网格员实时动态开展管理服务。

【平安建设工作】 2022年，解放路街道党工委平安建设工作，以“平安建设”为载体、宣传教育为突破口、矛盾排查调处为切入点，开展各项基础性工作，确保辖区社会治安秩序持续稳定。目标管理责任制。在《平安建设（社会治安综合治理工作）目标责任书》中，将“平安建设”工作列为重要的内容，对各单位认真检查考核。扫黑除恶专项斗争工作。成立以街道党工委书记李艳芳为组长的扫黑除恶专项斗争工作领导小组。领导组下设扫黑办公室，有专人汇总收集线索，上报各项信息。确保扫黑除恶形成常态化工作。在辖区范围内进行反有组织犯罪法的宣传活动。打击整治养老诈骗宣传工作。共开展3次打击整治养老诈骗宣传工作，向过往群众发放宣传页200余份。在辖区内悬挂条幅30余条，电子屏滚动播放宣传标语800余次。群防群治队伍建设工作。在队伍建设方面，6个社区居委会成立群防群治领导机构，要求各社区全科网格网格员成立专兼职社会治安巡逻队，组长由党支部书记担任。综治中心建设工作。基层综治中心管理平台是政法综治工作的重要前沿阵地，根据上级指示，办事处建立“一厅四室”，群众服务大厅、网格管理室、矛盾纠纷调处室、调度指挥室、心理服务室，达到有机构、有人员、有制度、有办公用房、有办公设施的“五有”标准。科学划分网格，做到空间上全区域覆盖，时间上全天候服务，工作上无空隙衔接，运行上动态化管理，诉求上立体化响应，服务上全方位加强。加强特殊人群服务管理。办事处社区卫生服务中心共管理精神分裂症、双向情感精神障碍、精神发育迟滞障碍、偏执性精神障碍、癫痫所致精神障碍、分裂情感性精神障碍等六类病人共47人，肇事肇祸等严重精神障碍患者监护人奖励金2人。矛盾纠纷排查调处。解放路坚持抓早抓小抓苗头，把矛盾解决在基层，处理在萌芽之中。2022年摸排52起，没有发生矛盾激化事件，没有出现群体性事件，确保社会的安定。

【司法工作】 2022年，解放路办事处司法所围绕区司法局工作中心思路和解放路办事处的工作要求，结合解放路辖区的工作实际，夯实基层基础工作，加强工作责任落实。普法、依法治理宣传工作。开展法治宣传活动，使辖区内的居民群众树立自觉学法、守法、知法、懂法的自觉性，增强宪法和法律意识，提高居民权利、义务和责任相一致的行为准则。开展“4·15”全民国家安全日宣传、国家安全法、防范电信诈骗、防范非法集资等相关法律法规普法宣传活动。1月开始，解放路司法所对全体社区矫正对象进行两节前家访走访工作，加强对社区矫正对象的监管教育，提高社区矫正对象的法律意识和责任意识，掌握社区矫正对象两节期间动态，预防在矫人员出现思想疲软、脱管漏管，预防和减少社区矫正对象重新犯罪。解放路司法所组织辖区内社区矫正对象采取线上线下结合的方式进行集中教育学习，强调疫情期间的纪律规定，在疫情期间，不放松对社区矫正对象的监管工作，要求社区矫正对象每日汇报疫情排查情况、按时签到、每日点名抽检反馈信息。每月依法制定矫正方案，定期组织集中教育学习和公益劳动，定期进行家访工作，完善档案管理。委托调查评估工作。2022年共接收5件（同意矫正4件，不同意1件），做到及时入户与核实。安置帮教工作。安置帮教工作方面，建立健全帮教责任制度，签订帮教责任书，在册人员102人，其中刑满释放人员41人，解除矫正61人，做到一人一档。疫情期间做好刑释解教人员的接收建档工作和告知疫情期间相关规定，确保安置帮教工作开展，辖区社会环境平安和谐。对在外安置帮教人员定期进行疫情排查工作。定期组织人民调解员和法律明白人参加线上培训工作。解放路司法所在日常工作中指导社区调委会干部规范调解案卷，开展矛盾纠纷大排查活动，协助社区调解居民纠纷3起，努力实现矛盾不上交、不上访、不激化，将矛盾化解在萌芽状态、解决在基层，杜绝不安定因素的发生。组织办事处行政执法人员参加“行政执法大讲堂”学习及法律知识考试工作。免费法律咨询便民工程、远程会见工作。利用各种宣传活动和手机平台，进行宣传。配合值班律师做好法律咨询工作，共接受咨询337人次，实时做到便民为民，解决辖区内居民的法律服务工作。为辖区居民安排远程视频会见共计53组。

【安全生产工作】 2022年，解放路办事处开展电动车消防隐患排查整治工作。组织安监、公安、社区干部等工作人员对辖区65个住宅小区进行排查，发现安全隐患44处，全部整改。安装梯控系统7套，安装智能充电设备105套，充电口1050个。自建房安全隐患摸排。组织安监、社区等部门对辖区自建房安全隐患情况进行摸排统计。经查，共有自建房421处，其中结构安全存在隐患7处（C级2处，D级5处），D级5户全部将人员清出，2户进行加固，待验收。开展沿街门店安全隐患排查治理工作。临汾市消防支队工作人员带队，多职能部门人员参加，社区工作人员配合对该办辖区沿街门店逐一排查，将金龙、商会、绿苑、区府社区排查完毕，5月12日是全国第14个防灾减灾日，办事处主要领导、工作人员协同辖区6社区工作人员30余人在辖区紫藤公园进行以“减轻灾害风险，守护美好家园”为主题的宣传咨询活动，共发放宣传手册及各种宣传资料1000余份，对20余名人民群众关于火灾发生时应采取的措施及方法，报警、疏散、灭火、救援等操作过程的相关问题进行解答。6月为全国“安全生产月”，10日上午9点，办事处组织、安监站指导、五交化市场主办进行消防灭火、救援演练，演练设置报警组、救援组、医疗组、疏散组等，向现场群众和各商户发放相关资料400余份。6月24日，在办事处的指导下，生龙国际商业综合体在门前广场举办大型消防逃生演练活动，市消防支队、区应急局、区商务局等部门参加。防汛工作。汛期各社区和相关职能站所汲取汛期雨水来势猛、时间长给人民群众生活带来很大安全隐患的特点，提前进行危房排查工作，保障辖区居民的生命财产安全。

【环境保护工作】 2022年，解放路办事处环保工作，以“防止污染”为重点，以“便民为民”为突破口，结合2022年“秋冬防”工作要求，办事处领导坚持监管和服务并举，依法行政，强化治理，推进辖区污染源的治理工作，促进辖区环保工作可持续发展。为贯彻落实2021—2022年大气污染“秋冬防”工作和其他环保工作等各项工作，办事处成立以李艳芳书记为组长，葛春生主任为常务副组长，主干为副组长的环保攻坚领导组，由分管副主任张艳荣兼环保攻坚领导组办公室主任。办事处全员参与，确立以办事处为主战场的重污染天气防治攻坚行动；下设6个社区攻坚分战场，分别由各包片领导负责，包片干部协同，社区干部为作战主体的工作机制，打大气污染防治和散煤清缴战，保障辖区生态文明治理工作稳步推进。宣传先行、措施到位。办事处对环保工作深抓细管，攻坚克难，搞环保知识宣传，2022年6月5日办事处在生龙国际广场宣传并发放各类重污染天气防治知识宣传资料3000余份；半年来共悬挂环保宣传条幅20余条，张贴各种环保宣传画报200余张等。通过多种渠道，宣传环保工作的重要性。加大环保监督力度、重点应对重污染天气。为搞好辖区环保工作，办事处召开应对大气污染防治大会，启动办事处的总体应急预案和大气污染防治应急预案，制定工作方案。按“一岗双责”的要求，坚持党委领导，纪委监督的原则，分片包干，责任到人的模式；与辖区工商、食药、环保、派出所等有关单位相互配合或联合执法，共出动100余人次，排查餐饮类门店2000余户，居民600余户，清理整顿垃圾堆放点3处，清理小广告20000余张。办事处秋冬防领导组成员每日和社区6支巡查分队开展昼夜巡查，坚持日报反馈制度。开展大清洁行动提升城区环境空气质量。每月开展一次大清洁行动。2022年办事处及社区共出动各类人员1200余人次，参与单位及小区物业，门店达500余家，居民户3000余户，清洗面积累计达25万平方米。清除城市积尘，把辖区变得清洁美丽，辖区空气质量得到提升。加大面源污染源治理，提升人居优美环境。按照区委、区政府2021—2022年“秋冬防”工作要求，办事处对辖区内企业进行排查，经排查原有“散乱污”企业全部取缔；办事处成立以社区为单位的6支散煤收缴巡查联防队，昼夜巡查，上报区大气办。在辖区重点区域，悬挂有“禁煤区”标示牌，在重点路口悬挂有禁煤整治宣传栏，张贴有禁煤通告，保障辖区散煤治理工作进行。按照网格化管理要求，对辖区内各种焚烧树叶、垃圾、破旧衣物、旧轮胎、木料现象进行网格化管理，宣传燃放烟花爆竹的危害性。落实秋冬防工作要求。办事处各巡查分队昼夜巡查，配合辖区食药局、工商局、派出所、市容多次对所有露天烧烤摊点进行取缔；对辖区餐饮类门店的燃料不定时巡查，对未开油烟净化设施的营业性门店责令立即开启。对辖区内拆迁建筑工地进行排查，结合解放路拆迁改造工作的实施，落实企业主体责任，按照拆迁改造施工工地“六个百分之百”进行管理，从源头上防治各种污染源。2022年，累计共出动工作人员1200余人次，累计检查居民3000余户，检查拆迁工地800余次，检查餐饮门店1500余户，处理区大气办转发的各类市大气办现场发现环保问题23个，区大气办现场发现问题30余个。加大环保信访工作、处理举报案件。针对市、区开设信访举报工作要求，办事处指定专人负责，环保信访案件由环保办负责受理，办事处落实网格化管理制度，做到制度上墙，任务到人，责任到人。

【民生工作】 2022年，解放路办事处关注民生工作。

教育工作。3月初，召开辖区培训机构及幼儿园的疫情防控工作会议，不定期督查各机构及各幼儿园的疫情防控工作落实情况。5月份协助教科局党建指导员对辖区内的幼儿园进行党建指导工作。4月、5月、6月协助教科局督导室对辖区内的中小学、幼儿园、有证培训机构进行督导督评工作。4月对辖区内的幼儿园进行年检初评工作的检查，5月迎接尧都区教科局的年检指导工作。7月、8月协助教科局对辖区内的培训机构进行专项整治工作。8月底协助办事处对辖区内各类学校进行开学验收工作。9月对辖区内的幼儿园进行学前教育管理系统的培训工作、辖区内的幼儿园教研工作安排与部署。10月组织辖区各园进行核酸检测工作，配合办事处及社区进行全民核酸检测工作。

劳保工作。2022年，解放路劳保工作在解放路办事处和区人社局领导下，完成各项工作任务。就业方面，为推进就业创业政策的实施，2022年8月参加尧都区夏季人才招聘宣传、登记、上报工作。为促进国家就业帮扶和各项优惠政策的落实，通过微信转发、分发传单等方式宣传免费技能培训政策。社会保障方面，协助城乡居保中心进行核实生存状态工作。同商会社区对接“城镇居民人均可支配收入”填报工作。参加区公益性岗位招聘培训会议。协助行动不便人员上门年检工作。协助企业职工基本养老保险遗嘱待遇审核工作。接待咨询养老、医疗、就业等相关信息居民200余人。

计生办工作。独生子女父母光荣证新办、补办13份；做好计划生育特别扶助对象的年检工作（经年检：伤残对象退出1户1人）；失独伤残国家扶助对象12户22人，扶助金计192480元；伤残5户10人，计25000元；退二孩指标1人，扶助金计5000元，共计222480元。经三级公示审核，资料准备齐全已上报尧都区卫健体局；行政审核98人。

低保工作。2022年5月，根据上级要求对辖区曾享受低保的48户有疑点的家庭进行核实。均核实清楚并写情况说明上报。2022年10月，对辖区正在享受低保的家庭进行年审。办事处原有低保69户通过此次年审，因领取拆迁款、儿女大学毕业取消4户，1户未参加年审，2户因住址变动办理住址变更手续。办事处现有低保62户。申请低保的家庭总计3户。因有工商注册、退休、子女毕业等情况的低保动态取消14户。

低收入工作。辖区申请低收入家庭的总计21户，经入户核查，邻里走访，其中15户不符合条件，剩余6户符合条件的录入低收入系统并上报。

残疾人“两补”工作。辖区总计23人申请重度残疾人护理补贴，5人申请困难残疾人生活补贴。因死亡取消重度残疾人护理补贴3人。因住址变更转走重度残疾人5人。因残疾证过期取消重度残疾人护理补贴3人。因低保停发取消困难残疾人生活补贴5人。因住址变更转走困难残疾人2人。辖区现享受重度残疾人护理补贴的178人，享受困难残疾人生活补贴的63人。2022年5—10月对辖区享受残疾人“两项补贴”的疑点人员进行核实。前后四批总共核实249人，全部上报。

老年人管理工作。根据上级要求，对辖区60周岁以上的老人进行统计，全部录入安心养老系统。辖区现有60周岁老年人5787人。2022年4月，上报低保户中的80周岁以上老人享受高龄补贴的2人，享受失能补贴的1人。

【人大工作】 2022年，解放路人大工委工作在区人大和办事处党工委领导下，开展小组活动，活跃辖区人大工作。代表联络站制度设施完善。尧都区解放路办事处人大代表联络站设联络站站长1名，联络员1名。人大代表16名，联络站下设3个社区联络点。按照“全覆盖、制度化、常活动”的要求，规范联络站阵地建设、完善相关制度、建立工作台账、开展接待活动，为代表履职、服务群众搭建一个良好的平台。打造“七个一”活动品牌，每名代表做到年初一次履职承诺，年中分别一次主题宣讲、一次专题调研、一次办理实事、一次视察座谈、一次履职报告、年底一次量化考核，解放路人大代表联络站对建设情况提出高要求，致力于打造一流示范站点，发挥联络站的平台作用，履行代表职责，解决群众难点热点问题。加强代表履职学习，参加代表小组活动。为使代表依法履行好职责，加强学习，提高素质是关键。通过对代表集中培训、发放资料等方式，提高代表的素质和代表履职的自觉性。在强化监督上，严格与会制度。代表按时参加每年一次的人代会，16名代表基本按时参加；参加闭会期间的代表小组活动，实行签到制，填写履职手册，记入个人履职档案，参加区人大常委及相关部门组织的培训、视察、座谈等活动，时间、服务保障制度。对代表参加区人大和代表小组组织的活动，参加、履行职责给予时间、物质、待遇，服务保障；代表每两个月参加代表小组的集中活动和每季一次的联系选民、征求意见活动，以及个别代表参加区人大的执法检查、专项评议、行风评议等活动。3月16日下午，区人大常委会副主任张李平带领区人大常委会疫情防控专项视察第二小组，以“四不两直”方式对解放路街道平阳社区辖区内部分小区、学校、商场、影院、酒店、卫生服务站等疫情防控工作进行视察调研。区人大常委会教科文卫工委主任刘玉江、区人大常委会城建环保工委主任刘莉娟、部分区人大代表以及解放路办事处相关负责人陪同调研。为贯彻落实尧都区人大常委会开展的“向人民群众交账、做优秀人大代表”主题实践活动精神，发挥人大代表在社区基层治理能力提升工作中的作用，5月20日，解放路人大代表联络站组织市、区两级人大代表进站开展系列活动。6月14日，由省人大常委会研究室一级巡视员张拯瑜带队，新华网、人民网、《山西日报》、《人民代表报》、《山西经济日报》等10余家媒体记者参加的“三晋人大代表采风行”到尧都采风，实地参观解放路街道办事处人大代表联络站，了解基层人大代表工作特色和亮点。7月5日，朔州市山阴县人大常委会主任闫祖伟率考察团到解放路办事处考察人大代表联络站建设运行方面的工作。区人大常委会主任鲁立波、解放路街道党工委书记李艳芳、解放路办事处主任葛春生参加考察活动。7月15日上午市人大常委会领导、尧都区人大常委会领导、解放路街道党工委书记李艳芳、人大工委主任闫速等办事处领导陪同吕梁市人大常委会主任刘振国一行15人调研学习解放路人大代表联络站工作。“八一”建军节，解放路办事处组织辖区人大代表、党政班子、社区书记对尧都区人民武装部全体官兵进行慰问，区人武部部长朱定海给全体人员上一堂国防教育课。8月16日上午，市人大常委会副主任李建国以普通人大代表身份，走进尧都区人大代表联络站开展进站活动。开展评选模范人大代表和优秀议案活动，对履职差进行通报，履职好的推荐奖励。强化对代表的监督，促进代表依法履职。联系选民，发挥作用，为居民办实事。代表履行职责。要求辖区16名代表在所在选区加强联系选民工作，建立十人以上选民微信联系群，为每位代表确定每个月15日为代表接待日，方便代表联系群众，了解辖区内居民热点难点问题。代表提出“关于尧都区人才方面的建议”“关于加大尧都区地温能、水热能等新能源开发力度建议”“关于尧都区开展农村三级寄递物流体系创新模式的建议”“关于加强农村党支部建设的意见建议”等4项建议意见。

【纪工委工作】 2022年，解放路街道纪工委监督检查情况。解放路纪工委突出监督主责，根据尧都区纪委监委安排，重点对社区、站所、辖区中大型商场、酒店等人员密集场所、非公党组织等单位关于安全生产、疫情防控等工作落实情况进行监督检查。纪工委共实地走访、监督检查达53次，其中政治监督13次、日常监督26次、专项监督14次，发现整改类问题49个，要求相关单位限期完成整改。审查调查情况。解放路纪工委受理尧都区纪委监委第一协作区案件9件，其中初步核实7件、立案6件、处分5人。自办案件3件，给予组织处理2件3人，党纪处分1件1人。做好党风廉政建设。纪工委会同党工委每月召开党风廉政建设专题会议，传达相关会议精神，通报违纪典型案例，以案促改，增强党员干部防腐拒变的能力。加强廉政风险防控，督促党员干部廉洁从政，纪工委对办事处、社区重要岗位、重点部门工作人员等同志主动约谈22次，会同党工委开展党风廉政建设会议7次。以街道路街道迁址为契机，把标准化理念融入到纪工委日常管理、办案安全、规范化建设过程。解放路街道纪工委办公室、初核谈话室、函询谈话室、信访接待室、廉政档案室五间办公室按照区纪委监委规范化建设要求投入使用。对纪工委办公场所板面进行重新制作，形成规范务实的工作流程图。按照尧都区纪委监委基层建设年要求，规范建立健全各类工作台账，对辖区1047名监督监察对象廉政档案进行归档整理，实行动态管理，进行全面监督。围绕清廉尧都建设目标，开展纪检监察工作。组织机关及社区党员集中观看警示教育片，以身边事教育身边人，通过反面案例现身说法，提高党员干部廉洁从政基本素质，增强廉洁自律防腐意识。保持“严管监督”的实效性。纠治工作执行落实“中梗阻”、履职尽责“庸懒散”、服务群众“推拖绕”等不良风气，在兴隆小区和关帝庙拆迁过程中，纪工委严把红线，全程监督，29天内拆除479户，做到公开、公平、公正、透明，没有发生一起违纪事件。扩大“防控”的覆盖面。排查廉政风险隐患，健全防控机制，紧盯重点部门、关键岗位，日常监督机关科室、社区43次，把权力置于规范的制度和监督之下，打造讲政治、守纪律、负责任、有效率的模范机关。

【党群服务中心工作】 2022年，解放路办事处党群服务中心落实党群工作各项重点工作任务，做好辖区党员群体、老年群体、青少年群体、妇女群体等多元化、精准化民生服务，打造基层党建活动阵地，助力尧都区“三区三地”建设总体工作目标。党群共接待服务居民200余人次，开展活动30场次。开展“庆七一”党建活动10场，“公益学堂”活动10场，亲子阅读活动10场，“便民零距离”活动接待居民100余人次。建设“开放”服务平台。整体布局上，秉承“开放式办公和服务”理念，其中各类功能室、会客厅、洽谈室、休闲书吧面向辖区单位、社区免费开放，解决部分单位办公、会议空间不足痛点，提升功能室利用率。打造“共享”服务模式。区域划分上，将功能相近、性质类似的空间区域进行整合，如亲子阅读和党建书吧共用空间，培训会议和活动排练场所共用等，便于为辖区内党员群众提供符合需求、提供方便的场所。根据办事处安排，党群服务中心相继参与疫情防控、老旧小区改造、抓党建促基层能力提升、全国文明城市创建等重点工作。

【便民服务中心工作】 2022年，解放路便民服务中心为基层办实事，以街道为单位，社区设立便民服务代办点，为群众提供服务，发挥“便民办事、为民解忧、帮民致富、促进和谐”四大功能。中心设立与群众生活息息相关的民政、残联、司法、计生、兵役登记、退役军人事务、个体工商户等行政审批事项和社会服务事项纳入中心统一办理和管理；坚持以务实为民、便民高效为宗旨，优化服务核心，实行“一厅式办公，一站式服务”，2022年共接待办理一系列便民服务事项866件，办理率100%，方便辖区群众。为高效服务群众，实现便民服务中心规范管理，制定便民服务中心工作制度和便民服务中心服务制度等一系列制度，中心工作人员按制度办事，秉公办事，不推诿扯皮。完善梳理街道便民服务中心、社区便民服务点公共服务事项清单，规范便民服务中心的工作流程，使管理工作有章可循。2022年，街道完善便民服务中心及各社区便民服务中心基础设施。在办理个体工商户设立、变更、注销业务中，引导个体工商户自助网上申请办理，提高办事效率，方便居民办证，实现让群众办事少跑腿，让网络多跑路，打通政务服务

"最后一公里"，提升市场主体的满意度和幸福感。社区便民服务点根据工作需要成立帮办代办队伍，为居民提供全程代办服务，做到群众办事不出社区、社区有代办、代办不收费。代办范围内的所有政务服务事项，需到街道便民服务中心办理的，由社区及代办员代办；需到区政务服务中心办理的，由街道代办员代办。帮办代办的推出和坚持、工作人员的主动和热情，提升了街道政务服务的工作作风和形象。

【退役军人服务站工作】 2022年，解放路街道退役军人服务站加强阵地建设，提升退役军人服务。退役军人服务站按照退役军人服务体系建设要求，坚持落实五有，即有机构、有人员、有编制、有经费、有保障。2022年，解放路加强办公场所建设，增添办公室电脑等设施，制作工作相关职责版面上墙，完善档案材料，组织机构建设完成。根据村（社区）级服务站服务体系建设的要求，绿苑社区、市府社区筹备，加强建设，完善档案材料，退役军人服务体系框架基本形成。开展建档立卡，加快优待证卡办理。根据上级退役军人事务工作安排部署，开展退役军人建档立卡和优待证的办理工作，鉴于解放路街道辖区退役军人基数较大，街道办事处召开专题会议进行部署，责任到人。办事处联合各个社区通过张贴海报宣传、微信群内通告、拨打电话等方式开展宣传工作。与中国联通、中国移动、邮政储蓄银行、工商银行等相关电信和金融部门合作，联系专业人员开展办理工作，截至2022年6月，完成人员总量的90%。2022年以来，为退役军人办理小额临时救助，为3名60周岁以上退役军人申请优抚金。通过微信、短信等各种渠道宣传退役军人就业创业政策，为退役军人提供工作岗位信息，2022年春节和"八一"建军节之际，走访慰问退役军人，送去米面油等生活物资。解放路党工领导班子对获得二等功的在役军人进行证书发放，对家属进行慰问，积极做好双拥工作。

【领导成员】

党工委书记：李艳芳

党工委副书记、办事处主任：葛春生

人大工委主任：闫　速

党工委副书记：闫新芳

纪工委书记：许蕾蕾

武装部部长：席向峰

副主任：高　婧　张艳荣

附：获奖情况

2022年3月，解放路办事处被临汾市精神文明建设指导委员会授予"临汾市文明单位"称号。

2022年3月，解放路办事处被临汾市尧都区第七次全国人口普查领导小组办公室授予"尧都区第七次全国人口普查先进集体"称号。

2023年2月，解放路纪工委被临汾市尧都区纪律检查委员会授予"2022年度考核优秀"称号。

（李艳芳）

西街办事处

【概况】 2022年，西街办事处辖区总面积7.13平方公里，常住人口27432户、73988人，下辖7个社区居委会。位于临汾市城区西南，北至鼓楼西路，与水塔街相邻，东至鼓楼南大街与南街办事处毗邻，南与尧庙接壤，西至汾河中心线与刘村镇隔河相望。

【基层党建】 2022年，西街办事处围绕习近平新时代中国特色社会主义思想、党的二十大精神等内容，组织理论中心组专题学习14次，积极丰富教育形式，组织开展“对标先进，比学赶超”等专题党课16次；邀请区委讲师团、区委党校教师进行党的理论专题宣讲6场次，在“融会贯通、学以致用”上下功夫，引导广大党员干部始终做到以党的旗帜为旗帜、以党的方向为方向、工作以党的意志为意志。开展建党101周年系列庆祝活动，走访慰问老党员23名，发放“光荣在党50年”纪念章14人，开展志愿服务活动16场次，评选抗疫先锋个人298人，爱心企业单位23个，开展文明创城宣传活动30余次。

【重点项目】 2022年，西街办事处高标准打造完成仓街社区党群服务中心，建成钟楼小区、五一学校路公寓等12个小区党群服务驿站，完成街道“一厅四室”综治中心建设，7个社区“一厅两室”建设。

【环境治理】 2022年，西街办事处以散煤“三清零”治理、露天焚烧治理、餐饮油烟治理、工地、道路扬尘治理、“五堆”清理、预警天气管控等为重点，发挥“三级”巡查机制，采用街道、社区、网格员机动组巡查相结合的方式，分重点区域、重点路段、重点时段，坚持开展环保每日晨查、午查、夜查。开展大清洗工作，对辖区街巷及技校国控点周边进行洒水、清扫等保洁工作，对辖区企事业单位、居民小区等地面、墙体和楼顶进行清洗。开展散煤清缴和餐饮油烟治理工作，对辖区老旧楼院、沿街门店、商贩、单位等区域逐一排查，排查500余户，开展污染源逐户巡查排查，共排查400余户，现场发现处置问题20余次。对技工学校国控监测点周边相关单位下发房顶大清洗通知30余份。对市委国控监测点，坚持每天对西关社区范围内污染源，开展环保巡查，共现场发现处置问题10余次。检查辖区建筑、拆迁工地，要求规范施工。出动180余人次开展城市大清洗，对辖区42个小区，30个单位的地面、楼顶等进行清洗，累计清洗面积约50000米，清除垃圾约为0.2吨，出动洒水车2辆。

【社会事业】 2022年，西街办事处对辖区43个低保家庭进行动态管理；为127名享受护理补贴的一二级重度残疾人和39名享受生活补贴的残疾人进行动态管理，办理新增护理补贴14人；新申请公租房18户，经济适用房2户。为辖区368名残疾人进行基本服务状况和需求信息数据动态更新登记，为其适龄人员购买意外伤害保险，对辖区8户残疾人家庭进行访视，为残疾人发放辅助器具4件套，新申办残疾证16人。

【退役军人工作】 2022年，西街办事处对辖区优抚对象进行动态管理、数据核查，每月报送优抚金发放表，确保优抚金按时发放。为辖区困难退役军人办理临时救助；对2022年入伍新兵家庭进行走访、信息采集，悬挂光荣牌；为辖区退役军人办理建档立卡、优待证申领。

【统计工作】 2022年，西街办事处开展人口抽样调查工作，9月底对抽出的样本进行初步核实，共涉及5个社区。

【房屋安全隐患排查】 2022年，西街办事处主要开展自建房安全隐患排查整治工作，排查经营性自建房238处，其他自建房1246处，联系第三方鉴定公司，对经营性自建房进行房屋安全鉴定，其他自建房进行“回头看”，联系第三方鉴定公司对初判有隐患的其他自建房进行鉴定。

【平安建设】 2022年，西街办事处发动辖区内66个小区党支部作用，宣传非法集资、电信网络诈骗等；走进辖区内重点单位、学校、尧丰市场、大丰超市进行集中宣传，发放宣传资料30000余份；组成15支宣传小分队进入66个小区、23个平房区进行宣传；对各类矛盾纠纷排查48次，受理各类民事纠纷18起，调解18起，调处成功率100%；检查辖区门店及重点单位共81家，现场检查记录81家，下达整改指令40家，复查意见书送达40家；利用节假日进行法治、扫黑除恶、国家安全教育等宣传。受理各类民事纠纷28起，调解28起，调处成功率100%，接收社区矫正对象8人，累计接收168人，解矫7人，累计解矫143人。

【安全生产】 2022年，西街办事处以“全覆盖、零容忍、严执法、重实效”为总要求，开展各类安全专项检查和综合检查。加大安全宣传力度。组织社区、企事业单位消防安全培训讲座共15场，在安全生产月活动期间共发放宣传资料1800余份、固定标语5处、条幅96条，在辖区内传播安全文化。对辖区内21所各类幼儿园教职工进行安全教育培训；与各企业单位、社区及辖区单位签订安全生产目标责任书共979份，签订消防安全责任书69份；开展建筑领域房屋安全隐患排查和专项整治，共排查69家。发现一般隐患46家，下达限期整改通知书46家。共检查辖区各门店单位及重点单位129家，现场记录129家，下达整改指令83家，复查意见书83家。

【廉政建设】 2022年，西街办事处贯彻落实党风廉政建设责任制，形成党政齐抓共管，纪工委监督协调，部门各负其责开展工作的局面，层层签订目标责任书。做好日常监督和专项监督工作。重点对疫情防控、安全生产等工作进行监督检查，共参与监督检查88次，发现问题40个，要求出现问题的部门进行立行立改。更新廉洁档案602份。坚持每月召开一次党风廉政会议，班子成员制定五个清单，签订党风廉政建设责任书23份。

【武装工作】 2022年，西街办事处完善从严管理新规定，坚持完善《鼓楼西街民兵应急战备工作方案》《鼓楼西街民兵组织整顿制度》《鼓楼西街民兵执勤制度》，“民兵工作四个一”管理制度。集中小组学习12次，集中训练5次，开展党课政治教育5场。

【领导成员】

党工委书记：张　强（9月任）
党工委副书记、办事处主任：孟庆刚
人大工委主任：许小梅
党工委副书记：闫亚琴
纪工委书记：李晓娟
组织委员：樊宏宏

武装部部长：徐宝忠
办事处副主任：李世平　米　雪
党群服务中心主任：王为民
便民服务中心主任：郭小波
退役军人服务站站长：丁艳春

（王为民）

水塔街办事处

【概况】 2022年，水塔街办事处总面积2.5平方公里，1.5万户，常住人口30764人，14个网格，62个小区（片区）。辖龙潭、阳光、水塔、汾泽4个社区，设1个机关支部、4个社区党支部、3个非公支部。有62个小区（片区）党支部。在册党员695名，在职党员2625名。水塔街所辖区域位置优越，商业发达、教育资源丰富。位于市区西北部，是临汾市委所在地，辖区东至鼓楼北大街、西至汾河东岸、南至鼓楼西大街、北至古城路。

【“126”工作举措】 2022年，水塔街办事处继续实施“126”年度目标，即坚持“1”个统领，以全方位推动尧都高质量发展打造样板街道为统领；聚焦“2”项创优，治理与服务双项创优；办好“6”件实事：完成水塔棚户区改造还迁、水塔社区党群服务中心建设、街道综合便民服务中心建设三大任务，实施10个老旧小区改造、一社区一党建品牌、社区干部能力提升三大项目。

【党风廉政建设】 2022年，水塔街办事处坚持全面从严治党，执行“三重一大”集体决策和民主集中制各项规定，督促班子成员落实好“一岗双责”。每月召开党风廉政建设会、廉政授课和警示教育，开展干部谈心谈话75人次。结合“清廉水塔”建设开展“六个一”活动，打造清廉机关、清廉社区，清廉家庭；建立健全《街道机关管理制度汇编》，完善街道各部门制度、社区制度等共27项；开展促党建抓基层治理、疫情防控、安全生产、环境卫生、各项指标完成情况等监督检查78次，指出存在问题39个，提出整改意见30余条。

【抓党建促基层治理能力提升专项行动】 2022年，水塔街办事处自抓党建促基层治理能力专项行动开展以来，开展专题培训10次；制定《重点任务台账》55项，责任到人；对照检查形成党工委问题清单13项，完成整改13项；项目化建设方面，成立5个专项行动工作专班和2个重点课题工作专班。将专项行动和“向人民群众交好账”实践活动的“三个清单”深度融合，提升人民群众的获得感、幸福感、安全感。

【党建引领小区治理】 2022年，水塔街办事处新建标准化党群驿站建设8个，累计18个。在小区党支部的带领下，市委西苑小区，通过小区自治完成老旧小区改造，面貌焕然一新，邻里和谐文明，每户房屋增值了20万元；博浩源小区创新提出的“立足于暖、聚力于红、着手于微”点亮三星的服务理念。党建引领小区治理正由点及面迈上新台阶。

【社区品牌升级】 2022年，水塔街办事处抓党建促基层治理能力提升专项行动开展以来，龙潭社区党建示范作用凸显，创建“六个一”

党建工作体系与“25+”党群议事法则。

【小区管理】 2022年，水塔街办事处推行小区物管会、业委会全覆盖，58个小区完成组建任务，覆盖率达100%；制定出台《推进物业服务企业接管老旧小区工作实施方案》，通过“街道抓、社区引、小区选”三步棋，推进物业接管。汾河制药厂、梅苑新村、梅苑新区、龙潭人行小区4个老旧小区完成物业企业接管；探索小区自治方式，市委西苑小区创新“党建引领+居民自治”模式，通过“一核双元”服务体系，实现自我管理、自我服务，成为名副其实的“明星小区”。

【基础设施改造】 2022年，水塔街办事处10个小区启动老旧小区改造，总投资4029.06万元，涉及920户，其中东苑小区、煤气小区、东芦煤焦站小区等7个小区已开工建设。

【安全生产工作】 2022年，水塔街办事处4月初承办全区电动车消防安全专项整治水塔街现场会。辖区共58个住宅小区，建成电动自行车棚78个，安装集中充电设施1219个。16个物业小区全部按需达标，172部电梯梯控安装100%全覆盖；摸排辖区内自建房与小区住宅房屋，2162处信息已全部录入系统，对655户自建房中涉及违规加建、改建、扩建的538户。

【综合服务】 2022年，水塔街办事处街道综合便民服务中心投入使用，相关规章制度、办事流程公开上墙，自“个体工商户服务月”活动开展以来，市场主体登记等服务事项进驻便民服务中心，办理个体工商户登记51户，群众可以不出街道，在家门口的便民服务中心实现“秒批秒办”。

【文明实践】 2022年，水塔街办事处完成水塔街新时代文明实践所升级换代，成立7支文明实践志愿队伍，分别为五彩志愿者分队、理论政策宣讲服务队、普法宣传志愿服务队、文体艺术志愿服务队、医疗卫生志愿服务队、爱心帮扶志愿服务队和文明劝导志愿服务队，汾泽社区成立35个新文明实践点，截至12月份共开展了51次活动。

【民生保障】 2022年，水塔街办事处新申报公租房21户、经适房1户，年审低保户17户，年审公租房6户。新办理残疾证10人，享受困难残疾人生活补贴10人，享受重度残疾人护理补贴69人；办理退役军人困难帮扶16人次。

【固投任务】 2022年，水塔街办事处街道全年固定资产投资任务3000万元，已完成3666万元。其中水塔游园投资211万元、水塔棚户区投资3455万元。两个项目已全部竣工。

【领导成员】

党工委书记：刘宝生（9月免）
　　　　　　卢军强（9月任）
办事处主任：席栋宜（9月免）
　　　　　　高　翔（9月任）
人大工委主任：侯文杰
党工委副书记：卓夏红
纪工委书记：樊琳琳
组织委员：刘　燕
宣传委员：刘芝鑫
武装部部长：邓大伟

办事处副主任：李　辉　全　婧

党群服务中心主任：梁海燕

便民服务中心主任：王海妍

退役军人服务站站长：范秀珍（9月免）

（陈婵婵）

南街办事处

【概况】　2022年，南街办事处辖区面积7.57平方公里。全街道共有6个社区，有居民小区120余个，辖区现有居民1.4万余户、4.4万余人。党工委共下辖基层党支部9个，其中社区党支部6个、机关党支部1个、非公党支部2个，共有党员817名。现有社区专职工作者33名，社区“两委”干部35人。南街街道成立于1985年，位于临汾市城区中心地带，东至平阳大街，西至鼓楼南大街，南至福利巷，北至鼓楼东大街。

【党建工作】　2022年，南街办事处以专项行动为抓手，以抓班子队伍建设为基础，以服务居民群众为目的，强化研判、优化机制、细化工作、提升能力，深化城市党建引领的深度广度。坚持五个“走在前”，推动党建引领再上“新台阶”。即走访调研“走在前”、驿站建设“走在前”“先锋”表彰“走在前”、清单建设“走在前”、网格建设“走在前”、法治建设“走在前”，推动党建工作再上新台阶。完成走访101人次，召开分析研判会议10余次，形成分析研判报告9份，摸清辖区治理现状。成立组建主题培训等6个工作专班，其中重点课题——加强社区工作者队伍建设由党工委书记领题，担任工作组组长，提升社区工作者队伍建设水平。2022年完成9个小区党群服务驿站建设的打造，通过区级验收。开展“尧都先锋最美头雁”表彰活动，对9名2021年度优秀小区党支部书记进行表彰。完成各级问题清单的制定，党工委共查摆问题13条，完成整改；各社区查摆问题74条，完成整改；科级领导干部查摆问题108条，完成整改；社区“两委”干部查摆问题325条，已全部完成整改。细化全科网格建设，提升综合治理能力，网格细化从原来的20个细化至40个，网格员增至40个，建立五级微网格台账，提升基层综合治理能力，构建纵向到底，横向到边的立体化“动力主轴”。按照“三到位”工作法即普法宣传到位、队伍建设到位、便民咨询到位，推进基层法治建设。本年，共接受免费法律咨询338件，做到100%解答。深化综合行政执法体制机制改革，成立工作专班，明确综合执法队伍建设要求，开展执法人员培训，做好综合行政执法队伍建设“前半篇文章”。已有11人通过山西省执法资格考试并取得执法证书。

推动从严治党向纵深发展。强化理论武装，廉政教育常态化。街道将廉政教育贯穿于全年理论学习中，在工作例会、集中学习、春节、中秋等节点进行“四风”问题的监督提醒，共召开党风廉政教育专题会议12次，要求班子成员和各党支部书记发挥“头雁效应”，带头学习，把思想政治建设抓在日常。压实主体责任，筑牢廉政底线。严格“一把手”和领导班子“责任清单”的制定和落实。完成30余份党风廉政建设责任书的签订，加强警示教育，提高全体党员干部拒腐防变能力，树牢“底线”思维。锤炼干部队伍，夯实作风建设。结合“专项行动”及“清廉尧都”建设的总体要求，成立纪律作风整顿工作专班，在全街道开展为期三个月的纪律作风集中整顿活动，改善工作作风，确保能力提升到位。

【安全稳定工作】 2022年，南街办事处常态化安全排查，共建“安全和谐”南街。召开安全工作例会12次，在春节、清明等时段及各类专项行动期间召开多次专题安全会议，确保责任落实到位、隐患排查到位、宣传辐射到位、应急演练到位。细化办事处安全工作职责，督促落实企业的主体责任，确保安全生产责任落实到位。以建设安全社区为切入点，整治“飞线”充电。依托网格化管理平台，将排查事故隐患作为安全工作重点，建立隐患排查整改台账，确保安全生产。全年排查隐患290条，落实整改281条。

常态化房屋排查，确保居民住房安全。开展自建房安全排查，全年排查总量为3305户，其中自建房1976户（经营性自建房448户、其他自建房1528户）。自建房中，存在安全隐患6户，全部C级，完成整改1处，未整改5处。

常态化信访风险管控，办事处共受理群众来信来访30件次。其中上级交办9件，来访20批47人次，办结率97%。排查各类矛盾纠纷29起，化解29起，化解率100%。

常规化矫正帮教，监督帮扶到人到位。2022年，街道对社区矫正对象开展监督管理、教育帮扶，截至2022年底，共接收社区矫正对象261人，2022年接收11人，在册人员96人，其中社区矫正对象解矫57人、刑满释放人员39人。本年共建立完善30份安置帮教档案，包括社区矫正期满解矫18人，刑释人员12人。

【民生工作】 2022年，南街办事处明确任务细化职责，推动房产颁证“清零”。街道41个小区，3549套房屋，首登首转工作于6月17日全部完成。推进老旧小区改造，助力“靓丽”南街建设。2022年11个老旧小区改造，逐步分批开工，扁担巷小区，南街小学家属院等7个小区全面开工。落实各类救助帮扶政策，解决困难群体生活难题。坚持动态管理，每月一排查，动态管理辖区低保人群，落实残疾人两项补贴、同步开展各类救助工作，解决困难群体生活难题。

【“美丽尧都”建设】 2022年，南街办事处开展环境卫生整治。秉承全年都是“秋冬防”的理念，不间断对辖区进行巡查整治，建立规范的专人报送机制。常态化开展环境卫生整治，全年出动辖区单位1173人次对辖区街巷、小区进行清扫保洁，清洗面积73220平方米，清除垃圾0.7吨，清除城市牛皮癣14120条；出动1187人次检查建筑、拆迁工地，检查654家，发现问题6处，完成整改。第四届尧都文化旅游节环境卫生整治工作中，投入资金3万余元，出动279人次，设施315件，拆除遗留、废弃的广告牌和无实际用途、有碍观瞻的视觉污染设施等22处，清理整治乱堆乱放、乱圈乱占、乱贴乱画等170余处，清理垃圾20余吨。

【领导成员】

党工委书记：刘靖华（女）

党工委副书记、办事处主任：杨磊磊

人大工委主任：岳大鹏

党工委副书记、政法委员：冯文丽（女）

组织委员：乔莹莹（女）

武装部部长：陈卫明

办事处副主任：孙希蔚（女）

范朝英（女）

二级主任科员：梁苏琦　张文福　郭云岗

便民服务中心主任：石海玲（女）

党群服务中心主任：王　姣（女）

退役军人服务站站长：韩希伟

（靳玉杰）

乡 镇

乔李镇

【概况】 2022年，临汾市尧都区乔李镇共有9个行政村，2万余人，耕地面积3万余亩，主要农产品有小麦、玉米、韭菜、辣椒。位于尧都区东北部，地处涝河北岸，西倚108国道。境内地势平坦，土地肥沃，粮丰林茂。

【项目建设】 2022年，乔李镇生活污水排污口治理项目已经完成。该项目总投资882.57万元，全长4572米，涉及污水检查井70座，配套建设格栅池4座。

【农业发展】 2022年，乔李镇共种植小麦19421亩、玉米17375亩、杂粮501亩、油葵158亩、辣椒1500余亩、中药材350亩、韭菜1000余亩，培育苗木200余亩，发展无花果、葡萄、桃、车厘子等经济作物，年产值突破500万元；尧乡园村种植艾草330亩，每亩平均收益达3000元，加紧建设存储仓库，为同步深加工艾绒、艾条、艾炷提供便利条件。

【基础设施建设】 2022年，乔李镇推进乔李高标准篮球场建设进度；完成全镇7个公共浴室建设及日间照料中心建设。2022年1305座改厕任务循序推进，抓改造进度、质量，完成800余座。

【生态建设】 2022年，乔李镇通过整合包村干部、巡查队、网格员等资源，建立交叉巡查体系，对“散乱污”企业等污染源头进行定期摸排，坚持露头就打，从源头上消除污染。“三清零”力度不减，实行镇、村、组三级干部负责工作制，对散煤、燃煤设施、烟囱进行“拉网式”“地毯式”全面排查，建立镇“秋冬防”攻坚夜查制度，对辖区内进行全方位巡查，发现问题16处，整改16处，清缴散煤0.01吨，拆除炉具16台，清除柴禾35堆。在禁烧垃圾、秸秆、树叶等方面进行宣传聚力、巡查管控，发现问题25处，整改25处，清理秸秆32吨。

【社会综合治理】 2022年，乔李镇通过文明司法实践等办法推进司法前移，信访“减存量、遏增量”全镇共悬挂宣传标语30条、发放小册子2000余册，正确引导群众妥善解决矛盾纠纷。结合该镇实际情况制定具有针对性、实效性强的信访工作应急预案，措施到位、职责到人。共受理信访件27件、50余人次，其中中央督办件2件，上级网投转办件6件，来访登记20件，按程序办理并及时回复。常态化开展扫黑除恶，依法打击邪教组织、电信网络诈骗犯罪等，推进禁毒人民战争，加快建设平安乔李。推进全科网格建设，健全基层社会治理体系。

【安全监督】 2022年，乔李镇围绕危险化学品、非法液化气钢瓶、交通运输、建筑施工、消防等五大领域，开展“打非治违”和专项整治工作，外出检查93次，出动人员180人次，检查企业25家，发现安全隐患问题58条，全部督促整改。深入开展安全生产风险隐患大排查大整治“百日攻坚”行动、安全生产“开小灶”以及“反三违”工作，对辖区内企业、教学机构、商店、饭店及各村理事会的安全、消防工作检查50余次，发放宣传资料600余份，确保安全生产形势平稳。具体开展“三零”单位创建，提高基层治理体系和治理能力现代化水平。

【民生保障】 2022年，乔李镇民生保障稳步提升，新增特困供养1人，低收入信息录入578人，新增重度护理补贴享受人员27人，取消11人，其中残疾证到期2人、死亡9人；对重度残疾护理补贴享受人员180人、贫困残疾人生活补贴享受人员68人进行动态核查。逐年解决临汾民航机场失地保险问题，共办理到龄人员失地保险431人，完成一次性办理45人。

【基层党建】 2022年，乔李镇思想教育常抓不懈。依托主题党日、“党员进党校”、宣讲小分队、流动课堂等载体，带领党员干部赴乔李村史馆、巨廷标烈士墓地缅怀先烈，以身边榜样推动深学细悟，学习宣传贯彻党的二十大精神。坚持“书记抓，抓书记”，每月28日召开村党支部书记月例会，组织各村书记“擂台比武”，通过学先进、找差距、抓创建、促提升，营造比学赶超氛围，形成一级抓一级，层层抓落实的责任体系。提升党员治理能力。组织村“两委”主干培训20余次，新培养入党积极分子26名、预备党员10名。全镇精准划分单元网格28个，设置网格党小组25个；配置党员街巷长274名；积分制管理农村党员495名；组织志愿服务500余人次，充分调动普通党员、入党积极分子参与中心工作、干事创业、服务群众的行动自觉。全面推进从严治党。带头落实党风廉政建设责任制，组织召开党风廉政建设专题会议12次、集中学习教育10次。

【领导成员】

党委书记：马戴魁

党委副书记、镇长：李润润

人大主席：逽进杰

副书记：王雅娴（女）

纪检书记：亢江江

组织委员：牛芳芳（女）

宣传委员：刘亚琴（女）

武装部部长：曹霞（女）

副镇长：李永军

崔兰星

（沈 忱）

大阳镇

【党建工作】 2022年，大阳镇自专项行动启动以来，贯彻落实市委、区委部署要求，根据所领课题，党委书记抽调精干力量，成立重点课题等7个基础工作专班，新增环保整治、红色文旅建设、无疫村创建工作3个专班。建立项目书，列明工作项目、推进举措、环节步骤、时间节点，确保专项行动落地见效。通过一周一调度，集中攻坚推进，有力有序落实各项工作要求。

【集体经济】　2022年，大阳镇落实省、市、区安排部署，坚持高起点谋划、高标准定位、高效率推进，确定“345”的工作思路，即“三要求”夯实工作基础、“四步走”掌握工作节奏、“五个一”助力任务攻坚。共摸底梳理合同1321份，认定问题合同数1321份，清理规范合同1321份，新增年收益47万余元；化解债务27笔，涉及金额129万元；清收债权702笔，涉及金额422万余元，将资源管起来、经济提上来；坚持把因村施策作为特色手段，提升村级集体经济发展，实现多业并进促增收。

成立大阳镇农村集体经济发展有限责任公司，依托苹果、中药材、养殖三个优势产业，整合辖区内农村集体经济合作社和产业主体，将全镇各村优势产业组织起来，探索建立“1+3+17+N”联盟体系，即1个镇村投资公司、3个优势产业、17个集体经济合作社、N名产业发展农户带头人，建立起村集体与群众利益共享、联创联建、风险共担的利益共同体。镇村投公司聚焦三个“统一”，通过统一管理办法、统一销售模式、统一分配机制，推动实现产业发展一体化、生产管理标准化、销售利润最大化。

【产业发展】　2022年，大阳镇按照农业增效、农村稳定和农民增收的基本思路，依托大阳苹果示范园区，“上阳红”“大阳乔村”苹果品牌效应，推动上阳村、西河堤村930亩高标准果园管理建设；核桃总覆盖面达5200余亩，大阳、官雀等村礼品二号核桃嫁接改造新增250亩；黄芩、远志、柴胡等中药材种植面积突破万亩。在特色产业方面，实施核桃提质增效品种改良工程。以官雀、大阳为中心实施核桃提质增效品种改良工程，提高核桃单果质量，扩大清香、礼品二号核桃面积250亩。提质增效工程已完成核桃提质增效200亩，喷施农药、增施肥料，夏剪工作、核桃冬剪和树干涂白工程已完成。品种改良工程通过核桃抹芽、绑扶、保活等工作，完成200亩核桃品种嫁接改良。实施中药材基地建设工程。投资750万元（太岳林局省造林资金），在大阳镇上阳村、官雀村、北逆村、乔村、尧贤村等10个村实施荒山绿化工程10000亩，主栽连翘、配套品种油松和山桃，实现村集体收入有效提升。完成8000亩栽植任务。实施万亩苹果提质增效工程。投资45.078万元，对上阳村、西河堤村苹果现代化园区进行改造，涉及苹果地930亩，发放电动剪和有机肥等，项目完成。此项目节约劳动成本、提高劳动效率，树立了高标准果园管理的样板。

【文旅工作】　2022年，大阳镇文旅融合持续推进，释放红色旅游潜能实施临浮战役官雀红色文化研学馆建设项目。按照省、市、区委部署安排，尧都区官雀村红色美丽乡村建设项目启动，申请中央财政资金300万元，完成施工图、效果图设计等前期工作，建设前期的土地、立项等相关手续已经区自然资源局审查完成，设计方案初具雏形。实施晋冀鲁豫军区临汾战役前方指挥所旧址修复工程。一年来，晋冀鲁豫军区临汾战役前方指挥所作为爱国主义教育阵地，接待上级调研、机关单位“清廉建设”、社会团体红色教育培训等10余次，接待

300余人次，通过重温入党誓词、讲述革命斗争史、开展红色研学素质拓展活动等形式，强化红色文化旅游教育功能，增强红色资源辐射带动力。

【脱贫攻坚】 2022年，大阳镇脱贫成果巩固，紧跟乡村振兴态势。突出动态调整，精准精细管理。扎实抓好动态调整，严格识别标准，有序防治返贫动态监测工作。2022年大阳镇有脱贫户362户1090人和监测户37户94人，其中未取消监测9户23人，分布在15个行政村。加大扶持力度，激发内生动力。上村锦怡兴林蛙养殖场大棚改造项目。投资26万元，带动16户农户就业（包含2户脱贫户），实施13个林蛙大棚的喷淋系统、排风系统、养殖专用绿白膜、围栏、冬眠打氧系统、养殖池等升级改造。项目已完成。垅洰村公共照明设施建设项目。投资35万元，辐射152户农户受益（包含5户脱贫户和1户监测户），实施93套太阳能路灯建设，项目已完成。岳壁村监测户羊养殖项目。投资1.2万元，扶持4户监测户羊养殖，为监测户补贴购买、发放品种母羊8只。项目已完成。光伏扶贫方面。户用光伏电站18座，可带动户年增收3000元；尧贤村北郊组发展100千瓦村级光伏电站一座，年收益为10万元左右。户用光伏、村级光伏电站均已购买商业保险，资产管理到位，运营正常。教育帮扶方面。2021—2022年度大阳镇享受“雨露计划”学生17人，享受补助资金5.1万元。就业帮扶方面。乡村振兴致富带头人申报1人，农村创新创业带头人备案6人，乡村振兴信息化队伍建设19人。金融帮扶方面。2022年小额信贷已投放100万元。

【民生工作】 2022年，大阳镇稳步推进民政工作。大阳镇共有低保户354户567人、特困户129户。事实无人抚养儿童5人、在册残疾人643名。临时救助发放72人共32400元；发挥老年人日间照料中心和农村公共浴室作用。大阳镇老年人日间照料中心建设涉及16个村，其中9个村新建、7个村改建；农村公共浴室建设涉及12个村，其中新建6个村、改建6个村，已于6月底组织乡镇自验、完善运行制度，并投入使用。推进交通道路建设。2022年修桥修路共8处，其中修桥1座，修路7条，上级资金共计1330万元。新修路段有尧陵路至涝河坝北路段修建柏油路，长度为7公里，宽度为12米；贤庄路至大阳路段修建柏油路，长度为2.1公里，宽度为8米，7月底开工，9月底完工，已通车。灾后重建项目。改造东河堤村联谊桥，改造岳壁村东掛路，补修东堡至西堡头、内鼻村至洪洞交界、上陈通村路，补修三和村、尧贤村多条村内道路。补齐交通发展短板，惠及更多农民群众。

【环境卫生】 2022年，大阳镇环境卫生持续整治，建立管理监督机制。常态化推进农村人居环境整治。按照区委、区政府安排部署，结合大阳镇“12333”六乱整治常态化治理模式，推进“一统两抓”工作举措，聚焦“片、点、线”三包，“深度、中度、一般”三层推进，实现打造“文化、美化、绿化”三成效，完成环境改善、美丽宜居的任务。开展村容村貌整治，共出动各类车辆机械1700余台次，在全镇各村将40余处大型垃圾堆放物清理彻底，2022年清理各类垃圾3600余吨，清淘沟渠38余公里，清除临浮路、尧陵路沿线“四堆”60余处。城乡环卫一体化服务已接受8个行政村，剩余两个行政村于11月底完成对接。提升帝尧福地形象。为配合开展好第四届尧都区文化旅游节，提升大阳形象，全镇党员干部把各项工作做精细、做到位，干出大阳标杆，配合完成尧都区第四届文化旅游节临浮路、尧陵路沿线环境卫生整治任务，营造人人爱护环境、人人保卫环境的浓厚氛围。"厕所革命"推进。完成2022年大阳镇改厕任务1868座，改善农户人居环境，助力乡村振兴。清洁取暖改善项目推进。完成垅洰村老母组和官雀村兰里组184户清洁取暖煤改电改造项目，提升群众生活品质，改善城乡人居环境。

【重点项目】　2022年，大阳镇在转型升级上持续突破，实现工业体系新跨越。重点项目高效有序推进。大阳镇2022年涉及区级重点项目征地工作共5项，共完成683.2亩征迁任务，其中包括沁临高速公路项目征地372亩、110千伏变电站项目征地11.2亩、供水厂项目征地24.2亩、污水厂项目征地19.8亩、中南铁路南韩煤炭集运站项目征地256亩。区开发办统一招投标项目共3项，上阳村、西河堤村申请上级衔接资金170万元，建设4200米苹果产业路；东河堤村申请上级衔接资金76万元，建设3000米红薯产业路；乔村申请上级衔接资金50万元，建设小型农田水利设施。以上项目招投标手续均完成，进入施工阶段。

【领导成员】

党委书记：王　泽

党委副书记、镇长：甄崇阳

人大主席：杨俊芳（女）

二级主任科员：贾小飞　王鹏飞

三级主任科员：陈锋强

党委副书记：闫晓琴（女）

纪检书记：张段飞

组织委员：张　瑶（女）

武装部部长：张倍宁

副镇长：邓明娟（女）　梁　健

　　吴建辉

便民服务中心主任：邢俊杰

退役军人服务站站长：韩　菲（女）

党群服务中心主任：王彦芳（女）

附：获奖情况

2023年2月7日，大阳镇王雅村获山西省委农村工作领导小组颁发的"2022年度村集体经济发展先进村"称号。

2023年1月，临汾市政法委授予大阳镇坡子村"全市示范网格第一网格"称号。

2023年1月，临汾市政法委授予大阳镇坡子村第一网格网格员王建军全市优秀网格员称号。

2023年1月，临汾市政法委授予大阳镇官雀村第一网格网格员行安民全市优秀网格员称号。

（乔　丹）

县底镇

【概况】　2022年，县底镇人口41928人，下辖25个行政村，耕地面积9.6万亩。县底镇地处尧都区东南部，西与段店乡交界，南与贾得乡相连，北与大阳镇毗邻。全镇总面积156.4平方公里。县底镇坚持以习近平新时代中国特色社会主义思想为指导，学习宣传贯彻党的二十大精神，落实党中央和省市区委各项决策部署，按照“三区三地”发展目标和要求，锚定“四农四镇”目标定位，落实管党治党政治责任，统筹发展和安全，推动产业发展、民生保障、环境整治、基层治理等各项工作迈上台阶。

【党的建设】 2022年，县底镇完善制度机制。开展抓党建促基层治理能力提升专项行动，研究制订实施计划，成立工作领导小组和10个工作专班，制定重点任务台账，梳理7个方面28项重点工作，细化112项具体任务，做到工作项目化、项目清单化、清单节点责任化。规范阵地建设。组织开展阵地建设“大检查”和观摩交流、晾晒评比活动，对各行政村党建工作和专项行动推进情况交叉测评打分。围绕公共服务、网格治理、集体经济等9个方面选题立项，党委点题出题、书记领题解题，总结形成15篇案例报道。规范党员队伍。制订基层治理主题培训计划，采用实地教学、案例教学等形式开展专题培训48次。组织全镇715名党员认岗领责，对各行政村干部党员、无职骨干党员、老党员、流动党员实行分类积分管理，共有1275名党员纳入管理范围。

【集体经济壮大】 2022年，县底镇开展农村集体资产“清化收”专项工作，共摸底合同1731份，摸清债务1680笔4132万余元、债权305笔404万余元。探索土地承包、劳务输出、村企联建等多元发展模式，行政村全部完成年度发展目标。

【产业结构优化】 2022年，县底镇农业生产稳中向好。全镇粮食播种面积9.6万余亩，产量5.6万余吨，河里庄葡萄、道东苹果、李家庄鲜桃、清乐院樱桃四大果业品牌影响力提升，贺家庄村李家庄组扁桃种植项目、苏寨村花椒种植项目、席村蔬菜大棚园区项目、东里村食用菌种植项目有序推进，中药材种植规模扩大。畜牧产业稳步攀升。全镇畜禽存栏27万余只，新晋利万头商品仔猪养殖场、大型清真定点屠宰场、九里香无公害蛋鸡舍扩建项目加快建设，集养殖、屠宰、加工、无害化处理为一体的全产业链条初步形成。文旅融合步伐加快。举办第十八届乡村风情桃花会，“红色苏寨”文化旅游开发战略合作正式落地，打造《苏寨·回响》沉浸式实景剧场和红色历程纪念馆，卧虎山、海云寺、世尊山、法华寺、平阳窑陶艺、博奥素质拓展中心等旅游地标串联成线。农贸产业初具规模。发展推广“合作社（公司）+农户+电商”的销售模式，推动“清乐院樱桃”“李家庄鲜桃”在线上线下热销。与尧丰市场等大型农贸中心签订战略合作协议，农产品流通通达便利。

【民生福祉增进】 2022年，县底镇完善社会保障。全年新增农村低保20户、33人，发放临时救助167人、8.3万余元，办理重度残疾人护理补贴135人，办理困难残疾人生活补贴28人，享受实物救助168户。成立镇未成年人保护工作站，完成低收入人口动态监测平台和安心养老政务平台信息录入工作。脱贫成果巩固。开展防止返贫动态监测和帮扶工作，针对全镇22户监测户实行“4+1”包联机制；加大金融扶贫力度，为20户脱贫户提供小额贷款共计100万元；李子角光伏发电站收益1.5万元全部分配到位；为21名学生申报“雨露计划”，每人享受补助3000元。社会事业进步。改善东里小学、翟村小学、联校办学条件；建立完善居民健康档案29685份，开展健康教育咨询服务5000余人次，免费义诊1600余人次。文化事业繁荣。选树6名文化带头人，成立6支文艺队伍，组织举办“书香尧都、文化县底”系列活动和锣鼓喧天庆“七一”等文化活动，组织县底镇龙形鞭杆志愿队参加市全民健身月活动展演，配合“送戏下乡”演出数十场，协助文物部门对东杜村文昌庙进行修缮。

【人居环境改善】 2022年，县底镇推进人居环境整治。拆除埝下村、翟村违章建筑，依法取缔东杜村黑加油站，对禁烧、散煤管控等重点工作进行不间断巡逻检查，对辖区内重点企业进行环保突击检查。水利建设。对辖区内排水沟进行集中统一清理，对通往许村金子河水库、南乔水库的道路和坝面进行硬化，改造升级防护设施，清理泄洪洞杂草及土石方。为黄寺头、贾墙、赵村河、许村等村更新人畜饮水水泵，为城隍村修建人畜饮水水泵房1座，为口子里村修建人畜饮水水库1座。农房抗震改造。412户农房抗震改造任务完成，其中新建18户，加固改造394户，全部验收。道路交通建设。新建县底镇企业路1.87公里，修缮翟村主街道1.3公里，修补528县道及南乔村乡道900平方米和临响路（城隍村至赵南河段）受损路面。进行“一灯一带”建设，在贺家庄村垃圾场路口安装提醒路灯，辖区内安装减速带20条。公共服务提升。按照各行政村地理位置、人口分布特点以及群众需求，建设农村公共浴室23处、日间照料中心25处，基本达到全覆盖，被多家媒体平台报道，成为全市样板。

【基层治理深化】 2022年，县底镇网格治理精细化。划分三级中网格25个、四级小网格152个、五级微网格777个，另设各行各业专属网格44个。成立75个网格党小组，做到党建网格和综治网格融合互补。行政执法制度化。成立综合行政执法委员会，将16名机关人员纳入执法队伍，制定《持证上岗和资格管理制度》等8项制度，推进乡镇行政执法体制改革。法治建设标准化。利用微信、宣传栏、横幅标语等载体开展普法宣传教育，发放宣教资料3500余份。全年共受理各类纠纷16件，接受法律咨询185次，提供法律援助案件5起，接收安置帮教人员15名，接收社区矫正对象213人，解矫190人。安全生产长效化。召开2022年安全工作会议，签订责任书44份。结合“安全生产月”集中开展法律法规宣教、知识培训、应急演练、安全督导检查等活动，累计发放宣教资料1200余份，接受群众现场咨询100余人次。信访工作规范化。全年受理信访事项77件（其中尧都区信访局转办56件），群众满意度达到95%以上。针对个别信访突出问题成立工作专班，有效处置化解风险。

【领导成员】

区委常委、县底镇党委书记：杨　斑
党委副书记、镇长：张　强（9月免）
　　　　　　　　　侯海滨
党委委员、人大主席：马超（女）
党委副书记：张芹华（女）
纪委书记：李瑞珍（女）
组织委员：辛首杰
武装部部长：张富程
党委委员、副镇长：靳文秀（女）

副镇长：伊相杰　张一凡

（李泽熠）

尧庙镇

【概况】　2022年，尧庙镇总面积31.7平方公里，耕地面积18586亩，辖7个行政村，7个社区。位于尧都区南部，东邻南机场，南与襄汾交界，西临汾河，北与城市相连，距市中心2公里，地理位置优越，交通便利。

【党的建设】　2022年，尧庙镇制定出台基层治理模式实施方案，探索农村“三三三”基层治理模式、城市党建“五个一”基层治理模式，构建务实管用的党建引领治理新模式。扎实推进“清化收”专项工作，按照“消、改、查”分类清理规范，摸底合同143份，整改问题合同117份，收回欠款171万元；镇农村集体经济发展有限公司统一牵头指导、谋划项目，村党组织合作社领办具体实施，启动高效农业农副产品研学基地、便民农贸市场、停车场等项目13个，获得收益项目2个。全镇各村集体经济收入全部达10万元以上，其中100万元以上有3个行政村、50万元以上有5个行政村；聚焦4个“村改社区”任务，坚持分类施策精准推进，同步调整党组织设置，过渡相关人员19人。打造新百汇社区1500平方米党群服务中心场所，成立临汾市首个社区智慧康养服务中心，探索智慧社区平台，与尧都区人民法院联系推出线上“云调解”，迎接市区多次观摩。建设小区党群服务驿站5个、新社会就业群众暖心驿站7个，完成下靳村日间照料中心、公共浴室建设。

【产业转型】　2022年，尧庙镇加大稳投资工作力度，固定资产投资新增11.51亿元，限额以上零售企业收入新增44.84亿元，批发业收入新增7.16亿元，城镇人均可支配收入监测户月收入均达4100元以上；营商环境持续优化，市场主体新增1410户，形成保疫情防控和保市场主体壮大齐头并进的“尧庙模式”；推进高标准农田建设，全镇共种植粮食作物1.73万亩、产量8389余吨，经济作物817.5亩、产量2515.2吨，园林水果108亩、产量332.7吨，较上年大幅增长。

【重点项目】　2022年，尧庙镇完成文德府、弘德府、市委党校、市动物园迁建项目入库；完成市疾控中心（市中心血站、市急救中心）138.62亩土地征收工作；完成伊村城中村改造项目、临汾赛城体育度假小镇项目相关手续上报工作；启动清泉园、京师智达及滨河南路南延等征地项目；推动7个老旧小区改造项目，进入招投标程序；推进中大街南延（西赵段）安置房项目；南外环下穿通道拆迁工作全部完成，南北全线通车。

【乡村振兴】　2022年，尧庙镇乡村基础设施日益完善。完成神刘灌区节水工程，一级干渠防渗3.084公里完工并投入使用。改建大韩段主供水管道520米铺设，更换1台供水加压站水泵。完成农村户厕改造597座，下靳村日间照料中心改建并投入运营；严守耕地保护红线，开展耕地乱建问题专项整治，依法拆除耕地违规建房5处，整改完成“非粮化”土地4个地块、15.93亩；持续稳固脱贫成效，全镇脱贫人口26户53人均已消除返贫风险，符合条件的已享受社会保障兜底政策。完成7311户24951人防止返贫监测帮扶集中排查工作。

【镇村环境】 2022年，尧庙镇生态治理成效明显。规范管理尧王台现代农业示范园区，清理排水渠道及杂草垃圾，抢修温室大棚，整治周边50亩近30万立方米垃圾山。开展黑臭水体专项整治，对5处黑臭水体进行清淤疏浚。加强汾河流域生态保护，修建汾河（下靳段）污水处理池1处并投入使用。处置11个非正规大型垃圾堆，完成全镇7个农村环卫城乡一体化交接工作；开展“秋冬防”巡查工作，组织专业巡查队伍配合区环保部门执法，紧盯建筑工地、餐饮企业、汽修企业等重点领域，重点治理散乱污企业，杜绝散煤、生物质燃烧。配合大暖公司完成集中供热配套设施费用收缴，完成31户煤改电工作任务；开展防汛救灾工作，集中治理汾河河道下靳村段妨碍行洪突出问题，修筑2.71公里应急防洪坝，清理成片阻水林840亩，保障河道行洪通畅。落实值班巡查制度，完善防汛应急预案，组建镇村两级防汛队伍，常态化检查督导重点区域，确保隐患排查到位。

【安全生产】 2022年，尧庙镇织密安全防线。落实安全联防“1561”工作机制，开展“百日攻坚”行动，常态化加强隐患排查，检查企业800余次，整改隐患160条，取缔非法加油站2家。联合多部门开展专项检查30余次，上报处理较大隐患6处；配合燃气公司开展燃气“三强制”改造，免费更换辖区所有燃气用户波纹管和自闭阀；成立尧庙镇食品安全委员会，完成辖区619家小微企业包保干部、包保市场主体信息报送并实行动态管理；推进城乡自建房安全排查工作，完成全镇26017户自建房屋信息录入，其中849户经营性自建房完成鉴定。

【综合治理】 2022年，尧庙镇治理效能提高。开展防范非法集资和电信网络诈骗宣传工作，签订承诺书4万余份，悬挂横幅580余条，发放宣传册4.6万余份；投入资金2万元，打造镇综合治理中心“一厅四室”建设，探索推行“网格吹哨、团队报到”的扁平化网格治理尧庙模式，将各类民生事项服务人员入格编团，组成“网格+警格+民生事项”融合的基层工作团队；落实信访“五包一”制度，全年接待来信来访82件，按程序办理回复。

【民生事业】 2022年，尧庙镇社会保障全面落实。推进城乡居民基本养老保险认证缴费工作，全镇农村基本养老保险缴费8133人，补充养老保险缴费1804人；推进被征地农民失地养老保险工作，195人正常领取，150余人已申报上级待审核后办理；完成养老保险账户待继承人员31人，清理疑似死亡和未认证人员41人，完成劳动力转移统计名单450余人；严格低保审核把关，落实社会救助政策，为226名低保户、10名特困户、440名残疾人发放补助补贴，大病临时救助1人、医保二次报销1人、小额临时救助18人；投资100万元改造大韩学校，成立尧庙镇中心幼儿园，解决辖区无公立幼儿园问题；推进房屋产权登记确权颁证“清零行动”，完成任务9060户，确保“应登尽登”。

【领导成员】

党委书记：贺　斌

镇　长：张顺通（3月免）　席栋宜（9月任）

人大主席：高　翔（9月免）

主任科员：乔晓燕（女）

副书记：吴　鑫

纪委书记：李红平

组织委员：樊彩珠（女）

宣传委员：曹　霞（女）

武装部部长：安　敏（女）

党委委员、副镇长：崔元杰

副镇长：李　鹏

副主任科员：刘建明　王飞飞（女）

事业副科：樊　著　杨莎莎（女）

李夏敏（女）

附：获奖情况

2022年5月，新百汇社区被共青团临汾市委评为“临汾市五四红旗团支部”；2023年1月被山西省临汾军分区评为2022年度优秀专武干部；2022年5月，席瑶被共青团临汾市委授予“五四青年奖章”。

（张珊珊）

金殿镇

【概况】　2022年，金殿镇辖37个行政村，20238户、7.2万余人，居尧都区首位。金殿镇以党建为龙头，贯彻落实中央和省、市、区委经济工作会议精神，落实乡村振兴战略，紧紧围绕区委“三区三地”战略目标，聚焦镇党委“一领四动”助推全面发展工作思路，坚持新发展理念，紧扣高质量发展主基调，推动最美金殿转型发展中走在前列。位于尧都区西南10公里处，东依汾河，南邻襄汾，西接枕头乡，北连刘村镇。由原小榆、龙祠、金殿三个乡镇于2001年合并而成，辖区面积96平方公里，耕地面积50130亩。

【党建引领】　2022年，金殿镇压实党建责任上下联动。金殿镇于2022年2月确定2022年度为“党建提升年”，创新实施主题党日+走访、包村干部入村办公、农村说事议事三项机制，健全完善机关干部包片包村制度，完善镇村干部定期考核制度，实施镇村干部季度考核排名，作为年终考核重要依据。

增强干部队伍素质管理。组织开展集体经济、“清化收”、三资管理、疫情防控、行政执法等各类专题培训70余次，培训人数达4000人次，评定二星级支部书记7名，一星级10名，全镇1180名党员参与积分，激发党建引领“头雁动力”和农村党员队伍活力，全年共培养40名入党积极分子，16名预备党员，为党员队伍注入新鲜血液。

贯彻全面从严治党要求。镇党委按照“三重一大”要求，对重大事项集体研究，对重点工作集中讨论再部署，落实主体责任，做到扛责在肩；纪委对全镇中心工作进行全程跟踪监督，全年共开展监督检查189次，约谈72人次，发现问题88个，下发纪律检查建议书2次、工作提醒函4次，给予组织处理6人、政务警告处分1人、党内警告处分5人、党内严重警告处分1人、留党察看1人。

【乡村振兴】　2022年，金殿镇农业兜底线，乡村振兴有保障。开展高标准农田建设问题排查整改工作，5个问题整改完成；加大对乱占耕地建房的查处力度，对辖区3处占用耕地建房进行取缔拆除；设施用地办理及审批流程，对办理完成的进行“回头看”。金殿镇伍默村投资19.9万元建设无菌车间，打造尧都区纯绿色平菇种植基地。峪口村利用本村闲置企业用地，成立惠民合作社，建设16个大棚，种植优质香菇，有效促进当地经济收入。

金殿镇推进巩固拓展脱贫攻坚成果同乡村振兴有效衔接开展。截至年底，全镇建档立卡贫困户92户235人、监测户18户55人，均实现稳定脱贫，无一例返贫现象，贫困发生率为0。全镇34个行政村共核底合同912份并全部签订事实认定书、形成调查报告，整改规范完成集体经济合同883份，收回拖欠承包费101.496万元，村集体增收46.67万元。依托辖区历史文化、生态资源和特色产业，科学设计“红色+绿色+特色”三条研学路线，建设15个研学基地，通过农发公司和研学中心指导，帮助部分村集体和农民获取收益。

【生态环境优化发展】　2022年，金殿镇水系生态治理优化。开展“保护水源·爱我家园”零距离行动周及“精品200米”活动，清理河道内及两侧垃圾，打造8公里母子河生态走廊；巩固治理成果，形成长效机制，设立母子河专职管理员2人，各村沿河道胡同设立监督员，同沿河道的农户签订承诺书，悬挂警示牌，在治理的基础上做好管护；落实河长巡河制度，镇、村两级河长利用巡河APP，每周至少开展一次巡河工作，发挥监督作用。

环境卫生整治推进。对中央环保督察发现的席坊沟峪口村段河道周边存有垃圾和龙祠水源地中华鲟养殖基地拆除不彻底问题，第一时间成立工作专班，迅速整改；推进环境卫生城乡一体化对接工作，8月底金殿镇34个行政村全部交接完成，要求各村安排专人进行监管，建立监督工作日志，做到垃圾日产日清；开展为期一周的“沿街门店整治周”专项行动，对辖区西麻册三岔口、309国道、临夏线沿街门店环境进行整治改造，共硬化地面3000余平方米，清理垃圾600余立方米，铺设河道盖板63米，清洗门店外立面1250余平方米，环境卫生整治成效显著。

大气污染防治。在冬奥会、冬残奥会和全国两会期间等重点时段全力做好空气质量保障工作；夏收期间，提前协调农机具高标准完成收割打捆工作，奖罚结合；推进清洁取暖工作，全年完成整村煤改电131户，超额完成任务，零散户煤改电完成52户；做好防火禁烧工作，秋季以来，金殿镇集中力量组织秸秆清运和回收工作，共出动40辆车、680余人次，拉运秸秆共计3129车次，投入资金18万余元，组建环保攻坚集中行动队，共清理燃煤45吨，收缴铁炉110具，封堵土炉56个。

【基层治理】　2022年，金殿镇夯实安全生产基础。组织镇村干部、辖区企业每月召开安全生产例会，开展“安全百日攻坚行动”，入企开展安全生产工作督导调研，督促企业压实主体责任；落实“党政同责、一岗双责”，包村主干每月3次安全巡查排查，对风险隐患定期分析研判；组织集中学习观看《生命重于泰山》电视专题片、《“12·28”事故警示教育片》、《刑法》（修正案十一）、《生命至上》专题宣教片，提高镇村干部及企业安全责任意识。整治私挖盗采乱象。在辖区开展地毯式、拉网式风险隐患大排查大整治，对辖区重点区域全面排查、常态巡查，进行动态监管，在沿山各村主要进山口设立限高杆8处，从道路通行上阻断私挖盗采车辆，严防死灰复燃。

强化防火防汛预警措施。严把清明、夏收关键节点，对9个沿山村组的重点区域和各村田间地头进行严防死守，层层签订《森林防火目标责任书》《森林防火岗位责任书》，和辖区内放牧人员签订《严禁野外用火告知书》；防汛减灾领域，成立38支防汛抢险应急队伍，在防汛关键期，出动隐患排查小组1000余次，排查隐患点200余个，沿山、沿河、沿路设立警示标志91处，做到“防抗救结合”，全镇人民安全度汛；组织培训地质灾害防治警报系统的工作原理、应急响应机制，保障应急警报系统正常运行。

在党的二十大期间，全年接待来信来访215件，其中网上转送62件、来访134件、交办19件，全部信访件和677条市长热线按程序办理并及时回复。

【民生事业】 2022年，金殿镇基础建设提升。日间照料中心新建13个、改建11个，公共浴室新建16个、改造7个，自6月开始陆续投入使用。进行户厕改造“回头看”，完成21个村6107座厕所改造任务，完成问题整改工作；推进自建房以及经营性自建房排查工作，其中经营性自建房共排查807户，其余自建房排查49800余户。

疫情防控常态长效。落实“七级闭环”管理工作要求，成立管理群732个，按照要求第一时间转发最新政策；对4104人采取管控措施，其中集中隔离625人，居家隔离1992人，居家健康监测255人，自我健康监测1232人；按照“五统一”标准，设立2处便民核酸采样点，每天每个采集点采集样本1000余人。

民生保障改善。做好城乡居民养老保险全民参保工作，规范低保工作，发放各类补助资金1589806元，大额临时救助45人；陆续为全镇1555名退役军人和其他优抚对象办理优待证，同步完成信息系统录入工作，完成退役军人优抚对象年审工作，完成“光荣之家”的上门悬挂工作；开展3期金殿镇蒲编技能培训班，吸纳300余名居家女性参与培训，带动妇女就业，帮助群众增收，推动蒲编产业发展。

【领导成员】

党委书记：褚志刚

党委副书记、镇长：连云鹏

人大主席：马毅鹏（3月免）

党委副书记：王　涛

党委委员、金殿派出所所长：樊丰斌

纪委书记：史林碧

武装部部长：杨　英

组织委员：陈　婷（女）

宣传委员：陈　霖（女）

党委委员、副镇长：赵长华（女）

副镇长：程　敏

一级主任科员：李兴文

二级主任科员：宋春学　吴　静（女）
宋李钢　冯　波

四级主任科员：关娇娇（女）

退役军人服务站站长：宁　慧（女）

便民服务中心主任：张　磊

党群服务中心主任：孙蔷蔷（女）

（张梦瑶）

屯里镇

【党的二十大精神学习宣传】 2022年，屯里镇学习党的二十大精神，全镇各基层党组织共同收听收看党的二十大盛况，广大党员、干部、群众认真聆听习近平总书记作报告。制定《屯里镇党员、干部深入学习党的二十大精神实施方案》，细化学习任务，提出学深悟透要求，开展党委书记讲专题党课1次，包联领导讲党课11次，中心组专题学习研讨1次，悬挂宣传标语62条。

【抓党建促基层治理能力提升专项行动】 2022年，屯里镇按照省委、市委和区委统一安排部署，坚持"抓学习培训、抓指导调度、抓宣传发动、抓项目化推进和抓整改落实等举措"的"五抓"工作机制，明确6个方面29项任务100条措施，镇、村（社区）两级党组织对照查摆整改问题332条。特别是实施的《屯里镇农村（社区）党员积分管理分层量化考核办法》，探索形成"四类党员四类分""四类积分四类定""四类结果四类用""三个四"的管理模式，经验做法被人民网山西频道、"学习强国"学习平台APP山西学习平台等报道，在全区推广。

【基层组织】 2022年，屯里镇抓牢党委主体责任，督促班子成员落实"一岗双责"，定期分析不足、研究部署工作。主持召开党建专题会议12次，开展"三重一大"研究23次，解决热点难点问题6件。抓实"星级化"管理，评定二星级村（社区）党组织书记2名；扎实推进基层党组织"星级化"管理，推荐五星级党组织1个，评定四星级党组织1个，三星级党组织6个并将评定结果与村级组织运转经费拨付、评先评优相挂钩。

【行政区划调整】 2022年，屯里镇撤销屯里村一个村委会，撤销滨港龙湾社区一个居委会，新增屯里社区一个居委会。屯里社区居委会管辖范围为原滨港龙湾社区滨港龙湾小区与原屯里村辖区范围之和。原滨港龙湾社区韩村共富小区归韩村管辖；原滨港龙湾社区东芦新村归东芦梁村管辖；原滨港龙湾社区兴泰家园小区归东芦梁村管辖；原滨港龙湾社区凤凰屯小区归沟上村管辖；原滨港龙湾社区翡翠江南小区归贾村管辖。

【干部队伍】 2022年，屯里镇选优配强包联力量，建立周重点工作清单制度，压实镇、村两级干部责任，确保各项工作任务高效完成，集中解决大事、难事、急事25件。细化完善了"两委"干部任务清单和问题清单，明确工作职责；将年底考核与绩效挂钩，激发干部干事创业积极性，强力推进整改落实。成立行政执法队伍，健全"一委一队两室"，9名干部考取行政执法证，强化对派出所、市场监督管理所、自然资源所等执法力量的统筹，执法人员力量充实、水平提升。主抓建立科级干部与11名大学生"村官"的"一对一"帮带机制，坚持"老带新""上带下""熟带生"，紧盯帮带对象差异化现状，帮助年轻干部提高实战本领。

【农村集体经济】 2022年，屯里镇制定“十四五”产业发展规划，成立镇农发公司+各支部领办专业合作社（公司），形成发展壮大农村集体经济“1+10”的市场主体格局，推动“一村一项目”落实。大力开展“清化收”专项行动，清理不规范合同282份，新增土地面积498.62亩，年新增承包费220.01万元，清收债权151.18万元，化解债务283.2万元。各村依托区位优势大力发展物业服务、设施农业、创业公寓等项目，取得实质性进展。各村年度集体经济收入均达到10万元以上，其中，7个村达到30万元以上，2个村达到100万元以上。

【乡村振兴】 2022年，屯里镇重点监测全镇脱贫户22户63人，落实稳岗补助政策申报补助资金10人1.2万元，申报“雨露计划”等教育补助3人1.1万元。对低收入人口预警信息进行分类处置和帮扶，做到无新识别贫困人口、无返贫人员。沟上村被确定为市级乡村振兴示范村，确定沟上村“百亩蔬菜”大棚种植的项目，争取市区两级配套资金1200万元，用于98.5亩的设施农业建设，延伸青少年研学实践教育基地，实现体验耕种、采摘、就地尝鲜的田园情趣，更大层面地提升产业附加值。开展农村户厕问题摸排整改“回头看”专项活动，对1917座户厕逐户摸排，排查出问题户厕70座，并针对不同问题进行了强力整改。2022年新整改农村卫生厕所306座，建立改厕用厕台账，实行“一村一档、一户一卡、建档立卡、逐个销号”。实施乡村振兴战略星级文明户创评工作，全镇5523户参评，共评出三星级及以下文明户333户，四星级及以上文明户1638户。

【平安建设】 2022年，屯里镇推动综治中心规范化建设。规范镇、村两级综治中心建设，镇级层面规范设置“一厅四室”，即群众接待大厅，网格管理室、矛盾纠纷调处室、调度指挥室、心理服务室。村级层面规范设置“一厅两室”即群众办事大厅，网格员管理室、矛盾纠纷调处室。10个行政村2个社区划分四级网格51个，五级微网格480个，配套建立网格党组织33个，实现党组织对网格的全覆盖和乡村所有事务要素入网。积极开展非法集资、电信网络诈骗、反有组织犯罪法宣传，各村（社区）主干道悬挂横幅17条，沿街电子屏飘屏20余条，在辖区的主要位置设立喷绘版面8块；利用微信群、美篇、“学习强国”学习平台APP等相关链接进行宣传次数达120余次，法治理念深入人心。排查监管231家企事业及仓储单位，发现一般隐患287条，进行整改；清收置换非法液化气钢瓶2500余个，捣毁窝点2个，取缔非法收购站6个。完成7户房屋抗震改造，13700个自建房屋图斑的初步排查，744个经营性自建房屋图斑的排查和鉴定，对有安全隐患的房屋进行管控，安全管理水平提升。

【民生保障】 2022年，屯里镇发放重度残疾人护理补贴127人，困难残疾人生活补贴25人，实物救助45人，扶残助学“圆梦工程”救助1人，完成低收入人员信息采集录入1060人。完成沟上村、西芦村和东芦梁村3个村的老年人日间照料中心建设并投入使用。

【文明实践开展】 2022年，屯里镇把好意识之舵，夯实思想之基。利用高标准功能齐全的新时代文明实践所站，坚持正面宣传，弘扬主旋律，传播正能量，大力开展志愿服务活动，打造文化品牌、文明品牌，创建“屯里镇百花园志愿服务总队”，带领各村（社区）志愿服务队，凝结社会各界志愿力量，围绕疫情防控、环境保护、安全宣传、法制宣传等重点工作，在镇党群服务中心组织开展“文明清明”“疫情防控骑行宣传”“粽情端午安康、凝心聚力抗疫”等10余次志愿服务活动，1000余人次志愿者参加活动。

【退役军人保障】　2022年，屯里镇退役军人方面，办理优待证并及时发放优抚金，完成全镇退役军人建档立卡工作，辖区群众的幸福感和获得感持续提升。

【生态环境优化】　2022年，屯里镇落实重污染天气应急响应调度指令，取缔非法收购站6个，露天烧烤摊位2个，查封露天喷漆作业2家。对辖区内“散乱污”企业全面排查并定期开展“回头看”，对没有相关手续、环保要求不达标1家企业采取关停措施，从源头上遏制环境污染。落实“秋冬防”巡查工作，采取镇行政执法队定期不定期巡查，各村巡逻队伍常态化巡查的方式，对于发现问题及时上报、及时整改。加大宣传力度，营造全民参与氛围。健全完善“环卫办+保洁公司+保洁员”的垂直管理体系，常态化做好环境卫生清理工作，完成西张堡村垃圾中转站通水、通电工作。6个村纳入区城乡环卫一体化范围。

【重点项目推进】　2022年，屯里镇10家限额以上零售企业完成涉零指标任务10.9亿元，固定资产完成投资2.412亿元，临汾市第四污水处理厂、临汾市中心医院感染性疾病中心、汾河上园项目顺利推进。全镇新增市场主体769户。

【从严治党】　2022年，屯里镇创新开展清廉机关建设“十个一”活动，加强全镇10个村、2个社区清廉村居建设，规范落实“四议两公开”制度，完善“一约四会”，100%实现“三员合一”，推动“清廉尧都”建设走深走实。全年共办理案件15件，立案7件8人，党纪处分8人，组织处理5人。开展日常监督和专项监督82次，约谈23人次，开展集体约谈2次。推进党风廉政建设，召开党风廉政建设会议6次、警示教育会7次，镇村领导干部讲授廉政党课13次。

【领导成员】

区委常委、镇党委书记：贺　婧（女）

镇　长：卢军强（9月免）

　　　　景　伟（9月任）

人大主席：陈　波

党委副书记：杨　磊

纪委书记：刘　彪

组织委员：苗中惠（女）

宣传委员：乔慧荣（女）

武装部部长：成洪亮

副镇长：李艳亮　弓芳平（女）

　　　　陈丽君（女）

附：获奖情况

2020年8月，韩村、东芦村、东高河村、北焦堡村被山西省爱国卫生运动委员会授予2020—2022年度省卫生村。

（常　慧）

魏村镇

【概况】 2022年，魏村镇下辖7个行政村，41个居民组。总面积29.4平方公里、耕地总面积2.39万亩。总人口4138户，13199人。位于临汾市尧都区西北部半丘陵半平川地区，地势西高东低，距临汾市区约25公里。东与吴村镇相连，南与土门镇、西与一平垣乡接壤，北与洪洞县龙马乡毗邻，是尧都区西北部政治、经济、文化和贸易集散中心，有“鸡鸣闻三县”之称。辖区内有全国重点文物保护单位元代戏台、市级文物保护单位天寿山世尊院及区级文物保护单位玄帝楼、西郭施茶所等文旅景点，有省级非物质文化遗产牛王庙会。

【党的建设】 2022年，魏村镇落实“规定动作”，抓实党员干部教育培训，依托镇党校，设置政策宣讲、专家讲座、技能培训、专题党课等课程，分类分层对党员干部覆盖培训。全年开展课程25次，参训人数达1853人次，党员干部综合素质显著提升。探索创新“1157”志愿服务积分兑换机制，激发乡村治理的内生动力；探索制定“5+3”工作机制，提升干部基层治理能力；抓好主题团日，组织青年人才交流观摩座谈会。

【基层组织建设】 2022年，魏村镇强化“区级党建示范点”引领作用，实施党组织“星级化”管理，投资55万元，推进和村、西郭村党群服务中心规范化建设，评定三星级书记1名、二星级2名、一星级1名，调动党组织书记干事创业动力，形成党组织建设层层跟进、整体达标的格局。

【农业产业培育】 2022年，魏村镇粮食作物23513亩，其中小麦15385亩5167.46吨，玉米8128亩4512.9吨，粮食产量稳步增长，投资24.72余万元，实施山底村核桃品种改良项目。全镇生猪存栏10800头，肉牛存栏275头，肉鸡存栏40000只，羊存栏3725只，畜牧发展持续向好。

【科教事业推进】 2022年，魏村镇完成魏村学校宿舍楼、学生餐厅以及食堂的提质改造工程，新建校厕3所、教职工车棚1个，建成魏村学校护苗工作站及心理咨询室，完成车辐、羊舍、吴家庄学校风貌的改造和提升，为学生的健康成长提供校园环境。

【文旅产业】 2022年，魏村镇以天寿山旅游景区为中心，完善康养基础设施，打造以养生、养老、养心为主题的康养体验地，投资1617万元，对景区道路进行修复，完成人工湖两岸绿化养护工程，提高景区生态效益。利用抖音、微信短视频等媒介，宣传“养生福地——天寿山”，实现月接待游客1000余人次。依托天寿山（山西）中草药有限公司、锦茂种植合作社，种植黄芩、柴胡等中草药，中药材产业呈现良性扩充态势，旅游收入稳步增长。

【集体经济发展】 2022年，魏村镇注册成立魏村镇农村集体经济发展有限责任公司，以镇投公司为载体，统筹协调10个村股份经济合作社（联合社），整合辖区22家合作社的零散农业资源，在晋南农批营销展厅对河西蒸饭、山底冰糖心苹果、山底核桃油、亨贞肉鸡、畅怀面粉、天寿山中药材等特色产品进行集中展销，引导新型农业经营主体快速发展，拓宽农产品销售渠道，打造农业特色品牌。

【环境整治】 2022年，魏村镇推进城乡一体化，全镇划分35个区域，配备工作人员26人，常态化开展环境卫生整治，确保垃圾清理全覆盖。全年树立“秋冬防”的理念，抓紧抓牢工矿企业、露天禁烧、散煤管控、道路扬尘等环保工作，坚持做好夜查、午查、晨查“三查”工作，环境质量得到提升。

【平安建设推进】 2022年，魏村镇开展经营场所、门店等重点场所的消防安全隐患排查，确保消防安全处处有人抓、时时有人管。安装减速带20余条，设立警示牌18个，悬挂条幅20余条，日常维护道路600余米，筑牢农村道路交通安全屏障。推进燃气“三强制”工作，更换燃气管37户，消除安全隐患，保障群众用气安全。围绕交通、燃气、防汛防灾、地质灾害等方面，开展安全知识进校园、进家庭、进企业、进商铺宣传活动12次，发放宣传资料5000余份，悬挂条幅32条，粉刷标语15条，电子屏宣传43家，营造“全民抓安全”氛围。加强和改进信访工作，筑牢人民调解“第一道防线”，将矛盾化解在一线；坚持“防范在先、发现在早、处置在小”，发挥全科网格员作用，防风险、护稳定、促发展，常态化开展扫黑除恶斗争，化解社会矛盾风险，开展平安创建活动，建设“平安魏村”。

【安全生产工作】 2022年，魏村镇推进安全生产专项整治行动，排查整治各领域安全风险隐患，突出抓好工矿企业道路交通、建筑施工、食品药品等重点行业和领域的安全生产，组织安全隐患排查85次，发现隐患179条，全部整改，确保辖区内无一起安全事故发生。

【社会保障工作】 2022年，魏村镇办理残疾证30人，实物救助58人，发放临时救助3.5万元；宣传养老、医疗保险政策。全镇全年缴纳养老保险基本险3283人，缴费金额80.57万元，完成率82%；缴纳补充保险457人，缴费金额15.09万元，完成率92%；缴纳医疗保险4840人165.04余万元；完成全镇退役军人和其他优抚对象的建档立卡和优待证办理工作；落实优抚政策，发放各项优抚金73万元，切实兜住、兜准、兜牢民生底线。

【基础设施完善】 2022年，魏村镇投资600余万元，建成魏村老年活动中心，完成5个村老年日间照料中心及4个村公共浴室的建设工程，全部投入运营，巩固提升养老服务质量；投资100万元，完成魏村、和村、车辐村亮化工程；投资38.2万元，推进191户厕所改造工程，群众的生活品质得到改善；推进公墓建设，投资7万余元完成绿化工程。

【乡风文明深化】 2022年，魏村镇开展“星级文明户”创评工作，全镇常住户2078户，共1247户参评，评选出980户星级文明户，创评率达47%。

【领导成员】
党委书记：张建国
党委副书记、镇长：段　政
人大主席：张小锋
党委副书记：徐洁敏（女）
主任科员：赵艳春（女）　李　昆
纪委书记：吉　俊（女）
组织委员：冯玲艳（女）
宣传委员：韩飞龙
武装部部长：张晓明
副镇长：樊腾峰　苗　珊（女）
退役军人服务站站长：樊锋锋
党群服务中心主任：付瑞瑞
便民服务中心主任：李绍勃

（乔秀丽）

刘村镇

【概况】　2022年，刘村镇以全面建设高质量发展的刘村为目标，统筹疫情防控和经济社会发展，各项工作有序推进。抓经济发展，巩固发展态势。按照“科学规划、多元支撑，因村施策、分类推进”的工作思路，开展农村集体经济“清化收”，提振集体经济发展潜力；成立刘村镇农村集体经济发展有限公司及42个村发公司，抱团闯市场增强集体经济发展稳定性，实施村企对接，完成经济薄弱村与优秀企业结对发展，增强发展动能；推进规划三街、河汾一路、0112-03项目等重点征地拆迁工程项目，重点项目建设有序开展；采取“集中注册与分散注册”相结合的形式，完成营业执照注册776个，推进市场主体倍增工作，营商环境优化。

【民生保障】　2022年，刘村镇强化民生保障，增进民生福祉。完善日间照料中心、公共浴室基础设施，持续优化运营模式，切实为老年人提供优质服务；强化扬尘管控，组建34支队伍开展24小时不间断防火巡查，杜绝露天秸秆焚烧；出动“三清零”巡查队4000余人次，全面开展散煤及燃煤设施安全隐患排查，完成问题整改16处。

【安全工作】　2022年，刘村镇牢筑安全防线，提升公共安全。落实“五包一”工作责任制，摸排矛盾线索，接待来访群众，做好信访工作；开展反电信诈骗宣传和国家反诈中心APP、临汾反诈卫士推广活动，发挥基层组织、综治中心、网格员等力量作用，最大限度挤压行骗空间，守好人民群众钱袋子。

【专项行动开展】　2022年，刘村镇制定“1123”工作法，健全乡镇干部下基层和工作提醒两项机制，明确专项行动开展实现支部强、产业旺、治理能三个目标，提升专项行动开展水平。

【党建工作】　2022年，刘村镇储备发展积极分子43个，发展对象22个，预备党员转正26个。推荐3名优秀民营经济人士、7名村“两委”干部、4名大学生村干部加入党组织。从严治党深化。2022年，召开专题会议8次，给予组织处理3人，党纪处分2人。

【集体经济提质】　2022年，刘村镇成立农村集体经济发展有限公司及42个村发公司；全部行政村集体经济达到10万元以上，9个行政村达到30万元以上。清化收推进工作。2022年，清收欠款64.71万元，化解债务338.1662万元，清收债权3615.31万元。

【营商环境优化】　2022年，刘村镇市场主体倍增工作中，完成营业执照注册776个。重点项目攻坚工作。2022年，完成地块征收470余亩，签订协议348户，迁移坟墓819座。

【民生工作】　2022年，刘村镇基础设施提质。新建刘南村、北刘村等老年人日间照料中心7个，改建刘西村、刘北村日间照料中心2个，新建刘西村、南段村公共浴室5个。社会保障有力。2022年，统计劳动力信息采集人数8000多人；参加新型农村合作医疗42474人，完成缴费人数24497人，办理丧葬费领取200人。信访工作。2022年，摸排矛盾线索50余条，处理市长热线1260件，接待来访群众200余人次，办结信访难题104件。疫情防控有序。

【环境卫生整治】　2022年，硬化路面4000余平方米，清理排水渠7300余米，309沿线排水渠加盖盖板6980余平方米，粉刷墙面5000余平方米。15个行政村已纳入城乡环卫一体化。扬尘管控强化。2022年，摸排整改施工问题35处，取缔“散乱污”企业19家。

【农业农村工作】　2022年，刘村镇出资101万元建设刘北村、杨家庄村乡村道路；出资21万元发展刘南村扁桃特色种植项目。农业产业增收。2022年，“三夏”工作收获小麦18303亩、玉米15703亩。上报耕地地力保护、实际种粮农民一次性保护、冬小麦“一喷三防”各类补贴共计70余万元。

【文旅事业】　2022年，申请维护修缮刘南村秦家大院、北刘村金城堡、刘北村五同丰、嘉泉村玄天玉虚行宫古建筑4座。

【“创城”工作】　2022年，悬挂创建文明城市宣传标语100余条，粉刷墙体标语15块，各村（社区）设置宣传栏共计80余处。文明创建深入。2022年，新时代文明实践所（站）37支志愿者队伍共开展志愿服务活动360余场。

【领导成员】

党委书记：张宇红

党委副书记、镇长：赵　倞

人大主席：张　强

党委副书记：李　晨（女）

纪委书记：常　健

二级主任科员：郑德柱　高卫国

程艳东（女）

马　骁（5月免）

二级主任科员：史　靖（女）

组织委员：张浩（5月免）

宣传委员：衡继芳（女）

武装部长：梁新茂

副镇长：乔明喆　安建尧

党群服务中心主任：王红娟（女）

退役军人服务保障工作站站长：吕　波

便民服务中心主任：张临峰

附：获奖情况

2022年1月，刘村镇武装部部长梁新茂被山西省临汾军分区授予“优秀专武干部”称号。

2022年5月，刘村镇团委被共青团尧都区委评为“五四红旗团委”。

2022年5月，党群服务中心主任王红娟被共青团临汾市委授予“临汾市优秀共青团干部”称号。

（席迎迎）

吴村镇

【党建工作强化】 2022年，吴村镇坚持开展理论学习。坚持镇党委中心组学习制度，跟进学习总书记最新重要讲话，以党的二十大宣传贯彻为契机，开展学习研讨，学习党的二十大报告和党章。成立镇青年干部“宣讲小分队”，为村民们解释报告中与之密切相关的社会保障体系建设、农业农村优先发展的重要性等内容；邀请尧都区党建研究会常务副会长为各村支部书记、机关干部进行授课，讲解党的二十大的重点内容，做到真学真懂、真心重用。履行意识形态工作责任制，建立“吴村镇工作学习交流群”“吴村镇机关干部群”等微信交流平台，发布日常工作信息，推送党建及党风廉政建设信息等。狠抓队伍管理工作。落实党委书记对软弱涣散党组织整顿、集体经济提质壮大等重点党建工作亲自过问，压实抓党建促基层治理专项行动、“向人民群众交好账”实践活动，以身作则带领全镇党员干部在污染防治、安全生产、疫情防控、民生服务等治理一线办实事50余件。落实班子成员“一岗双责”，构筑“党委书记全面抓、分管领导具体抓、包村干部分头抓、支部书记专门抓、两委干部协调抓”的工作格局，执行“分类管理、四级联考”，倒逼工作增效。落实党员积分制管理制度，推行“445”工作法，即4类党员、4项赋分、5步评定，实行一月一申报，一季度一评定，一年一周期，让党员“靠行动积分，凭积分说话”，让管理由“虚”转“实”。发展预备党员10人，预备党员转正25人，确定积极分子13人。打造特色党建品牌。开展星级评定，全镇有2个五星级党支部、2个四星级党支部、5个三星级党支部，激发各支部凝心聚力的内生动力，全镇党建工作质量提升。改善党风政风。聚焦违反中央八项规定和“四风”问题新表现，对全镇21个党组织进行全面“体检”。执行发展党员程序，取消1人发展资格；强化执纪问责，谈话提醒3人，批评教育1人，责令检查2人，党内警告1人，留党察看1人。

【产业结构优化】 2022年，吴村镇传统产业壮大。开展4146.06亩基本农田“非粮化”排查，按照要求整改到位；开展高标准农田项目排查，完成6个村351米水渠维修整改；2022年夏粮种植总产量1482.2万公斤，秋粮种植总产量1570万公斤，实现全镇粮食总产量稳中有增。特色农业推进。巩固晋生源富硒蔬菜基地，推进常民樱桃扩规提质增效；推广特色蔬菜种植，种植朝天椒100余亩。

【集体经济壮大】 2022年，吴村镇推进集体经济发展。吴南村抢抓乡村振兴示范村创建机遇，投资建设日光温室大棚24个；徐村以村集体土地入股的形式与企业合作共建粮食仓储基地，更新面粉厂设备；王曲村、北太涧村引进金丰公社开展土地流转。开展清化收工作。对12个村逐一摸底，澄清村集体家底，共收回140份合同，其中22份合同规范完整，118份合同存在问题，现已全部整改完毕，补交承包费金额58.09万元，同时积极开展农村集体“三资”管理贪腐问题专项自查工作。探索“镇村合作，创新联营”模式。计划大棚建成后，镇村发公司与吴南村共同运营，盈利后，镇村发公司按比例获得分红，确保各村均有经营性收入。

【基础设施完善】 2022年，吴村镇开展厕所改造。对已改厕所进行问题摸排整改“回头看”工作，所有问题厕所已按期整改到位，新改造厕所1677座。推进饮水工程。开展太明村吃水提质工程，完成127块水表更换工作，完成集中供水蓄水池顶面修缮。完成106户抗震房加固，完成10个村日间照料中心、4个村农村公共浴室建设，完成5个村6.597公里道路铺设；推进1个美丽乡村、2个美丽宜居示范村、3个“一事一议”美丽乡村建设进度。

【生态环境改善】 2022年，吴村镇大气污染防治。开展“散乱污”企业回头看工作、抓实秸秆禁烧、散煤冒烟工作，拆除土炉子180余台，集中处置散煤200余吨。水环境治理。巩固河长制，累计巡河300余次；开展岔口河及大涧河吴南段、北大涧段清淤，疏通河道1100米；开展汾河防洪能力提升工程，清理屯里村河道树苗1200余棵；完成8万余米防渗渠道的排查。

【社会事业发展】 2022年，吴村镇兜牢民生底线。办理重度残疾护理补贴32人，特困供养1人、低保1户3人；督促7629人缴纳基本养老保险，2524人缴纳补充养老；帮助12名学生享受“雨露计划”，做好8户19人监测对象动态监测帮扶工作；持续做好灾后重建工作，修复南太涧新开路口、东郭连心坝及北太涧、吴南、王曲河道。退役军人服务稳步加强，完成退伍军人及其他优抚对象建档立卡、优待证办理，组织开展“七一”建党节大走访、“八一”建军节慰问退役军人等活动。做好便民服务，开设便民服务大厅，全面推动一窗式受理、一站式办理，实现“马上办、就近办、一次办”；成立“吴村镇民生小分队”，以群众“点单”党委“派单”站所“接单”的模式，通过每月主动下沉，现场办公解难题的方式进行，解决群众“烦心事”，下沉8个村办实事25件。

【社会大局稳定】 2022年，吴村镇安全形势稳定。开展道路交通、私挖滥采、防汛减灾、燃气等重点领域安全隐患排查整治，辖区内无安全生产责任事故发生。借助“老杨说事”平台，完善信访化解机制，做到发现在早、防范在早、处置在小，帮助村民协调解决矛盾53起。常态化开展疫情防控。

【领导成员】

党委书记：王　涛（9月免）
　　　　　刘宝生（9月任）
党委副书记、镇长：段　莉（女）
人大主席：陈晓伟
主任科员：付　杰
党委副书记：亢霞（女）

纪检书记：李鲜红（女）
组织委员：姚鹏飞（9月免）
宣传委员：温建利
武装部部长：曹云帆
副镇长：董　芸（女）　李　晨
副主任科员：贾文绘
退役军人服务站站长：郭朝方（女）
便民服务中心主任：黄　健（女）
党群服务中心主任：孙　真

附：获奖情况

2022年1月，吴村镇人民武装部被山西省临汾军分区授予“先进基层武装部”称号。

（李注林）

土门镇

【基层党组织建设】　2022年，土门镇开展抓党建促基层治理专项行动。聚焦主业，认真履行党委书记党建第一责任人职责，坚持书记抓、抓书记，调整农村支部书记2人。聚焦职责，制定镇村两级干部岗位、职责任务清单，开展“星级文明户”评选，树立文明新风尚；以“党员积分制”为抓手，强化党员先锋模范作用；以“清廉村居”创建为契机，打造土门村、田村两个示范点。聚焦隐患，建立定期分析研判机制，解决安全生产、疫情防控等方面问题8个。遵循“2344”程序发展党员，2022年，全镇发展党员9名，吸收储备积极分子21名。

【“清化收”专项行动】　2022年，土门镇共清理合同476份，核实债权516笔385.3万元，清收24笔42.4万元，核实债务1440笔3024.2万元，核销60笔138.2万元，16个行政村集体经济全部达到10万元以上，其中30万元以上的村5个、50万元以上的村2个。

【产业发展】　2022年，土门镇乡村产业。尧山生态园（一期工程）累计投资9000万元，陆续完成土地整治、山体挡墙、水电设施、智能监控、树木栽植，初步建设玉兰园、海棠园、樱花园3个主题园；东涧北村蔬菜大棚项目总投资500.5万元，建成蔬菜大棚19栋；西头村盘活村内闲置土地资源引进临汾嘉锐科技有限公司养羊场，项目总投资500万元，建成2个养殖棚，引进300只羊；田村蓬兴养殖专业合作社发展壮大生猪养殖产业，生猪存栏1000余头，新建2个集约化大棚式猪舍，共计600平方米，投入使用。

【固定资产投资】　2022年，土门镇关于晋之风生态农业科技有限公司尧山生态园（一期工程）建设项目完成固定资产投资7950万元；临汾市泰祥隆农副产品开发有限公司再扩大栽植5000亩白皮松生态林基地项目完成固定资产投资1692万元；临汾嘉锐科技有限公司养羊项目完成固定资产投资130万元；临汾市金霖牧业有限公司规模化肉牛养殖场建设项目完成固定资产投资107万元。全年完成固定资产投资共计9879万元。

【巩固拓展脱贫成果衔接乡村振兴工作】　2022年，土门镇有建档立卡脱贫户525户1304人，监测对象6户17人。每月定期开展防返贫动态排查与监测帮扶工作，按期开展每季度脱贫人口、监测对象动态调整工作，脱贫人口自然减少32人，整户减少7户，无新识别的监测对象；扎实开展脱贫劳动力稳岗就业工作，建立健全脱贫劳动力、监测户劳动力务工信息台账，共统计外出务工脱贫劳动力524人，为38名稳岗务工的脱贫劳动力申报“稳岗补贴”补助资金4.56万元；开展问题排查整改工作，通过制定针对性整改措施，排查出的4个问题已全部整改完成；累计举办“百日攻坚”政策宣传培训7期，入户张贴政策宣传挂画520套；投资24万余元，实施2022年乡村振兴第一批衔接资金项目——燕景路硬化（一期）工程；为34名符合条件的脱贫户家庭在校大专生、职业院校学生申报“雨露计划”补助资金10.2万元；办理小额信贷36户，共发放贷款177.5万元。

【安全生产】 2022年，土门镇按照“管行业必须管安全、管业务必须管安全、管生产经营必须管安全”要求，开展安全生产专项整治和风险隐患大排查大整治专项行动，突出抓好煤矿、非煤矿山、危险化学品、道路交通、农用三轮车载人等重点领域行业的安全生产工作，严防重大安全事故发生。共出动检查346次，检查人员800余人次，检查企业42家。

【散煤管控】 2022年，土门镇开展散煤整治专项行动，落实散煤禁烧规定，依法清理禁煤区散煤和燃煤设施。2022年累计清缴散煤7.93吨，拆除、封堵土制、铁质炉具82具。

【“散乱污”企业整治】 2022年，土门镇实施“一企一策”精准帮扶，通过分类处置、规范引导、定期排查、严格管控，保持高压态势，巩固“散乱污”企业整治成果。

【民生保障】 2022年，土门镇新增低保户2户5人，特困供养人员2人，低保高龄补贴16人；为20名低保户中的高龄老人发放补贴；为特困分散供养人员发放两批“爱心消费券”，涉及资金共计12.7万元；为246名重度残疾人发放护理补贴，为71名困难残疾人发放生活补贴；对困难群体进行大额临时救助20人、小额临时救助28人、慈善救助30人，对16名家庭经济困难二本B类以上大学新生给予每人5000元的教育救助，确保困难群体的基本生活得到保障；做好未成年人保护工作，摸排上报困境儿童11名；因村施策，按时完成9个农村公共浴室及11个老年人日间照料中心建设工作并投入运营。完成尧都区沿汾建制镇生活污水治理项目（土门镇）管网工程主体工程。

【公益性公墓建设】 2022年，土门镇王汾村公益性公墓完成选址、测绘、修建大门，栽植两圈白皮松树木围挡350余棵。

【文旅活动】 2022年，土门镇培育村级文化骨干，完善基础设施配套，深挖红色资源和清廉文化元素，组织东涧北村锣鼓队参加尧都区元宵节线上文艺展演——瑞虎迎春闹元宵，于各传统中华节日组织各村开展“我们的节日”主题活动。参加尧都区文旅局组织的“悦享临汾、回家有礼”活动，向群众发放“惠民一卡通”，激发群众旅游消费热情。

【环境卫生】 2022年，土门镇巩固“六乱”整治成果，开展“奋战六十天、清仓大整治”专项行动，累计投入资金50余万元，投入人力450余人次，清理排水渠道208米，整治规范牌匾40余处，修复残垣断壁及加高围墙945平方米，动用机械150余次，硬化地面358平方米，清扫道路8.72公里，清理垃圾740余吨，清除杂物70余处，粉刷墙面1450平方米，推动乡村清洁长效机制落地见效，使辖区环境卫生得到改善。

【绿化美化】 2022年，土门镇对G5京昆高速土门段引线进行绿化改造提质，在道路两侧栽植白皮松3676株，打造3个微景观园；常态化督促第三方公司每日对村内主干道定时保洁，提升精细化治理水平，持续改善村容村貌，绘就“天更蓝、水更清、山更绿”的美丽乡村新图景。

【农村水利提升】 2022年，土门镇落实河长制工作任务，镇村两级河长按时巡河，清理河道垃圾10余吨，完成岔口河（土门村、西涧北村段）水毁河堤修复工程，确保河道行洪安全；推进水利移民项目，建设完成古镇村东西中心街一期工程，方便古镇村412户1276名群众出行；着眼长远，高度重视水土保持、生态修复工作，围绕岔口河土门段流域，引入资金500余万元，开工建设尧山生态清洁小流域治理项目，项目涉及土门镇6个行政村，改善周边生态环境，直接受益群众2591户9311人。

【农村“厕所革命”】 2022年，土门镇开展2366户农村户厕改造问题排查整改“回头看”，加快推进2022年2088户厕所改造任务。

【退役军人服务保障】 2022年，土门镇加大生活困难退役军人关心关爱力度，办理医疗救助和临时救助，解决退役军人生活困难问题；坚持“最多跑一次”原则开展优待证办理工作，完成全镇退役军人的建档立卡工作，完成优待证申领，增强退役军人的自豪感、尊崇感、荣誉感。

【改善办学条件】 2022年，土门镇投资45万元升级改造土门学校宿舍楼设施设备，投资41万元新建水冲厕所1座，投资10万余元改造亢村学校、南社幼儿园暖气管网，投资7.7万元修缮土门、柴里两所学校教学楼及功能室房顶，投资2.8万元拆除并绿化田村学校旧平房，投资2万元改造土门幼儿园线路。

【加强医疗卫生建设】 2022年，土门镇卫生院配备常规诊疗设备和数字化诊疗设备，村卫生室达到标准化建设，全年累计为21名患者提供医疗救助，为儿童接种疫苗1320剂次，建立老年人、慢性病人群、孕产妇、危重症人员台账，新增药品34种，完成全镇医疗保险征缴工作，提升公共医疗服务水平。

【疫苗接种】 2022年，土门镇新冠疫苗共计接种9607剂次，其中3~11周岁儿童555剂次，12~14周岁儿童166剂次，15~17周岁301剂次，18周岁以上的成年人8585剂次。其他疫苗接种3345剂次。构建全民免疫屏障。

【地灾防治】 2022年，土门镇针对不同类型地质灾害隐患，精准施策，逐一落实治理工作任务，完成滑坡地质灾害隐患点搬迁治理95户，安置群众278人；完成坡头村采煤沉陷区搬迁安置房分配工作，收集个人承担部分资金

279万余元；投入38.67万元治理柴里村土体崩塌地质灾害隐患，保障群众生命财产安全。

【森林防火】 2022年，土门镇采取“1340”工作法在全镇范围内开展全面禁烧工作。即，强化物资储备1个保障；抓好重点人群、重点区域、重点时节3个重点；用好护林员、巡逻员、网格员、应急分队4支队伍，定期举办知识培训、练兵比武、应急演练，时刻保持战斗力。现有护林员17人，巡逻员162人，网格员队伍16支233人，应急分队1支30人，成立AB岗，做到零空档“零遗漏”零盲区。

【抗疫模范】 2022年，土门镇党委对在疫情防控一线、表现突出的68名党员干部和志愿者予以表扬，授予15人战“疫”骨干称号，33人战“疫”先锋称号，20人战“疫”模范称号。

【开展“五个讲”活动】 2022年，土门镇党委落实学习宣传贯彻党的二十大精神相关要求，以讲规矩、讲纪律、讲责任、讲方法、讲质效“五个讲”活动为载体，组织安排党的二十大精神学习宣传工作，范围覆盖全镇37个党支部、1172名党员，编制印发1000余册《党员干部使用手册》，定期签阅学习笔记。

【领导成员】

党委书记：梁俊艳（女，8月免）
　　　　　路俊生（8月任）
党委副书记、镇长：孙礼强
人大主席：李海豹
副书记：樊乐乐
纪检书记：李振玉
组织委员：魏雅婷（女）
宣传委员：王　丽（女）
副镇长：李江峰　张　华
　　　　关　宇
主任科员：王满青
便民服务中心主任：孙伟红
退役军人服务工作站站长：王泽睿
党群服务中心主任：李阿惠（女）

附：获奖情况

2022年10月，柴里村贾小获尧都区妇女联合会颁发的2022第四届尧都文化旅游节“优秀志愿者”称号。

（董文竑）

段店乡

【概况】 2022年，段店乡下辖54个基层党组织，其中7个党总支、32个农村党支部、6个社区党支部、9个乡直党支部，共有党员1714名。段店乡位于尧都区城郊接合部，2001年与原东张乡合并为一类乡镇。东与大阳镇接壤，东南、南、西南与县底镇、贾得乡相接，西与路东街道交界，北、东北与乔李镇毗邻。原有34个行政村，经2018年、2019年两次撤并，2022年“村改社区”，现有行政村24个、社区6个，乡域面积51平方公里，常住人口6.8万人，流动人口约10万人。

【干部队伍能力建设】 2022年，段店乡新招录到村任职大学生18名，培养入党积极分子48名，重点发展对象24名，接收预备党员23

名。全年组织村“两委”主干参加各类培训会议30余次，指导每村储备2名后备干部，按程序补选农村支部书记1名、社区支部副书记1名，健全村、社区党组织班子。组建运行综合行政执法队伍，12名基层工作人员持证执法，完善37项乡镇行政执法事项清单。

【从严治党主体责任落实】 2022年，段店乡落实党风廉政建设责任制，乡政府与各村（社区）签订《党风廉政建设目标考核责任书》，把作风建设和廉政建设作为重要考核内容，将责任层层分解。2022年乡纪委共开展日常监督检查96次，专项监督检查34次，发现问题50余条次，主动约谈41人，因疫情防控措施不到位会同乡党委约谈提醒4人，因耕地违规建房会同乡政府集体约谈6人。处置问题线索19件，其中接收区纪委转办5件，自办14件。提醒谈话5件，书面函询2件，初步核实12件，给予党政纪处分7人，组织处理14人。

【意识形态工作责任制落实】 2022年，段店乡强化组织领导。坚持“一把手”负总责，班子成员各负其责，党委每季度召开专题会议研究意识形态工作，将意识形态工作作为党建工作的重要内容，同业务工作同部署、同落实、同检查、同考核。抓学习教育。学习传达上级部门关于意识形态工作的决策部署及指示精神，把握正确的政治方向，在思想上、行动上同党中央保持高度一致。做好思想工作。通过开展党组织书记讲党课、组织志愿服务、开展我为群众办实事活动、组织学习先进事迹等方式，传播文明精神，深化理想信念，为段店各项事业发展提供精神力量。

【项目建设提质提速】 2022年，段店乡关于区文化艺术中心征拆工作全部完成，第十一中拟收储土地、华州东路北侧拟收储地块完成土地征收、赔付、围挡搭设等工作，失地保险、文勘、考古等工作正有序推进，台地五村安置房地块拆迁项目全面推进。尧贤街南延、北延先后建成通车，枣林南街完成铺设，东王路土地征收结束、东关街有序推进。锦都家园、雍景园、大福禧临门、赐福名邸、九州华云府、恒安印山河、保利时光印象、瑞府理想城等项目正在建设，新型城镇化进程加速推进。

【经济发展提质提量】 2022年，段店乡经济运行向好。辖区内共有在建重点项目33个，全年完成固定资产投资17.5亿元。协调开展农村（社区）市场主体倍增工作，加快经济建设，全年新增市场主体1429家，其中企业140家、合作社2家、个体工商户1287家，超额完成区政府下达任务。

【集体经济稳步发展】 2022年，段店乡开展“清化收”累计清理村集体经济合同843份，收回资金161.11万元，清收村级债权64万余元，化解村级债务301.79万元。截至2022年底，所有行政村集体经济收入均达到10万元以上。

【农业产业提质升级】 2022年，段店乡推进农业供给侧结构性改革，在扩大规模、提升质量上做文章。孙乔村禾广源农业开发有限公司占地50亩，总建筑面积6320平方米，建成智能玻璃温室大棚4座，建筑面积均为720平方米，总投资1500万元；三合村政通惠农鹧鸪养殖采取公司+村委会+农户的经营模式建成孵化基地，养殖规模达8000只，未来预计投资200万元，在原有的基础上扩建500平方米孵化车间，孵化增至50000只鹧鸪幼苗；三丰菊花种植专业合作社成员5人，注册资金100万元，先后投资150万余元，建成加工车间、办公、晾晒场地400平方米，目前菊花种植面积达40余亩；北练村开展土地托管试验，流转土地约300亩；盆栽苹果、有机蔬菜、生态采摘园、芦笋、中药材等特色产业产品持续提质增产。举办技术培训6次，参训农民达1000余人次；东王村着力打造“龙湾小镇”文旅休闲观光综合体项目；李堡村成立翊星豪物业服务公司，服务辖区晋南农批市场。2022年全乡种植夏粮1.96万亩，产量6209吨；秋粮1.6万亩，产量7958.94吨；经济作物1433.7亩，产量1225.4吨；园林水果434亩，产量208.3吨。2022年发放粮食补贴44.8万元、耕地地力补贴167.2万元、农业生产救灾补助27.3万元。

【惠民工程深入开展】 2022年，段店乡13个农村老年人日间照料中心和2个公共浴室建成运营；配合水利部门修建孙乔村农村供水保障工程，铺设主管道1000余米、街巷管道3000余米、入户管道1万余米，惠及320余户居民；修缮北练、西堡头、西段村农田水利基础设施水渠共1000余米；新建里仁、东张村农田水利基础设施水渠共8500余米；完成蓄水池、涵洞清淤共计4处；北王污水处理站全面运行；完成赵下村400多户的燃气改造；南练村铺设道路1500平方米并安装路灯94盏；完成农村厕所改造2012户；建设东张发热门诊120余平方米；完成农房抗震加固154户。

【耕地保护红线严守】 2022年，段店乡打击超占审批面积、未批先建、私修住房等违法行为，拆除农村乱占耕地建房违法图斑23处，整改24个地块共135.67亩“非粮化”土地，建立耕地保护秩序，乱占耕地建房上，耕地“非农化”“非粮化”问题得到遏制。

【脱贫成果衔接】 2022年，段店乡在10户29人稳定脱贫基础上，巩固拓展脱贫攻坚成果同乡村振兴有效衔接，保持现有帮扶政策、资金支持，帮扶力量总体稳定，脱贫户小额信贷办理1户10万元用于产业发展。建立健全防返贫动态监测和帮扶机制，完成6482户25311人防止返贫监测帮扶集中排查工作，加大动态监测力度，动态调整李堡村1户4人监测户，实施精准帮扶，防止发生返贫致贫风险。

【生态治理】 2022年，段店乡实现城乡环卫“一体化”全覆盖，所辖各行政村生活垃圾每天集中收集运转，日清垃圾约20吨，实现生活垃圾不落地、日产日清。成立工作专班，动态监管河道排污口、农村环境整治等基础信息，人居环境得到明显改善。拆除遗留、废弃的广告牌和无实际用途、有碍观瞻的视觉污染设施等9处，清理乱堆乱放、乱圈乱占、乱贴乱画57处。

【环保治理】 2022年，段店乡以“零容忍”的态度对辖区内“散乱污”企业进行常态化巡查，做到发现一起，取缔一处。以临钢医院监测点周边1公里范围为重点，定期清洗擦洗，抑制扬尘污染。遏制露天焚烧，建立“红黑榜”，对监管不力的村予以通报批评，对中央生态环境保护督查“回头看”2个问题彻底销号，回复并整改市、区大气办交办问题159个，接收反馈区大气污染治理指挥调度指令766次。取缔非法加油站2家，巡查辖区内拆迁工地、建筑工地、停车场等场所共计2283次，发现问题114个，下发5份停工通知书、13份警示通知书。

【民生保障增强】 2022年，段店乡共有163户、270人享受最低生活保障，供养特困户31人，其中集中供养2人，享受重度残疾人护理补助245人，困难残疾人生活补贴94人，临时救助50人，录入低收入库1358人，大病临时救助4人、医保二次报销4人。基本养老保险人员参缴率达98.18%，缴费金额累计达33.64万元；补充养老保险缴纳3936人，缴费金额累计达105.02万元，参缴率达118.3%。医疗保险参缴人数达2.4万人，缴费金额815.3万元。走访慰问三等功1人次，嘉奖2人次，走访慰问老党员、困难党员、老干部21人次。

【义务教育发展】 2022年，段店乡加快“基本均衡”向“优质均衡”推进步伐。开展段店中学扩容提质项目，完成宿舍、塑胶操场、餐厅的维修改造；段店中学改造为水冲厕所，孟家庄小学、联合小学旱厕提质改造；段店初中无塔供水升级改造；东王小学建设智慧校园工程；完成孟家庄小学山西省劳动教育教研基地校建设工程。新建1所小区配套幼儿园，新增2所普惠性幼儿园，让段店老百姓享受到政策红利，减轻教育负担。

【健康事业完善】 2022年，段店乡完成孕检服务97人，婚检服务274人次，访视新生儿352人，乳腺癌筛查431人，慢性病管理1652人，完成老年人体检2742人，糖尿病体检115人，精神病人体检55人，健康工作实现稳步推进。

【产权制度改革深化】 2022年，段店乡完成2021年度农村集体资产清查及统计年报系统填报工作。核清农村集体资产总额11965万元。其中，经营性资产6252万元，非经营性资产16713万元；负债4694万元，所有者权益18271万元。完成54家村组集体经济组织2022年的接旧建新账目工作和28家农村股份经济联合（合作）社法人变更手续。

【高效防控体系构建】 2022年，段店乡成立防控工作领导小组，设立7个工作小组、组建5个工作专班、七级网格全面覆盖以信息闭环、工作闭环、责任闭环把各项分类管控措施精准落实到位。制定《段店乡企业（工地）疫情防控工作清单》3类15条，《查验点职责与流程》《整改指导》防疫小册2期，发放张贴“三码联查”等防疫海报4000余份，组织专题培训、自主考试约1000人次，实现全乡防控工作落实落细落小。

【安全生产扎实开展】 2022年，段店乡开展“安全生产月”集中宣传活动，共刷写标语30条，悬挂条幅100余条，制作宣传版面10块，发放防灾减灾宣传资料1000余份。全乡经营单位主要负责人、特种作业人员持证上岗率100%。成立段店乡食品安全委员会，完成辖区170家小微企业包保干部、包保市场主体信息报送并实行动态管理；开展安全生产“三年行动”和危险化学品、建筑领域、城镇燃气专项整治等行动，全乡共排查重点监管企业46家及各类场所100余处，涉及安全隐患均已责令进行整改，保障辖区居民的生命财产安全。

【法治建设加强】 2022年，段店乡开展打击和防范养老诈骗及非法集资活动，采取线上线下多种宣传方式，提高居民防范意识，悬挂横幅93幅，出动宣传车20余次，设立线索举报箱16个，发放宣传彩页1300余份。组建运行综合行政执法队伍，12名基层工作人员持证执法，完善37项乡镇行政执法事项清单。接收社区矫正人员38人，安置帮教人员150余人，帮教对象思想生活基本稳定，无重新违法犯罪发生。

【信访工作】 2022年，段店乡调处矛盾纠纷，化解中央督办件3件，共接待来访群众90余人次，摸排矛盾线索46条，网上信访信息系统受理并办结75件。自2022年1月起，共转办和处理“12345”热线工单780件，其中咨询类136件、求助类450件、投诉类134件、举报类44件、建议类13件、其他类3件，办结率100%，热线处理情况被登载到“12345”及“临汾日报”微信公众号3次。

【领导成员】

党委书记：张王强
党委副书记、政府乡长：葛　琳
人大主席：韩治江
党委副书记：柴　冰
纪委书记：李晓忠
组织委员：药志峰
宣传委员：贺延群
武装部部长：梁　烨
政府副乡长：陈文军　张晓娜
　　郝雪丽
二级主任科员：李　爱　翟金生
　　齐岩红　郝君平
三级主任科员：张青峰
党群服务中心主任：辛张会
综合便民服务中心主任：张　莹
副科级事业干部：段礼阳

附：获奖情况

2022年4月26日，尧都区段店乡人民政府副乡长郝雪丽（女），被临汾市统计局（临汾市第七次全国人口普查领导小组办公室）授予临汾市第七次全国人口普查先进个人荣誉称号。

2022年4月26日，尧都区段店乡人民政府统计站站长张程，被临汾市统计局（临汾市第七次全国人口普查领导小组办公室）授予临汾市第七次全国人口普查“先进个人”荣誉称号。

2022年2月，尧都区段店乡人民政府退役军人服务站负责人张志强，被中共临汾市委宣传部、临汾市退役军人事务局、临汾市妇女联合会、临汾军分区政治工作处、临汾市双拥工作领导小组办公室联合授予“最美双拥人物”最佳提名奖称号。

（岳帅行）

贾得乡

【抓党建促基层治理能力提升专项行动】 2022年，贾得乡坚持党建引领，以“数字+网格”“红色+产业”“治理+防疫”三大板块协同推进；专班专责推进，推动农村便民服务提档升级，共完成老年日间照料中心18座、农村公共浴室7座建设，组建乡级综合执法队伍，有序推进党员积分管理；确保整改成效，完善问题清单，对照形成整改台账，建立常态化自查自纠机制，做细做实专项行动。

【“清化收”专项工作】 2022年，贾得乡以“农村集体经济合同专项清理、村级债务化解、新增资源收费”为主要内容的农村集体资产“清化收”专项工作夯实村级集体经济发展基础，推动村级集体经济发展壮大。本次清化收工作共摸排核底合同1299份，其中文本合同599份、口头700份，核实出具法律意见书1299份，28个行政村已全部完成整改，“清化收”期间各行政村整改、规范各类合同收入达161.81万元，年新增合同收入可达125.53万元，清收合同欠款14.78万元，村级申请提级合同63份，经乡党委政府梳理审查，提级区级处理合同7份，出具整改办法56份，由村级完成整改合同56份。核实认定债权202笔210余万元，化解167笔112.39万元，核实债务605笔3983.88万元，化解312笔1302.828497万元。

【推进“数字乡村”建设】 2022年，贾得乡与中国电信深入合作，建设数字乡村智慧平台，开启综合治理新格局，平台内容包含智慧党建、天翼云播、平安乡村、政务公开、便民服务、乡村法治、网格管理、三资管理、美丽乡村等9大管理系统。全乡已安装高清摄像头782个，智能云播音柱154个，实现全乡村庄口全覆盖。

【推进农村改厕工作】 2022年，贾得乡推进农村改厕进程，对改厕过程中出现的问题进行“回头看”，累计排查有问题的农户288户，完成整改92户，本年度改厕任务数为3604户，完成改造2500户，剩余有序推进。

【楼房整修】 2022年度，贾得乡整修原社保大楼为新时代文明实践站、综治中心、党群服务中心，面积237.6平方米，贾得乡人民政府便民服务大厅进行重新划分窗口设置，完善为民代办事项需求。

【农业基础稳固】 2022年，贾得乡统计“三夏”期间，夏收5.7万亩、夏播4.7万亩，灌溉面积达到5.5万亩；选优配齐28名农产品质量安全村级协管员，对全乡范围内农产品生产、销售进行安全检查，发放合格证3万余张，保障农产品的质量安全；与省、区农业科研院所对接，召开农业科技壮苗现场培训会，确保“藏粮于地、藏粮于技”的局面稳步打开；完成16550亩耕地深松任务，为农业生产发展奠定基础。

【示范基地落户】 2022年，贾得乡和村两级协同发力，推动省级乡村振兴樱桃产业示范基地落户北席，推动“葡萄+樱桃”双向循环的果类产业格局实现。

【推动特色产业发展】 2022年，贾得乡推动农业特色产业壮大发展，中药材种植面积达3670余亩、年产量1180吨，蔬菜种植面积达1411亩、年产量5047吨，果树种植面积达3260亩、年产量6407吨，形成果蔬和中药材协同发展格局。支持巩固乡域畜牧产业发展，全年生猪存栏约11万头、肉鸡存栏约3.9万只、羊存栏约0.75万只、牛存栏约500头，落实动物疫病防控要求，全乡克疫度95%以上，为畜牧业稳定发展提供保障。

【营商环境优化】 2022年，贾得乡深化乡“双招办”建设，进行乡镇招商，累计对接洽谈意向企业9家，计划落地企业4家，相关手续正在协调办理中；做好与辖区大中型企业对接，帮助完成核酸检测工作，保障企业正常营运。举办第二届“家乡情·学子志”爱心捐助活动，为20名品学兼优、家境贫寒的大学生提供爱心捐助，推动形成爱心捐助的良性循环体系。

【落实城乡一体化】 2022年度，贾得乡落实城乡一体化接收工作任务，于9月底实现全乡28个行政村城乡一体化全部接管，全乡111名保洁员上岗在位。全乡累计投入资金800余万元，出动人力10000余人次，机械400余台次，清理交通沿线、田间地头积存垃圾8500余方；拆除残垣断壁806处，整治乱贴乱画6000余处；修补路面和绿化带4000余平方米，新增绿化1200平方米，更新树木3000余株，树木刷白30000余株。

【安全生产工作】 2022年，贾得乡坚持落实好安全生产“双组长制”，巩固运行好当前安全生产责任体系，累计开展企业生产安全检查110余次，重点对人员密集场所和危化企业进行全面检查整治，利用广播、墙报、宣传资料等形式开展宣传教育，先后印发宣传页3万余份，电子屏宣传安全标语100余条，对40余名企业主要负责人开展安全生产主题教育培训4次，全年无安全生产事故发生，营造安全生产氛围。累计排查经营性自建房1041处，完成安全鉴定，完成农村抗震房加固191户，累计补贴267.4万元。

【社会保障工作】 2022年，贾得乡新增农村低保户16户24人、城市低保户2户2人，取消低保户27户38人；完成低收入人员信息系统录入2336人次；累计上报保障民生救助人员129人，发放面粉、大米1191份；完成临时救助系统上报工作，累计向困难家庭发放临时救助金83户29900元；解决南席村柏山组饮水安全问题，打深井1眼，配套投入使用；为6户符合条件的脱贫户办理小额信贷；完成166人预警信息核查工作；安排脱贫户及监测户114人进行外出务工，完成相关人员务工信息采集工作。

【推动新时代文明所、站建设】 2022年，贾得乡规范化推动新时代文明所、站建设，共完成新时代文明实践站28个、新时代文明实践所1个场地建设，弘扬社会主义核心价值观；完成视频教学教室、图书室迁改建工作，现活动场地面积达110平方米，保障群众学习需要。

【创建志愿服务队】 2022年，贾得乡共成立31支志愿服务队，共有在册志愿者397名，共计开展志愿活动360余次，精品打造靳家庄“金剪子”志愿服务队等特色志愿服务队，其开展的“送爱上门、免费理发”志愿服务项目，获得群众好评，被“学习强国”学习平台APP等优秀平台报道。

【开展“星级文明户”创评活动】 2022年，贾得乡共评选出村级星级文明户4681户，在评选出的村级星级文明户中共推荐选出乡级文明户300户，从乡级星级文明户中在优中选优，推荐30户申报区级星级文明户，6户申报市级星级文明户。

【领导成员】

区委常委、党委书记：卢燕飞

党委副书记、乡长：王永宁

人大主席：王林虎

副书记：高云霞（女）

纪检书记：孟文博

组织委员：申盼盼（女）

宣传委员：乔天乐

武装部部长：安国旺

副乡长、党委委员：李艳花（女）

副乡长：贾迎军

崔博松（12月任）

退役军人服务站站长：马　庆

党群服务中心主任：范　宁

综合便民服务中心主任：逯亚凡（女）

附：获奖情况

2022年12月，贾得乡靳家庄村被中共临汾市委宣传部、临汾市文明办命名为临汾市第三批社会主义核心价值观建设示范点。

（赵江雪）

枕头乡

【基层党组织建设】 2022年，枕头乡在抓党建促基层治理能力提升专项行动中，成立由党委书记任组长、班子成员任组员的专项行动小组，深入基层开展入户调查研究、现场办公，对辖区党支部进行全面摸排，整顿软弱涣散组织，清查组织关系转移人员，立足实际，制定具有针对性、实用性的管理措施；2022年，枕头乡深入实施村党组织和书记双重星级化考核，全乡现有区级党建示范点2个，五星级党支部1个，四星级党支部3个，三星级党支部12个，评定星级村党组织书记10名；全年新发展党员14名，吸收储备积极分子35名，纳入积分管理党员717名。在“向人民群众交好账”实践活动中，全乡共建立实事项目238件，其中包括乡党委实事14件，各基层党支部实事224件，全部完成。

【农村集体资产清化收】 2022年，枕头乡成立乡党委书记、乡长为“双组长”的“清化收”专项工作领导组和工作专班，制定《枕头乡农村集体资产“清化收”专项工作实施方案》，组建政策指导、法律服务、纪检监察、督导调度、信访处置等5个工作组。根据“三核、两处、提级办理”的工作办法，全乡共排查出各类合同214份，清收债权21笔11.31万元；化解债务55笔147.65万元。

【农村集体经济发展】 2022年，枕头乡推行资源发包、特色产业、服务创收、兴办实体、村企共建、联合发展、托管经营等七大发展模式，全乡22个行政村集体经济收入全部达10万元以上，其中11个村超30万元，3个村超100万元。在村级集体经济产业项目方面，有河底、苍圪台、拾亩、靳家川、东安、岭上、安沟、王斗、西道、垣上的连翘种植项目；桑岔、西道、米居的玉米种植项目；圪垛、张马庄的核桃种植项目；豁口药材种植；枕头的民俗接待项目；交口的水库承包项目；岭上、三交的劳务服务项目；仪上的药茶加工及农副产品销售项目。河底、靳家川、交口、岭上、仪上、三交的相关项目完工投产；东安的项目开工建设；其余各村均已商定。

【产业发展模式创新】　2022年，枕头乡引导辖区内煤矿企业进行智能化改造；支持合作社兴办核桃加工项目；探索苹果繁育、加工、销售一体化项目；结合文化旅游节，利用辖区内枕头红色记忆馆、枕头抗战地道等红色资源，打造乡村文化旅游产业。

【脱贫工作】　2022年，枕头乡有建档立卡脱贫户476户1168人，监测对象79户283人。在脱贫产业发展方面，枕头乡实施脱贫户连翘产业项目，全乡共涉及2个村，16户脱贫户52人；核桃经济林提质增效项目，涉及18个行政村，320户820人，总面积1615.4亩；耕地质量提升项目，涉及13个村，总面积为1411.39亩；养殖户饲养防疫用品及药品补贴项目，涉及养猪16户、养牛40户、养羊74户、养鸡138户。

【民生保障】　2022年，枕头乡为290户低保户提供最低生活保障金救助，为82名特困供养人员提供“五保”金救助，重度残疾人补贴248人，办理发放困难残疾人生活补贴113人，事实无人抚养孤儿5人，大额临时救助6人，医疗救助4人；全乡农村养老保险缴纳21386人、748.51万元；为3名重点优抚对象发放医疗补助；完成5个新建、15个改建老年人日间照料中心及8个公共浴室的建设任务；完成10个村634户改厕任务；全乡7个村申报一事一议财政奖补项目261万元，其中5个村对道路进行整修，2个村进行护坡工程。通过召开信访工作联席会议、落实重点信访人员“五包一”责任制、网格员走访摸排等方式化解纠纷矛盾，全年共接到信访件67件，全部办结，办结率100%。

【安全生产】　2022年，枕头乡加强安全检查，带队检查安全生产300余次，检查生产经营单位100家次，排查安全隐患20余条，整改完成。2022年度，全乡完成23处道路硬化、河道清理、加固护坡建设等施工建设。

【森林防火】　2022年，枕头乡储备防火物资铁锨300把、铁耙子60把、水壶300个、风力灭火机12台、割灌机3台、油锯4把、背负式水袋20个、灭火弹50箱；河底林场防灭火设备有：侦查无人机3架，投弹机1架，风力灭火机16台，水枪10把，移动水池3台，高压细水雾灭火机7台，视频监控设备35个，防火云平台铁塔4个，监控覆盖面积40万亩。组建有专业护林员队伍50人、民兵应急排队伍64人，乡级护林防火应急分队30人，村级护林防火应急分队20人/村，企业应急队伍200人的森林防火应急队。

【采煤沉陷区治理安置】　2022年，枕头乡对安沟、仪上等9个村采煤沉陷区群众进行集中安置，安置资金505.6万元，共安置76户158人。

【环境卫生】　2022年，枕头乡在“奋战六十天，清仓大整治”专项行动期间，累计清理积存垃圾298吨，其中交通沿线42吨，村庄街巷224吨，田间地头32吨；拆除废弃建筑和断壁残垣9处；拆除废弃广告牌18处；清理乱堆乱放47处，清理乱圈乱占22处，清理乱贴乱画208处；整治线缆8处；沿线除草2000米，树木刷白1000余株，播种格桑花2000米美化部分乡村道路。

【清洁取暖】 2022年，枕头乡民用煤供应涉及全域22个村，总任务905户1360吨，截至12月31日，枕头乡累计购洁净煤1139户2484吨。

【领导成员】

党委书记：左海洋
党委副书记、乡长：雷　波
人大主席：李荣荣（女）
党委副书记：裴　飞
纪委书记：曹荣华
组织委员：李　娇（女）
宣传委员：刘晓红
武装部部长：祁元章
党委委员：薛　宏
副乡长：李明轩　侯雅菁（女）
　　　　马　聪
主任科员：贾桂生
事业副科、便民服务中心主任：景天凯
退役军人服务工作站站长：王　亮
党群服务中心主任：刘　佳

（乔嘉欣）

一平垣乡

【党建专项行动】 2022年，一平垣乡明确细化乡、村干部岗位职责清单、任务清单、村干部履职行为负面清单等专项清单，构建分工合理、权责一致的基层管理体制。查摆乡党委问题14条、班子成员问题126条、各村党组织问题150条，整改完成。征求党员干部群众意见，研究制定《一平垣乡重点任务台账》，统筹指导全乡重点任务有序推进。建立完善干部包村联户制度，制定下发包联台账。农村党员实施积分制管理，按照“分类积分，一册管理”的方式进行，每季度支部进行审核公示，登记在册参与积分管理的党员657人，完成7次积分登记。普通群众开展星级文明户创评，制定实施方案，明确标准步骤，宣传发动，包村主干和干部下乡指导，全乡常住1389户，895户参与创评，参与率64.43%，创评得星478户，创评率34.41%。

【“七一”活动开展】 2022年，一平垣乡在“七一”前后以“抓党建促基层治理能力提升”专项行动为契机，以“向人民群众交好账”为目标，组织全乡基层党组织和党员干部开展主题党日活动，前往曲沃县石桥堡红色教育基地参观学习，观看抗战情景剧，参观革命纪念馆，感悟红色精神。组织乡机关党员干部、基层党组织书记赴翼城县桥上镇观摩取经，学习借鉴农业托管、采煤沉陷区搬迁治理等先进经验。

【党的二十大精神学习】 2022年，一平垣乡研究制订“二十大学习计划”，通过集中学习和自学等方式，完成规定的学习与研讨9次，邀请区委讲师团成员、区委党校贺艳丽来该单位进行二十大精神专题宣讲。召开二十大精神学习教育专题宣讲会覆盖全乡15个支部，依托“学习强国”学习平台APP、“三晋先锋”等平台进行线上学习党的二十大精神，共有630余名党员学习。

【脱贫工作】 2022年，一平垣乡累计更新录入脱贫劳动力务工信息379人，含省外务工信息61人。完成建档立卡脱贫户2022年度收支明细统计工作。完成2022年前三季度脱贫户动态调整工作，消除风险户1户4人，自然减少10人，现有建档立卡脱贫户260户731人。实施2022年度“雨露计划”，对符合资助条件的24名中职、高职、技工院校学生进行审核上报。

【产业发展】 2022年，一平垣乡发展乡村振兴相关产业项目6个，全部完工。固定资产投资增加，全年完成固定资产投资8.3195亿元，完成额是全年任务量的6.3倍。新增四家企业批发零售贸易额达标入统。市场主体持续倍增，截至年底新增市场主体706户。

【农业畜牧业发展】 2022年，一平垣乡秋播种植面积12600亩，蔬菜种植面积410.6亩，水果种植面积达610.6亩，杂粮种植面积达272亩，薯类种植面积216亩。发放小麦、玉米、杂粮、薯类一次性补贴68.34万元。一平垣乡为存栏动物接种疫苗9.7万余次，发放消毒液50箱，集中灭源消毒面积3万平方米，为能繁母猪购买保险10404元，为育肥猪购买保险12.4万余元。

【集体经济发展】 2022年，一平垣乡“清化收”对核底合同156份、债权432笔、债务1338笔完成事实认定并形成调查报告。清收合同欠款68.6822万元、收回债权42.4818万元、化解债务167.678万元。组织全乡党员干部学习“土地托管”。开展“百企入百村、消除薄弱村”专项行动和“村企联建全覆盖”活动。

【社会保障工作】 2022年，一平垣乡低保核减5户，新增1户；新增特困供养2人，核减特困供养1人；大病救助2人，临时救助37人，发放救济金额23000元；新增残疾人“两项补贴”12人。资助二本B类以上应届大学生43人；向一平垣联校捐助2万元。

【惠民工程】 2022年，一平垣乡新建日间照料中心2个改建7个，新建公共浴室2个改建8个。解决杨家坡村2个居民组、一平垣村5个居民组、罗家圪垛村3个居民组的饮水问题。修复一平垣村、罗家圪垛村、闫马河村、赤河村、房家凹村、虎头山村等村多处路基塌陷道路。

【安全生产工作】 2022年，一平垣乡开展安全生产大检查大整治专项行动，制定《一平垣乡安全生产大检查大整治大提升行动工作方案》。发现问题隐患81条已完成整改，组织辖区企业，机关站所及各村负责人共计70余人开展安全生产警示教育。排查经营性自建房34处，全部完成鉴定，其中包含D级1处，拆除整改。联合派出所对辖区使用液化气钢瓶的小饭店开展燃气“三强制”改造，安装燃气报警器和切断阀9套。

【地质灾害防治】 2022年，一平垣乡开展国土卫片执法工作，完成一平垣一家庄、虎头山段家庄两处26户资格审核工作，全部拆除。

【领导成员】

党委书记：刘忠平
党委副书记：张　钧　王华娟（女）
人大主席：孔哲男（9月免）
乡　长：张　钧
纪委书记：甘明慧（女）
组织委员：翟雪君（女）
武装部部长：王大伟
副乡长：冯会忠　邓晓敏（女）
　　　李鹏飞
二级主任科员：王杰明
便民服务中心主任：孟　鹏
退役军人服务保障工作站站长：郭坚亮
党群服务中心主任：白　萌（女）

（王蕾晶）

人物

李　岗

男，汉族，中共党员，1968年10月生，河北涉县人，大专学历，临汾市公安局直属分局一级警长。

李岗政治坚定，对党忠诚，自1990年参加公安工作以来，坚守在公安基层一线，态度端正，作风扎实，有着强烈的事业心、责任感、积极性和坚守力。在党的十八大、十九大、二十大安全保卫期间，坚守岗位、认真负责、加班加点、全力以赴，完成各项工作任务，维护国家政治安全和社会大局稳定。2020年，因在长期从事公安工作中做出突出贡献，被公安部一局授予忠诚奉献荣誉奖章和荣誉证书。2021年因在重大安全保卫工作中表现突出被山西省公安厅荣记个人二等功。2022年被公安部授予全国优秀人民警察称号。

徐海霞

女，1976年11月出生，汉族，中共党员，在职研究生学历，2004年4月参加公安工作，现任临汾市尧都区公安局刘村派出所副所长，二级警督警衔，二级警长。作为一名女同志，自2013年7月份调任刘村派出所以来，徐海霞既要和所里男同志一起参与值班、接处警、办理案件，还要承担社区警务室、案件法制审核等工作。一年来，先后办理案件50余起，审核案件220余起，有力维护了辖区社会政治稳定。同时，针对当前盗窃类、电信网络诈骗类案件高发态势，主动带领民辅警开展"六进"反诈宣传，让群众在家门口获取各类防范知识，有效提升了安全防范意识。2022年9月，徐海霞被中共山西省委宣传部、山西省公安厅授予2022山西公安"最美基层民警"称号。

王宝华

男，1980年12月出生，2002年7月毕业于山西财经大学，大学本科学历，2002年10月参加公安工作，2014年11月加入中国共产党，现为尧都区公安局警犬基地事业干部。参加工作以来，该同志严格要求自己，认真学习党的二十大会议和习近平总书记在中国人民警察警旗授旗仪式上的重要训词精神，努力提高政治站位，履行新时代基层警犬工作实战实训使命，执行公安部、省厅、市局各项警犬工作规则，大胆革新警犬工作制度，践行一切从实战出发，一切为公安服务的实战理念，全力推动尧都区公安局警犬技术工作走上正规化、科学化发展轨道，成为全市、全省县级机关公安警犬工作的佼佼者。2022年5月被山西省公安厅授予"2021年度山西省警犬工作先进个人"称号。

王晓芳

女，1977年3月出生，山西省临汾市尧都区人，大学本科学历，2004年加入中国共产党，2001年参加工作，历任尧都区土门镇科员、党办主任、组织委员，现任尧都区统计局副局长。在第七次全国人口普查中，积极参加国家统计局组织的视频培训和省、市组织的现场培训，与普查员一道入户、亲自询问、亲自录入，与业务科室详细讨论每个阶段、每个流程、每个环节。对照行政记录大数据，一日一通报。为掌握漏登情况，深入商贸市场、工地厂房、居民社区逢人便问人口普查是否登记，了解登记率，发现未登记人员，立即反馈到乡镇街道，跟踪登记，电话回访，确保区不漏房、房不漏户、户不漏人。在区域划分阶段，单位界限有争议，她对照地图实地走访充分了解情况，通知双方进行协调，讲明此次划分仅用于人口普查，双方达成一致意见。尧都区组建70余人的普查工作微信群，用于业务指导，通报工作进度，打破普查业务组界限，实行集中统一指挥，指派专人协助乡镇、街道推进工作，最终保质保量完成普查任务。被评为第七次全国人口普查先进个人。